Straftatbestände zur Bekämpfung krimineller Vereinigungen in Deutschland und Spanien sowie Maßnahmen auf europäischer Ebene

Europäische Hochschulschriften

European University Studies

Publications Universitaires Européennes

Reihe II **Rechtswissenschaft**

Series II Law

Série II Droit

Band/Volume **5480**

Jutta Sabine Wickenhäuser

Straftatbestände zur Bekämpfung krimineller Vereinigungen in Deutschland und Spanien sowie Maßnahmen auf europäischer Ebene

PL ACADEMIC RESEARCH

Bibliografische Information der Deutschen Nationalbibliothek
Die Deutsche Nationalbibliothek verzeichnet diese Publikation in der Deutschen Nationalbibliografie; detaillierte bibliografische Daten sind im Internet über http://dnb.d-nb.de abrufbar.

Zugl.: Berlin, Humboldt-Univ., Diss., 2012

11
ISSN 0531-7312
ISBN 978-3-631-64125-5 (Print)
E-ISBN 978-3-653-03069-3 (E-Book)
DOI 10.3726/978-3-653-03069-3

PL Academic Research ist ein Imprint der Peter Lang GmbH.
Peter Lang – Frankfurt am Main · Bern · Bruxelles · New York · Oxford · Warszawa · Wien

www.peterlang.de

Meinen Eltern sowie meiner Omi

Vorwort

Diese Arbeit wurde im April 2012 von der Humboldt-Universität als Dissertation angenommen. Die Disputation fand am 18. Dezember 2012 statt.

Mein besonderer Dank gilt meinem Doktorvater Prof. Dr. Martin Heger für die sehr engagierte Betreuung dieser Arbeit und die stets inspirierenden Gespräche zu diesem Thema.

Herrn Prof. Dr. Bernd Heinrich möchte ich ich für die sehr schnelle Erstellung des Zweitgutachtens danken.

Christoph Bott, Winnie Locke, Laura Philipp und meiner Schwester Silvia Renauer danke ich für das zügige Korrekturlesen, die konstruktive Kritik und moralische Unterstützung bei dieser Arbeit.

Die Dissertation ist meinen Eltern Hella und Harald Wickenhäuser gewidmet, ohne die dieses Vorhaben nicht möglich gewesen wäre, sowie meiner Omi Nanny.

Berlin, im März 2013 — Jutta Wickenhäuser

Inhaltsübersicht

Inhaltsverzeichnis

Abkürzungsverzeichnis

ABl.	Amtsblatt
Abs.	Absatz
AEUV	Vertrag über die Arbeitsweise der Europäischen Union
ÄndG	Änderungsgesetz
a.F.	alte Fassung
Art.	Artikel
art./arts.	artículo, artículos
Bd.	Band
bspw.	beispielsweise
Beschl.	Beschluss
BGBl. I, II	Bundesgesetzblatt Teil I, II
BGH	Bundesgerichtshof
BGHSt	Entscheidungen des Bundesgerichtshofs in Strafsachen (zit. nach Band u. Seite)
BGHR	BGH-Rechtsprechung Strafsachen, hrsg. von Richtern des Bundesgerichtshofs (zit. nach Paragraph, Stichwort und Nummer)
BKA	Bundeskriminalamt
BRAO	Bundesrechtsanwaltsordnung
BT-Drucks.	Bundestagsdrucksache
BtMG	Betäubungsmittelgesetz
BVerfG	Bundesverfassungsgericht
BVerfGE	Entscheidungen des Bundesverfassungsgerichts (zit. nach Band u. Seite)
CP	Código Penal
CE	Constitución Española
Ders.	Derselbe
Dies.	Dieselbe
DRiZ	Deutsche Richterzeitung (zit. nach Jahr u. Seite)
EGMR	Europäischer Gerichtshof f. Menschenrechte
EMRK	Europäische Menschenrechtskonvention
EU	Europäische Union
EuGH	Europäischer Gerichtshof
FS	Festschrift

GA	Archiv für Strafrecht
GG	Grundgesetz
GVG	Gerichtsverfassungsgesetz
Hrsg. bzw. hrsg.	Herausgeber bzw. herausgegeben
H.M.	herrschende Meinung
JA	Juristische Arbeitsblätter (zit. nach Jahr u. Seite)
JR	Juristische Rundschau (zit. nach Jahr u. Seite)
JuS	Juristische Schulung. Zeitschrift für Studium und Ausbildung (zit. nach Jahr u. Seite)
KPD	Kommunistische Partei Deutschlands
LECrim	Ley de Enjuiciamiento criminal
LG	Landgericht
Lit.	Literatur
LO	Ley Orgánica
MDR	Monatsschrift für deutsches Recht (zit. nach Jahr u. Seite)
MRK	Europäische Konvention zum Schutz der Menschenrechte und Grundfreiheiten
N.F.	neue Fassung
NJW	Neue Juristische Wochenschrift (zit. nach Jahr u. Seite)
NStE	Neue Entscheidungssammlung für Strafrecht
NStZ	Neue Zeitschrift für Strafrecht (zit. nach Jahr u. Seite)
NStZ-RR	NStZ-Rechtsprechungs-Report
OLG	Oberlandesgericht
OrgK/OK	Organisierte Kriminalität
OrgKG	Gesetz zur Bekämpfung des illegalen Rauschgifthandels und anderer Erscheinungsformen der Organisierten Kriminalität
ParteiG	Gesetz über die politischen Parteien
RECPC	Revista Electrónica de Ciencia Penal y Criminología
RG	Reichsgericht; ohne Zusatz: Entscheidungen des Reichsgerichts in Strafsachen (zit. nach Band u. Seite)
RGBl.	Reichsgesetzblatt I = Teil I, II = Teil II
Rn.	Randnummer
Rspr.	Rechtsprechung
RStGB	Reichsstrafgesetzbuch
S.	Seite oder Satz
SED	Sozialistische Einheitspartei Deutschlands
StPO	Strafprozessordnung
str.	strittig
StrÄndG	Strafrechtsänderungsgesetz

STS	Sentencia del Tribunal Supremo
StrRG	Strafrechtsreformgesetz
StV	Strafverteidiger (zit. nach Jahr u. Seite)
StVollzG	Strafvollzugsgesetz
StVRG	Strafverfahrensreformgesetz
TC	Tribunal Constitucional
TS	Tribunal Supremo
Urt.	Urteil
VereinsG	Vereinsgesetz
VStGB	Völkerstrafgesetzbuch
wistra	Zeitschrift für Wirtschaft, Steuer, Strafrecht (zit. nach Jahr u. Seite)
Zif.	Ziffer
ZIS	Zeitschrift für Internationale Strafrechtsdogmatik (zit. nach Jahr u. Seite)
ZRP	Zeitschrift für Rechtspolitik (zit. nach Jahr u. Seite)
ZStW	Zeitschrift für die gesamte Strafrechtswissenschaft (zit. nach Band u. Seite)

A. Einleitung

Am 19.10.1878 wurde gegen die Stimmen der Sozialdemokraten, der Linksliberalen und des Zentrums einer Gesetzesvorlage durch den Reichstag des Deutschen Kaiserreichs zugestimmt, die bereits am 21.10.1878 als Gesetz in Kraft treten sollte.[1] Dabei handelte es sich um das sog. „Gesetz gegen die gemeingefährlichen Bestrebungen der Sozialdemokratie". Vereine und Verbindungen jeder Art, „welche durch sozialdemokratische, sozialistische oder kommunistische Bestrebungen den Umsturz der bestehenden Staats- oder Gesellschaftsordnung bezwecken",[2] wurden verboten, ebenso solche „Druckschriften, in welchen sozialdemokratische, sozialistische oder kommunistische, auf den Umsturz der bestehenden Staats- oder Gesellschaftsordnung gerichtete Bestrebungen in einer den öffentlichen Frieden, insbesondere die Eintracht der Bevölkerungsklassen gefährdenden Weise zutage traten".[3]

Ratio dieses Gesetz war es, einen Nachweis darüber zu erbringen, dass sich über das Deutsche Reich verteilt geheime Parteiorganisationen etabliert hatten. Deren Mitglieder konnten dann angeklagt und die jeweilige Partei oder Vereinigung damit geschwächt werden, um schließlich möglicherweise sogar eine endgültige Auflösung dieser zu erreichen. Schon allein mit dem Erlass des Gesetzes verfolgte man diese Ziele – es sollte die Sozialdemokraten treffen und ihnen Auftritte auf der politischen Bühne erschweren, sie von dieser gar gänzlich vertreiben.[4] Wer sich an einem verbotenen Verein als Mitglied beteiligte oder eine Tätigkeit im Interesse eines solchen ausübte, wurde mit Geldstrafe oder Gefängnis bestraft. Doch nicht nur die direkte, sondern auch die indirekte Beteiligung wurde unter Strafe gestellt: Wer beispielsweise für einen verbotenen Verein oder für eine verbotene Versammlung Räumlichkeiten zur Verfügung stellte, konnte ebenfalls mit Gefängnis bestraft werden.[5] Nach § 22 des Gesetzes konnte schließlich auch einzelnen Personen der Aufenthalt an bestimmten Orten oder Bezirken untersagt werden.[6]

Resultat des Gesetzes war, dass es in den ersten Jahren nach dessen Inkrafttreten zu einem fast vollständigen Stillstand der sozialdemokratischen Parteiorganisation in Deutschland kam. Bis Ende des Jahres 1878 kam es zu einer Auflösung aller sozialdemokratischen und nahezu aller gewerkschaftlichen Organisatio-

1 RGBl. 1878, 351.
2 Vgl. § 1 des Gesetzes gegen die gemeingefährlichen Bestrebungen der Sozialdemokratie.
3 Vgl. § 11 des Gesetzes gegen die gemeingefährlichen Bestrebungen der Sozialdemokratie.
4 *Schloßmacher*, „Reichsfeinde" vor Gericht, S. 9.
5 Vgl. § 17 und 18 des Gesetzes gegen die gemeingefährlichen Bestrebungen der Sozialdemokratie.
6 Vgl. § 22 des Gesetzes gegen die gemeingefährlichen Bestrebungen der Sozialdemokratie.

nen.[7] Bis zu 103 „politische und Arbeitervereine" sollen zwischen 1878 und 1888 aufgrund dieses Gesetzes verboten worden sein.[8] Ungezählt bleiben dabei solche sozialdemokratische Gruppierungen, die sich noch vor Inkrafttreten des Gesetzes aufgelöst hatten, um einem staatlichen Verbot zuvorzukommen. Auch den Bereich des Pressewesens und der Publizistik traf es hart; so spricht man von 1350 periodischen und nicht periodischen Druckschriften, die mit einem Verbot belegt wurden.[9]

Als die Sozialdemokraten bei den Reichstagswahlen 1884 ihr Stimmenergebnis dennoch fast verdoppelten, wurde deren Verfolgung erneut verstärkt und so begann die Phase der sogenannten Geheimbundprozesse. Der erste dieser Prozesse, das „Freiberger Verfahren", in dem namhafte Vertreter der deutschen Arbeiterbewegung wie *Ignaz Auer* oder *August Bebel* zu Haftstrafen verurteilt wurden, hatte als „Initialzündung" für eine sich nun anschließende Prozesswelle gewirkt.[10]

Das Reichsgericht entschied im Dezember 1885 – und damit wegweisend für die folgenden Prozesse – dass eine Verbindung i.S.d. § 129 RStGB nunmehr jede organisierte Vereinigung von gewisser Dauer sei, die die Unterordnung ihrer Mitglieder unter den Gesamtwillen für die Dauer der Mitgliedschaft zur Voraussetzung habe.[11] Damit wurde der Begriff der Verbindung nach §§ 128[12], 129[13] RStGB[14] sehr viel weiter ausgelegt, als dies bislang der Fall war. So konnte beispielsweise das reichsgesetzlich garantierte Streikrecht praktisch außer Kraft gesetzt werden, da bereits Streikkomitees auf dieser Grundlage verbotenen wurden.[15] Das Gericht erklärte ferner, dass nun nicht mehr nur der offene Beitritt, sondern auch „Handlungen, die den Entschluss der Unterordnung in sich verkörpern", also konkludente Handlungen, als Beweis für die Mitgliedschaft dienen sollten. Das Urteil des Reichsgerichts und des Landgerichts Freiberg im ebenso benannten Prozess[16] eröffneten damit eine völlig neue Dimension in der Verfol-

---

7 Vgl. hierzu „... vor 100 Jahren – Gesetzes gegen die gemeingefährlichen Bestrebungen der Sozialdemokratie", abrufbar unter www.fes.de/archiv/adsd_neu/inhalt/ausstellung/historische/sozialistengesetz.htm; zuletzt besucht am 21.3.2013.

8 *Fricke*, Die deutsche Arbeiterbewegung 1869-1914, S. 130 ff.

9 *Auer*, Nach zehn Jahren, S. 103 ff.

10 Schloßmacher, „Reichsfeinde" vor Gericht, S. 10 f.

11 *Schloßmacher*, „Reichsfeinde" vor Gericht, S. 11.

12 Vgl. § 128 RStGB.

13 Vgl. § 129 RStGB.

14 RGBl. 1871, 127.

15 Vgl. hierzu „... vor 100 Jahren – Gesetzes gegen die gemeingefährlichen Bestrebungen der Sozialdemokratie", abrufbar unter www.fes.de/archiv/adsd_neu/inhalt/ausstellung/historische/sozialistengesetz.htm; zuletzt besucht am 21.3.2013.

16 Vgl. hierzu auch *Graf*, Johann Heinrich Wilhelm Dietz – Verleger der Sozialdemokraten; abrufbar unter: http://library.fes.de/fulltext/bibliothek/00146033.htm (digitale Bibliothek der Friedrich-Ebert-Stiftung); zuletzt besucht am 21.3.2013.

gung der Sozialdemokratie. Darüber hinaus wurde auch eng mit verschiedenen Staatsanwaltschaften zusammengearbeitet. So wurde beispielsweise per Zirkularverfügung den Staatsanwaltschaften das Freiberger Urteil zugestellt, so dass diesen nun eine Art Muster für eigene Untersuchungen zur Verfügung stand.[17]

Die Verfolgung der Sozialdemokraten war trotzdem von Misserfolgen geprägt, so dass sich Reichskanzler *Otto von Bismarck* dazu veranlasst sah, Anfang 1888 die sog. „Expatriierungsvorlage" in den Reichstag einzubringen. Diese sah eine weitere Verschärfung des Sozialistengesetzes vor und damit die Möglichkeit, über Sozialdemokraten wegen geheimer Verbindung, Teilnahme an sozialdemokratischen Versammlungen im Ausland oder ähnlichen Gründen die „mittelalterliche" Reichsacht[18] zu verhängen, auf Grund derer diese des Landes verwiesen werden konnten. Diese Vorlage wurde jedoch dank der Enthüllungen durch *August Bebel* und *Paul Singer* über die „ganze Verworfenheit des reaktionären Polizeistaates" mit „überwältigender Mehrheit"[19] vom Reichstag abgelehnt.[20]

Schließlich musste man sich eingestehen, dass weder die Ziele der Geheimbundprozesse noch die der Sozialistengesetze erreicht werden konnten. Den Polizeikräften war es nicht möglich, Geheimkongresse zu unterdrücken und die Geheimverbände der Sozialdemokratie dauerhaft zu sprengen.[21] Durch den sog. „Elberfelder Prozess" wurde die politische Polizei darüber hinaus noch gänzlich bloßgestellt: Der Versuch, die sozialdemokratische Fraktionsleitung des Reichstages in einen Geheimbundprozess zu verwickeln, scheiterte, als das Landgericht zu dem Schluss kam, dass in Deutschland eine allgemeine Verbindung, deren Spitze die sozialdemokratische Fraktion bilde, „trotz schweren Verdachtsmoment" nicht nachzuweisen sei. Ein Zeuge belastete den Polizeiagenten *Röllinghoff* schwer, indem er eine Aussage dahingehend machte, dieser habe anarchistische Schriften eingeführt und zur Sprengung von Kirchen und Kasinos aufgefordert.[22] Mit solchen Bekämpfungsmethoden durch die Polizei, die zu starkem Widerstand auch auf Seiten der Gegner der Sozialdemokratie führten, wurde letztlich die Grundlage des Sozialistengesetzes untergraben. Das ursprünglich auf drei Jahre

---

17 *Kampfmeyer*, Unter dem Sozialistengesetz, S.221.

18 „Unter Reichsacht versteht man das Setzen einer Person außerhalb des Schutzes der Rechtsordnung mit Wirkung für das ganze Reichsgebiet; und zwar tritt entweder sofortige völlige Recht- und Friedlosigkeit, die gänzliche Vernichtung der Rechtspersönlichkeit, die Freigabe von Leib, Hab und Gut des Geächteten an jedermann ein, oder es findet zunächst Entziehung des Rechtsschutzes nur in gemindertem Maße statt." Näher zum Begriff der Reichsacht siehe *Poetsch*, Die Reichsacht im Mittelalter und besonders in der neueren Zeit, S. 2ff.

19 So bei „100 Jahre Sozialistengesetz – sichert die Grundrechte heute!", S. 2, abrufbar unter http://library.fes.de/pdf-files/netzquelle/c98-03035.pdf; zuletzt besucht am 21.3.2013.

20 *Fricke*, Die deutsche Arbeiterbewegung 1869-1914, S. 136.

21 *Kampfmeyer*, Unter dem Sozialistengesetz, S.220.

22 *Kampfmeyer*, Unter dem Sozialistengesetz, S.221.

geltendes Recht angelegte, jedoch mehrfach verlängerte Gesetz verlor schließlich zum 30.9.1890 seine Gültigkeit.[23]

§§ 128, 129 RStGB blieben hingegen weiter in Kraft, und die Verfolgung anderer Gruppierungen bzw. Vereinigungen aufgrund dieser Norm stand auf der Tagesordnung. Ein bekanntes Beispiel dafür bilden die Freimaurer. Diesen wurde vorgeworfen, sich an einflussreiche Eliten „herangemacht“ zu haben, um diese für sich zu gewinnen und sich damit ungehindert staatsfeindlich oder staatsgefährlich zu verhalten.[24] Mitgliedern wie preußischen Königen oder hohen Staatsbeamten sei etwas vorgemacht worden, um von ihren eigentlichen Zielen abzulenken. Den Untersuchungen *Espeys* zufolge, hatten die Freimaurerorden Bestimmungen in ihren Verfassungen, die der Staatsregierung nicht bekannt waren und die eine Einwirkung auf öffentliche und sogar darüber hinaus auf politische Angelegenheiten bezweckten.[25] Man sah die Tatbestände der §§ 128, 129 RStGB als erfüllt, wonach die Teilnahme an Verbindungen, deren Dasein, Verfassung oder Zweck vor der Staatsregierung geheim gehalten werden sollten, oder an Verbindungen, zu deren Zwecken oder Beschäftigungen es gehörte, Maßregeln der Verwaltung oder die Vollziehung von Gesetzen durch ungesetzliche Mittel zu verhindern oder zu entkräften, mit Strafe bedroht war[26] und nach § 2 RVG[27] Vereine, deren Zwecke den Strafgesetzen zuwiderlaufen, aufgelöst oder verboten werden konnten. Im nationalsozialistischen Deutschland wurden die Freimaurer 1933 schließlich verboten, ihr Vermögen beschlagnahmt und die Mitglieder verfolgt.[28] Exemplarisch für deren (Nicht-)Akzeptanz zur damaligen Zeit soll folgendes Zitat sein: „Ganz abgesehen von dieser Gefahr, haben die Logen ihre Existenzberechtigung auch aus dem Grunde verloren, weil in dem heutigen deutschen Staat eine bevorzugte Menschenklasse, als die sich die Freimaurer betrachten, nicht mehr geduldet werden kann.“[29]

---

23 *Espey*, Die Geheimbündelei und ihre strafrechtliche Bekämpfung, S. 29.

24 Am Anfang des 18. Jahrhunderts kam die Freimaurerei von England nach Deutschland und erschienen den Staatsfürsten und besonders den Kirchen verdächtig durch ihre geheimnisvollen Versammlungen. Dies war auch der Hauptangriffspunkt gegen die Logen: Sie würden ihr Dasein, ihre Verfassung oder ihren Zweck geheim halten, was sie zu einer „Staatsgefährlichkeit“ mache. Seit ihrer Gründung wurden die Freimaurerorden als geheime Verbindungen betrachtet und daher verfolgt. Vgl. dazu *Espey*, Die Geheimbündelei und ihre strafrechtliche Bekämpfung, S. 40 ff., der auch untersucht, ob es sich bei Freimaurerorden um Geheimbünde i.S.d. §§ 128, 129 StGB handelt.

25 *Espey*, Die Geheimbündelei und ihre strafrechtliche Bekämpfung, S. 48.

26 *Felske*, Kriminelle und terroristische Vereinigungen, S. 113 ff. (§§ 128, 129 RStGB Unerlaubte Verbindungen).

27 Reichsvereinsgesetz vom 19. April 1908, RGBl. 1908, 151.

28 *Kottmann*, Die Freimaurer und die katholische Kirche, S. 101 f.

29 So *Espey*, Die Geheimbündelei und ihre strafrechtliche Bekämpfung, S. 49.

Erst 1968 wurde mit dem 8. Strafrechtsänderungsgesetz die Geheimbündelei und damit § 128 StGB ersatzlos aus dem Strafgesetzbuch gestrichen.[30] § 129 StGB hingegen erlangte im 20. Jahrhundert immer wieder Popularität und wurde mehrfach geändert bzw. den sozialen und politischen Gegebenheiten angepasst wie auch erweitert. Schon frühzeitig war man sich darüber bewusst, dass die Teilnahme – sei es an unerlaubten Verbindungen oder an kriminellen Vereinigungen – als Straftatbestand mehr von politischen Zeitströmungen und der politischen Anschauung Einzelner abhängt, als dies bei anderen Straftatbeständen der Fall ist.[31] Im Rahmen dieser Arbeit sollen diese Änderungen, Anpassungen und Erweiterungen im ersten Teil chronologisch erläutert werden bis hin zur aktuellen Fassung der Norm. Dabei soll auf wegweisende Gerichtsentscheidungen ein besonderes Augenmerk gelegt werden, da diese die Rechtspraxis dokumentieren.

Der zweite Teil der Arbeit widmet sich den äquivalenten Normen im spanischen Strafrecht, arts. 515 Código Penal (CP) ff. bzw. arts. 571 CP ff.; in diesem soll die Entwicklung der Norm vom spanischen Bürgerkrieg (1936-1939) an bis zur heutigen Zeit dargestellt werden. Sodann folgt im dritten Kapitel der Arbeit ein Rechtsvergleich, in dem die Bekämpfung krimineller Vereinigungen mittels des § 129 StGB in Deutschland sowie des art. 515 CP in Spanien einander gegenüber gestellt wird und damit grundlegende Gemeinsamkeiten und Unterschiede aufgezeigt werden.

Der vierte und letzte Teil dieser Dissertation hat die Bekämpfung krimineller Vereinigung bzw. der organisierten Kriminalität auf europäischer Ebene zum Gegenstand. Hierbei werden die bislang ergriffenen Maßnahmen der Europäischen Union aufgezeigt sowie deren Einfluss auf die nationalen Rechtsordnungen – namentlich Deutschlands und Spaniens – untersucht.

---

30 BGBl. 1968 I, 1065.

31 So auch schon *Carstens*, Unerlaubte Verbindungen im deutschen Strafrechte des 19. Jahrhunderts, S. 1.

B. Straftatbestände zur Bekämpfung krimineller Vereinigungen in Deutschland

I. Die Grundnorm des § 129 StGB

1. Historischer Hintergrund

„Die Theilnahme an einer Verbindung, zu deren Zwecken oder Beschäftigungen gehört, Maßregeln der Verwaltung oder die Vollziehung von Gesetzen durch ungesetzliche Mittel zu verhindern oder zu entkräften, ist an den Mitgliedern mit Gefängniß bis zu Einem Jahre, an den Stiftern und Vorstehern der Verbindung mit Gefängniß von drei Monaten bis zu zwei Jahren zu bestrafen.

Gegen Beamte kann auf Verlust der Fähigkeit zur Bekleidung öffentlicher Aemter auf die Dauer von Einem bis zu fünf Jahren erkannt werden.“[32]

So lautet die Originalfassung des § 129 Reichsstrafgesetzbuch (RStGB) welches am 15.5.1871 verkündet worden und am 1.1.1872 in Kraft getreten war als erstes einheitliches Strafgesetzbuch im Deutschen Reich, das im Wesentlichen auf das preußische StGB von 1851 zurück geht und sich überwiegend durch knapp gehaltene, aber klare Tatbestände auszeichnete.[33]

Unter dem Einfluss naturwissenschaftlich und soziologisch orientierten Denkens wurden jedoch schon Ende des 19. Jahrhunderts, ein Jahrzehnt nach Inkrafttreten des RStGB, Forderungen nach einer Reform des Strafrechts laut. Beispielhaft dafür war *Franz von Liszts* Marburger Programmschrift „Der Zweckgedanke im Strafrecht“ von 1882.[34] Zwischen 1902 und 1909 wurde unter Mitarbeit fast aller deutscher Strafrechtslehrer ein Werk angefertigt, das den Namen „Vergleichende Darstellung des deutschen und ausländischen Strafrechts“ trug; 1909 kam es, darauf aufbauend, auch zu einem „Vorentwurf zu einem deutschen Strafgesetzbuch“, welchem 1911 ein Gegenentwurf u.a. von *von Liszt* folgte.[35] Doch wegen des Beginns des Ersten Weltkrieges konnten weitere Entwürfe nicht mehr zu einer Reform gebracht werden.[36]

---

32 RGBl. 1871, 127.

33 *Roth*, in: *Vormbaum/Welp*, Das Strafgesetzbuch, S. 1 f.; *Joecks*, in: MK, Einleitung Rn. 78.

34 *Fischer*, Einleitung Rn. 3.

35 Hierzu *Vormbaum*, Einführung in die moderne Strafrechtsgeschichte, S. 147 ff.

36 *Joecks*, in: MK, Einleitung Rn. 79.

Es folgten etliche Entwürfe für eine Novellierung, insbesondere zur Zeit der Weimarer Republik, jedoch wurde auch keiner dieser Entwürfe Gesetz.[37] 1933 trat u.a. das sog. „Gewohnheitsverbrechergesetz“ in Kraft, welches sich insbesondere dadurch auszeichnete, bestimmte Täter als Feind zu definieren, und das auf „Unschädlichmachung“ oder „Vernichtung“ dieser Täter abzielte.[38]

Nach 1945 kam es mit dem Kontrollratsgesetz Nr. 11 am 30.1.1946 zu einer Novellierung des rechtsstaatswidrigen Gesetzes, die als „Strafrechtsbereinigung“ diente[39] und eine Aufzählung von Paragraphen sowie Verordnungen und Gesetzen beinhaltete, die ausdrücklich aufgehoben wurden.[40]

Es folgten weitere Novellen, die bereits als Teil eines neuen Gesamtreformversuchs zu begreifen sind, vorbereitet durch die Große Strafrechtskommission in den Jahren 1954-1959.

1962 legte man schließlich einen amtlichen Entwurf eines Strafgesetzbuches vor,[41] der sich insbesondere durch die Hervorhebung des Sühnegedankens als zentralen Strafzweck auszeichnete sowie durch Verschärfungen im Bereich des Sanktionsrechts und die Strafbarkeit von damals sittlich missbilligten Verhaltensweisen wie Homosexualität. Hierauf folgte kriminalpolitische Kritik, welche die Ausarbeitung des Alternativ-Entwurfs 1966 zur Folge hatte.[42] Dieser erkannte den Präventionsgedanken[43] als zentralen Strafzweck und die Beschränkung des Besonderen Teils des StGB auf den Rechtsgüterschutz an. Schließlich folgte in einem Sonderausschuss des Bundestages für die Strafrechtsreform eine weitere Umgestaltung, der jedoch sowohl der Entwurf von 1962 als auch der Alternativ-Entwurf von 1966 zugrunde gelegt wurde. Zur tatsächlichen Umsetzung kam es durch das 1. Strafrechtsreformgesetz (StrRG) vom 25.6.1969[44], das zum 1.9.1969 bzw. zum 1.4.1970 in Kraft trat, ferner durch das 2. StrRG vom 4.7.1969[45], das zum 1.1.1975 in Kraft trat. Umfassende Strukturveränderungen des materiellen Rechts wurden in weiteren fünf Gesetzen zur Reform des Strafrechts bewirkt.[46]

---

37 Zur Weimarer Republik und den Problemen der Strafgesetzgebung vgl. *Rasehorn*, in: *Vormbaum/Welp*, Das Strafgesetzbuch, S. 40 ff.

38 *Buschmann*, in: *Vormbaum/Welp*, Das Strafgesetzbuch, S. 75 ff.; *Fischer*, Einleitung Rn. 4.

39 *Fischer*, Einleitung Rn. 5.

40 *Welp*, in: *Vormbaum/Welp*, Das Strafgesetzbuch, S. 143 f.

41 E 1962; BT-Drucks. IV/650; hierzu auch *Eser*, in: Schönke/Schröder, Einleitung Rn. 3, 6; *Satzger*, in: Satzger/Schmitt/Widmaier, Vor §§ 1 ff., Rn. 6; *Scheffler*, in: *Vormbaum/Welp*, Das Strafgesetzbuch, S. 176 ff.

42 Vgl. *Jescheck*, ZStR (91) 1975, 1; *Scheffler*, in: *Vormbaum/Welp*, Das Strafgesetzbuch, S. 192 ff.

43 Grundsätzlich zur Kriminalprävention in Deutschland vgl. auch *Kaiser*, in: FS Roxin, S. 989 (993).

44 BGBl. 1969 I, 655.

45 BGBl. 1969 I, 717.

46 *Scheffler*, in: *Vormbaum/Welp*, Das Strafgesetzbuch, S. 213 ff..

Innerhalb dieser Reformen kam es zu weiteren Änderungen des StGB durch Strafrechtsänderungsgesetze (StrÄndG).[47]

Auch der § 129 StGB wurde im Zuge dieser Reformen mehrfach geändert und ergänzt. In der Fassung des Art. 2 des 1. StrÄndG vom 30.8.1951 wurde die Vorschrift zuletzt durch Art. 1 Ziff. 2 des 34. StrÄndG vom 22.8.2002[48] sowie zum 1.7.2005 durch das Gesetz zur Umsetzung des Urteils vom Bundesverfassungsgericht vom 3.3.2004[49] vom 24.6.2005[50] geändert.

a) Die Reformdiskussion hinsichtlich des StGB nach 1945

Mit der Gründung der Bundesrepublik Deutschland wurde auch eine „Revision" des Strafgesetzbuches erforderlich, und es folgten verschiedene Entwürfe. Dabei stellte sich u.a. die Frage des strafrechtlichen Staatsschutzes, denn mit der Gründung der Bundesrepublik Deutschland setzten auch Angriffe durch politische Extreme ein. Die Fälle der Verächtlichmachung der Republik, der Verunglimpfung führender politischer Persönlichkeiten und Beschimpfung von Juden und Widerstandskämpfern durch neofaschistische Hetzkampagnen häuften sich. Zum anderen war die Bundesrepublik Deutschland einer „breitangelegten Agitation" der von der Sowjetunion und der DDR unterstützten KPD ausgesetzt.[51]

Es sollten keine zeitbedingten Sondergesetze erlassen werden; diese Lehre hatte man aus der Weimarer Zeit gezogen. So galt es, ein „Dauerrecht" zu schaffen, also eine Erweiterung um neue materiell-rechtliche Vorschriften in das Strafgesetzbuch.

b) Das Strafrechtsänderungsgesetz von 1951

1951 kam es schließlich zum 1. StrÄndG in der jungen Bundesrepublik Deutschland.[52] Der wesentliche Inhalt des Gesetzes bestand in der Einführung von Strafvorschriften gegen Hochverrat, Staatsgefährdung und Landesverrat (Art. 1) sowie einiger weiterer Änderungen des StGB (Art. 2). Auch die Vorschrift des § 129 StGB wurde völlig umgestaltet. Strafbar machte sich nun derjenige, der eine Vereinigung gründete, deren Zwecke oder deren Tätigkeit darauf gerichtet waren,

---

47 Vgl. *Satzger*, in: Satzger/Schmitt/Widmaier, Vor §§ 1 ff., Rn. 7.

48 BGBl. 2002 I, 1302.

49 BGBl. 2005 I, 1841; *Lenckner/Sternberg-Lieben*, in: Schönke/Schröder, § 129, S. 1384.

50 BGBl. 2005 I, 1841.

51 *Felske*, Kriminelle und terroristische Vereinigungen, S. 274.

52 Zur Historie vgl. auch *Hawickhorst*, § 129a StGB – Ein feindstrafrechtlicher Irrweg zur Terrorismusbekämpfung, S. 19 ff.

strafbare Handlungen zu begehen, oder derjenige, der sich an einer solchen Vereinigung als Mitglied beteiligte, sie sonst unterstützte oder zu ihrer Gründung aufforderte (vgl. § 129 Abs. 1 StGB a.F.).[53]

Zur Begründung hieß es, dass es die Aufgabe des Gesetzes sei, die Resignierenden zur Freiheit und die Zügellosen zur Gesetzlichkeit zurückzuführen. Der Staat müsse zu diesem Zweck durch eine „zielklare Rechtsordnung" gefestigt und gesichert werden. In dieser Ausgangssituation sehe sich der Staat der neuen Herausforderung gegenüber, dass aufgrund der Vermassungserscheinungen im gesellschaftlichen Leben die der staatlichen Ordnung drohenden Gefahren zunehmend von Menschen als Mitgliedern eines Kollektivs, mithin von Organisationen ausgingen. Und gerade diesen Erscheinungen gelte es entgegenzuwirken, wenn der Staat nicht das gleiche Schicksal wie die Weimarer Republik erleiden wolle. Denjenigen, die es sich zum Ziel gemacht hätten, die „freiheitlich demokratische Grundordnung unter Missbrauch der demokratischen Freiheitsrechte zu bekämpfen", müsse notfalls ein „schlagkräftiges Strafrecht" entgegenstehen. Man setzte sich zum Ziel, einen starken Staat aufzubauen und zu erhalten, der „seinen Bürgern soviel Freiheit gebe und lasse, als irgendwie vertretbar." Diejenigen hingegen, die die Demokratie bekämpften, müssten mit „unerbittlicher Härte" rechnen.[54]

Aufgrund der politischen Entwicklungen reichte der frühere § 129 StGB nicht mehr aus. Die überalterten Schutzbestimmungen, so war man der Ansicht, konnten den neuartigen Gefährdungen nicht mehr ausreichend Rechnung tragen.[55] Hinsichtlich dieser Gefährdungen ist auf die politische Lage zu jener Zeit abzustellen: Die Anti-Hitler-Koalition der Westmächte mit der Sowjetunion brach schon bald nach Kriegsende zusammen, und die endgültige Teilung von Deutschland in Ost und West zeichnete sich ab. Dies sorgte für innenpolitische Spannungen.[56] Mit Inkrafttreten des Grundgesetzes am 24.5.1949[57] wurde die Teilung offiziell. Umso mehr verschärfte sich die Beziehung zwischen der Bundesrepublik und der vom Sozialismus geprägten neu gegründeten DDR mit sowjetischem Einfluss. Außenpolitisch bahnte sich der Kalte Krieg an. Doch nicht nur gegen diese Gefährdungen wollte man sich wappnen. Es galt auch, aus den Fehlern der Weimarer Republik zu lernen, in der es nicht gelungen war, einen adäquaten Staatsschutz aufzubauen.[58]

Im Rahmen des § 129 StGB sollte deshalb der Zweck bzw. die Tätigkeit der Vereinigung nun nicht mehr in der Verhinderung oder Entkräftung von Maßre-

---

53 BGBl. 1951 I, 744 ff.

54 *Felske*, Kriminelle und terroristische Vereinigungen, S. 280.

55 *Von Weber*, MDR 1951, 517.

56 *Posser*, Anwalt im Kalten Krieg, S. 9.

57 BGBl. 1949 I, S. 1; *Jarass/Pieroth*, GG-Kommentar, S. 1.

58 *Von Weber*, MDR 1951, 517.

geln der Verwaltung bestehen, sondern in der Begehung strafbarer Handlungen, wobei dafür jede Bezugstat ausreichte. Ausgedehnt wurde die Strafbarkeit auch auf die Aufforderung zur Gründung einer kriminellen Vereinigung, welche die erfolglose Anstiftung erfassen sollte. Auch der heutige Abs. 4 sowie die Strafmilderung nach dem heutigen Abs. 5 und die tätige Reue nach Abs. 6 waren in der Norm enthalten.[59]

aa) Reaktionen

In den Mitteilungen aus der Berliner Justiz hieß es, dass „die zunehmende Tätigkeit rechts- und linksradikaler staatsfeindlicher Elemente“ es für geboten erscheinen lässt, „diese für den Staatsschutz besonders dringlichen Strafvorschriften vorweg in Kraft zu setzen.“[60] Der § 129 StGB zeichnete sich schon zu diesem Zeitpunkt durch eine eindeutige Vorverlagerung der Strafbarkeit aus, setzte die Vorschrift schließlich nicht voraus, dass eine kriminelle Vereinigung bereits eine strafbare Handlung begangen hat. Vielmehr reichte bereits die Gründung einer solchen oder die Beteiligung als Mitglied bzw. die Aufforderung zur Gründung aus. Der Paragraph entsprach im Wesentlichen dem § 298 des Entwurfs von 1936, welchem es gerade auf die Verlagerung der Strafbarkeit ins Vorfeld angekommen war. Ziel dieses „politischen Präventivstrafrechts“ war es, politischen Gegnern mit staatsfeindlichem Verhalten möglichst früh entgegenzutreten.[61]

Es stellt sich an dieser Stelle nun die Frage, wie zu dieser Zeit die Vorverlagerung der Strafbarkeit bewertet wurde. Hier ergaben sich zwei gegenläufige Tendenzen: So schrieb *Buse* 1951 in den Mitteilungen der Berliner Justiz, den staatlichen Organen müsse die Möglichkeit gegeben werden, schon ehe eine strafbare Handlung geschehen ist, einzugreifen, wenn die Gefahr der Begehung unmittelbar bevorsteht. Ein Vergeltungsstrafrecht würde dafür nicht ausreichen. Es sei „unökonomisch“, „hier erst warten zu müssen, bis das Kind in den Brunnen gefallen ist“.[62] Auch wurde die Neufassung des § 129 StGB begrüßt, da die bisherige Fassung den an sie gestellten Anforderungen nicht genügt habe. Kriminalstatistiken hätten ausgewiesen, dass sich die Vorschrift bislang als bedeutungslos erwiesen habe, was wiederum in Krisenzeiten zu einer Ausweitung durch eine Sondergesetzgebung geführt habe.[63]

Schmidt-Leichner gab zu bedenken, dass es zwar naiv sei zu glauben, den Staat und insbesondere die Demokratie, nicht durch Strafgesetze, sondern nur aus

59 *Felske*, Kriminelle und terroristische Vereinigungen, S. 300.
60 *Buse*, Mitteilungen der Berliner Justiz , JR 1951, 685 (702).
61 *Felske*, Kriminelle und terroristische Vereinigungen, S. 301.
62 *Buse*, Mitteilungen der Berliner Justiz, JR 1951, 685.
63 *Von Weber*, MDR 1951, 641.

den „inneren Kräften des Volkes" verteidigen zu können. Auch sei nicht zu bestreiten, dass ein Staat, der sich allmählich gestaltet und ordnet, sich gegen echte hoch- und landesverräterische Angriffe schützen und verteidigen müsse. Jedoch zweifle er daran, ob es wirklich notwendig sei, Strafbestimmungen „in solcher Fülle und Breite zu erlassen, oder ob nicht weniger mehr gewesen wäre."[64] Zugute wurde dem Gesetz in diesem Zusammenhang jedoch gehalten, dass dies in „einer Zeit großer äußerer und innerer Spannungen in die Hände der Justiz gelegt"[65] wurde. Schließlich hätte der Gesetzgeber bei der in so vieler Hinsicht zweifelhaften und ungeklärten völkerrechtlichen Lage des zerrissenen Landes von einem „Als-Ob-Status" ausgehen müssen.

Nachdem das Gesetz mit den weit gefassten Tatbeständen nun in Kraft war, lag sein Schicksal in den Händen der Juristen bei der praktischen Ausführung – ihre Aufgabe war es jetzt, die Anwendung und Auslegung des Gesetzes in sorgfältiger Kleinarbeit vorzubereiten.[66]

bb) § 129 StGB als politische Norm: Das Verbot der KPD

Als Grundelement des Kalten Krieges galt das wechselseitige Misstrauen zwischen Ost und West, das sich in einer bis dahin in demokratischen Staaten unbekannten politischen Strafjustiz niederschlug, welche sich insbesondere gegen Kommunisten oder ihre vermuteten Verbündeten richtete.[67] So war auch aufgrund der innen- und außenpolitischen Lage zu dieser Zeit das politische Klima in Westdeutschland mehr und mehr vom „Antikommunismus" bestimmt, der sich auch darin äußerte, die deutsche Schuld zu verdrängen und ehemalige nationalsozialistische Funktionseliten in die neue Gesellschaft zu integrieren.[68] Seit 1951 hatte der BGH mehrere politische Vereinigungen zu kriminellen Organisationen erklärt: Die Freie Deutsche Jugend (FDJ), den kommunistischen Jugendverband, den Hauptausschuss für Volksbefragung und die Gesellschaft für deutsch-sowjetische Freundschaft.[69] Ins Visier geriet alsbald auch die nach dem zwölfjährigen Verbot in der NS-Diktatur wieder gegründete KPD.[70] Sie wurde mit ihrer prosowjetischen Haltung und ihrer Ablehnung der Remilitarisierung der Bundesrepublik Deutschland zur Zielscheibe der antikommunistischen Stimmung.[71] Ins-

64 *Schmidt-Leichner*, NJW 1951, 857.
65 *Schmidt-Leichner*, NJW 1951, 857 (861).
66 *Schmidt-Leichner*, NJW 1951, 857 (861).
67 *Posser*, Anwalt im kalten Krieg, S. 9.
68 *Korte*, Instrument Antikommunismus, S. 39 ff.
69 *Posser*, Anwalt im kalten Krieg, S. 156.
70 Ausführlich zu Situation der KPD vgl. *Buschfort*, Geheime Hüter der Verfassung, S. 167 ff.; *Voscherau*, Parteiverbote, S. 65 ff.
71 Deutsches Rundfunkarchiv (DRA), Spezial „Das KPD-Verbot 1956", S. 3.

besondere die Verschmelzung der KPD mit der SPD im Bereich der sowjetischen Besatzungszone 1946 zur Sozialistischen Einheitspartei Deutschlands (SED) und das 1952 vom Parteivorstand der KPD beschlossene „Programm der nationalen Wiedervereinigung" mit dem Ziel der sozialistischen Einheit Deutschlands förderten diese Stimmung.[72]

Eine politische Abrechnung mit dem Kommunismus wurde vor den Gerichten ausgetragen.[73] Allerdings wurden mittels der Organisationsdelikte auch rechtsradikale Strömungen bekämpft. Bereits am 16.11.1951 hatte die Bundesregierung beschlossen, einen Antrag auf Feststellung der Verfassungswidrigkeit der Sozialistischen Reichspartei[74] (SRP) beim BVerfG zu stellen, der 1952 mit dem Verbot und der Auslösung dieser Partei endete.[75] Doch die meisten Urteile ergingen gegen kommunistische Organisationen. 90,6 % der von der Staatsschutzkammer des Landgerichts Hamburg verhängten Urteile beinhalteten Sachverhalte mit kommunistischen Hintergründen; was neonazistische Strömungen anging, blieb es lediglich bei 7,5 %. Die – wie damals schon von der Strafrechtswissenschaft kritisiert[76] – zu weit geratenen Tatbestände der Organisationsdelikte wurden durch die Rechtsprechung noch weiter ausgedehnt und zu Generalklauseln in den Verfahren gegen Kommunisten gemacht.[77]

Die erste Bundesregierung der Bundesrepublik Deutschland, gebildet aus CDU, CSU, FDP und DP, mit *Konrad Adenauer* als erstem Bundeskanzler, sah in der KPD eine Bedrohung[78] für die demokratische Grundordnung und sprach sich somit für ein Verbot dieser Partei aus, was nicht zuletzt in der inneren Struktur

72 Deutsches Rundfunkarchiv (DRA), Spezial „Das KPD-Verbot 1956", S. 4.

73 Mehr als 150.000 staatsanwaltschaftliche Ermittlungsverfahren wurden nach den neuen Straftatbeständen eingeleitet, gleichzeitig wurden diese Verfahren besonderen Strafgerichten übertragen. So wurde bspw. beim BGH ein politischer Strafsenat eingerichtet; in sog. Musterprozessen entschied dieser in erster und letzter Instanz. Gleichzeitig war dieser Senat zuständig für sämtliche Revisionen gegen alle Urteile der Staatsschutzstrafkammern, welche in jedem Oberlandesgerichtsbezirk bei nur einem Landgericht gebildet wurden, vgl. *Posser*, Anwalt im kalten Krieg, S. 9. Ferner kam in den 1950er Jahren bei gewöhnlichen Strafverfahren auf vier Ermittlungsverfahren eine Verurteilung, während bei politischen Delikten ein Verhältnis von 1:20 bestand, vgl. *Buschfort*, Geheime Hüter der Verfassung, S. 211.

74 In der zersplitterten und zerstrittenen rechten Szene nach Kriegsende spielten bis in die frühen 1950er Jahre insbesondere die SRP und die Deutsche Reichspartei DRP eine wichtige Rolle. Sie bildeten ein „nationales Sammelbecken" und verfolgten damit in gewisser Hinsicht die Fortführung der Tätigkeit der NSDAP. Vgl. dazu *Buschfort*, Geheime Hüter der Verfassung, S. 128 ff.

75 BVerfGE 2, 1 ff.; *Posser*, Anwalt im kalten Krieg, S. 147.

76 *Welp*, in: *Vormbaum/Welp*, Das Strafgesetzbuch, S. 161.

77 *Felske*, Kriminelle und terroristische Vereinigungen, S. 302, 303.

78 So brachte die KPD-Fraktion beispielsweise am 22.4.1950 im Düsseldorfer Landtag einen Antrag ein, der den Beitritt des Landes NRW zur Deutschen Demokratischen Republik forderte, vgl. *Buschfort*, Geheime Hüter der Verfassung, S. 172.

der KPD begründet lag, deren Anleitung aus Ostberlin herrührte. Ausschlaggebend jedoch war deren „rabiate Bekämpfung des westdeutschen Separatstaates".[79] Die Bundesregierung stellte schließlich am 22.11.1951 einen Antrag beim Bundesverfassungsgericht auf Feststellung der Verfassungswidrigkeit der KPD. Die Regierung war der Meinung, die KPD und ihre Anhänger hätten es sich zum Ziel gemacht, die freiheitliche demokratische Grundordnung zu beeinträchtigen, diese sogar möglicherweise zu beseitigen. Dies ergäbe sich sowohl aus der von der KPD als verbindlich angesehenen marxistisch-leninistischen Lehre als auch aus ihrer konkreten Zielsetzung. Auch sei die KPD als marxistisch-leninistische Kampfpartei eine revolutionäre Partei, die durch gewaltsame Revolution unter Aufruf der Massen zum Aufstand, die Macht in der Bundesrepublik Deutschland zu ergreifen, anstrebe.[80]

Am 17.8.1956 erging das Urteil des BVerfG in diesem Verfahren. In der Entscheidungsformel heißt es u.a.: „I. 1. Die Kommunistische Partei Deutschlands ist verfassungswidrig. 2. Die Kommunistische Partei Deutschlands wird aufgelöst. 3. Es ist verboten, Ersatzorganisationen für die Kommunistische Partei Deutschlands zu schaffen oder bestehende Organisationen als Ersatzorganisationen fortzusetzen."[81] Das BVerfG sah es als erwiesen an, dass die KPD eine Wiedervereinigung in Form der Deutschen Demokratischen Republik anstrebte und den Hauptgegner in dem sogenannten „Adenauer-Regime" in der Bundesrepublik sehe, das sie auf das „heftigste" bekämpfen und „stürzen" wolle.[82] Mit dem Angriff gegen das „Adenauer-Regime" beabsichtige die KPD zugleich einen Angriff gegen die freiheitliche demokratische Grundordnung.[83]

Wie damals[84] ist auch aus heutiger Sicht dieses Urteil nicht unumstritten.[85] Insbesondere vor dem Hintergrund, dass eine Partei kurz nach Ende einer Diktatur, in der sie verboten war, nun in einer Demokratie einem erneuten Verbot unterfiel, scheint dieses Urteil nicht den Ausdruck der neuen demokratischen Grundordnung innerhalb der Bundesrepublik, u.a. den Parteipluralismus, widerzuspiegeln. Kritik übt vor allem das „linke Lager" in der heutigen Gesellschaft. So schreibt „infolinks" beispielsweise, dass die „gesamte gewaltfreie politische Betätigung" der Kommunisten in den ersten zwei Jahrzehnten nach dem Krieg über § 129 StGB kriminalisiert wurde. Es sei einzig um die Verfolgung linksge-

79 *Buschfort*, Geheime Hüter der Verfassung, S. 173.
80 BVerfGE 5, 85 (102 f.).
81 BVerfGE 5, 85 (86 f.).
82 BVerfGE 5, 85 (268 f.).
83 BVerfGE 5, 85 (297).
84 Zur kritischen Haltung des BVerfG zu dieser Zeit vgl. *Grigoleit*, Bundesverfassungsgericht und deutsche Frage, S. 246.
85 Kritisch zum Verbot der KPD auch *Posser*, Anwalt im kalten Krieg, S. 147 ff.

richteter Kräfte gegangen und um das Vorgehen gegen Oppositionelle.[86] Es stellte sich beispielsweise nach dem Verbot der KPD die Frage, ob Mitglieder der Partei auch für ihre politische Arbeit vor dem Verbot bestraft werden konnten, rückwirkend wegen ihrer Mitarbeit. Der BGH bejahte dies.[87] Dem Verbotsurteil käme lediglich deklaratorische Wirkung zu, so dass die KPD bereits mit Inkrafttreten des Grundgesetzes am 23.5.1949 materiell verboten gewesen sei. Von besonderer Bedeutung für die Strafverfolgung von Kommunisten war die Bestimmung des Verbotsurteils, dass vorsätzliche Zuwiderhandlungen gegen die Entscheidung gemäß §§ 42, 47 BVerfGG bestraft werden.[88] Dabei kam es zu einer sehr weiten Interpretation des Begriffs der „Zuwiderhandlung“, womit erreicht wurde, dass nicht nur die Fortführung der verbotenen KPD und die im Urteil ausdrücklich untersagte Bildung von Ersatzorganisationen strafbar war, sondern auch die (versuchte) Förderung der „gesetzwidrige[n] Wirksamkeit der verbotenen Partei“ oder deren Ersatzorganisationen.[89]

Erst 1963 entschied das BVerfG, dass politische Parteien bis zu ihrem Verbot keine kriminellen Vereinigungen i.S.d. § 129 StGB sein können.[90]

c) Liberalisierung und Entkriminalisierung in den 1960er Jahren

Nach Beendigung des zweiten Weltkrieges hatte weder die Zeit der Bewältigung der NS-Vergangenheit, noch eine geistige Auseinandersetzung mit den drängenden Fragen der Zukunft begonnen. Einen ersten Rückhalt bot, so schien es, der bloße Rückgriff auf Bewährtes und Altvertrautes, sei es aus der Weimarer Republik oder gar des Kaiserreichs. Ein solches politisches und geistiges Klima wirkte sich hemmend auf die Reformvorhaben aus.[91]

Während in den Nachkriegsjahren zunächst noch die klassische Schule *Karl Bindings* (1841-1920) vom Vergeltungs- und Abschreckungsstrafrecht das Strafrecht dominierte, und auch der amtliche Entwurf für eine Strafrechtsreform von 1962 (E 62) sich auf dieser Linie bewegte, so lässt sich seit Mitte der 1960er Jahre feststellen, dass jene Strafziele durch „Resozialisierung und Behandlung“

86 http://infolinks.org/geheim/1998/02/005.htm, zuletzt besucht am 21.3.2013.

87 BGHSt 11, 233 ff. § 90 a Abs. 3 StGB, nach dem eine Tat, die seitens einer politischen Partei begangen wurde, erst verfolgt werden darf, nachdem das BVerfG diese für verfassungswidrig erklärt hat, stelle lediglich ein Verfolgungshindernis dar.

88 BVerfGE 5, 85 (87).

89 BGH NJW 1960, 1773; ebenso BGHSt 18, 298. Zum KPD-Verbots-Urteil als zusätzliche Ermächtigung zu administrativen und strafrechtlichen Verfolgungen sowie zur Kriminalisierung der kommunistischen Organisationsarbeit vgl. *von Brünneck*, Politische Justiz gegen Kommunisten, S. 134 ff., 141 ff.

90 BVerfG NJW 1964, 539.

91 *Maihofer*, Die deutsche Strafrechtsreform, S. 72 ff.

des Täters abgelöst wurden.[92] Allmählich fand eine geistige Auseinandersetzung mit der Vergangenheit und den Fragen der Zukunft statt und es bildete sich das Bewusstsein heraus, dass man ein dem Geist des Grundgesetzes entsprechendes rechtsstaatliches und soziales Strafrecht zu konzipieren hatte.[93] Das gesamte Strafrecht wurde einer großen Novellierung unterzogen, die sich über mehrere Jahre in vielen Sitzungen und Entwürfen vollzog, bei der auch eine Entkriminalisierung stattfand. Einen neuen Ansatz brachte 1966 der von deutschen und schweizerischen Strafrechtslehrern erstellte Alternativentwurf. Dieser stellte erstmals konsequent auf Resozialisierung und damit auf zentrale Gedanken der durch *Franz von Liszt* begründeten modernen Schule ab.[94]

Auch während des 47. Deutschen Juristentages im September 1968 wurde deutlich, dass man sich von der Vorstellung freigemacht hatte, Moral könne mit den Mitteln des Strafrechts erzwungen werden, was nicht nur für eine Gruppe „avantgardistischer junger Professoren" galt.[95]

Im Zuge dieser Wandelung wurde eine Reihe von Straftatbeständen im Besonderen Teil gestrichen, wie beispielsweise Vorschriften über Ehebruch (§ 172 StGB) oder der Tatbestand der einfachen Unzucht zwischen Männern (§ 175 StGB). Dies waren Indizien für einen Prozess des Umdenkens im Verhältnis zwischen Strafrecht und Moral.[96] Es bildete sich auch eine Tendenz heraus, das politische Strafrecht einzuschränken, welche in der Rechtsprechung ebenso Anklang fand. Die (offizielle) Verfolgung von Kommunisten geriet in den Hintergrund und endete 1968 schließlich ganz. Von der Annahme einer objektiven kommunistischen Bedrohung nahm man in Politik und Justiz Abstand.[97]

aa) Der Beschluss des Bundesverfassungsgerichts zu § 129 StGB

Wie bereits ausgeführt, wurde in den 1950er Jahren die Vorschrift des § 129 StGB extensiv ausgelegt und angewendet. Aufgrund eines Vorlagebeschlusses des BGH vom 5.5.1961 gemäß Art. 100 GG, der den § 129 StGB für unvereinbar mit dem Parteienprivileg aus Art. 21 GG hielt, hatte sich das BVerfG nun im Rahmen einer konkreten Normenkontrolle mit der Norm zu befassen. Das BVerfG stellte am 30.10.1963 fest, dass § 129 StGB zwar mit dem Grundgesetz vereinbar sei, der Tatbestand jedoch dahingehend einer verfassungskonformen Auslegung bedürfe, politische Parteien vom Begriff der „Vereinigung" i.S.d. § 129 StGB

92 *Kaiser*, in: FS Roxin, S. 989 (991).

93 *Maihofer*, Die deutsche Strafrechtsreform, S. 7.

94 *Meder*, Rechtsgeschichte, S. 422 f.

95 *Weber*, JZ 1968, 755 (Bericht zum 47. Deutschen Juristentag).

96 *Müller-Emmert/Friedrich*, JZ 1969, 245 (246, 251).

97 *Felske*, Kriminelle und terroristische Vereinigungen, S. 348; *Scheffler*, in: *Vormbaum/Welp*, Das Strafgesetzbuch, S. 238.

auszunehmen.[98] Es begründete seine Entscheidung damit, dass es weder in den Gesetzesmaterialien noch in Äußerungen während des Gesetzgebungsverfahrens Hinweise darauf gegeben hätte, dass die Vorschrift des § 129 StGB auch auf nicht verbotene politische Parteien Anwendung finden solle. Auch eine Auslegung nach Wortlaut und Systematik würde nichts anderes ergeben. § 129 StGB ziele seit dem 1. StrÄndG vor allem auf Personenzusammenschlüsse auf dem Gebiet der unpolitischen Kriminalität ab. Schließlich stellte das Gericht auf Sinn und Zweck des Art. 21 GG ab: Verfassungsrechtlich geschützt werde die freie Gründung einer Partei, die Zugehörigkeit zu ihr und ihr organisatorischer Bestand. Es sei daher geboten, § 129 StGB so auszulegen, dass er sich nicht auf Gründer, Mitglieder und Förderer einer politischen Partei beziehe. Politische Parteien seien in ihrem Bestand geschützt, solange das BVerfG nicht ihre Verfassungswidrigkeit festgestellt habe. Bis zu diesem Zeitpunkt dürfe keine Behinderung der Partei in ihrer politischen Tätigkeit erfolgen.[99] Dieser Beschluss vom 30.10.1963 und das Urteil vom 21.3.1961, in dem der § 90 a StGB a.F.[100] teilweise für nichtig erklärt wurde,[101] zeigen, dass Reformbedarf bestand, insbesondere in Hinblick auf eine Neuordnung der Bestimmungen über den Staatsschutz.

bb) Das Vereinsgesetz vom 5. August 1964

1962 beabsichtigte die Bundesregierung eine Reform des öffentlichen Vereinsrechts. In diesem Zuge sollte auch eine Reform der Organisationsdelikte vollzogen werden. Erst 1964 wurde erstmals durch den Sonderausschuss „Strafrecht" des Bundestages über § 129 StGB beraten. Man einigte sich schließlich auf die Einfügung des Tatbestandmerkmals „Werben" neben „Unterstützen", um eine engere Auslegung der Norm zu erreichen. Es sollten so die Fälle erfasst werden, in denen eine bisher erfasste Handlungsvariante nicht zu einer Förderung geführt hat. Damit war es seitens der Gerichte notwendig zu prüfen, ob die

98 BVerfGE 17, 155 (165).

99 BVerfGE 17, 155 (166).

100 Der Schwerpunkt der politischen Rechtsprechung war auf § 90 a StGB fokussiert. Auf Grundlage dieser Norm konnte die Rechtsprechung bis zum Verbot der KPD alle kommunistischen Organisationen selber zerschlagen. Es kam zu einer Ausdehnung des Begriffs der Vereinigung unter Berücksichtigung des kriminalpolitischen Zwecks der Vorschrift; nicht mehr verlangt wurde ein gemeinsam verfolgter Zweck mit der Begründung, in sog. Massenorganisationen sei regelmäßig überhaupt nur der Wille der Führung entscheidend, vgl. BGHSt 7, 223. Ferner wurde die Tätigkeit einer Vereinigung gegen die verfassungsmäßige Ordnung, welche die Norm pönalisierte, schon dann bejaht, wenn Gedanken vertreten und verbreitet wurden, die mit den verfassungsrechtlichen Grundsätzen der Bundesrepublik Deutschland nicht in Einklang standen. Vgl. hierzu auch *Felske*, Kriminelle und terroristische Vereinigungen, S. 302 f.

101 BVerfGE 12, 296 (307).

Werbung tatsächlich zur Förderung geführt hat.[102] Weiterhin wurde ein Abs. 2 eingefügt, der einen Ausschlusstatbestand darstellt. Danach ist Abs. 1 nicht anzuwenden, wenn die Vereinigung eine politische Partei ist, die das BVerfG nicht für verfassungswidrig erklärt hat (Abs. 1 Nr. 1), wenn die Begehung von strafbaren Handlungen nur ein Zweck oder eine Tätigkeit von untergeordneter Bedeutung ist (Abs. 1 Nr. 2), oder soweit die Zwecke oder die Tätigkeit der Vereinigung strafbare Handlungen nach den §§ 90 a, 90 b oder § 128 StGB betreffen (Abs. 1 Nr. 3).

Schließlich wurde durch Abs. 3 als Verschärfung die Strafbarkeit wegen Versuchs eingeführt. In weiteren Lesungen wurde § 129 StGB in dieser Fassung einstimmig angenommen, und das Gesetz trat am 5.8.1964 in Kraft.[103]

cc) Reformierung des Staatsschutzes (8. StrÄndG vom 25.6.1968)[104]

Während zur Zeit des 1. StrÄndG von 1951 noch eine Situation in der Bundesrepublik vorherrschte, in der man von einer akuten Bedrohung durch den Kommunismus ausging und Nachrichten über Gräueltaten im Korea-Krieg die Presse dominierten, war in den 1960er Jahren das demokratische Selbstbewusstsein der Gesellschaft gewachsen. Es zeichnete sich eine Entspannungspolitik zwischen Ost und West ab. Als Demonstration des Willens zu einer Reform des politischen Strafrechts wurde am 28.6.1968 durch den Bundestag einstimmig eine Amnestie für alle bis zum 1.7.1968 begangenen politischen Straftaten beschlossen.[105] Das Streben nach einer aktiveren, von Tabus nicht belasteten, gesamtdeutschen Politik musste dazu führen, den Rahmen weiter zu ziehen, innerhalb dessen für die Bürgerinnen und Bürger die Suche nach Kontakten mit Menschen und Organisationen im anderen Teil Deutschlands frei von strafrechtlichem Risiko sein musste.[106] Den unmittelbaren Anstoß zur Reform des Staatsschutz-Strafrechts gab die SPD-Fraktion mit der Einbringung des Entwurfs eines StrÄndG. Der Sonderausschuss des Bundestages für die Strafrechtsreform begann mit der Beratung im Oktober 1966. Der damit eingeschlagene Weg, Straftatbestände, die rechtspolitisch nicht unbedingt erforderlich waren, abzubauen und die verbleibenden Tatbestände zu präzisieren, wurde in den Beratungen des Sonderausschusses konsequent weitergegangen.[107] Wesentliches Element der Neuregelung war die Einsicht, dass politische Auseinandersetzungen grundsätzlich im politischen Be-

102 *Felske*, Kriminelle und terroristische Vereinigungen, S. 331.
103 BGBl. 1968 I, 741 ff.
104 BGBl. 1968 I, 741 ff.
105 *Felske*, Kriminelle und terroristische Vereinigungen, S. 341.
106 *Krauth/Kurfess/Wulf*, JZ 1968, 577.
107 *Krauth/Kurfess/Wulf*, JZ 1968, 577 (578).

reich und nicht im Gerichtssaal geführt werden müssten. Strafverfolgung könne nur subsidiär, und auch dann nur in eng begrenztem Umfang der Bewahrung der Staats- und Gesellschaftsordnung dienen. Ein politisches Argument, und möge es noch so „abwegig, verworren, pubertär oder illusionär“ sein, bedürfe der „nimmermüden Widerlegung durch das bessere Gegenargument, nicht aber des staatlichen Zwanges“.[108]

Nach langen Diskussionen über die Änderung des § 129 StGB wurde diese schließlich beschlossen. §§ 90 a, 90 b StGB waren zwar schon – wie auch § 129 StGB – im Zuge der Reform des Vereinsgesetz erneuert worden, jedoch wurden diese nun enger gefasst und als §§ 84, 85 StGB in den neuen Abschnitt „Gefährdung des demokratischen Rechtsstaates“ eingeführt. § 128 StGB, der die Geheimbündelei pönalisierte, sowie § 94 StGB, der eine Strafschärfung bei verfassungsverräterischer Absicht vorsah, wurden gestrichen. Strafrechtlich erfasst wurden nur noch die Fortführung und Unterstützung verbotener Parteien bzw. Organisation durch Rädelsführer und Hintermänner. § 129 Abs. 2 Nr. 3 StGB wurde daran angepasst.[109]

Ferner einigte man sich darauf, § 129 Abs. 6 StGB so zu fassen, dass das Gericht auf eine mildere Strafe erkennen oder von einer Bestrafung nach § 129 StGB absehen konnte, wenn der Täter sich freiwillig und ernsthaft bemühte, das Fortbestehen der Vereinigung oder die Begehung einer ihren Zielen entsprechenden Straftat zu verhindern, oder freiwillig sein Wissen gegenüber einer Behörde so rechtzeitig offenbarte, dass geplante Straftaten, von denen er wusste, noch verhindert werden konnten. Bislang wurde bei einer Auslegung des § 129 StGB vorausgesetzt, dass entweder das Fortbestehen einer Vereinigung verhindert werden oder eine Anzeige zur Verhinderung einer geplanten Straftat führen muss.

Der neue Abs. 6 enthielt nun also eine „Kann-Bestimmung“, die es dem Richter ohne weiteres möglich machte, von der Vergünstigung abzusehen, wenn sie in dem betreffenden Einzelfall zu einem unbilligen Ergebnis führen würde, etwa wenn der Täter nur eine geringe Tat verhindert hatte.

Bis zu Beginn der 1970er Jahre wurde § 129 StGB nur noch geringfügigen Änderungen unterzogen. Es wurden Anpassungen an andere Tatbestände vorgenommen und der Strafrahmen mit einer Strafandrohung von nun sechs Monaten bis zu fünf Jahren neu gefasst. 1974 wurde schließlich die in § 129 Abs.4 S. 2 StGB geregelte Möglichkeit der Zulassung der Polizeiaufsicht für Rädelsführer und Hintermänner sowie die nach Abs. 5 mögliche Strafmilderung nach Ermessen gestrichen.[110]

---

108 *Woesner*, NJW 1968, 2129.

109 BGBl. 1968, 741 f.

110 BGBl. I 1974, 469 ff.

Mit dem Ende der Kommunistenverfolgung entwickelte sich jedoch Ende der 1960er Jahre fast fließend ein neues Anwendungsfeld des § 129 StGB: Die Studentenbewegung mit einem teilweise radikalen äußeren Spektrum. Mit dem Höhepunkt der Studentenrevolte 1968 wurde § 129 StGB erneut als Mittel im politischen Kampf eingesetzt.

d) Die Bedeutung der RAF und der „Bewegung des 2. Juni" für die Entwicklung des § 129 StGB (1970er Jahre)

aa) Politisch-gesellschaftliche Situation Anfang der 1970er Jahre

Ende der 1960er Jahre war Deutschland durch die außerparlamentarische Opposition und infolge der Studentenbewegung zum ersten Mal in seiner politischen Geschichte auf einem Höhepunkt liberaler Entwicklung angelangt. Dennoch gab es zu dieser Zeit viele Widersprüche in der westlich-demokratischen Gesellschaft, die die Nachkriegsgeneration beschäftigten.

Der Vietnamkrieg der USA sorgte für „Gräuelmeldungen", und Kritik an der Bundesregierung, die diesen Krieg unterstützte, wurde laut. Weiterhin wurde der „Konsumterror" als bedrohlich empfunden, die Benachteiligung der Armen als erschreckend. Kommunismusverdächtige Beamte wurden von ihren angestrebten Berufen ausgeschlossen, ein Notstandsgesetz war in Vorbereitung. Letztlich breitete sich Unsicherheit darüber aus, in welche politische und gesellschaftliche Richtung sich die Bundesrepublik Deutschland entwickelte.[111]

Als der Student *Benno Ohnesorg* am 2.6.1967 bei einer Demonstration gegen den Besuch des Schahs von Persien von einem Polizisten erschossen wurde, erreichte der studentische Protest gegen das vorherrschende System einen ersten Höhepunkt. In der Nacht vom 2.4. auf den 3.4.1968 wurden in zwei Frankfurter Kaufhäusern Brände gelegt, die einen erheblichen Sachschaden verursachten. Ein halbes Jahr später wurden *Andreas Baader*, *Gudrun Ensslin*, *Thorwald Proll* und *Horst Söhnlein* deswegen vom Landgericht Frankfurt zu drei Jahren Gefängnis verurteilt. Während des Gerichtsverfahrens gab die Studentin *Gudrun Ensslin* zu, einen der Brände gelegt zu haben, mit folgender Begründung: „Wir taten es aus Protest gegen die Gleichgültigkeit, mit der die Menschen dem Völkermord in Vietnam zusehen."[112]

111 *Kühnert*, Große Prozesse, S. 414.

112 Vgl. www.spiegel.de/spiegel/print/d-53060246.html, zuletzt besucht am 21.3.2013; *Sontheimer*, Natürlich kann geschossen werden, S. 35.

Im Untergrund entstand im Frühjahr 1970 die „Baader-Meinhof-Gruppe".[113] Der flüchtige *Baader*[114] wurde kurze Zeit später festgenommen und musste den Rest seiner Brandstifter-Strafe absitzen, konnte jedoch während eines Interviews mit *Ulrike Meinhof* in einer Bibliothek befreit werden, wobei ein Angestellter schwer verletzt wurde. Diese Aktion gilt als die Geburtsstunde der „Roten Armee Fraktion" (RAF). Es folgten Banküberfälle, Feuergefechte mit der Polizei und Bombenanschläge. Neben dieser Gruppe formierten sich die „Bewegung 2. Juni" und später die „Revolutionäre Zellen". Erstere rekrutierte ihre Mitglieder, im Gegensatz zur RAF, nicht aus dem gehobenen Bürgertum, sondern aus dem Arbeitermilieu. Letztere beabsichtigte die Unterstützung bestimmter tagespolitischer Ereignisse durch sog. „Gegenaktionen" in kleinen Gruppen.[115]

1972 wurde ein Anschlag auf den Bundesrichter *Budenberg* verübt, im Mai desselben Jahres explodierten beim Axel-Springer-Verlag in Hamburg zwei Bomben und 38 Menschen wurden verletzt, in Heidelberg wurden durch zwei Autobomben drei amerikanische Soldaten ermordet und fünf Menschen schwer verletzt. Noch vor der Fahndungsaktion im Mai 1972 wurde die RAF zum „Staatsfeind Nr. 1" erklärt und in ihren Aktionen die „Staatskrise", die „Herausforderung des Rechtsstaates" gesehen, „die es mit der ‚Streitbaren Demokratie' des Radikalenerlasses bis an die ‚Grenzen des Rechtsstaates'" abzuwehren galt.[116] *Helmut Kohl*, zu dieser Zeit Ministerpräsident von Rheinland-Pfalz, bezeichnete die Akteure 1972 als „Anarchisten, brutale Terroristen". Die Bundesregierung gab am 29.11.1974 eine „Dokumentation über die Tätigkeit anarchistischer Gewalttäter" heraus, in der es hieß, „die Mitglieder der kriminellen Baader-Meinhof-Vereinigung" strebten den „radikalen Umsturz der gesellschaftlichen Verhältnisse in der Bundesrepublik an."[117] Die Debatte über die RAF und auch über die Bewegung des 2. Juni war omnipräsent, sie führte in allen gesellschaftlichen Bereichen zu polarisierenden Kontroversen. Teile der Medien und Politiker schätzen die Gruppe und deren Akteure als wachsende Bedrohung ein, die „öffentlichen Feind-

---

113 Um sie nicht als politisch motivierte Gruppe anzuerkennen, wurde die RAF von Politikern stets als „Baader-Meinhof-Gruppe" bezeichnet. Konservative und die Zeitungen bzw. Zeitschriften des Axel-Springer-Verlags hingegen zogen die Bezeichnung der „Baader-Meinhof-Bande" vor, vgl. *Sontheimer*, Natürlich kann geschossen werden, S. 54; *Hawickhorst*, § 129a StGB – Ein feindstrafrechtlicher Irrweg zur Terrorismusbekämpfung, S. 27.

114 Am 13.6.1969 wurden die Verurteilten um *Andreas Baader* bis zur Entscheidung über ihren Revisionsantrag aus der Haft entlassen, wobei dieser fünf Monate später vom BGH verworfen wurde. *Baader* und *Ensslin* setzten sich daraufhin zunächst ins Ausland ab, kehrten dann jedoch in die BRD zurück, wo sie in Berlin bei *Ulrike Meinhof* untertauchen konnten, vgl. *Stern/Herrmann*, Andreas Baader: Das Leben eines Staatsfeinds, S. 137 ff.

115 *Felske*, Kriminelle und terroristische Vereinigungen, S. 355.

116 *Diewald-Kerkmann*, Rechtsgeschichte (7) 2005, 139.

117 *Diewald-Kerkmann*, Rechtsgeschichte (7) 2005, 139.

erklärungen“ wurden immer lauter.[118] In der politischen Landschaft schieden sich die Geister. Die sozial-liberale Regierungskoalition sah in der „Guerilla-Ideologie“ eine Herausforderung für den Rechtsstaat, die Oppositionsparteien CDU/CSU verstanden die RAF als „eine Bedrohung der Bundesrepublik.“[119]

Schon hier zeigt sich, dass die Politik polemisierend wirkte und Politiker durch Auftritte in der Öffentlichkeit und in der Presse dieses Thema nutzte, um zu polarisieren. So zeigt sich auch eine Veränderung in der Wortwahl bei solchen Auftritten: Immer häufiger wurden von Politikern Kriegsmetaphern und -szenarien benutzt.[120] So äußerte sich beispielsweise *Franz-Josef Strauß* 1974 dahingehend, dass die Baader-Meinhof-Gruppe dem Rechtsstaat einen Krieg erklärt habe, für dessen Dimension es bis jetzt in der Bundesrepublik Deutschland noch keine rechtlichen Vorschriften gebe.[121] Doch nicht nur die Politik bediente sich dieser Wortwahl; auch in den Medien wurde das Szenario einer „terroristischen Bedrohung“ bzw. von „Top-Terroristen und Terroristinnen“ aufgebaut.[122] So titelte der „Stern“ 1972 „Terror in Deutschland. Die Bombenleger“ und „Die Baader-Story. Wie aus einem Angeber der Staatsfeind Nr. 1 wurde.“[123] Auch die Polizei setzte in der Terrorismusbekämpfung aufgrund unspezifischer Täterprofile und unklarer Organisationsstrukturen sowie der damit verbundenen diffusen Gesamtlage noch stärker auf eine „medial inszenierte Mobilmachung der Bürger“ beispielsweise mittels der „Volksfahndung“.[124]

Schon zu diesem Zeitpunkt wurde klar, dass es sich bei der RAF und deren Anhängern nicht mehr nur um eine Gruppe handelte, die es galt, strafrechtlich zu verfolgen, sondern dass man es mit einem Politikum zu tun hatte, das

118 *Hannover*, Terroristenprozesse, S. 26; zur öffentlichen Debatte in den 1970er Jahren vgl. auch *Balz*, in: Der „Deutsche Herbst“ und die RAF, S.170 ff.

119 *Rammstedt*, Frankfurter Hefte (3) 1975, 29.

120 Vgl. hierzu: *Musolff*, in: Terrorismus im öffentlichen Diskurs der BRD, S. 302 ff.

121 Frankfurter Rundschau, 5.12.1974, S. 3.

122 Der Begriff des Terrorismus erscheint eher abstrakt; daher soll bereits an dieser Stelle eine mögliche Definition von Terrorismus gegeben werden. So lässt sich sagen, „Terrorismus ist eine Reihe von vorsätzlichen Akten direkter physischer Gewalt, die punktuell und unvorhersehbar, aber systematisch mit der Absicht psychischer Wirkung auf weit mehr Personen als nur die physisch getroffenen Opfer im Rahmen einer politischen Strategie ausgeführt werden.“ So bei *Hess*, in: Terrorismus und Extremismus, S. 109. Ausführlich zum Terrorismusbegriff auch *Hawickhorst*, § 129a StGB – Ein feindstrafrechtlicher Irrweg zur Terrorismusbekämpfung, S. 50 ff., mit Abgrenzung auch zu zu verwandten Begriffen, Terrorismus und organisierter Kriminalität sowie Definitionen internationaler Organisationen.

123 *Diewald-Kerkmann*, Rechtsgeschichte (7) 2005, 140; auch aktuell wird vom Krieg seitens der RAF gesprochen, vgl. *Sontheimer*, „Natürlich kann geschossen werden“, S. 16 f.: „Über eine soziale Basis für ihren Krieg verfügte die RAF nicht.“, „Sie sahen sich in der Tat als gleichberechtigte Parteien im Krieg, den sie vom Zaun gebrochen hatten.“

124 *Weinhauer*, in: Der „Deutsche Herbst“ und die RAF, S. 117.

politisch polarisierte.[125] Beleg dafür ist die Aussage des damaligen Präsidenten des Bundeskriminalamtes, *Horst Herold*, im Kontext mit den Verhaftungen der Gründungsmitglieder *Baader*, *Meinhof*, *Ensslin* und *Raspe*: „Wir haben es hier mit einem gesellschaftlichen Problem zu tun. Wir müssen dem Anarchismus den Boden entziehen." Nach dessen Auffassung würde dies nur gelingen, wenn längst fällige Reformen in der Bundesrepublik Deutschland durchgeführt würden; er ergänzte: „Wenn die Revolution in nächster Zeit nicht von oben kommt, dann kommt sie mit Sicherheit in kurzer Zeit von unten."[126]

bb) Recht und Gesetzgebung in Zeiten des Terrors – Ende der Liberalisierung und Entkriminalisierung

Aufgrund der Erfahrungen mit dem „politischen Terrorismus" wurden Forderungen nach „raschem und entschlossenem Durchgreifen" durch den Gesetzgeber laut. Bei ihrem Vorgehen gegen „revolutionäre Gewalttäter" fanden die Strafverfolgungsbehörden, voran die Bundesanwaltschaft, breite Zustimmung.[127] Noch Anfang der 1970er Jahre hatte sich der Generalbundesanwalt *Ludwig Martin* Kritik stellen müssen, weil auf einer Pressekonferenz der Bundesanwaltschaft geäußert worden war, es könne nicht ausgeschlossen werden, dass zwischen RAF-Mitgliedern und einigen ihrer Verteidiger Verbindungen bestünden, die nicht durch die anwaltlichen Berufspflichten gedeckt seien.[128] Zwei Jahre später, am 20.12.1974, trat schon ein Gesetz gegen den „Missbrauch der Verteidigerbefugnisse", das 1. StVRG, in Kraft.[129]

Am 29.4.1975 kam es zur Geiselnahme in der Deutschen Botschaft in Stockholm, bei der drei Menschen getötet wurden.[130] Im Mai 1975 wurde im Bundestag der Entwurf eines Gesetzes der CDU/CSU-Fraktion zur Bekämpfung terroristischer krimineller Vereinigungen eingebracht, der die Einführung eines neuen § 129 a StGB zum Ziel hatte. Dieser Entwurf sollte, so hieß es, verbesserte strafrechtliche Möglichkeiten zur Bekämpfung der modernen Formen terroristischer krimineller Vereinigungen schaffen, um auch wieder das Vertrauen des Bürgers in die Fähigkeiten des Staates zur Gewährleistung der inneren Sicherheit zu stärken. Der bisherige § 129 StGB reiche dafür nicht mehr aus.

In dem Entwurf sollte u.a. der § 129 StGB aufgegliedert werden. In einem neuen § 129 a StGB sollte die Bildung schwerkrimineller Vereinigungen als Ver-

125 *Balz*, in: Der „Deutsche Herbst" und die RAF, S.170.
126 Zitiert nach *Diewald-Kerkmann*, Rechtsgeschichte (7) 2005, 140.
127 *Martin*, JZ 1975, 312 (313).
128 *Martin*, JZ 1975, 312 (313).
129 BGBl. 1974 I, 3686 ff.
130 *Aust*, Der Baader Meinhof Komplex, S, 329 ff.

brechenstatbestand eingestuft werden. Auch sollte der neue § 129 a StGB sämtliche Tatbestandsmodalitäten des § 129 StGB übernehmen und damit über die Tathandlung der Unterstützung auch die Helfer und Sympathisanten derartiger Vereinigungen erfassen.[131] Dieser Entwurf traf jedoch nicht überall auf Zustimmung. Die hessische Landesregierung lehnte die Neuschaffung des § 129 a StGB gänzlich ab mit der Begründung, es lägen keine Erkenntnisse darüber vor, dass der Strafrahmen des bestehenden § 129 StGB nicht ausreiche, um derartige Vereinigungen zu erfassen. Man sah es nicht als gerechtfertigt an, für die bloße Bildung einer kriminellen Vereinigung Freiheitsstrafen von einem bis zu zehn Jahre anzudrohen, wenn das Strafrecht als Rechtsgüterschutz jeweils auf den Wert des Rechtsgutes und auf die Intensität von dessen Beeinträchtigung abstelle.[132] Ähnlich argumentierte die Bundesrechtsanwaltskammer in einer schriftlichen Stellungnahme: Die Einfügung des § 129 a StGB sei nicht geboten. Bereits durch § 129 Abs. 4 StGB werde das legitime kriminalpolitische Bedürfnis, besonders gefährliche terroristische Vereinigungen schärfer zu bestrafen, befriedigt.[133]

Es kam noch zu vielen Unstimmigkeiten und Uneinigkeiten während des Gesetzgebungsverfahrens, doch konnte man sich schließlich einigen, so dass im Sommer 1976 das sog. Anti-Terrorismus-Gesetz in Kraft trat.

cc) Das Anti-Terrorismus-Gesetz

Am 18.8.1976 wurde das Gesetz zur Änderung des StGB, der StPO, des GVG, der BRAO und des Strafvollzugsgesetzes verkündet.[134] Im Vordergrund der Änderungen des materiellen Rechts stand der neue § 129 a StGB.[135] Diese dem § 129 StGB nachgebildete Vorschrift sieht eine Vereinigung dann als terroristisch an, wenn ihr Zweck oder ihre Tätigkeit darauf gerichtet ist, Tötungsdelikte (§§ 211 StGB, 212 StGB, 220 a StGB a.F.), bestimmte Straftaten gegen die persönliche Freiheit (§§ 239 a, 239 b StGB) oder gemeingefährliche Straftaten (z.B. §§ 306 bis 308 StGB) zu begehen.[136]

Ziel war es, solche Delikte zu erfassen, die für terroristische Organisationen charakteristisch sind, ihnen sozusagen „wesenseigen" sind. Gemeint sind damit nicht die Straftaten, mit Hilfe derer die der Organisation wesenseigenen Verbrechen vorbereitet werden, z.B. zur Beschaffung finanzieller Mittel (schwerer)

131 *Felske*, Kriminelle und terroristische Vereinigungen, S. 357.

132 *Felske*, Kriminelle und terroristische Vereinigungen, S. 360.

133 *Felske*, Kriminelle und terroristische Vereinigungen, S. 386.

134 BGBl. 1976 I, 2181 ff.

135 Einen ausführlichen Überblick zur Einführung des § 129a StGB bietet *Hawickhorst*, § 129a StGB – Ein feindstrafrechtlicher Irrweg zur Terrorismusbekämpfung, S. 28 ff.

136 *Dahs*, NJW 1976, 2145 (2147).

Diebstahl, Raub, Erpressung etc.[137] Strafbar ist vielmehr die Gründung, Mitgliedschaft, Werbung oder Unterstützung der Vereinigung, wobei Rädelsführer und Hintermänner einer erhöhten Strafandrohung unterliegen. Auf die damit einher gehenden Änderungen der Strafprozessordnung soll an späterer Stelle gesondert eingegangen werden.[138]

e) Bedeutung des § 129 StGB in den 1980er Jahren

aa) Geschichtliche Hintergründe

Trotz der Einführung des § 129 a StGB im Jahre 1976 hielten die terroristischen Gewalttaten in der Bundesrepublik Deutschland weiterhin an. 1977 war es zum Höhepunkt des Terrorismus gekommen, dem sog. „Deutschen Herbst". Mitte der 1980er Jahre kam es zu weiteren Anschlägen, bei denen mehrere Menschen getötet wurden, u.a. bei einem Anschlag auf den amerikanischen Luftwaffenstützpunkt auf dem Rhein-Main-Flughafen in Frankfurt, bei dem zwei amerikanische Soldaten starben.

Neben der nicht abreißenden Serie von Anschlägen der RAF und anderer terroristischer Vereinigungen gab es jedoch auch neue Gruppen, die in das Blickfeld der Öffentlichkeit gerückt waren. Im Zuge der Auseinandersetzungen um den Bau der Startbahn West in Frankfurt am Main, Projekten hinsichtlich des Ausbaus der Kernenergie und der „Hausbesetzer-Szene" in verschiedenen bundesdeutschen Großstädten bildeten sich autonome Gruppen, die mit Anschlägen gegen hauptsächlich staatliche Einrichtungen ihren Widerstand gegen die geplanten Projekte zum Ausdruck brachten. Der Widerstand einiger Mitglieder der „Anti-AKW-Bewegung" reichte beispielsweise von Störungen von Veranstaltungen politischer Gegner über Ausschreitungen bei Demonstrationen bis hin zu Sabotageaktionen gegen die am Bau von Kernkraftwerken beteiligten Firmen.[139] Auch Strommasten, Bahnleitungen und Baumaterialien wurden zur Zielscheibe einer Serie von Anschlägen bis dahin unbekannten Ausmaßes.[140] Diese Aktivisten waren nicht als Terroristen einzuordnen, da sie über kein langfristiges Konzept verfügten, und sie keinen systematischen Kampf für politische Ziele führten.[141]

---

137 Protokoll über die 77. Sitzung des Sonderausschusses für die Strafrechtsreform v. 28.1.1976, S. 2443.

138 Vgl. Gliederungsebene B. V. der vorliegenden Arbeit.

139 *Felske*, Kriminelle und terroristische Vereinigungen, S. 401.

140 *Fürst*, Grundlagen und Grenzen der §§ 129, 129 a StGB, S. 46, 47.

141 Wie bereits ausgeführt handelt es sich beim Terrorismus um Akte „direkter physischer Gewalt, die punktuell und unvorhersehbar, aber systematisch mit der Absicht psychischer Wirkung

1985/86 verübten autonome Gruppierungen vermehrt Störaktionen gegen Munitionstransporte durch Entfernen von Eisenbahnschwellen oder -schienen, Blockieren von Weichen und Beschädigungen von Oberleitungen. Weiterhin kam es zu Brandanschlägen auf Polizei- und Militärfahrzeuge im Verlauf des Widerstandes gegen die Wiederaufbereitungsanlage Wackersdorf.[142]

bb) Reaktion der Gesetzgebung und Rechtsprechung

Seit Ende der 1970er Jahre wurde zunehmend für eine Eingrenzung der weit gefassten Tatbestände §§ 129, 129 a StGB geworben, die sich zu Beginn der 1980er Jahre in Initiativen zur Modifikation bis hin zur Streichung des § 129 a StGB äußerte.[143] Diese Entwicklung schlug sich auch auf die Rechtsprechung nieder, so dass diese ebenfalls zu Beginn der 1980er Jahre von einer restriktiven Auslegung der beiden Tatbestände geprägt war.[144] Doch durch erneute terroristische Attentate in den Jahren 1985 und 1986,[145] die eine neue Dimension des Terrorismus darstellten, kam es wiederum zu einer Umkehrung dieser Entwicklung.[146]

Die seit 1982 regierende christlich-liberale Bundesregierung unter *Helmut Kohl* als Bundeskanzler, reagierte auf die o.g. Erscheinungsformen moderner Kriminalität mit dem Entwurf eines Gesetzes zur Bekämpfung des Terrorismus. Das StGB und das GVG sollten verschiedenen Änderungen unterzogen, eine Kronzeugenregelung bei terroristischen Straftaten eingeführt, und der § 129 a StGB um neue Katalogtaten erweitert werden. Insgesamt sollte das geltende Strafrecht, insbesondere die Organisationsdelikte, verschärft werden. Für § 129 StGB waren hingegen keine Änderungen vorgesehen.

Die Kronzeugenregelung wurde schließlich fallen gelassen und das Gesetz zur Bekämpfung des Terrorismus mit „Hektik" – wegen der Bundestagswahl am 25.1.1987 – verabschiedet.[147] Der Fokus lag auf der Erweiterung des § 129 a StGB und der Einfügung des § 130 a StGB, in dem die Anleitung zu Straftaten pönalisiert wird. Neu eingeführt wurde u.a. auch § 305 a StGB, der die Bestra-

auf weit mehr Personen als nur die physisch getroffenen Opfer im Rahmen einer politischen Strategie ausgeführt werden." Vgl. bei *Hess*, in: Terrorismus und Extremismus, S. 109

142 *Felske*, Kriminelle und terroristische Vereinigungen, S. 402.

143 Vgl. Gesetzesinitiative der SPD, BT-Drucks. 10/Nr. 1883 und zur Streichung des § 129 a Gesetzesinitiative der Grünen, BT-Drucks. 10/Nr. 2396.

144 Vgl. BGH-Rechtsprechung: BGHSt 31, 239 ggü. BGH NJW 1975, 985 sowie BGHSt 33, (16) ggü. BGHSt 28, 26.

145 Vgl. hierzu *Pflieger*, Die Rote Armee Fraktion, S. 139 ff.; *Daase*, Die Dritte Generation der RAF, abrufbar unter: www1.bpb.de/themen/WS7PU4,0,Die_dritte_Generation_der_RAF%2819821998%29.html, zuletzt besucht am 21.3.2013.

146 Vgl. hierzu *Hawickhorst*, § 129a StGB – Ein feindstrafrechtlicher Irrweg zur Terrorismusbekämpfung, S. 37ff.; *Felske*, Kriminelle und terroristische Vereinigungen, S. 400 ff.

147 Deutscher Richterbund, Zwischen Zögern und Hektik, DRiZ 1986, 467.

fung der Zerstörung von bedeutenden Arbeitsmitteln für wichtige öffentliche Einrichtungen sowie von Polizei- und Militärfahrzeugen zum Gegenstand hat. Die Anschläge auf Strommasten und Baumaschinen wurden als typische terroristische Erscheinungsformen angesehen,[148] was dazu führte, dass der neu geschaffene § 305 a StGB in den Katalog des § 129 a StGB aufgenommen wurde, ebenso wie § 315 StGB und § 316 b Abs. 1 StGB. Auch wurde der Strafrahmen für die Tathandlung des Gründens und der mitgliedschaftlichen Beteiligung in einer terroristischen Vereinigung von zuvor sechs Monaten bis fünf Jahre auf dann ein bis zu zehn Jahre erhöht und damit als ein Verbrechenstatbestand eingestuft.[149]

In der Begründung hieß es, den Hintergrund des gesamten Gesetzesentwurfes würden eine nicht abreißende „Serie terroristischer Gewalttaten" und Mordanschläge bilden, „die von Menschenverachtung und Brutalität geprägt sind". Das Leben von Menschen sei zunehmend in Gefahr, die Bürger würden in ihrem „Vertrauen in die Möglichkeit wirksamen staatlichen Schutzes vor terroristischen Hintergründen verunsichert".[150] Das Gesetz zur Bekämpfung des Terrorismus trat am 1.1.1987 in Kraft.[151]

cc) § 129 StGB und die „Hausbesetzer-Szene"

Wie *Rudolphi* 1984 feststellte, ist für Hausbesetzungen typisch, dass sie gemeinschaftlich durch eine Mehrzahl von Personen erfolgen.[152] Somit ist der eigentlichen Tatausführung (§ 123 StGB, ggf. § 303 StGB) der mehr oder weniger enge Zusammenschluss mehrerer Personen und die konkludente oder ausdrückliche Vereinbarung vorgelagert, ein oder mehrere leer stehende Häuser gemeinschaftlich zu besetzen. Dabei kann es auch zu gewaltsamem Widerstand gegen zu erwartende polizeiliche Räumungsmaßnahmen kommen (§ 113 StGB).[153] Hier stellt sich also die Frage, wie auch in allen anderen Fällen der gemeinschaftlichen Deliktsplanung, ob bereits dieser Zusammenschluss überhaupt als Gründung einer kriminellen Vereinigung im Sinne des Grundtatbestandes zu werten ist. Dies hätte weitreichende Folgen, so stellt er fest, wäre dann doch nicht nur dieser deliktischen Zwecken dienende Personenzusammenschluss als solcher bereits als Gründen einer kriminellen Vereinigung strafbar, sondern auch die mitgliedschaftliche Beteiligung an dieser Vereinigung sowie ihr Unterstützen und das Werben für

148 *Felske*, Kriminelle und terroristische Vereinigungen, S. 405 f.
149 *Fürst*, Grundlagen und Grenzen der §§ 129, 129 a StGB, S. 50.
150 *Kühl*, NJW 1987, 737 (738, 743).
151 BGBl. 1986 I, 2566 ff.
152 *Rudolphi*, JR 1984, 32.
153 *Rudolphi*, JR 1984, 32 f.

sie mit Strafe bedroht; dies unabhängig davon, ob es überhaupt jemals zur Ausführung einer der verabredeten Straftaten komme.[154]

In seinem Beschluss vom 2.2.1983[155] war der BGH bemüht, angesichts dieser die Strafbarkeit weit in das Vorbereitungsstadium vergleichsweise milder Straftaten (§§ 303, 123 etc. StGB) vorverlagernden Funktion des § 129 StGB, die Norm restriktiv zu interpretieren. In seiner Entscheidung hebt das Gericht hervor, dass insbesondere den für alle Mitglieder verbindlichen Regeln über die Willensbildung eine für die Vereinigung konstitutive Bedeutung zukommt. Diese Regeln seien es, die die Mitglieder zu einer organisierten Einheit zusammenschließen und dem Personenzusammenschluss die notwendige Festigkeit und Kontinuität verleihen. Zudem gab der BGH vor, dass nicht jedes gemeinsame Handeln mehrerer, das sich über einen gewissen Zeitraum erstrecke und einem gemeinsamen Endzweck diene, schon Ausdruck eines verbandsmäßig organisierten Gemeinschaftswillen sei, dem sich der Einzelne satzungsgemäß unterworfen habe.[156] *Rudolphi* führt hierzu aus, es sei vielmehr ein Organisationsplan erforderlich, in dem man arbeitsteilig zur Erreichung des gemeinsamen Ziels zusammenwirkt. Nur wenn ein solches „Organisationsstatut" beschlossen und praktiziert wird, könne man von einer kriminellen Vereinigung sprechen.[157] Wenn eine nicht fest abgrenzbare Gruppe demnach darüber diskutiert, wie der gewaltsamen Räumung der besetzten Häuser durch die Polizei begegnet werden soll, und der gewaltsame Widerstand beschlossen wird, ist damit noch keine kriminelle Vereinigung entstanden.[158]

Der BGH eröffnete somit wieder eine neue Interpretation innerhalb des § 129 StGB und machte mit dieser Entscheidung seine Einschätzung hinsichtlich der Gefährlichkeit der „Hausbesetzer-Szene" deutlich. Ein solcher Zusammenschluss sei kaum auf Dauer angelegt und könne nicht die Gefährlichkeit einer kriminellen Vereinigung erlangen.

f) Rechtsextremismus und die Bedeutung des § 129 StGB

Eine neue Bedeutung erhielt der § 129 StGB zu Beginn der 1990er Jahre mit dem immer stärker aufkeimenden Rechtsextremismus. Beispielhaft ist dafür der Fall um die „Nationale Offensive" (NO) anzuführen, einer rechtsextremen Gruppierung, mit der sich 1995 auch der BGH zu beschäftigen hatte.[159] Im Folgenden soll

154 *Rudolphi*, JR 1984, 33.
155 BGHSt 31, 239 ff.
156 BGHSt 31, 240 f.
157 *Rudolphi*, JR 1984, 32 (33).
158 *Rudolphi*, JR 1984, 32 (34).
159 BGH NJW 1995, 2117.

nur kurz auf dieses Verfahren eingegangen werden, eine ausführliche Darstellung erfolgt an späterer Stelle.[160] Die NO verbreitete rechtsextremes Gedankengut durch Zusammenstellung von Propagandamaterial, Kameradschaftsabende sowie mittels Plakaten und Aufklebern. Neben solchen Aktivitäten befürworteten die Mitglieder auch Farbsprühaktionen zur Verbreitung rechtsextremer Parolen wie „Zigeuner raus“ und „Ausländer raus“.[161] Das LG Dortmund hatte die NO aufgrund der Ausschlussklausel des § 129 Abs. 2 Nr. 2 StGB nicht als kriminelle Vereinigung angesehen, die Farbsprühaktionen also nicht als Straftaten von übergeordneter Bedeutung eingestuft.

Der BGH rügte diese Auffassung, indem er u.a. anführte, der Anwendungsbereich des § 129 Abs. 1 StGB würde zu weit eingeschränkt.[162] Eine Einschränkung des Kreises der hier in Betracht kommenden Straftaten ergebe sich vor allem mit Rücksicht auf das Verhältnismäßigkeitsprinzip und die an § 129 StGB anknüpfenden strafprozessualen Eingriffsmöglichkeiten bereits aus der ratio des Absatz 1 und nicht erst, wie vom LG angenommen, aus der in § 129 Abs. 2 Nr. 2 StGB verankerten Ausschlussklausel. Mit § 129 StGB sollten nur solche Aktivitäten einer „Vereinigung“ erfasst werden, die – auch unter Berücksichtigung der Organisationsstrukturen und der ihnen eigenen Dynamik – eine erhöhte Gefahr darstellten. Dies wiederum bedeute, dass schon der Grundgedanke dieser Norm es gebiete, eine Begrenzung der relevanten Straftaten auf solche vorzunehmen, die im Hinblick auf das geschützte Rechtsgut des öffentlichen Friedens bzw. der öffentlichen Sicherheit von einigem Gewicht sind. Würde die Norm weitergehend interpretiert werden, so würde dies letztlich zu einer Bestrafung der Gründung und Aufrechterhaltung der Organisation als solcher führen.[163] Eine solche Ausdehnung des Tatbestandes war also nicht das Anliegen des BGH.

Die Bedeutung der einschlägigen Straftaten bei der Beurteilung des Grades der Gefährlichkeit lasse sich nicht nur anhand der Strafandrohungen bestimmen, sondern auch anhand der konkreten Umstände der Tatbegehung, einschließlich des aktuellen gesellschaftlichen Klimas.[164] Damit zeigte der BGH, dass auch der sich seit Beginn der 1990er Jahre immer weiter steigernde Rechtsextremismus zum Thema gemacht werden musste. Hatte noch vor der Wende 1989 in der DDR der Rechtsextremismus keine sich in der Gesellschaft ausbreitende Tendenz, so nahmen in den folgenden Jahren Straftaten mit rechtsextremem Hintergrund auch in den neuen Bundesländern stetig zu. 1991 wurden insgesamt 1483 rechtsextreme Gewalttaten registriert, fünfeinhalb mal soviel wie im Jahr zuvor. Ein

160 Vgl. Gliederungsebene B. I. 2. d) aa) 4 (a) dieser Arbeit.
161 BGH NJW 1995, 2117.
162 BGH NJW 1995, 2117.
163 BGH Urt. v. 22.2.1995, NStZ 1995, 343 mit Anmerkung *Schittenhelm*.
164 BGH NJW 1995, 2118.

Jahr später wurden beim Bundeskriminalamt (BKA) sogar 2584 Gewalttaten mit erwiesener oder zu vermutender rechtsextremistischer Motivation erfasst, was gegenüber dem Vorjahr einen Zuwachs von 74% bedeutete.[165]

Der BGH sah in den Farbsprühaktionen jedenfalls eine Sachbeschädigung (§ 303 StGB) und gewichtete diese wegen des rechtsextremen Hintergrundes als schwerwiegend, so dass der Anwendungsbereich des § 129 StGB eröffnet war und die Angeklagten auch demgemäß hätten verurteilt werden müssen.

Diese Entscheidung ist auf Kritik gestoßen. Es stellte sich die Frage, ob es tatsächlich die angenommene Sachbeschädigung oder nicht etwa die sog. „Spray-Inhaltsdelikte" den BGH zur Bejahung des § 129 Abs. 1 StGB veranlassten.[166] In diesem Zusammenhang wird bemerkt, dass ein entsprechender Tatbestand, der eine Verbindung von Sachbeschädigungen mit politischen Aussagen ermöglichte, mit § 94 Abs. 1 StGB a.F. existierte, jedoch im Jahre 1968 aufgehoben wurde. Ferner enthalte das StGB Normen wie §§ 126, 130, 166 StGB oder §§ 185 ff. StGB, die bestimmte Aussagen und damit auch solche „Spray-Inhaltsdelikte" erfassen. Deren Anwendungsbereich dürfte nicht dadurch unterlaufen werden, dass durch § 129 i.V.m § 303 StGB die in den einschlägigen Bestimmungen festgelegten Grenzen umgangen werden.[167] Hierzu kann jedoch angeführt werden, dass es insbesondere im vorliegenden Fall nicht allein um den „Inhalt" der Sachbeschädigung geht, der möglicherweise durch § 130 StGB erfasst sein könnte. Dem BGH geht es vielmehr um die Feststellung von Gefahren, die für die öffentliche Sicherheit von den als Sachbeschädigungen gewerteten Sprühaktionen unmittelbar selbst ausgehen können. Wenn dabei noch eine gewisse Planmäßigkeit an den Tag gelegt wird und dies die Vereinigung in ihrem Handeln prägt, ist der Anwendungsbereich des § 129 Abs. 1 StGB eröffnet.[168]

Vor diesem Urteil wurde die Justiz teilweise beschuldigt, in Fällen mit rechtsextremen Hintergrund nicht durchzugreifen. Die Justiz nütze zunächst fast jeden Subsumtionsspielraum aus, um die Taten minder schweren Tatbeständen zuzuordnen. Die Strafen reichten meist gerade hin, den Tätern mehr Status in ihrer Subkultur zu verleihen, so zitiert *Wolfgang Hoffmann-Riem* den Kriminologen *Henner Hess*.[169] Das Urteil des BGH konnte solchen Stimmen nun entgegen gehalten werden.

165 Vgl. www.migration-info.de/migration_und_bevoelkerung/artikel/000605.htm, zuletzt besucht am 21.3.2013.

166 *Schittenhelm*, NStZ 1995, 343 (344).

167 *Schittenhelm*, NStZ 1995, 343 (344).

168 BGH Urt. v. 22.2.1995, NStZ 1995, 340 (342).

169 *Hoffmann-Riem*, Kriminalpolitik ist Gesellschaftspolitik, S. 87.

g) Linke und das „Radikal“-Verfahren

Doch auch die „linke Szene“ wird in den 1990er Jahren wieder mit § 129 StGB in Verbindung gebracht. Exemplarisch soll hier der Fall der Zeitschrift „radikal“ aus dem Jahre 1997 erwähnt werden.

Das OLG Koblenz[170] und das OLG Düsseldorf[171] hatten über die Zulassung von Anklagen und die Eröffnung des Hauptverfahrens gegen vier Personen zu befinden, welche für die Herstellung und Verbreitung der linksextremistischen Untergrunddruckschrift „radikal“ verantwortlich waren und denen deshalb u.a. Mitgliedschaft in einer kriminellen Vereinigung nach § 129 Abs. 1 StGB vorgeworfen wurde. Die unregelmäßig erscheinende Druckschrift wurde von einer im Untergrund arbeitenden Vereinigung in einer Auflage von ca. 5000 Exemplaren herausgegeben und verstand sich als Sprachrohr der gewaltbereiten linksextremistischen Szene. „radikal“ beinhaltete neben Tatbekenntnissen terroristischer Vereinigungen wie der RAF oder der „Revolutionäre Zellen“ und anderen terroristischen Gruppierungen u.a. detaillierte Anleitungen zum Bau von Brand- und Sprengstoffsätzen und billigte schwere Gewaltdelikte. Zudem wurde vielfach zur Begehung von Straftaten aufgefordert. Im Zusammenhang mit den „Castor“-Transporten wurde u.a. im April 1995 eine Bauanleitung für die Herstellung von Oberleitungshaken zur Sabotage von Bahntransporten abgedruckt.[172] Durch Beschluss vom 5.3.1997 hatte das OLG Koblenz die Eröffnung des Hauptverfahrens abgelehnt. Es hatte die Auffassung vertreten, dass Straftaten i.S.d. § 129 Abs. 1 StGB, auf deren Begehung der Zweck einer kriminellen Vereinigung gerichtet ist, nicht die öffentliche Aufforderung zu Straftaten nach § 111 StGB, die Belohnung und Billigung von Straftaten nach § 140 StGB sowie die Anleitung zu Straftaten gemäß § 130 a StGB und die Unterstützung einer terroristischen Vereinigung nach § 129 a Abs. 3 StGB sein könnten, weil es hierzu einer auf die Begehung eigener strafbarer Handlungen gerichteten Zielsetzung bedürfe. Diese Entscheidung wurde jedoch vom BGH aufgehoben und das Verfahren an das OLG Düsseldorf verwiesen.[173]

Das OLG Düsseldorf vertrat abweichend vom OLG Koblenz die Ansicht, dass unter Straftaten i.S.d. § 129 Abs. 1 StGB, auf deren Begehung der Zweck einer kriminellen Vereinigung gerichtet ist, zum einen § 129 a Abs. 3 StGB und § 130 a StGB fallen könnten, zum anderen aber auch eine öffentliche Aufforderung zu Straftaten nach § 111 StGB und die Belohnung und Billigung dieser nach § 140 StGB. Eine schematische Ausgliederung von Straftatbeständen als „Straf-

170 OLG Koblenz, Entsch. v. 5.3.1997 (OJs 13/95).
171 OLG Düsseldorf NStZ 1998, 249.
172 OLG Düsseldorf NStZ 1998, 249.
173 BGHSt 43, 122 ff.

taten" i.S.d. § 129 Abs. 1 StGB lasse der Gesetzgeber nicht zu, so das Gericht.[174] Zwar sei nach Sinn und Zweck dieser Norm nicht jede von einer Vereinigung bezweckte Straftat ausreichend, um die Annahme einer kriminellen Vereinigung zu begründen. Orientiert am Schutzgut – der öffentlichen Sicherheit und der staatlichen Ordnung, also des staatlichen Friedens – kämen aber solche Straftaten in Betracht, die geeignet seien, dieses Schutzgut zu gefährden.[175] Darunter fielen insbesondere solche strafbaren Verhaltensweisen, die ein politisches oder gesellschaftliches Klima schafften oder verstärkten, in dem sich Dritte ihrerseits in ihrem strafbaren Verhalten bestärkt und möglicherweise sogar eine Veranlassung dazu sehen könnten. Die den Angeklagten zur Last gelegten Taten seien durchaus geeignet, im linksextremistischen Bereich Gruppierungen oder Einzeltäter hinsichtlich ihrer Motivation für Straftaten zu bestärken, welche geeignet wären, Unruhe und Verunsicherung von nicht nur untergeordneter Bedeutung in der Bevölkerung auszulösen und den Gemeinschaftsfrieden zu gefährden.[176] Dem Leitsatz des Gerichts nach ist also die Strafvorschrift des § 129 StGB dann anwendbar, wenn Straftaten, auf deren Begehung die Zwecke oder Tätigkeiten der Vereinigung gerichtet sind, eine erhebliche Gefahr für die öffentliche Sicherheit darstellten und unter diesem Blickwinkel von einigem Gewicht seien.

Mit der im Vergleich zum OLG Koblenz unterschiedlichen Auffassung zeigte das OLG Düsseldorf insbesondere Bewusstsein für den Bereich der organisierten Kriminalität. Die Ansicht des ersteren Gerichts hätte nämlich zur Folge gehabt, dass beispielsweise bei Hehlereidelikten eine Bestrafung nach § 129 Abs. 1 StGB nicht möglich wäre, weil § 259 StGB die Vortat eines anderen voraussetzten. Dadurch würden nicht hinnehmbare Strafbarkeitslücken entstehen, gerade im Bereich der organisierten Kriminalität. Diese kann der Gesetzgeber nicht beabsichtigt haben.[177]

2. Strafbarkeit nach § 129 StGB

a) Rechtsgüterschutz im StGB

Die durch den Besonderen Teil des StGB geschützten Rechtsgüter sind mannigfaltig: Das Leben, die körperliche Integrität, Ehre und Freiheit, das Eigentum und Vermögen, den Bestand des Staates und dessen verfassungsmäßige Ord-

174 OLG Düsseldorf NStZ 1998, 249.
175 OLG Düsseldorf NStZ 1998, 249.
176 *Hofmann*, NStZ 1998, 249 (250).
177 *Hofmann*, NStZ 1998, 249 (250).

nung, um nur einige zu nennen.[178] Jedoch gibt es auch Tatbestände, für die der Gesetzgeber nur das „floskelhafte, nichtssagende Schutzobjekt"[179] der öffentlichen Ordnung herangezogen hat. Als Beispiele können hier genannt werden der Tatbestand der Amtsanmaßung (§ 132 StGB) oder des Vortäuschens einer Straftat (§ 145 d StGB).

b) Geschütztes Rechtsgut des § 129 StGB

Der § 129 StGB ist auch aktuell die zentrale Norm hinsichtlich der Strafbarkeit krimineller Vereinigungen. Zunächst soll näher auf das von dieser Norm zu schützende Rechtsgut eingegangen werden. Dies ist nicht unstrittig. Geschützt wird nach einer Ansicht der hier nach Zweck und Tätigkeit der Vereinigung ausschließlich unter strafrechtlichen Vorzeichen stehende, und deshalb auf seinen Kernbereich beschränkte öffentlich Friede,[180] der die öffentliche Sicherheit und Ordnung insoweit mit umfasst. Für diesen stellt bereits die bloße Existenz krimineller Vereinigungen und die diesen innewohnende Eigendynamik ein Gefahrenpotential dar, woraus sich auch die Einordnung als abstraktes Gefährdungsdelikt ergibt.[181] Dies gilt auch für den § 129 a StGB und nach der Erweiterung des Anwendungsbereichs des Grundtatbestandes auf das Ausland im Rahmen des § 129 b StGB auch für die Rechtsgutsbestimmung dort.[182] Zum Teil wird das geschützte Rechtsgut nur in der öffentlichen Sicherheit gesehen. Dies würde jedoch z.B. bei ausländerfeindlichen Organisationen zu Schwierigkeiten führen, zu deren Zwecke oder Tätigkeiten auch Straftaten nach § 130 StGB gehören.[183] Als zu eng wird von dieser Meinung auch die Ansicht des zweiten großen Lager bezeichnet, welches den Sinn des § 129 StGB ausschließlich auf die Funktion eines Vorfeldtatbestands zum Schutz der Rechtsgüter des Besonderen Teils verkürzt.[184] Die

178 *Heinrich*, Strafrecht – Allgemeiner Teil I, Rn. 8.

179 *Schroeder*, Die Straftaten gegen das Strafrecht, S. 5.

180 *Fischer*, § 129 Rn. 2; *Lackner/Kühl*, § 129 Rn. 1; *Lenckner/Sternberg-Lieben*, in: Schönke/Schröder, § 129 Rn. 1; *Miebach/Schäfer*, in: MK, § 129 Rn. 1.

181 Z.T. allerdings nur auf die öffentliche Sicherheit abstellend, wobei daneben gelegentlich auch noch die öffentliche Ordnung genannt wird, z.B. BGH NJW 1975, 985; *Gössel*, JR 1983, 116 (119); OLG Düsseldorf NJW 1994, 398 (399); *Schittenhelm*, NStZ 1995, 343; BGHSt 30, 328 (331); 41, 53 mit Anmerkung *Krehl*, JR 1996, 208; BayObLG StV 1998, 265 (266); NStZ 1998, 249 mit Anmerkung *Hofmann*; *Krauß*, in: LK, § 129 Rn. 1, 4; *Lackner/Kühl*, § 129 Rn. 1; *Lenckner/Sternberg-Lieben*, in: Schönke/Schröder, § 129 Rn. 1.

182 *Lenckner/Sternberg-Lieben*, in: Schönke/Schröder, § 129 Rn. 1.

183 *Lenckner/Sternberg-Lieben*, in: Schönke/Schröder, § 129 Rn. 1.

184 So *Fürst*, Grundlagen und Grenzen der §§ 129, 129a, S. 68; *Langer-Stein*, Legitimation und Interpretation der strafrechtlichen Verbote krimineller und terroristischer Vereinigungen; *Ostendorf*, in: NK, § 129 Rn. 5 und in JZ 1979, 252 (253); *Rudolphi/Stein*, in: SK, § 129 Rn. 2

erhöhte Gefährdung konkreter Rechtsgüter bereits im Vorbereitungsstadium anzusiedeln sei sicherlich ein Aspekt des § 129 StGB.[185] Vernachlässigt werde von der sog. „Vorverlagerungstheorie" aber, dass wegen der massiven Bedrohung der Allgemeinheit, insbesondere vor dem Hintergrund der organisierten Kriminalität oder politisch-extremistischer bzw. ideologisch-extremistischer Organisationen auch die in der bloßen Existenz krimineller Vereinigungen innewohnende Beeinträchtigung des Sicherheitsgefühls der Allgemeinheit und damit des öffentlichen Friedens eine andere Qualität bekommt als im Vergleich zu deliktischen Einzelaktionen.[186] Daher wird das Gefährdungspotential einer kriminellen Vereinigung bereits mit ihrer Gründung – das Gründen gibt der kriminellen Vereinigung sowohl ihr kriminelles Ziel als auch ihre hierauf ausgerichtete Organisation – und nicht erst mit dem Übergang zur kriminellen Zweckverwirklichung geschaffen.[187]

Anders argumentieren hingegen die Vertreter der eben genannten Vorverlagerungstheorie, dem zweiten großen Lager. Dass der Unrechtsgehalt in der Schaffung oder Verstärkung des Gefahrenpotenzials, das in der Existenz und in den tatsächlichen Aktionsmöglichkeiten krimineller Vereinigungen liegt, besteht, ist unstrittig, ebenso wie das sich daraus ergebende Erfordernis der generellen Vorverlagerung des Strafschutzes in das Vorbereitungsstadium.[188] Auch besteht Einigkeit darüber, dass eine kriminelle Vereinigung aufgrund der gemeinschaftlichen Begehungsweise typischerweise als besonders gefährlich gilt, zum anderen aber vor allem auch die Begehungswahrscheinlichkeit erhöht wird, weil solche Vereinigungen in der Regel eine auf die Begehung der vom Vereinigungszweck umfassten Taten hindrängende Eigendynamik entfalten, wodurch das persönliche Verantwortungsgefühl der einzelnen Mitglieder reduziert wird.[189] Begründet wird dies zunächst mit gruppendynamischen Prozessen, durch die bei den Mitgliedern die individuelle Hemmschwelle abgebaut wird, also eine Enthemmung und damit eine Erleichterung hinsichtlich der Begehung von Straftaten resultiert. Hieraus können sich auch zusätzliche Motive zur Begehung von Straftaten ergeben. Ein anderer Grund wird in den Organisationsstrukturen der Vereinigun-

---

sowie in: FS Bruns, S. 317 f.; vgl. auch BGHSt 28, 116; 32, 243 mit Anmerkung *Bottke,* JR 1985, 122 (123); *Giehring,* StV 1983, 296 (302 f.); *Hohmann,* wistra 1992, 85 (86).

185 Vgl. BGHSt 41, 51 (Vorverlagerung des Rechtsgüterschutzes); *Miebach/Schäfer,* in: MK, § 129 Rn. 2.

186 *Krauß,* in: LK, § 129 Rn. 2; *Lackner/Kühl,* § 129 Rn 1; *Lenckner/Sternberg-Lieben,* in: Schönke/Schröder, § 129 Rn 1; *Miebach/Schäfer,* in: MK, § 129 Rn. 1.

187 Vgl. auch *Lampe,* ZStW 106 (1994), 683 (726).

188 BGHSt 28, 110 (116); 28, 147 (148); *Giehring,* StV 1983, 297 (302 f.); *Lenckner/Sternberg-Lieben,* in: Schönke/Schröder, § 129 Rn. 1; *Ostendorf,* in: NK, § 129 Rn. 5; *Rudolphi/Stein,* in: SK, § 129 Rn. 3.

189 *Rudolphi/Stein,* in: SK, § 129 Rn. 3; vgl. auch *Ostendorf,* in: NK, § 129 Rn. 5 sowie JZ 1979, 252 (253).

gen gesehen, die typischerweise zweckrational auf die Begehung von Straftaten ausgerichtet sind und durch dieses Potenzial ihren Mitgliedern die Planung und Ausführung der Straftaten erleichtern.[190]

Weiter heißt es, das Gefährdungspotenzial liege gerade in der Möglichkeit, dass diejenigen Straftaten, die vom Vereinigungszweck umfasst sind, tatsächlich begangen würden. Dadurch wären gerade dieselben Rechtsgüter betroffen, die auch beim Versuch und der Vollendung jener Straftaten betroffen wären. Daraus ergibt sich wiederum die Funktion des § 129 StGB, nämlich das Mitumfassen der Strafbarkeit von Verhaltensweisen, die im materiellen Sinne zum Vorbereitungsstadium jener Straftaten gehören.[191] Damit weist die Norm eine Verwandtschaft zu § 30 StGB auf. Im Unterschied zu diesem muss es aber um eine Mehrzahl künftiger Straftaten gehen. Ihrer Art nach brauchen diese Straftaten jedoch nicht bestimmt zu sein, was im Gegensatz zu § 30 StGB zur Folge hat, dass die Strafdrohung nicht an diejenige für die künftigen Straftaten anknüpfen kann, sondern der Strafrahmen ein einheitlicher ist.[192]

Verneint wird hingegen die These, der Unrechtsgehalt müsse die Gefährdung der öffentlichen Sicherheit mit umfassen.[193] Als Begründung dafür wird angeführt, dass das Gefährdungspotenzial in den vom Vereinigungszweck umfassten Straftaten liege. Man könne allenfalls das Ausbleiben dieser Straftaten als „öffentliche Sicherheit" bezeichnen; einem so definierten Begriff sei aber eine eigenständige Funktion abzusprechen. In Frage gestellt wird auch ganz generell, ob die öffentliche Sicherheit im sonstigen, insbesondere bei § 125 StGB, gemeinten Sinne, also der Zustand relativer Freiheit aller Bürger von Gefahren für Leben, Gesundheit und Sachgüter durch rechtswidrige Angriffe sowie das Vertrau-

---

190 *Rudolphi/Stein*, in: SK, § 129 Rn. 3; näher dazu *Rudolphi*, FS Bruns, S. 315 ff. (317) und ZRP 1979, 214 (216); BGHSt 28, 147 (148 f.); BGH NJW 1992, 1518; vgl. auch *Krauß*, in: LK, § 129 Rn. 1, 4; *Miebach/Schäfer*, in: MK, § 129 Rn. 2; *Langer-Stein*, Legitimation und Interpretation der strafrechtlichen Verbote krimineller und terroristischer Vereinigungen (§§ 129, 129 a), S. 153 ff.

191 *Fürst*, Grundlagen und Grenzen der §§ 129, 129 a StGB, S. 68; *Giehring*, StV 1983, 297 (302 f.); *Hefendehl*, Kollektive Rechtsgüter im Strafrecht, S. 287 ff. und StV 2005, 156 (160); *Hohmann*, wistra 1992, 85 (86); *Kreß*, JA 2005, 220 (227); *Langer-Stein*, Legitimation und Interpretation der strafrechtlichen Verbote krimineller und terroristischer Vereinigungen (§§ 129, 129 a), S. 153 ff.; *Ostendorf*, in: NK, § 129 Rn. 5 und JA 1980, 499 (500); ähnlich auch BGHSt 28, 110 (116); 28, 147 (148); BGH NJW 2005, 80 (81).

192 Vgl. *Rudolphi/Stein*, in: SK, § 129 Rn. 9; *Hefendehl*, Kollektive Rechtsgüter im Strafrecht, S. 287.

193 So *Rudolphi/Stein*, in: SK, § 129 Rn. 4 entgegen BGH NJW 1966, 312; BGHSt 31, 207; 41, 51; OLG Düsseldorf NStZ 1994, 87 und 1998, 249 mit zustimmender Anmerkung *Hofmann*; *Gössel*, JR 1983, 116 (118 f.); *Lackner/Kühl*, § 129 Rn. 1; *Miebach/Schäfer*, in: MK, § 129 Rn. 1; *Lenckner/Sternberg-Lieben*, in: Schönke/Schröder, § 129 Rn. 1; *Fischer*, § 129 Rn. 2.

en der Bevölkerung auf die Existenz dieser relativen Freiheit,[194] überhaupt durch Vereinigungen i.S.d. § 129 StGB betroffen sein könne. Die Bedenken dieser Ansicht werden darauf gestützt, dass sich der Vereinigungszweck beispielsweise auf Steuerstraftaten, verbotene Glücksspiele usw. beschränken kann und sich weder im Gesetzeswortlaut noch aus der Gesetzessystematik Anhaltspunkte dafür ergeben, dass bestimmte Arten von Straftaten außer Betracht zu lassen sind.[195] Insbesondere bei Straftatbeständen mit tatbestandlichen Handlungsumschreibungen, die den Kontakt zur Öffentlichkeit nicht als Voraussetzung haben, sei eine Legitimation als Schutzdelikt der öffentlichen Sicherheit nicht möglich.[196] Anders verhält es sich insofern nur bei dem im Jahr 2003 neu gefassten Qualifikationstatbestand des § 129 a Abs. 3 StGB[197], für dessen Verwirklichung bereits die *Androhung* von mindestens einer der in Abs. 1 oder Abs. 2 bezeichneten Straftaten ausreicht,[198] womit eine Einschüchterung der Bevölkerung auf erhebliche Weise erreicht werden soll, deren Sicherheitsgefühl also eingeschränkt werden soll.[199]

Aus den genannten Gründen dient § 129 StGB erst recht nicht dazu, eine Gefährdung des öffentlichen Friedens zu pönalisieren,[200] der nach wohl h.M. begrifflich weiter gefasst ist als die öffentliche Sicherheit und zu dem auch ein Zustand bzw. ein gesellschaftliches Klima gehört, das frei von Unsicherheit, Furcht sowie von Ausgrenzung und Diffamierung von Bevölkerungsgruppen ist.[201] Hätte der Tatbestand tatsächlich auf die Fälle einer Gefährdung der öffentlichen Sicherheit bzw. des öffentlichen Friedens beschränkt werden sollen, so wäre es Sache des Gesetzgebers gewesen, ein entsprechendes Merkmal einzufügen, bzw. hätte er eine Eingrenzung vornehmen müssen hinsichtlich des Kreises der in Betracht kommenden Straftaten, so wie dies auch bei anderen Tatbeständen geschehen ist (z.B. §§ 125, 126, 130 StGB).[202] Verlangt wird jedoch von dieser Ansicht, wie bei allen Vorverlagerungen des Strafbarkeitsschutzes mit Rücksicht auf den

194 Vgl. *Rudolphi*, in: SK, § 125 Rn. 12.

195 *Rudolphi/Stein*, in: SK, § 129 Rn. 4.

196 *Hefendehl*, Kollektive Rechtsgüter im Strafrecht, S. 287.

197 BT-Drucks. 15/813.

198 Vgl. *Rudolphi/Stein*, in: SK, § 129 a Rn. 6, 13.

199 *Rudolphi/Stein*, in: SK, § 129 a Rn. 10.

200 So aber BayObLG StV 1998, 265 (266) bzgl. unerlaubter Veranstaltung von Glücksspielen; OLG Düsseldorf NStZ 1994, 86 (87) – Kriminelle Vereinigung von Rechtsextremisten („Nationale Offensive"); *Lackner/Kühl*, § 129 Rn. 1; *Lenckner/Sternberg-Lieben*, in: Schönke/Schröder, § 129 Rn. 1, *Miebach/Schäfer*, in: MK, § 129 Rn. 1.

201 Zu diesem Begriff *Rudolphi*, in: SK, § 126 Rn. 6, vor § 166 Rn. 7 ff.; *Hefendehl*, Kollektive Rechtsgüter im Strafrecht, S. 288; *Fischer*, § 126 Rn. 3.

202 *Rudolphi/Stein*, in: SK, § 129 Rn. 4; *Rudolphi*, in:§ 125 Rn. 2 (Gefährdung der öffentlichen Sicherheit); § 126 Rn. 2 (Gefährdung des öffentlichen Friedens); § 130 Rn. 1b (Gefährdung des öffentlichen Friedens).

Grundsatz der ultima ratio im Strafrecht, eine restriktive Norminterpretation.[203] So sollen nur Vereinigungen erfasst werden, deren Zwecke oder Tätigkeit auf die Begehung von Straftaten von einigem Gewicht gerichtet sind.[204] Gemeint sind damit solche Fälle, in denen das Rechtsgut, auf welches sich der Straftatbestand bezieht, nicht nur unerheblich beeinträchtigt wird. Abzustellen sei dabei auf das Gefährdungspotenzial der durch die Vereinigung in Aussicht genommenen Straftaten, wobei dieser Ansicht nach nicht ausschlaggebend sein soll – wie nach der von der h.M. vertretenen Auffassung[205] – ob durch die Bezugsstraftaten eine erhebliche Gefahr für die öffentliche Sicherheit vorliegt. Für eine solche Qualität der Bezugsstraftaten spreche weder der Gesetzeswortlaut noch biete die Gesetzessystematik Anhaltspunkte dafür. Auch in anderen Tatbeständen, wie z.B. §§ 125, 126, 130 StGB, findet sich keine solche Beschränkung auf die Fälle einer Gefährdung der öffentlichen Sicherheit oder des öffentlichen Friedens, so dass sich daraus schließen lässt, dass dies für § 129 StGB auch nicht zutrifft.[206] § 129 StGB umfasse auch kriminelle Vereinigungen, die bei Begehung von Straftaten keinen erheblichen Teil der Bevölkerung Gefahren für Leben, Gesundheit oder Sachgüter aussetzten.

Im Rahmen der vorliegenden Arbeit wird der h. M. gefolgt, die m.E. eine klare und konkrete Linie bei der Bestimmung des Rechtsguts verfolgt und damit insbesondere dem Rechtsschutzgedanken Rechnung trägt. Dies erscheint im Gegensatz zu nicht klar benannten Rechtsgütern im Ergebnis überzeugender.

c) Deliktstypisierung

Einigkeit besteht hingegen wieder bei der Einordnung des Tatbestandes als *abstraktes* Gefährdungsdelikt, denn bereits die bloße Existenz einer kriminellen

203 *Ostendorf*, in: NK, § 129 Rn. 5.

204 *Rudolphi/Stein*, in: SK, § 129 Rn. 10; so zwar auch Vertreter der h.L., wie z.B. *Lackner/Kühl*, § 129 Rn. 3 oder *Lenckner/Sternberg-Lieben*, in: Schönke/Schröder, § 129 Rn. 10, die dieses Erfordernis jedoch aus § 129 Abs. 2 Nr. 2 direkt ableiten; zu stark einschränkend *Hohmann*, wistra 1992, 85 (86 f.), der nur solche Vereinigungen erfasst sieht, deren Zwecke oder Tätigkeit auf die Begehung von Straftaten von erheblichen Gewicht gerichtet sind, wie Delikte gegen das Leben, die körperliche Unversehrtheit oder gegen die persönliche Freiheit.

205 BGHSt 31, 202 (207) mit Verweis auf BGHSt 27, 325 ff.: Gefangenengruppe mit dem Ziel des bewaffneten Kampfes; BGH NJW 1975, 985: mehrwöchige gewalttätige Hausbesetzung; BGHSt 28, 147 ff.: Sprengstoffattentäter (Zusammenschluss von wenigstens drei Personen); BGHSt 41, 47 (51): Verfahren gegen die rechtsextremistische „Nationale Offensive"; BayOLG StV 1998, 265 (266) bzgl. unerlaubter Veranstaltung von Glücksspielen; OLG Düsseldorf NStZ 1998, 249 m. Anmerkung Hofmann (Druckschrift „radikal"); *Fischer*, § 129 Rn. 12; *Krauß*, in: LK, § 129 Rn. 57; *Lackner/Kühl*, § 129 Rn, 3; *Miebach/Schäfer*, in: MK, § 129 Rn. 18 ff.

206 *Rudolphi/Stein*, in: SK, § 129 Rn. 10.

Vereinigung und die dieser anhaftenden Eigendynamik verfügt über ein besonderes Gefährdungspotential.[207]

Von § 129 StGB erfasst werden zweierlei Arten von Vereinigungen, zum einen politisch-kriminelle Untergrundorganisationen, zum anderen aber gerade auch rein kriminelle Vereinigungen, soweit sie nicht auf Taten nach § 129 a StGB angelegt sind. Letzteres soll insbesondere deswegen betont werden, da § 129 StGB nach seiner Entstehungsgeschichte – wie bereits eingangs dargestellt – ursprünglich auf die Erfassung politischer Vereinigungen ausgerichtet war, und eine solche Auslegung heute auch immer noch teilweise vertreten wird.[208] Das Gesetz selbst bietet jedoch für eine solche – in der Sache ohnehin nicht gerechtfertigte – Beschränkung keine Stütze,[209] weshalb z.B. auch eine Vereinigung von Wirtschaftsstraftätern eine solche i.S.d. § 129 StGB sein kann.[210]

Von keiner Relevanz mehr sein dürfte heute der frühere Meinungsstreit[211] über die Berechtigung der Norm, leben wir doch in einer Zeit, in der sich die organisierte Kriminalität zu einer großen Herausforderung entwickelt hat, und es auch auf europäischer Ebene zu neuen Vorgaben auf diesem Gebiet gekommen ist.[212]

---

207 *Kindhäuser*, LPK StGB, § 129 Rn. 4; *Lenckner/Sternberg-Lieben*, in: Schönke/Schröder, § 129 Rn. 1; *Miebach/Schäfer*, in: MK, § 129 Rn. 4; *Rudolphi/Stein*, in: SK, § 129 Rn. 3; *Hohmann*, wistra 1992, 85 (86); abweichend aus der Sicht der Vorverlagerungstheorie *Langer-Stein*, Legitimation und Interpretation der strafrechtlichen Verbote krimineller und terroristischer Vereinigungen, S. 196 ff., 211, 243: Konkretes Gefährdungsdelikt; *Schroeder*, Straftaten gegen das Strafrecht, S. 21 verneint die Zuordnung zu den Gefährdungsdelikten überhaupt.

208 Vgl. *Kinzig*, Die rechtliche Bewältigung von Erscheinungsformen organisierter Kriminalität, S. 164 ff.

209 Vgl. BGH NJW 2005, 1668: Rechtsextremistische Rockband „Landser"; *Krauß*, in: LK, § 129 Rn. 8; *Lackner/Kühl*, § 129 Rn. 2; anders: *Hohmann*, wistra 1992, 85 ff.; *Walischewski*, StV 2000, 583 (585).

210 Vgl. auch BGH 31, 202 (204): Wirtschaftsunternehmen zum Zwecke der illegalen Arbeitskräftevermittlung; dort wird die Einordnung als kriminelle Vereinigung i.E. aus anderen Gründen verneint; BGH NStZ 2004, 385; *Krauß*, in: LK, § 129 Rn. 8. Vor diesem Hintergrund lassen sich sich m.E. dann auch sog. mafiöse Vereinigungen unter diesen Tatbestand subsumieren. 1982 wurde art. 416 („Mafiaartige Verbindung") in das italienische Strafgesetzbuch aufgenommen. Darin heißt es u.a.: „Eine Vereinigung wird als Mafia-Vereinigung bezeichnet, wenn ihre Mitglieder die Mitgliedschaft als Einschüchterungsmittel und das daraus folgende Solidaritätsgefühl dazu benutzen, direkt oder indirekt die Leitung oder zumindest die Kontrolle über Geschäftsbetriebe, Konzessionen, öffentliche Ausschreibungen oder Verwaltungen oder zur Erreichung von unrechtem Gewinn für sich oder andere an sich zu bringen." Zur italienischen Mafia ausführlich *Paoli*, Die italienische Mafia – Paradigma oder Spezialfall organisierter Kriminalität, S. 2 ff., abrufbar unter www.forum.mpg.de/archiv/veranstaltung13/hintergrund/mafia.pdf, zuletzt besucht am 21.3.2011.

211 Siehe hierzu Nachweis *Lenckner/Sternberg-Lieben*, in: Schönke/Schröder, § 129 Rn. 1, 25. Auflage.

212 *Miebach/Schäfer*, in: MK, § 129 Rn. 10 ff.; zu den Änderungen bzw. Neuerungen aufgrund EU-Rechts siehe auch Kapitel E dieser Arbeit „Maßnahmen der Europäischen Union zur Bekämpfung krimineller Vereinigungen".

d) Aufbau der Norm

§ 129 StGB besteht aus sechs Absätzen. Einen Qualifikationstatbestand zu § 129 StGB bildet § 129 a StGB; der Anwendungsbereich beider Normen wird schließlich durch § 129 b StGB auch auf ausländische Vereinigungen erweitert. Die Strafandrohung des § 129 Abs. 1 StGB beträgt für alle Tatvarianten Freiheitsstrafe bis zu 5 Jahren oder Geldstrafe. Bei der Strafzumessung ist die Gefährlichkeit der Vereinigung in besonderem Maße zu berücksichtigen, insbesondere etwa deren Größe und Funktionsfähigkeit, aber auch Art und Schwere der (geplanten) Straftaten.[213] Der besonders schwere Fall ist in § 129 Abs. 4 StGB geregelt und sieht ein Mindestmaß der Strafe in Höhe von 6 Monaten vor; das Höchstmaß bleibt unverändert.

Im Folgenden werden nun die jeweiligen Absätze gesondert betrachtet und untersucht.

aa) § 129 Abs. 1 StGB

Nach dem objektiven Tatbestand des Abs. 1 macht sich derjenige strafbar, der eine kriminelle Vereinigung gründet, sich daran als Mitglied beteiligt, für eine solche Vereinigung wirbt oder diese unterstützt. Diesen unterschiedlichen Begehungsmodalitäten ist eines gemeinsam: Sie beziehen sich auf eine Vereinigung, deren Zwecke oder Tätigkeiten auf die Begehung von Straftaten gerichtet ist. Dies ergibt sich klar aus der Formulierung des Tatbestandes. Zu klären sind nun die einzelnen Tatbestandsvoraussetzungen, beginnend mit dem der Vereinigung.

Erforderlich ist zunächst eine Abgrenzung zur *Bande* – als Tatbestandsvoraussetzung beispielsweise zu finden in §§ 244 Abs. 1 Nr. 2, 250 Abs. 1 Nr. 2 StGB – sowie zur *Gruppe* i.S.d. § 127 StGB.

1) Abgrenzung zur Bande

Unter einer Bande i.S.d. § 244 Abs. 1 Nr. 2 StGB und aller anderen StGB-Normen ist eine auf ausdrücklicher oder stillschweigender Vereinbarung beruhende und für eine gewisse Dauer vorgesehene Verbindung einer Mehrzahl von Personen, jedoch mindestens drei,[214] zur Begehung mehrerer selbständiger, im Einzelnen noch ungewisser Taten nach §§ 242, 249 StGB, zu verstehen.[215] Ein mittäter-

---

213 *Fischer*, § 129 Rn. 40.

214 BGHSt 46, 321 ff., wonach der Begriff der Bande den Zusammenschluss von mindestens drei Personen voraussetzt, die sich mit dem Willen verbunden haben, künftig für eine gewisse Dauer mehrere selbständige, im Einzelnen noch ungewisse Straftaten zu begehen.

215 Vgl. z.B. *Eser*, in: Schönke/Schröder, § 244 Rn. 24.

schaftliches Zusammenwirken i.S.v. § 25 Abs. 2 StGB soll nicht ausreichen; im Unterschied zur Vereinigung nach § 129 StGB ist jedoch keine Organisation erforderlich.[216] Ausschlaggebend soll vielmehr ein über das individuelle Interesse hinausgehendes übergeordnetes Bandeninteresse sein, das die Bandenmitglieder verfolgen.[217]

Von § 129 Abs. 1 StGB sollen hingegen nur solche Organisationen erfasst werden, die aufgrund der ihnen innewohnenden gruppenspezifischen Eigendynamik besonders gefährlich sind; zudem muss eine besondere Gefährlichkeit aufgrund ihrer auf die Begehung von Straftaten ausgerichteten inneren Struktur gegeben sein.[218] Zu den Merkmalen einer Bande gehören zwar ebenfalls Planung und Rollenverteilung, jedoch unterscheidet sich eine Vereinigung dadurch, dass sie ein Mehr an professioneller Geschlossenheit im Sinne einer organisatorischen Struktur und instrumentellen Vorplanung aufzuweisen vermag.[219] Bei dieser Abgrenzung ist jedoch zu beachten, dass die Übergänge fließend sind; dies kann wiederum zur Folge haben, dass eine Bandenstruktur mit Führungspositionen Einzelner sich auch in eine Vereinigung i.S.v. § 129 StGB verwandeln kann.[220]

2) Abgrenzung zur Gruppe i.S.v. § 127 StGB

Neben der Vereinigung und der Bande hat der Gesetzgeber einen weiteren, eine Personenmehrheit kennzeichnenden Begriff in das StGB eingeführt: den der Gruppe i.S.d. § 127 StGB. Eine Mehrzahl von Personen (mindestens drei[221]), die sich zur gemeinsamen Verfolgung eines ausdrücklichen oder konkludent vereinbarten Zwecks zusammengeschlossen haben, bildet eine Gruppe.[222] Nach dem Wortsinn ist eine militärische Organisation mit Befehls- und Kommandostrukturen nach h.M. ebensowenig erforderlich wie ein organisiertes Zusammenwirken.[223] Demgegenüber ist zur Erfüllung des Vereinigungsbegriffs i.S.d. § 129 StGB über die Mindestanzahl von drei Mitgliedern hinaus ein auf gewisse Dauer berechneter organisatorischer Zusammenhalt erforderlich. Dabei verfolgen die

216 *Lackner/Kühl*, § 244 Rn. 6; vgl. auch *Fischer*, § 244 Rn. 18.

217 *Lackner/Kühl*, § 244 Rn. 6; *Fischer*, § 244 Rn. 19.

218 Vgl. BGHSt 31, 202 (207) mit Verweis auf BGHSt 27, 325 ff.: Gefangenengruppe mit dem Ziel des bewaffneten Kampfes; BGH NJW 1975, 985: mehrwöchige gewalttätige Hausbesetzung; BGHSt 41, 47 (51): Verfahren gegen die rechtsextremistische „Nationale Offensive", mit Anmerkung *Krehl* in JR 1996, 208 ff.

219 *Lenckner/Sternberg-Lieben*, in: Schönke/Schröder, § 129 Rn. 4.

220 *Fischer*, § 129 Rn. 7 a.

221 Vgl. BT-Drucks. 13/8587, S. 57; BT-Drucks. 13/9064, S. 9.

222 *Rudolphi*, in: SK, § 127 Rn. 3.

223 *Schäfer*, in: MK, § 127 Rn. 10; *Rudolphi*, in: SK, § 127 Rn. 4; anders: *Ostendorf*, in: NK, § 127 Rn. 9; *Fischer*, § 127 Rn. 3.

Personen bei Unterordnung des Willens des Einzelnen unter den Willen der Gesamtheit gemeinsame Zwecke und fühlen sich aufgrund ihrer Beziehung untereinander als einheitlicher Verband.[224] Bei der Gruppe ist ein Zusammenschluss auf Dauer oder für längere Zeit nicht erforderlich, hier genügt bereits das Zusammenfinden für eine einmalige Aktion.[225]

3) Vereinigung

Wie gerade dargelegt, ist eine Vereinigung also nach h.M. der auf eine gewisse Dauer angelegter organisatorische Zusammenschluss von mindestens drei Personen, die bei Unterordnung des Willens des Einzelnen unter den Willen der Gesamtheit gemeinsame Zwecke verfolgen und unter sich derart in Beziehung stehen, dass sie sich untereinander als einheitlicher Verband fühlen.[226]

Im Einzelnen werden folgende Merkmale gefordert:
Es muss sich um einen auf eine gewisse Dauer angelegten und zu einem gemeinsamen Zweck erfolgten Zusammenschluss mit fester Zugehörigkeit der daran Beteiligten handeln, wobei die Beteiligten auch klar abgrenzbar sein müssen.[227] Für alle Mitglieder verbindliche Regeln bestimmen die Willensbildung, hinsichtlich derer es gleichgültig ist, ob sie nach dem Gruppenwillen auf dem Prinzip von Befehl und Gehorsam oder auf dem Demokratieprinzip beruhen.[228] Dem nach diesen Maßgaben gebildeten Gesamtwillen müssen sich die Mitglieder auch tatsächlich unterwerfen.[229] Schließlich muss es ein Mindestmaß an festgefügter Organisation geben. Daher genügt das bloße Vorhandensein des gemeinsamen Wil-

---

224 *Schäfer*, in: MK, § 127 Rn. 12.

225 *Rudolphi*, in: SK, § 127 Rn. 4; *Schäfer*, in: MK, § 127 Rn. 14.

226 *Lenckner/Sternberg-Lieben*, in: Schönke/Schröder, § 129 Rn. 4; BGHSt 10, 16 (17): selbständige Teilorganisationen als Vereinigung i.S.d. § 129 StGB; BGHSt 28, 147: Drei-Personen-Erfordernis zur Bildung einer kriminellen Vereinigung; BGHSt 31, 202 (204 f.): Unternehmen zur Vermittlung illegaler Arbeitskräfte keine kriminelle Vereinigung; BGHSt 45, 26 (35); 46, 349 (354); BGH NJW 1966, 310 (311), BGH NJW 1975, 985; BGH NJW 1978, 433; BGH NJW 1992, 1518; BGH NJW 1999, 1878; BGH NJW 2005, 1670; BGH NStZ 1999, 503 (504); NStZ-RR 2002, 300 (301) zur Hamburger „Terrorzelle" als terroristische Vereinigung zur Vorbereitung der Anschläge vom 11.9.2001; BGHR §129 Gruppenwille 2, 3; BayObLG StV 1998, 265 (266); OLG Düsseldorf NJW 1994, 398 (399); *Krauß*, in: LK, § 129 Rn. 18; *Lackner/Kühl*, § 129 Rn. 2; *Miebach/Schäfer*, in: MK, § 129 a Rn. 21 ff.

227 Aus diesem Grunde wurde bei einer zum Widerstand entschlossenen, aber personell fluktuierende Gruppe von Hausbesetzern der Vereinigungscharakter verneint, vgl. BGHSt 31, 239 (242); *Krauß*, in: LK, § 129 Rn. 19.

228 BGHSt 45, 26 (35); *Miebach/Schäfer*, in: MK, § 129 a Rn. 32.

229 Vgl. BGH 31, 239 mit Anmerkung *Rudolphi*, JR 1984, 32; ausgeschlossen sind damit – obwohl nach dem Wort- und Gesetzessinn keineswegs zwingend – Gruppierungen, deren Mitglieder sich jeweils nur für sich der vom Gruppenwillen nicht abgeleiteten Führung einer bestimmten Person unterwerfen; vgl. z.B. BGH NJW 1992, 1518 (1519); *Fischer*, § 129 Rn. 7.

lens zur Begehung bestimmter Straftaten nicht, selbst wenn einer der Beteiligten der Anführer ist.[230]

Liegen die genannten Voraussetzungen vor, so steht es bei fortbestehenden Kontaktmöglichkeiten der Existenz einer Vereinigung nicht entgegen, dass ihre Mitglieder ganz oder zum Teil inhaftiert sind; zwischen den inhaftierten und den in Freiheit befindlichen Mitgliedern muss der Kontakt aber – gegebenenfalls unter Umgehung von gesetzlich vorgesehenen Kontrollmechanismen in der Haftanstalt – aufrechterhalten werden, um sich weiterhin am Willenbildungsprozess beteiligen zu können.[231] Ein rechtswirksames Verbot oder die Feststellung der Verfassungsfeindlichkeit sind nicht erforderlich.[232] Nach der ausdrücklichen Regelung durch § 129 b Abs. 1 StGB nicht erforderlich ist schließlich eine „räumlich-organisatorische Inlandsverankerung“, also eine Organisationsstruktur im Inland.[233] Was dies für das Rechtsanwendungsrecht und das Erfordernis der Verfolgungsermächtigung zur Folge hat, wird an späterer Stelle im Rahmen des § 129 b StGB erläutert, und es sei auf diese Stelle verwiesen.[234]

Insgesamt wird der durch die Rechtsprechung und h.M. geprägte Vereinigungsbegriff bzw. dessen Interpretation immer wieder kritisiert. So wird eingewandt, dass im internationalen Vergleich zu sehr auf die Struktur von Vereinen und parteiähnlichen Gruppen abgestellt werde und man somit organisierten Kriminalitätsstrukturen nicht gerecht werde; wichtig sei eine Orientierung an der Wirklichkeit mit gefährlichen, hierarchisch strukturierten Verbrecherorganisationen.[235] Insbesondere unter Heranziehung der Definition des Begriffs „terroristische Vereinigung“ in Art. 2 Abs. 2 des Rahmenbeschlusses des Rates der Europäischen Union zur Terrorismusbekämpfung vom 22.6.2002[236], der feiner differenziert und damit neue Tendenzen aufwirft, wird das Versäumnis des deutschen Gesetzgebers, durch eine gesetzliche Regelung entsprechende Modifikationen vorzunehmen und der Rechtsanwendung konkrete Vorgaben zu machen, deutlich.[237]

---

230 Vgl. BGHSt 31, 202 (205); BGH NStZ 1982, 68; LG Berlin wistra 1985, 241; BGH NJW 1992, 1518.

231 Vgl. OLG Hamburg, JZ 1979, 275 mit Anmerkung *Ostendorf*, 252; *Fürst*, Grundlagen und Grenzen der §§ 129, 129 a StGB, S. 192, der vom kontinuierlichen und gegenseitigen Informationsaustausch und Koordinationsprozess zwischen den inhaftieren und nicht inhaftierten Mitgliedern spricht; *Krauß*, in: LK, § 129 Rn. 24 und näher *Rudolphi*, in: FS Bruns, S. 315 (322 ff.).

232 BGH bei *Wagner*, GA 1960, 230.

233 *Rudolphi/Stein*, in: SK, § 129 Rn. 6e.

234 Vgl. Gliederungsebene B. II. 2. dieser Arbeit.

235 *Fischer*, § 129 Rn. 4; *v. Bubnoff*, in: LK[11], § 129 Rn. 3.

236 ABl. EG 2002 Nr. L 164 S. 3.

237 *Miebach/Schäfer*, in: MK, § 129 a Rn. 39 ff.

4) Vereinigung mit dem Ziel der Begehung von Straftaten

Die Absicht, Straftaten zu begehen, ist Voraussetzung des objektiven Tatbestandes von § 129 Abs. 1 StGB. Die Vereinigung muss demnach eine solche sein, deren Zwecke oder Tätigkeit auf die Begehung von Straftaten, die dem organisatorischen Zusammenschluss zeitlich nachfolgend sind und nicht schon in dessen Aufrechterhalten bestehen, gerichtet sind.[238]

Straftaten i.S.d. § 129 StGB sind grundsätzlich alle nicht bereits mit dem organisatorischen Zusammenschluss und mit dessen Aufrechterhalten begangenen Delikte.[239] Das Begehen bloßer Bagatelldelikte soll jedoch – nach dem Schutzzweck der Vorschrift – nicht genügen, selbst wenn es in großer Zahl geschieht. Der Tatbestand erfordert vielmehr immer – und mit dieser Einschränkung ist bereits Abs. 1 zu verstehen, während andernfalls Abs. 2 Nr. 3 extensiv zu interpretieren wäre –, dass die Straftaten, auf deren Begehung die Zwecke oder die Tätigkeit der Vereinigung gerichtet sind, „eine erhebliche Gefahr für die öffentliche Sicherheit bedeuten und somit unter diesem Blickwinkel von einigem Gewicht sind".[240]

Umstritten ist allerdings, ob bei der Prüfung einer erheblichen Gefahr für die öffentliche Sicherheit durch die begangenen und/oder geplanten Taten auch außerhalb des eigentlichen Straftatbestandes liegende, für die Gefährdung der öffentlichen Sicherheit jedoch gleichfalls bedeutsame Umstände einbezogen werden sollen. Dies macht das Verfahren gegen die sog. „Nationale Offensive" deutlich, mit dem Ergebnis, dass z.B. unter Berücksichtigung des aktuellen gesellschaftlichen Klimas auch ausländerfeindliche Schmier- und Sprühaktionen als bloße Sachbeschädigung den für § 129 StGB erforderlichen Erheblichkeitsgrad erreichen sollen.[241]

238 *Lenckner/Sternberg-Lieben*, in: Schönke/Schröder, § 129 Rn. 5; *Ostendorf*, in: NK, § 129 Rn. 13.

239 Vgl. z.B. BGH 41, 47 (50): Verfahren gegen die rechtsextremistische „Nationale Offensive", mit Anmerkung *Krehl*, JR 1996, 205 (208), sowie *Ostendorf*, JZ 1996, 55 (56) und *Schittenhelm*, NStZ 1995, 343; Bay StV 1998, 265 (266): Organisation zum Betrieb von Glücksspielen als kriminelle Vereinigung; *Rudolphi/Stein*, in: SK, § 129 Rn. 7b.

240 Vgl. schon BGH 31, 202 (207): zur illegalen Arbeitskräftevermittlung gegründetes Wirtschaftsunternehmen i.d.R. keine kriminelle Vereinigung; BGH NStZ 1982, 68 f.: zu den Merkmalen, die ein Personenzusammenschluss i.S.v. § 129 aufweisen muss; ferner BGH 41, 47 (51): Verfahren gegen die rechtsextremistische „Nationale Offensive"; BayObLG StV 1998, 266: Organisation zum Betrieb von Glücksspielen als kriminelle Vereinigung; OLG Düsseldorf NStZ 1998, 249 f.: Herstellung und Verbreitung der linksextremistischen/-terroristischen Untergrunddruckschrift „radikal", mit Anmerkung Hofmann; *Lenckner/Sternberg-Lieben*, in: Schönke/Schröder, § 129 Rn. 6.

241 So BGH 41, 47 (51 ff.); *Fischer*, § 129 Rn. 12; *Krauß*, in: LK, § 129 Rn. 61 f.; *Lackner/Kühl*, § 129 Rn. 3; *Miebach/Schäfer*, in: MK, § 129 Rn. 24; kritisch dazu: *Lenckner/Sternberg-Lie-*

(a) Exkurs: Das Verfahren gegen die „Nationale Offensive“ (NO)

Der Sachverhalt des konkreten Falles[242] gestaltete sich folgendermaßen: Das LG Dortmund hatte die Angeklagten wegen zahlreicher Straftaten, darunter vor allem wegen Sachbeschädigung, des Verwendens von Kennzeichen verfassungsfeindlicher Organisationen, schwerer Brandstiftung, unerlaubten Umgangs mit explosionsgefährlichen Stoffen, unerlaubten Erwerbs von Munition und Bedrohung verurteilt. Den Urteilsfeststellungen zufolge standen die abgeurteilten Taten z.T. in Zusammenhang mit der Zugehörigkeit der Angeklagten zum Kreisverband W. der „Nationalen Offensive“ (NO), einer rechtsextremen Gruppierung. Die Angeklagten bildeten innerhalb des Kreisverbandes den sog. *Inneren Kreis*, der nur ausgesuchten Personen – mit einer „Anwartschaftszeit“ bewährt – „rechter“ Gesinnung offen stehen sollte. Der *Innere Kreis* legte die örtlichen Ziele und Aktivitäten im Rahmen der NO-Arbeit fest, nämlich Werbung von Mitgliedern und Sympathisanten, Organisation von Fahrten zu rechtsextremen Demonstrationen im gesamten Bundesgebiet sowie Verbreitung des von der NO vertretenen rechtsextremen Gedankenguts durch Zusammenstellung und Verbreitung von Propagandamaterial. Dazu gehörte auch die Veranstaltung von sog. Kameradschaftsabenden, Zusammenkünften, die allen Interessierten offen standen, und zu denen sich in der Regel zehn bis fünfzehn Personen im Alter von 14 bis 20 Jahren einfanden. Diese Treffen leitete meist der Angeklagte S. mit Kurzvorträgen ein, in denen er zu aktuellen politischen Themen aus rechtsextremer Sicht Stellung nahm und gegen Ausländer, Minderheiten („Zigeuner“, „Lesben“, „Schwule“) und politisch Andersdenkende („Linke“) agitierte. Es wurden Aufkleber und Plakate der NO verteilt, die später von Teilnehmern im Stadtgebiet angeklebt werden sollten. Neben solchen Aktivitäten befürworteten die Mitglieder des *Inneren Kreises* Farbsprühaktionen zur Verbreitung rechtsextremer Parolen wie „Zigeuner raus“, „Ausländer raus“, „Gegen Asylbetrüger“ und „Rotfront verrecke“. In der Folge kam es im Jahre 1992 zu wiederholten Farbsprühaktionen, an denen Teilnehmer der Kameradschaftsabende sowie Mitglieder des *Inneren Kreises* beteiligt waren.

Nach dem Verbot der NO durch Verfügung des Bundesministers des Inneren vom 12.12.1992 löste sich der *Innere Kreis* auf; Kameradschaftsabende wurden nicht mehr veranstaltet. Die dem Angeklagten L. als Sachbeschädigung zur Last gelegten Farbsprühaktionen lagen zeitlich später.

Die Staatsanwaltschaft griff das Urteil mit der auf die Verfahrensbeschwerde und die Sachrüge gestützten Revisionen insoweit an, als die Angeklagten nicht

---

ben, in: Schönke/Schröder, § 129 Rn. 6 sowie die Anmerkungen zu BGH 41, 47 ff.: *Krehl*, JR 1996, 208 ff., *Ostendorf*, JZ 1996, 55 f. und *Schittenhelm*, NStZ 1995, 342 f.

242 BGHSt 41, 47 ff.

auch, wie ihnen aufgrund ihrer Zugehörigkeit zum Kreisverband W. der NO mit der Anklage zur Last gelegt, wegen Bildung einer kriminellen Vereinigung (§ 129 StGB) – S. als Rädelsführer nach § 129 Abs. 4 StGB – verurteilt worden waren. Die Revision der StA hatte mit der Sachrüge Erfolg. Das LG hatte seine Prüfung darauf beschränkt, ob die Zwecke oder Tätigkeiten der NO auf die Begehung von Straftaten gerichtet waren, nämlich auf die geplanten und begangenen Sachbeschädigungen durch Sprühaktionen. Dabei entstand eine Beurteilung hinsichtlich der Sachbeschädigungen als eine Tätigkeit „von untergeordneter Bedeutung“ im Rahmen der Zweckverfolgung und Tätigkeit für die Vereinigung, was die Bejahung des § 129 Abs. 2 Nr. 2 StGB zur Konsequenz hatte und damit die Verneinung des Tatbestandes des § 129 Abs. 1 StGB. Seinerseits konsequent hatte das LG somit überhaupt nicht das Vorliegen einer kriminellen Vereinigung geprüft, was dann durch den BGH erfolgte. § 129 Abs. 1 StGB ist nur anwendbar, wenn die begangenen bzw. geplanten Straftaten der Mitglieder eine erhebliche Gefahr für die öffentliche Sicherheit bedeuten, wenn sie also von einigem Gewicht sind. Maßgeblich hierfür ist eine Gesamtwürdigung der begangenen bzw. geplanten Taten unter Einbeziehung aller Umstände. Nach diesen Grundsätzen können Sachbeschädigungen nicht allgemein aus dem Kreis möglicher Straftaten ausgenommen werden. Für den vorliegenden Fall bedeutete dies konkret: Durch die Farbsprühaktionen wurde fremdes Eigentum beschädigt; die näheren Umstände der geplanten bzw. geschehenen Taten können darüber hinaus für die Gefährdung der öffentlichen Sicherheit von wesentlicher Bedeutung sein. Dies hat zur Folge, dass auch der Inhalt der aufgesprühten Parolen, Bilder oder Zeichen von Relevanz sind. Allein schon für das Gewicht der Eigentumsbeeinträchtigung als solcher kann erheblich sein, was inhaltlich aufgesprüht wird. Zwar müsse die Begründung bei Einführung des § 129 Abs. 2 StGB berücksichtigt werden (Ausschluss der Verunglimpfung politischer Gegner), aber daraus könne nicht abgeleitet werden, dass Sachbeschädigungen, die im Aufsprühen von politischen Parolen bestehen, generell und losgelöst vom Inhalt von der Anwendung des § 129 Abs. 1 StGB ausgenommen sein sollen.

(b) Bewertung der BGH-Entscheidung

Gegen die Ansicht des BGH, die einen erweiterten Bezugsrahmen darstellt, spricht, dass bei einer Strafbestimmung, die den öffentlichen Frieden bzw. die öffentliche Sicherheit speziell vor der organisierten Begehung von Straftaten schützt, der „Blickwinkel“, unter dem diese „von einigem Gewicht“ sein müssen, ausschließlich der eines entsprechenden Unrechtsgehalts dieser Taten sein kann. Würde dieser sub specie § 303 StGB beim Beschmieren oder Besprühen von

Hauswänden nicht ausreichen,[243] so hätte dies nicht automatisch den Ausschluss des § 129 StGB zur Folge, bleibt hier bei ausländerfeindlichen Hetzparolen in aller Regel doch § 130 StGB als eine dafür ausreichende Tat.[244]

Zugestimmt werden kann hingegen den Ausführungen des BGH, wonach sich die Bedeutung der einschlägigen Straftaten nicht nur anhand der abstrakten Strafdrohungen bestimmen lässt, sondern auch die konkreten Umstände der Tatbegehung, einschließlich des aktuellen gesellschaftlichen Klimas, bei der Beurteilung des Grades der Gefährdung Berücksichtigung finden müssen.[245] Ein Rechtsbegriff, wie der der erheblichen Beeinträchtigung der öffentlichen Sicherheit, ist wenig fassbar und aussagekräftig, so dass es einer wertenden Ausfüllung durch das jeweilige Tatgericht durchaus bedarf.[246] Fraglich ist dabei jedoch, ob den BGH die angenommenen Sachbeschädigungen oder nicht eigentlich die „Spray-Inhaltsdelikte" zur Bejahung des § 129 Abs. 1 StGB veranlasst haben.[247] Hierbei sollte bedacht werden, dass § 303 StGB als Eigentumsdelikt nur das Interesse an der Erhaltung eines vom Eigentümer gesetzten und gewollten Zustands schützt, nicht aber sonstige, mit dieser Eigentumsverletzung u.U. verbundene weitere Beeinträchtigungen z.B. von Vermögens- und Persönlichkeitsinteressen unter Strafe stellen will.[248] Stellt man auf die Erheblichkeit der Schädigung des individuellen Eigentums ab, kann man diese jedoch nicht vom konkreten Inhalt der aufgesprühten Parolen usw. abhängig machen. Hält man an der Ansicht fest, § 303 StGB schütze nur die Integrität des Eigentums und damit den unversehrten Zustand der fraglichen Sache, so würde es im Ergebnis keinen Unterschied mehr machen, ob eine Hauswand z.B. mit farbigen Blumen oder einem „witzigen Spruch" besprüht wird, oder ob politische Parolen aufgesprüht wurden, „die dem betroffenen Eigentümer je nach seinen politischen Sympathien mehr oder weniger gefallen mögen".[249]

Der BGH hätte m.E. den Tatbestand des § 129 StGB i.V.m. § 303 StGB nur dann zu weit ausgedehnt, hätte es sich eine einmalige Farbsprühaktion gehandelt. Da es sich hier aber um systematische Aktionen handelte, also eine planmäßige Vorgehensweise, so ist gerade diese Planmäßigkeit als Schwerpunkt der Taten zu sehen. Darüber hinaus muss es aber auch auf den Inhalt der Sprühaktionen in Verbindung mit der Planmäßigkeit ankommen, denn es muss einen Unterschied machen, ob sich eine Gruppe planmäßig zusammenschließt, um (politisch) „neu-

243 Dass es dafür (entgegen BGH 41, 52) nicht auf den Inhalt der aufgesprühten Parolen, Bilder oder Zeichen ankommen kann, vgl. *Schittenhelm*, NStZ 1995, 343 ff.

244 *Lenckner/Sternberg-Lieben*, in: Schönke/Schröder, § 129 Rn. 6.

245 *Schittenhelm*, NStZ 1995, 343.

246 *Krauß*, in: LK, § 129 Rn. 62.

247 *Schittenhelm*, NStZ 1995, 343.

248 *Schittenhelm*, NStZ 1995, 343.

249 *Schittenhelm*, NStZ 1995, 344.

trale“ Äußerungen auf eine öffentliche Fläche zu sprühen oder um Parolen mit rechtsextremen Hintergrund auf diese Weise zu verbreiten. So werden zwei Korrektive – also die Planmäßigkeit des Handelns sowie der Inhalt der aufgesprühten Äußerungen – geschaffen, durch die der Anwendungsbereich des § 129 StGB dann nicht bei jeglicher Farbsprühaktion eröffnet wird.

(c) Weiteres zum Schutzbereich des § 129 StGB

Darüber hinaus umfasst der Schutzbereich des § 129 StGB auch solche Straftaten im Inland existierender Vereinigungen, die ausschließlich im Ausland begangen werden sollen.[250] Jedoch wird dann die Strafbarkeit der fraglichen Taten gerade auch im Inland vorausgesetzt; dass sie dies nur nach ausländischem Recht sind, genügt mithin nicht.[251] Umgekehrt sind Taten, die wegen der besonderen Verhältnisse in dem jeweiligen ausländischen Staat kein strafwürdiges Unrecht darstellen (§ 3 Abs. 2 StGB a.F.), nicht aufgrund der Tatsache, dass sie dies im Inland wären, eine Straftat i.S.d. § 129 StGB.[252] Dafür, ob die fraglichen Taten einem Straftatbestand des StGB unterfallen, muss es nach dem Zweck der Vorschrift – Schutz des öffentlichen Friedens, der schon dann gefährdet ist, wenn z.B. ausländische Terrororganisationen die Bundesrepublik zu ihrer Organisationsbasis machen[253] – genügen, wenn deutsches Strafrecht nach § 3 StGB anwendbar ist; dies dürfte bei einer im Inland bestehenden Organisation wegen § 9 Abs. 2 StGB der Fall sein. Dass die fraglichen Taten speziell nach §§ 4-7 StGB dem deutschen Strafrecht unterliegen,[254] kann dagegen nicht Voraussetzung sein.[255] Eine andere Ansicht sieht das Vorliegen der Anknüpfungspunkte nach §§ 3 ff. StGB nicht als Erfordernis für die Bejahung des Tatbestandes des § 129 StGB an.[256] Begründet wird dies mit der Einfügung des § 129 b StGB, mit dem das bisherige Erfordernis eines Inlandsbezuges nach §§ 3 ff. StGB entfallen ist.[257] Der Schutzbereich des § 129 StGB sei mit der Einbindung ausländischer Organisationen in den Vereinigungsbegriff nicht mehr nur auf die öffentliche Sicherheit und Ordnung in der Bundesrepublik Deutschland beschränkt. Die Erfassung international ope-

---

250 Vgl. z.B. *Krauß*, in: LK, § 129 Rn. 67; offen gelassen von BGH NStZ 1999, 503 (505).

251 BGH NStZ 1999, 503 (505) mit Verweis auf BGH NJW 1966, 310 (312); NStZ-RR 2002, 300 (301); *Rudolphi/Stein*, in: SK, § 129 Rn. 8.

252 *Lenckner/Sternberg-Lieben*, in: Schönke/Schröder, § 129 Rn. 6.

253 So *Miebach/Schäfer*, in: MK, § 129 Rn. 26.

254 So *Lackner/Kühl*, § 129 Rn. 3; *Rudolphi/Stein*, in: SK, § 129 Rn. 8 unter Berufung auf BGH NJW 1966, 312.

255 *Miebach/Schäfer*, in: MK, § 129 Rn. 26.

256 Als Beispiel wird hier der Zusammenschluss ausländischer Staatsbürger zur Begehung von Betrügereien zu Lasten von Versicherungen im Ausland genannt, vgl. *Krauß*, in: LK, § 129 Rn. 67.

257 *Krauß*, in: LK, § 129 Rn. 66; *Kress*, JA 2005, 220 (227).

rierender Vereinigungen – erklärte Zielsetzung des Gesetzgebers – stehe mit der bislang geltenden restriktiven Auslegung nicht im Einklang.

Der Zweck der Vereinigung ist nur dann auf die Begehung von Straftaten gerichtet (1. Variante), wenn die Begehung dieser Straftaten für die Vereinigungsmitglieder als Vereinigungszweck verbindlich feststeht, was sich aufgrund ihrer gegenseitigen Verpflichtung ergibt.[258] Diese Zweckbestimmung wiederum kann sich entweder unmittelbar aus den ausdrücklichen oder mittelbar aus konkludenten Verpflichtungserklärungen ergeben; sie kann aber auch auf dem Willen der für ihre Willensbildung maßgeblichen Personen,[259] die keine förmliche Organstellung zu haben brauchen[260], innerhalb des ihnen eingeräumten Spielraums beruhen.[261] Dies kann offen oder versteckt[262] bereits bei Gründung oder erst später geschehen.[263]

Vereinzelt wird vertreten, dass die Variante „oder die *Tätigkeit* der Vereinigung auf die Begehung von Straftaten gerichtet ist" (2. Variante) als logisch überflüssig anzusehen sei, da sämtliche von ihr erfassten Fälle auch schon unter die erste Variante fallen.[264] Die Straftatenbegehung durch Vereinigungsmitglieder sei nur dann eine Tätigkeit der Vereinigung, wenn sie durch die Vereinigungsabrede und den hierauf basierenden vereinigungsinternen Willensbildungsprozess gedeckt ist, also wiederum eine der Vereinigung zurechenbare Verfolgung des Vereinigungs*zwecks* sei.[265]

Eine Konkretisierung der Verfolgung des kriminellen Zwecks in der Verfolgung einzelner Taten oder dessen Niederschlag in nach außen gerichteten Tätigkeiten oder gar die Planung einer bestimmten Tat, gilt nicht als Erfordernis.[266] Damit kann schon die bloße Existenz der Vereinigung genügen, sofern sie auf

---

258 BGH NJW 2005, 80 (81) zum Begriff der kriminellen Vereinigung – Führungsebene der PKK; *Rudolphi/Stein*, in: SK, § 129 Rn. 11.

259 Vgl. BGHSt bei *Wagner*, GA 1960, 230.

260 BGHSt 7, 222 (225): zur Auslegung des § 90 a StGB a.F.

261 *Lenckner/Sternberg-Lieben*, in: Schönke/Schröder, § 129 Rn. 7; *Miebach/Schäfer*, in: MK, § 129 Rn. 27 ff.; *Rudolphi/Stein*, in: SK, § 129 Rn. 11; weitergehend: BGHSt 27, 325 (328): Es soll ausreichen, dass den Mitgliedern die Möglichkeit von Straftaten bewusst sei und dass diese gewollt werden.

262 BGHSt 7, 222 (224); BGHSt 9, 101 (103): zum Begriff der „gegen die verfassungsmäßige Ordnung gerichteten" Tätigkeit einer Vereinigung.

263 „Umfunktionieren" einer legalen Vereinigung, vgl. BGHSt 27, 325; BGH bei *Wagner*, GA 1960, 230.

264 So *Rudolphi/Stein*, in: SK, § 129 Rn. 12.

265 *Rudolphi/Stein*, in: SK, § 129 Rn. 12.

266 BGHSt 27, 325 (328): Umwandlung einer Vereinigung, die legalen Zwecken dient, in eine solche, deren Zwecke oder Tätigkeit darauf gerichtet ist, Straftaten zu begehen; BGHSt 49, 268 (272): Die Zwecke einer Vereinigung sind dann auf die Begehung von Straftaten gerichtet, wenn dies ihr verbindlich festgelegtes Ziel ist; BGH NStZ 1999, 503; NStZ 2005, 378.

die gemeinschaftliche oder jedenfalls von der Organisation getragene Begehung von Straftaten hin ausgerichtet ist, also ein gemeinsamer Wille zur Begehung von Straftaten endgültig gefasst worden ist, welcher nicht mehr vom Ergebnis weiterer Willensbildungsprozesse abhängig sein darf.[267] Nur wenn von den Vereinigungsmitgliedern über das „bloße Bewusstsein, dass es zu Straftaten kommen könne", solche Taten auch als Ziel und Zweck ihres Zusammenschlusses angestrebt werden, erscheine die vom Tatbestand vorgenommene Gleichstellung von Vereinigungen, deren Zwecke darauf gerichtet sind, Straftaten zu begehen, mit solchen, bei denen bereits eine ausgeübte Tätigkeit eben diese Ausrichtung hat, gerechtfertigt.[268] Unter diesen Umständen sei dann auch die besondere Gefährlichkeit der Vereinigung gegeben, die den Gesetzgeber veranlasst habe, den Strafrechtsschutz so weit in das Vorfeld einer Rechtsgutsverletzung oder konkreten Rechtsgutsgefährdung vorzuverlagern.[269]

Eine Billigung der Ziele der Vereinigung durch alle Mitglieder ist nicht erforderlich. Wenn es jedoch nur Ziel des harten Kerns ist, kriminelle Ziele zu verfolgen, so ist lediglich dieser eine Vereinigung i.S.d. § 129 StGB, weshalb Mitglieder außerhalb dieses Kerns allenfalls Unterstützer sein können.[270] Wollen hingegen nur einzelne Mitglieder Straftaten begehen oder kommt es zu solchen Straftaten nur gelegentlich oder beiläufig, so ist dies nicht für eine Strafbarkeit nach § 129 StGB ausreichend.[271] Nicht notwendig ist hingegen, dass die Straftaten der von der Vereinigung verfolgte Endzweck sind; auch wenn die Taten die Erreichung des Endziels nur vorbereiten sollen, so bleiben Zweck und Tätigkeit der Vereinigung auf die Begehung strafbarer Handlungen gerichtet. Ferner ist der Tatbestand auch dann erfüllt, wenn die strafbaren Handlungen nur einen Nebenzweck der Vereinigung bilden oder einem weitergesteckten anderen Ziel dienen[272]; in jedem Fall müssen sie aber die Zielsetzung und die innere Struktur der Vereinigung zumindest mitprägen.[273]

---

267 BGHSt 49, 268 (Zweckgerichtetheit einer kriminellen Vereinigung) unter Aufgabe von BGHSt 27, 328; BGH NStZ 1999, 503 (504).

268 BGHSt 49, 268 (272).

269 *Rudolphi*, in: FS Bruns, S. 315 (317).

270 Vgl. BGHSt 45, 26 (36): Zu § 129 a StGB, „Antiserbische Bewegung".

271 Vgl. BGHSt 27, 325 (328); 31, 202 (206) mit Verweis auf BGHSt 27, 325: Wirtschaftsunternehmen zur illegalen Arbeitskräftevermittlung; BGHR § 129 Gruppenwille 2.

272 BGHSt 15, 259 (260): Ist die unter § 129 fallende Vereinigung politische Partei, so besteht ein Verfahrenshindernis entsprechend § 90 a Abs. 3 StGB a.F. auch für § 129; BGHSt 27, 325 (326); BGHSt 41, 47 (56): Verfahren gegen „Nationale Offensive"; BGH NJW 1966, 311 (312): kriminelle Vereinigung trotz nicht strafbarem Ziel der Südtiroler Autonomie; BGH NJW 1975, 985 f.: Hausbesetzer als kriminelle Vereinigung; BGHSt bei *Wagner*, GA 1960, 230; BayObLG NStZ-RR 1997, 250 (252).

273 *Rudolphi*, in: FS Bruns, S. 315 (322); vgl. auch BGHSt 41, 47 (56 f.) mit Anmerkung *Krehl*, JR 1996, 208; BGH Urt. v. 22.2.1995 mit Anmerkung *Ostendorf*, JZ 1996, 55.

Der Zweck ist auf die Begehung von Straftaten nur dann gerichtet, wenn die Vereinigung selbst Straftaten begehen will.[274] Dies kann aber wiederum nicht heißen, dass eine Organisation, die sich auf die Unterstützung fremder Straftaten oder einer anderen Vereinigung i.S.d. §§ 129, 129 a StGB beschränkt – hier wird die Versorgung von Terrororganisationen als Beispiel genannt – nicht unter § 129 StGB fällt.[275] Erforderlich ist die Begehung einer Mehrzahl gleich- oder verschiedenartiger Delikte ohne größeren Zeitabstand. Nicht ausreichend soll dagegen der Zusammenschluss zu einer bestimmten deliktischen Einzelaktion sein, wie z.B. zu einem einzigen terroristischen Anschlag. Auch genannt wird in diesem Zusammenhang die Hausbesetzung oder eine Gruppe von Hausbesetzern, die zur Aufrechterhaltung des rechtswidrigen Zustandes dem erwarteten Eingreifen der Polizei mit Gewalt begegnen will.[276] Hier fehlt es meist schon am Erfordernis eines auf eine gewissen Dauer angelegten Zusammenschlusses, jedenfalls aber an dem besonderen Gefährdungspotential einer kriminellen Vereinigung. Nur unter der Voraussetzung des genannten Zwecks oder der genannten Tätigkeit kann die Vereinigung die von § 129 StGB vorausgesetzte kriminelle Eigendynamik entfalten, die ihre besondere Gefährlichkeit begründet und somit eine Ausdehnung der Strafbarkeit über die Fälle des § 30 StGB hinaus trägt.[277]

bb) § 129 Abs. 2 StGB

§ 129 Abs. 2 StGB sieht tatbestandliche Ausnahmen vor. Nach diesem Absatz ist der Tatbestand des Abs. 1 in den Fällen Nr. 1-3 ausgeschlossen, die nach dem Wortlaut der Vorschrift unterfallen würden.[278] Nr. 1 soll dem Schutz legaler politischer Parteien dienen und eine verfassungsrechtlich begründete, tatbestandliche Ausnahme darstellen. Eine Ausprägung des Grundsatzes der Verhältnismäßigkeit ist in Nr. 2 zu finden. In Nr. 3 ist schließlich eine Subsidiaritätsklausel verankert, die verhindern soll, dass dasselbe Verhalten zweimal bestraft wird.[279]

1) Parteienprivileg

Nicht von § 129 Abs. 1 StGB erfasst wird nach § 129 Abs. 2 Nr. 1 StGB eine Vereinigung – gänzlich unabhängig von Zweck und Tätigkeit –, wenn es sich sich dabei um eine politische Partei handelt, die das BVerfG noch nicht für verfas-

274 BGHSt 28, 328.
275 *Lenckner/Sternberg-Lieben*, in: Schönke/Schröder, § 129 Rn. 7a.
276 Vgl. BGH NStZ-RR 2002, 301; *Ostendorf*, JuS 1981, 640 (642); *Rudolphi*, ZRP 1979, 214 (217).
277 *Rudolphi/Stein*, in: SK, § 129 Rn. 9.
278 *Fischer*, § 129 Rn. 17.
279 *Fischer*, § 129 Rn. 17.

sungswidrig erklärt hat.[280] Hintergrund dieser tatbestandlichen Einschränkung war – wie bereits eingangs dargestellt – eine Entscheidung des BVerfG aus dem Jahre 1963.[281] Darin urteilte das Gericht, (noch) nicht verbotene politische Parteien könnten nicht als Vereinigungen i.S.d. § 129 StGB angesehen werden, da dies einen Verstoß gegen die vom Grundgesetz in Art. 21 GG getroffene Entscheidung bedeutete. Der einfache Gesetzgeber hatte mit § 129 StGB die Möglichkeit geschaffen, entgegen der Vorschrift des Art. 21 GG, Strafverfahren gegen Gründer, Mitglieder oder Förderer einer politischen Partei allein wegen der Zugehörigkeit zu dieser durchzuführen, sofern es die Feststellung seitens der Strafgerichte gab, die Zwecke und Tätigkeit der Partei seien auf die Begehung von strafbaren Handlungen gerichtet.[282] Daher sei § 129 StGB verfassungskonform dahingehend auszulegen, so das BVerfG, dass politische Parteien keine Vereinigungen im Sinne dieser Norm seien. Nur so sei die Vorschrift mit dem Grundgesetz vereinbar.[283] Mit Einfügung des Abs. 2 Nr. 1 hat der Gesetzgeber schließlich dieser Entscheidung Rechnung getragen.

Uneinigkeit besteht in der Literatur darüber, für welche Art von Straftaten das Privileg gelten solle.

Zum einen wird auf den Sinn des Parteienprivilegs abgestellt. Dieser besteht darin, Parteien nicht in ihrer politischen Tätigkeit zu behindern. Damit könne dies nur für Straftaten gelten, die noch im Rahmen einer solchen Tätigkeit liegen.[284] Für diese Einschränkung gibt der Wortlaut der Norm nach anderer Ansicht hingegen keinen Anlass. Zudem ließe sich diese auch nicht aus den einschlägigen Entscheidungen des BVerfG[285] oder BGH[286] ableiten.[287] Das Parteienprivileg, so das BVerfG, entbinde nicht von der Beachtung der allgemeinen Strafgesetze, die zum Schutz vorrangiger Gemeinschaftswerte dem individuellen Handeln Grenzen setzen. Ferner könne die mit dem Parteienprivileg nach der Rechtsprechung des BVerfG verbundene Einschränkung von Organisationstraftatbeständen nicht auf anders geartete Normen des Staatsschutzstrafrechts, die Einrichtungen des Staates in ihrer konkreten Form Schutz gegen Angriffe Einzelner gewähren, aus-

280 *Rudolphi/Stein*, in: SK, § 129 Rn. 7a; zum Begriff der Partei vgl. § 2 ParteienG; BVerwG NJW 1986, 2654 f.: Zum Begriff der politischen Partei i.S.d. Art. 21 GG und § 2 ParteienG gehört ein Mindestmaß an organisatorischer Selbständigkeit und Eigenständigkeit der Willensbildung; so auch BVerfGE NJW 1987, 769; BGH NJW 1974, 565 f.: Unzulässigkeit der Strafverfolgung der KPD und damit zusammenhängender Beschlagnahmen.

281 BVerfGE 17, 155 ff.

282 BVerfGE 17, 155 (167).

283 BVerfGE 17, 155 (168).

284 *Lenckner/Sternberg-Lieben*, in: Schönke/Schröder, § 129 Rn. 9.

285 BVerfGE 47, 130 (141).

286 BGHSt 29, 50 (54).

287 *Krauß*, in: LK, § 129 Rn. 82; *Miebach/Schäfer*, in: MK, § 129 Rn. 46; *Fürst*, Grundlagen und Grenzen der §§ 129, 129 a StGB.

gedehnt werden.[288] Der Tatbestand des § 129 Abs. 1 StGB soll im Ergebnis auch dann nicht erfüllt sein, wenn eine noch nicht für verfassungswidrig erklärte Partei über den Bereich politische motivierter Aktionen hinaus sonstige Straftaten plant oder organisiert.[289] Dies soll sogar für die Dauer eines Verbotsverfahrens vor dem BVerfG gelten.[290] Zu beachten ist, dass durch das Privileg die Betätigung der Partei als solche geschützt wird. Parteimitglieder, die sich innerhalb einer politischen Partei zur Begehung erheblicher Straftaten organisieren, werden aber nicht geschützt.[291] Auch parteiunabhängige Tarn- und Nebenorganisationen[292] sowie Teilorganisationen, die von Parteien gesteuert und als deren verlängerter Arm fungieren sollen[293] und sonstige politische Organisationen ohne spezifischen Parteicharakter i.S.d. § 2 ParteienG können sich nicht auf die tatbestandliche Ausnahme berufen.[294]

Diese Ausnahme greift jedoch nicht bei ausländischen Vereinigungen, denn auf diese ist das Parteienprivileg nicht anwendbar.[295] Eine Abgrenzung zwischen in- und ausländischen Organisationen erfolgt nach § 2 Abs. 3 ParteienG; die Grenze kann daher anders verlaufen als die für § 129 b Abs. 1 StGB relevante.[296]

2) Untergeordnete Zwecke und Tätigkeiten

Eine weitere Ausnahme bildet Nr. 2 des § 129 Abs. 2 StGB. Hier entfällt die Strafbarkeit von Vereinigungen, bei denen die Begehung von Straftaten nur ein Zweck oder eine Tätigkeit von untergeordneter Bedeutung ist. Der Grund für diese Regelung ist in der Entstehungsgeschichte zu suchen. Es sollte damit ausgeschlossen werden, dass schon gelegentliche kriminelle Aktionen oder zwar häufiger vorkommende, aber geringfügige Straftaten zu einer Bestrafung nach § 129 StGB führen, wobei vor allem an Vereinigungen mit politischem Charakter

---

288 Vgl. dazu BVerfGE 47, 130 (135 f.): Bestrafung eines Parteimitglieds wegen Vergehen nach § 89 StGB setzt nicht die Feststellung der Verfassungswidrigkeit der politischen Partei seitens des BVerfG voraus; BGHSt 29, 50 f.: Parteienprivileg erstreckt sich nicht auf Vergehen nach § 90 b StGB.

289 *Krauß*, in: LK, § 129 Rn. 82; *Rudolphi/Stein*, in: SK, § 129 Rn. 7a. Ausführlich zur Strafvorschrift und den einzelnen Tatbeständen des § 31 d PartG vgl. *Saliger*, Parteiengesetz und Strafrecht, S. 605 ff.

290 *Krauß*, in: LK, § 129 Rn. 81; *Miebach/Schäfer*, in: MK, § 129 Rn. 46.

291 *Fischer*, § 129 Rn. 18; *Lencker/Sternberg*-Lieben, in: Schönke/Schröder, § 129 Rn. 9; *Miebach/Schäfer*, in: MK, § 129 Rn. 47.

292 Vgl. BGHSt 27, 59 (61) mit Bezugnahme auf BVerfGE 2, 1 (78) und 5, 85 (392).

293 Vgl. BVerfG in seinem Beschluss vom 25.11.1986 zu den Merkmalen einer politischen Partei, NJW 1987, 769.

294 *Krauß*, in: LK, § 129 Rn. 80.

295 *Fischer*, § 129 Rn. 18; *Lackner/Kühl*, § 129 Rn. 3; *Altvater*, NStZ 2003, 179 (180).

296 *Rudolphi/Stein*, in: SK, § 129 Rn. 7a.

gedacht war, z.B. politische Beleidigungen oder Körperverletzungen anlässlich einer Versammlung.[297]

Damit soll jedoch nicht zum Ausdruck gebracht werden, eine Bestrafung nach Abs. 1 sei nur dann möglich, wenn die zu begehende Tat Endziel oder Hauptzweck der Vereinigung ist. Vielmehr soll ausgeschlossen werden, dass schon eine gelegentliche oder eher beiläufige Betätigung zur Strafbarkeit nach § 129 StGB führt. Es müssen also die Taten in Relation zum Gesamtzweck oder der Gesamttätigkeit gesetzt werden – die Regelung greift, wenn die kriminellen Aktivitäten so nebensächlich sind, dass durch sie das Erscheinungsbild der kriminellen Vereinigung aus der Perspektive informierter Dritter nicht mehr in nennenswerter Weise mitgestaltet wird.[298]

3) Subsidiaritätsklausel

Nicht strafbar machen sich schließlich Vereinigungen, deren Zwecke oder Tätigkeiten Organisationsdelikte i.S.d. §§ 84-87 StGB betreffen (vgl. § 129 Abs. 2 Nr. 3 StGB). Der Zweck dieser Subsidiaritätsklausel liegt in der Verhinderung, ein und dasselbe Verhalten zweimal zu bestraften, nämlich zum einen nach den §§ 84-87 StGB, zum anderen nach § 129 StGB.[299] Ebenso verhindert wird dadurch eine Bestrafung der Taten nach § 20 Abs. 1 Nr. 1-4 VereinsG, der nur aus technischen Gründen nicht in Nr. 3 aufgeführt ist; dieser wird hier aber analog angewandt.[300] Dagegen gilt Nr. 3 nicht, wenn die Vereinigung daneben noch die Begehung sonstiger Straftaten anstrebt (z.B. nach §§ 89, 90 a, 130 a StGB oder §§ 185 ff. StGB), soweit die übrigen Voraussetzungen erfüllt sind.[301]

cc) Tathandlungen

Tathandlungen innerhalb des § 129 StGB sind das Gründen einer kriminellen Vereinigung, die mitgliedschaftliche Beteiligung in einer solchen, das Werben um Mitglieder oder Unterstützer sowie das Unterstützen der Vereinigung. Hierdurch werden z.T. materiell als Teilnahme oder Versuch einzustufende Handlungen vom Gesetzgeber zur Täterschaft bzw. Vollendung hochgestuft.[302] Von

297 Vgl. BGHSt 41, 47 (52). Dabei ging es u.a. um die Frage, welche Straftaten von § 129 StGB umfasst werden; *Miebach/Schäfer*, in: MK, § 129 Rn. 48.

298 *Miebach/Schäfer*, in: MK, § 129 Rn. 49.

299 *Lenckner/Sternberg*-Lieben, in: Schönke/Schröder, § 129 Rn. 11.

300 BT-Drucks. IV/2145, S. 13; *Fischer*, § 129 Rn. 21; *Krauß*, in: LK, § 129 Rn. 87; *Rudolphi/Stein*, in: SK, § 129 Rn. 7b.

301 *Krauß*, in: LK, § 129 Rn. 88; *Lenckner/Sternberg-Lieben*, in: Schönke/Schröder, § 129 Rn. 11; *Miebach/Schäfer*, in: MK, § 129 Rn. 51.

302 *Fischer*, § 129 Rn. 22; *Lenckner/Sternberg-Lieben*, in: Schönke/Schröder, § 129 Rn. 12.

der bisherigen Fassung unterscheidet sich § 129 StGB in der Fassung des 34. StrÄndG dadurch, dass das Werben für die Vereinigung auf das Werben um Mitglieder oder Unterstützer beschränkt wurde.

1) Gründung

Eine kriminelle Vereinigung gründet, wer bei ihrem Zustandekommen durch Beteiligung an der Planung oder an der Entwicklung von Absprachen mitwirkt.[303] Der bloße Beitritt als sog. „Gründungsmitglied" soll hier nicht ausreichend sein; jedoch ist umgekehrt nicht unbedingt erforderlich, dass ein Gründer selbst Mitglied der gegründeten Vereinigung wird.[304]

Jeder, der einen Gründungsakt „führend und richtungsweisend" bewirkt, macht sich als Gründer einer kriminellen Vereinigung strafbar.[305] So entschied bereits der BGH im Jahre 1954 hinsichtlich des § 90 a StGB a.F.[306] Diesem Urteil folgte auch der Großteil der Literatur[307]. Es gibt jedoch auch eine abweichende Ansicht, nach der kein führendes und richtungsweisendes Mitwirken erforderlich ist. [308] Begründet wird dies mit der Regelungssystematik: Die herrschende Ansicht führe zu Spannungen mit Abs. 4 und 5. Unter „führenden" Tätern, also Gründern, müsste es Rädelsführer i.S.d. Abs. 4 geben, sowie solche, deren Mitwirkung i.S.d. Abs. 5 von untergeordneter Bedeutung ist. Denn sonst würde nicht „führenden" Mitbegründern die Möglichkeit nach Abs. 5 genommen, wenn nicht eine gleichzeitige Beteiligung für sich alleine untergeordnet in diesem Sinne ist. Dies sei insoweit von Bedeutung, als das Gründen keine mitgliedschaftliche Beteiligung voraussetzt. Zutreffend sei nach dieser Ansicht daher, dass ein bloßes „Mitmachen" oder die Erklärung, dazu bereit zu sein, wenn dies auf eine bereits bestehende Planung bezogen sei, nicht als täterschaftliches Gründen anzusehen sei. Vielmehr sei dann i.d.R. ein Sich-Beteiligen gegeben. Wird die Organisation hingegen durch gemeinsame Absprachen und Planung gegründet, so könne Täter des Abs. 1 nicht nur derjenige sein, der sich dabei besonders herausstellt (Abs. 4, 1. Variante).[309] Diese Ansicht wird nun auch in der neueren Rechtsprechung aufgegriffen. Dies geht

303 *Fischer*, § 129 Rn. 23.

304 *Rudolphi/Stein*, in: SK, § 129 Rn. 14.

305 BGHSt 27, 325 (327): Umwandlung einer legalen Zwecken dienenden Vereinigung in solche, deren Zweck/Tätigkeit darauf gerichtet ist, Straftaten zu begehen, erfüllt den Tatbestand der Gründung.

306 BGH NJW 1954, 1254.

307 *Krauß*, in: LK, § 129 Rn. 100; *Lackner/Kühl*, § 129 Rn. 4; *Lenckner/Sternberg-Lieben*, in: Schönke/Schröder, § 129 Rn. 12; *Miebach/Schäfer*, in: MK, § 129 Rn. 54; *Rudolphi/Stein*, in: SK, § 129 Rn. 14.

308 *Fischer*, § 129 Rn. 23.

309 *Fischer*, § 129 Rn. 23.

auch aus dem Urteil des BGH bezüglich der „Freikorps Havelland" aus dem Jahre 2006 hervor.[310]

Das bloße Schaffen einer neuen Teilorganisationen innerhalb einer schon bestehenden kriminellen Vereinigung ist keine Gründung,[311] wohl aber das „Umfunktionieren" einer bereits bestehenden, bisher legale Zwecke und Tätigkeiten verfolgenden Vereinigung.[312] Als Gründungsakt gewertet werden kann eine solche Umwandlung dann, wenn dieser einen Zusammenschluss von mindestens drei Personen zur Folge hat, der alle Begriffsmerkmale einer kriminellen Vereinigung erfüllt. Zu einem solchen Zusammenschluss kann es beispielsweise dann kommen, wenn Personen, die für Grundsatzentscheidungen nach der schon bestehenden und als verbindlich anerkannten Vereinigungsabrede zuständig sind, dem Rahmen ihres Entscheidungsspielraumes entsprechend festlegen, die Vereinigung solle künftig bestimmte kriminelle Ziele verfolgen.[313] Selbiges gilt auch für Vereinigungen, die bereits zuvor kriminelle waren, bei denen sich aber eine wesentliche Veränderung der Art der kriminellen Zwecksetzung eingestellt hat. Möglich ist auch, dass durch mindestens drei – bisherige oder neue – Mitglieder eine neue Vereinigungsabrede getroffen wird, und diese Personen fortan eine (neue) kriminelle Vereinigung bilden.[314]

2) Beteiligung als Mitglied

Als Mitglied beteiligt sich, wer sich unter Eingliederung in die Organisation deren Willen unterordnet und eine, wenn auch möglicherweise zunächst einmalige, Tätigkeit zur Förderung der kriminellen Ziele der Vereinigung entfaltet.[315] Einer förmlichen Beitrittserklärung bzw. eines Aufnahmeakts oder einer satzungsmäßigen Mitgliedschaft (mit listenmäßiger Erfassung usw.) bedarf es nicht;[316] solche Akte sind weder erforderlich noch ausreichend. Im Gegensatz dazu wird jedoch ein Außenstehender durch die Förderung der Vereinigung noch nicht automatisch zu deren Mitglied.[317] Das Sichbeteiligen als Mitglied muss für mehr stehen als

310 BGH NJW 2006, 1603 f.

311 *Krauß*, in: LK, § 129 Rn. 103; *Lenckner/Sternberg-Lieben*, in: Schönke/Schröder, § 129 Rn. 12a; *Miebach/Schäfer*, in: MK, § 129 Rn. 56.

312 BGHSt 27, 325 ff.; *Krauß*, in: LK § 129 Rn. 102; *Rudolphi/Stein*, in: SK, § 129 Rn. 15.

313 *Rudolphi/Stein*, in: SK, § 129 Rn. 15.

314 *Krauß*, in: LK, § 129 Rn. 102.

315 Vgl. BGHSt 18, 296 (300): Mitgliedschaft in einer Verbindung oder Vereinigung (KPD), mit Verweis auf BGH NJW 1960, 1772 (1773): Förderung einer verbotenen Partei (KPD); BGH NJW 1966, 310 (312); BGH NStZ 1993, 37 (38); näher Wagner MDR 1966, 185 (187); *Lenckner/Sternberg-Lieben*, in: Schönke/Schröder, § 129 Rn. 13; *Fürst*, Grundlagen und Grenzen der §§ 129, 129 a, S. 97.

316 BGH NJW 1975, 985; BayObLG NStZ-RR 1997, 251 (252); BGHSt 18, 296 (299 f.).

317 BGHSt 18, 296 ff. bzgl. Verteilung von Flugblättern und Werbung in Veranstaltung zur Unterstützung der verbotenen KPD bei der Bundestagswahl 1961 – nur „einseitige Bewusstseins-

der bloße Eintritt, weshalb der Erwerb der nur formellen oder passiven Mitgliedschaft nicht ausreichen kann,[318] selbst wenn diese mit einer Beitragszahlung verbunden ist.[319] Die Unterordnung unter den Gesamtwillen der Organisation sowie die stillschweigende oder ausdrückliche Willensübereinstimmung, die zwischen der Vereinigung und dem Handelnden bestehen muss, gelten als die zentralen Elemente.[320] In seinem Beschluss BGHSt 29, 114 lässt der BGH aufgrund besonderer Umstände im Einzelfall den bloßen Beitritt ausreichen, doch wird dies vom überwiegenden Teil der Literatur abgelehnt.[321] Die Beteiligungsform der passiven Mitgliedschaft, bei der keine fördernde Aktivität stattfindet, kann aus Gründen der Gleichstellung mit anderen Tatbestandsvarianten innerhalb der Norm nicht ausreichen.[322]

Weiteres Element ist eine auf Dauer oder zumindest längere Zeit angelegte, wenn auch nur vorläufige oder im Ergebnis nur einmalige Beteiligung für Zwecke der Vereinigung.[323] Die Mitgliedschaft kann als Dauerdelikt über Jahre bestehen und endet auch nicht in „Pausenzeiten", in denen keine aktive Tätigkeit entfaltet wird.[324] Selbst ein längeres Aussetzen ändert an der mitgliedschaftlichen Beteiligung nichts; es führt nur dann zum Ende der Beteiligung, wenn Einvernehmen mit der Organisation darüber besteht, dass eine weitere Fortsetzung von Betätigungsakten nicht angestrebt wird bzw. geplant ist. Sollte das ehemalige Mitglied erneut tätig werden, so müssen neben die zeitliche Zäsur weitere Umstände hinzutreten, die dieses Tätigwerden auch als ein neues Delikt qualifizieren.[325]

---

durchdringung", nicht aber „Übereinstimmung" zwischen Angeklagten und ungesetzlicher Partei; BGH NStZ 1993, 37 (38).

318 BGHSt 29, 114 (115).

319 So auch *Rudolphi/Stein*, in: SK, § 129 Rn 16a; *Werle*, JR 1979, 93 (95); anders OLG Karlsruhe NJW 1977, 2222 (2223); *Fleischer*, NJW 1979, 1337 (1338); *Miebach/Schäfer*, in: MK, § 129 Rn. 63; Ausnahme vgl. *Krauß*, in: LK, § 129 Rn. 107, der zwar grundsätzlich eine aktive Förderhandlung für notwendig erachtet, im Einzelfall jedoch die Mitgliedschaft, die mit Zahlung regelmäßiger Mitgliedsbeiträge verbunden und je nach Beitragshöhe und Motiv der Mitgliedschaft als organisationsfördernde Daueraktivität qualifiziert.

320 *Nehring*, Kriminelle und terroristische Vereinigungen im Ausland, S. 154.

321 Vgl. *Lenckner/Sternberg-Lieben*, in: Schönke/Schröder, § 129 Rn. 13; *Ostendorf*, JA 1980, 499 (502) im Hinblick auf BGHSt 29, 114 (119): Unterstützung der „Wehrsportgruppe"; der Angeklagte habe, nicht im organisatorischen, wohl aber im ideellen Sinne, der Vereinigung vom Beginn ihres Bestehens an – wissentlich oder nicht – entscheidende Impulse gegeben. Zur Zeit seines späteren Eintritts musste ihm, jedenfalls im Rückblick, seine eigene Rolle als „geistiger Ziehvater" der Vereinigung deutlich geworden sein.

322 *Nehring*, Kriminelle und terroristische Vereinigungen im Ausland, S. 155.

323 BGHSt 29, 288 (294); *Haberstrumpf*, MDR 1979, 977 (978).

324 *Lenckner/Sternberg-Lieben*, in: Schönke/Schröder, § 129 Rn. 13.

325 BGHSt 29, 288 (294); BGH NStZ 2002, 328 (330); *Fischer*, § 129 Rn. 24.

Hinsichtlich der Art des Sichbeteiligens ist Folgendes festzuhalten: Diese braucht nicht gerade in der Mitwirkung an den einzelnen Straftaten zu bestehen, ausreichend ist bereits jede Tätigkeit für die Zwecke der Vereinigung.[326] Folglich genügt schon die Erledigung allgemeiner Aufgaben, wobei keine Kenntnis hinsichtlich der im Einzelnen geplanten Taten erforderlich ist. Darunter fallen können logistische Tätigkeiten wie Öffentlichkeitsarbeit z.B. in Form von Rechtfertigungsschriften, Strategiepapiere o.ä., nicht jedoch prozessual erlaubtes Verteidigungshandeln;[327] hierauf wird jedoch an späterer Stelle noch näher eingegangen. Beteiligt sich hingegen eine Person nur an einzelnen Straftaten, so muss das noch keine Beteiligung als Mitglied darstellen.[328]

3) Werben um Mitglieder oder Unterstützer

(a) Umstände

§ 129 StGB wurde in seiner bisherigen Fassung durch das 34. StrÄndG 2002 dahingehend geändert, dass nunmehr nur noch das Werben um Mitglieder, also Personen, die sich mitgliedschaftlich in die Organisation einfügen und/oder Unterstützer, womit Gehilfen im Einzelfall oder im Rahmen länger dauernder Zusammenarbeit erfasst sind,[329] bestraft wird.[330] § 129 StGB a.F. hatte zuvor generell das Werben für eine kriminelle Vereinigung unter Strafe gestellt, folglich jede Betätigung, durch die eine Stärkung der Vereinigung sowie deren gezielte Unterstützung mit propagandistischen Mitteln bezweckt wurde. Eine konkrete Mitgliederwerbung oder das Herbeiführen einer bestimmten Unterstützungshandlung waren dafür nicht erforderlich.[331] Hierunter fiel auch die sog. Sympathiewerbung, worunter all die Handlungen zu verstehen waren, die auf das Wecken von Sympathie für die Existenz, Tätigkeit und Ziele der Vereinigung fokussiert waren.[332] Eine bloße Sympathiewerbung sollte ausreichen, auch wenn

---

326 Vgl. BVerfGE 56, 22; BGHSt 29, 288 (291); *Krauß*, in: LK, § 129 Rn. 108, der als Beispiel den Einsatz als Verbindungsmann und „Zubringer“ nennt; *Fleischer*, NJW 1979, 1337 (1338); vgl. auch BGHSt 28, 110; anders *Rudolphi/Stein*, in: SK, § 129 Rn. 16.

327 *Rudolphi/Stein*, in: SK, § 129 Rn. 16.

328 *Miebach/Schäfer*, in: MK, § 129 Rn. 62.

329 *Fischer*, § 129 Rn. 27; *Lenckner/Sternberg-Lieben*, in: Schönke/Schröder, § 129 Rn. 14.

330 BT Drucks. 14/8893 S. 8.

331 *Krauß*, in: LK, § 129 Rn. 117.

332 Vgl. BGHSt 28, 26 (28): Parolen „RAF“, „Lang lebe die RAF“ und „RAF wir werden siegen“ an den Außenwänden eines Justizpalastes erfüllt das Merkmal des Werbens für eine kriminelle Vereinigung. Das Merkmal sei nicht auf die Gewinnung von Mitgliedern oder Anhängern beschränkt; BGH NJW 1988, 1679; OLG Stuttgart, StV 1984; *Ostendorf*, JA 1980, 499 (502); *Lackner/Kühl*, § 129 Rn. 7; *Langer-Stein*, Legitimation und Interpretation der strafrechtlichen Verbote krimineller und terroristischer Vereinigungen, S. 227 f.

eine solche noch im Vorfeld einer messbaren Gefahr anzusiedeln war und über einen geringen Unrechtsgehalt verfügte.[333]

Seit der Neufassung der Norm ist diese Form der Werbung, die ja gerade nicht auf die Gewinnung von Gehilfen abzielte, nun ausgeschlossen, so wie es von vereinzelten früheren Stimmen auch schon vor der Änderung vertreten und gefordert worden war.[334] Es wird kein entsprechender Werbeerfolg vorausgesetzt. Dies ergibt sich bereits aus dem Wortlaut: So lautet dieser „werben um" und nicht „werben von" oder „anwerben". Daraus ergibt sich wiederum, dass es sich bei der Variante des Werbens um ein unechtes Unternehmensdelikt[335] handelt.[336] Mit der Änderung kann sich nunmehr die Abgrenzungsproblematik auf die Frage verlagern, ob es sich bei der Handlung bereits um eine strafbare Unterstützerwerbung handelt oder ob eine noch straflose Sympathiewerbung vorliegt.[337]

Weitere Probleme ergeben sich in folgender Hinsicht: Das erfolgreiche Anwerben eines Mitglieds oder Unterstützers stellt in der Regel auch eine Anstiftung zur Beteiligung als Mitglied bzw. zum Unterstützen i.S.v. § 26 StGB dar.[338] Damit hat die Tatvariante des Werbens eine eigenständige, die Strafbarkeit begründende Funktion nur dann, wenn es beim Werben zu keinem Erfolg gekommen ist.[339] Um eine annähernde Gleichwertigkeit des Werbens im bloßen Vorfeld einer Mitgliedschaft zu dieser oder dem Unterstützen und dem Gründen zu erreichen,

333 Dazu BGHSt 33, 16 (18) hinsichtlich einschränkender Kriterien für die Beurteilung des Verbreitens von Texten. Der BGH führt aus, dass für das – wie immer geartete – Verbreiten von Texten, die Umschreibung der in Betracht kommenden Tatbestandsvarianten noch näherer Bestimmung bedarf. Es sprächen mehrere Gesichtspunkte für eine einschränkende Auslegung, denn meist handle es sich bei den hier praktisch werdenden Lebenssachverhalten um bloße Sympathiewerbung und damit um die regelmäßig am wenigsten ins Gewicht fallende Begehungsweise des § 129 a StGB, bei der es auch auf einen nachweisbaren Erfolg nicht ankomme. Gleichwohl sei diese aber mit der gleichen Strafandrohung versehen wie schwerere Begehungsformen, besonders wie das Gründen der Vereinigung oder gewichtige mitgliedschaftliche Beteiligung.

334 So z.B. *Scheiff*, Wann beginnt der Strafrechtsschutz gegen kriminelle Vereinigungen (§ 129 StGB)?, S. 110 und *Rudolphi*, JR 1979, S. 33 ff., die nur das Anwerben von neuen Mitgliedern umfasst sehen wollen; noch weiter *Ostendorf*, JA 1980, 499 (502), der die Werbung von tätigen Anhängern und (nicht mitgliedschaftliches) Unterstützen als strafbare Werbung versteht.

335 Bei sog. unechten Unternehmungsdelikten handelt es sich um diejenigen Tatbestände, die – ohne die Verwendung des Wortes „unternehmen" – auch Konstellationen erfassen, in denen zwar ein bestimmter Erfolg beabsichtigt, jedoch nicht eingetreten ist. Damit haben sie in einem materiellen Sinne eine Versuchsstruktur. Vgl. *Rudolphi/Stein*, in: SK § 11 Rn. 44.

336 *Nehring*, Kriminelle und terroristische Vereinigungen im Ausland, S. 157; *Rudolphi/Stein*, in: SK, § 129 Rn. 18a; *Altvater*, NStZ 2003, 179.

337 *Fischer*, § 129 Rn. 27.

338 Anmerkung der Verfasserin: Dies gilt zumindest für die Fälle, in denen es um einen individuell bestimmbaren Personenkreis geht, also die Werbung nicht an die Öffentlichkeit an sich gerichtet ist.

339 *Lenckner/Sternberg-Lieben*, in: Schönke/Schröder, § 129 Rn. 14.

könnte man erwägen, dass die Tatvariante im konkreten Fall nach Inhalt, Art und Adressaten zumindest geeignet sein muss, zum Eintritt des Erfolgs zu führen.[340] Eine weitere Möglichkeit wäre, dass jedenfalls ein von vornherein eindeutiges untaugliches Werben auszuscheiden hat.[341] Nur ein strafloser Versuch (vgl. Abs. 3) bleibt es daher, wenn der Täter sein Werben irrig für geeignet hält.

Die Tatbestandsvariante des Werbens umfasst nur entsprechende Handlungen von Nichtmitgliedern,[342] da andernfalls bereits ein Sichbeteiligen als Mitglied vorläge.[343] Die Werbetätigkeit von Mitgliedern – ein Akt mitgliedschaftlicher Beteiligung – verdrängt das Tatbestandsmerkmal des Werbens.[344] Im Unterschied zum Unterstützen sollen und können die Tathandlungen von Nichtmitgliedern nur mittelbar über die Werbeadressaten zu einer Förderung der Vereinigung führen.[345] Voraussetzung ist – wie beim Sichbeteiligen und Unterstützen – eine bereits bzw. noch bestehende kriminelle Vereinigung. Folglich kann die Gründungswerbung zwar als Gründen oder als Anstiftung bzw. Beihilfe dazu strafbar sein, wenn diese zum Erfolgseintritt führt oder wenigstens die Schwelle eines Versuchs überschritten hat. Im Vorfeld und völlig erfolglos gebliebene Werbeaktionen sind hingegen straflos.[346] Als weiteres Erfordernis gilt der Bezug zu einer konkreten oder zumindest anhand der Umstände konkretisierbaren Vereinigung – dieser muss bei der Tathandlung des Werbens gegeben sein.[347]

---

340 BGHR § 129 a III Werben 4.

341 *Miebach/Schäfer*, in: MK, § 129 Rn. 75; *Rudolphi/Stein*, in: SK, § 129 Rn. 18; *Fischer*, § 129 Rn 29; a.A.: *Lackner/Kühl*, § 129 Rn. 7, wonach es unerheblich ist, ob das Handeln auch zur Herbeiführung des Erfolgseintritts geeignet ist.

342 BGHSt 33, 16 (17).

343 Vgl. BGHSt 31, 16 (17) hinsichtlich der strafrechtlichen Beurteilung von Prozesserklärungen des Angeklagten: Wer als Mitglied einer kriminellen Vereinigung in der Hauptverhandlung für diese wirbt, erfüllt das Tatbestandsmerkmal des Sichbeteiligens als Mitglied (mit Verweis auf BGHSt 29, 288 (294)). Die in den Hauptverhandlungen abgegebenen werbenden Äußerungen stellen daher Akte der Beteiligung als Mitglied dar; dieses Tatbestandsmerkmal verdränge das des Werbens; *Miebach/Schäfer*, in: MK, § 129 Rn. 80.

344 *Krauß*, in: LK, § 129 Rn. 48; *Lackner/Kühl*, § 129 Rn. 7.

345 *Lenckner/Sternberg-Lieben*, in: Schönke/Schröder, § 129 Rn. 14a.

346 *Lenckner/Sternberg-Lieben*, in: Schönke/Schröder, § 129 Rn. 14a; anders: *Krauß*, in: LK, § 129 Rn. 131.

347 BGH NStZ-RR 2005, 73 (zu §§ 129 a, b StGB: Verneinung des erforderlichen konkreten Bezugs).

(b) Konkrete Tathandlung

Werben bedeutet das planmäßige Vorgehen mit dem für den Durchschnittsadressaten[348] erkennbaren Ziel, andere für die Organisation zu gewinnen.[349] Irrelevant ist, in welcher Form das Werben erfolgt; dies kann in mündlicher, schriftlicher, offener oder auch verdeckter Form geschehen. Ebenfalls nicht von Bedeutung ist, ob die Werbung im Zusammenhang mit der Vereinigung oder auf eigene Faust erfolgt, und ob ein Einzelner oder die Öffentlichkeit als Adressat bestimmt werden.[350] Lediglich der Hinweis auf eine Vereinigung soll dafür nicht ausreichend sein.[351] Die Tatbestandsvariante des Werbens ist ein persönliches Äußerungsdelikt, was bei täterschaftlicher Begehung voraussetzt, dass gerade der Handelnde diese Tathandlung vollzieht.[352] Somit schon begrifflich kein Werben stellt die bloße Wiedergabe fremder Werbung bzw. fremder Meinungsäußerungen dar, wozu z.B. Beiträge außenstehender Verfasser oder unkommentierte Bekennerschreiben zählen, wenn sich der Betreffende das damit verfolgte Ziel nicht zu eigen macht.[353] Werden fremde werbende Äußerungen verbreitet oder wird ein Abdruck unkommentiert veröffentlicht, ist der Tatbestand des Werbens grundsätzlich nicht erfüllt und eine Beihilfe zum Werben i.S.v. § 27 StGB in Betracht zu ziehen.[354] Dies gilt beispielsweise für den Drucker/Setzer: Sofern er von dem Druckwerk überhaupt Kenntnis nimmt, ist er – unter Berücksichtigung seiner Verantwortung auf die

348 Vgl. BGHSt 33, 16 (20): Entscheidend sei allein, ob die verwendeten Texte (z.B. „RAF“, „Isolationsfolter“) sich für den angesprochenen Leser in diesem Sinne als Werbung für die Vereinigung selbst oder als deren Unterstützung darstellen; BGH NJW 1984, 2956 (2957).

349 *Lenckner/Sternberg-Lieben*, in: Schönke/Schröder, § 129 Rn. 14B; *Miebach*/Schäfer, in: MK, § 129 Rn. 69.

350 *Krauß*, in: LK, § 129 Rn. 121; *Lenckner/Sternberg-Lieben*, in: Schönke/Schröder, § 129 Rn. 14b; *Miebach/Schäfer*, in: MK, § 129 Rn. 76; andere, restriktive Auslegung vgl. *Giehring*, StV 1983, 296 (306 ff.): nur einverständliche, an die Öffentlichkeit gerichtete Werbung mittels Schriften i.S.d. § 11 Abs. 3.

351 Vgl. BGHSt 33, 16 (18 f): Der Organisationsbezug eines Textes sei nicht schon immer dann zu bejahen, wenn in irgendeiner Form auf eine terroristische Vereinigung hingewiesen wird, ohne dass nach dem deutlich erkennbaren Sinn des Textes für die Organisation als solche in dem bezeichneten Sinne geworben wird.

352 *V. Bubnoff*, in: LK[11], § 129 Rn. 57.

353 Vgl. BGHSt 36, 205; BGHSt 43, 41 (44) bzgl. verbotener Vereinstätigkeit bei Presseerzeugnissen: Es müsse die Zielrichtung auf Unterstützung der verbotenen Vereinstätigkeit erkennbar sein. Dafür noch nicht ausreichend sei, wenn lediglich – ohne Bezug auf die vom Verbot betroffene Vereinigung – inhaltlich deren Ziele vertreten werden. Bei der Verbreitung fremder Texte müsse hinzukommen, dass die Wiedergabe der – im Fall – die Vereinstätigkeit eindeutig unterstützenden (Dritt-)Aussagen vom angesprochen Leserkreis als eine sich die unterstützende Tendenz zu eigen machende Meinungsäußerung der Publizierenden zu verstehen ist; *Rebmann*, NStZ 1981, 457 (461 f.).

354 *Krauß*, in: LK, § 129 Rn. 129.

drucktechnische Herstellung – allenfalls als Gehilfe einzuordnen.[355] Weiterhin ist schon begriffsnotwendig eine werbende Zielrichtung[356] erforderlich. Dies bedeutet, dass eine Handlung, die nur einen solchen Nebeneffekt hat, nicht ausreicht.[357]

Vor dem Hintergrund von Art. 5 Abs. 1 GG besteht nach der Rechtsprechung die Notwendigkeit einer umfassenden Gesamtwürdigung entsprechender Texte[358] – eine voneinander unabhängige Betrachtung der Einzelaussagen darf nicht vorgenommen werden.[359] Es besteht sonst nämlich die Gefahr, dass beispielsweise eine isoliert als Werbung anzusehende Äußerung durch ihre Einbettung im Gesamtzusammenhang plötzlich einen anderen Sinn bekommt oder ihre Eigenbedeutung verliert, indem sie in den Hintergrund tritt.[360] Zum anderen kann z.B. das bei einem mehrdeutigen Text als Blickfang dienende RAF-Symbol oder ein inzwischen verändertes Verständnis bei der Parole „Zusammenlegung der Gefangenen aus RAF und Widerst"[361] für ein strafbares Unterstützen bzw. Werben sprechen.[362] Eine Frage der Interpretation ist ferner, ob das Eintreten für die an sich nicht strafbaren Endziele einer kriminellen Vereinigung zugleich ein Werben für diese ist.[363]

---

355 Vgl. BGH NJW 1981, 61 (63); *Krauß*, in: LK, § 129 Rn. 129.

356 *Fischer*, § 129 Rn. 27.

357 Vgl. auch BayObLG NStZ-RR 1996, 135; OLG Schleswig NJW 1988, 352, wonach die Verbreitung einer Dokumentation über Briefe von RAF-Mitgliedern aus den Jahren 1973 bis 1977 nur dann ein Werben für eine terroristische Vereinigung oder deren Unterstützung darstellt, wenn Adressaten einer solchen Veröffentlichung der Auffassung sein müssten, dass mit dieser Veröffentlichung eine Sympathiewerbung vorgenommen wird.

358 So verlangt der für strafrechtliche Tatbestände geltende Bestimmtheitsgrundsatz im Hinblick auf die umfassende Bedeutung des Wortes Werben im allgemeinen Sprachgebrauch eine einschränkende Bestimmung der objektiven Grenzen der Strafbarkeit, vgl. *Fischer*, § 129 Rn. 27; BGHSt 33, 16 (18).

359 *Lenckner/Sternberg-Lieben*, in: Schönke/Schröder, § 129 Rn. 14c.

360 Vgl. BGH NJW 1995, 3395 zur Mitgliedschaft ein einer kriminellen Vereinigung – Göttinger Autonome; BGH NStZ 1985, 263; OLG Hamburg StV 1986, 253: Werbung für terroristische Vereinigungen durch Hungerstreik; zu einer Dokumentation von Beiträgen von und über die „RAF" im Zusammenhang mit § 129 a StGB vgl. BGH NJW 1995, 3396; zu einer über staatliche „Zensur- und Kriminalisierungsmaßnahmen" durch Zusammenstellung von „Originalreprints zensierter Texte" vgl. KG StV 1990, 210; zu einer solchen über Briefe von „RAF"-Mitgliedern vgl. OLG Schleswig NJW 1988, 352.

361 Die letzten drei Buchstaben des Wortes „Widerstand" habe der Angeschuldigte nicht mehr schreien können, da er entdeckt und festgenommen worden sei, vgl. BGH NJW 1988, 1677 (1679) Unterstützen einer terroristischen Vereinigung durch Druckschrift.

362 Vgl. BGH NJW 1988, 1677 (1679) Unterstützen einer terroristischen Vereinigung durch Druckschrift; anders als Vorinstanz BayOLG StV 1987, 392 f.; zur Forderung nach Zusammenlegung von RAF-Gefangenen mit einem Hinweis auf deren Hungerstreik als Werben vgl. auch BGH NStE § 129 a Nr. 4; zur Verwendung von Symbolen und Kürzeln einer terroristischen Vereinigung *Schmidt*, MDR 1993, 504 (505); OLG Koblenz StV 1989, 205.

363 Vgl. dazu einerseits BGH NJW 1988, 1677 (1678), wonach dies bei einem „Organisationsbezug" bejaht wird, andererseits BayObLG StV 1987, 393.

4) Unterstützen

(a) Voraussetzungen und Tathandlungen

Eine kriminelle Vereinigung wird unterstützt, indem ihr Fortbestand oder die Verwirklichung ihrer Ziele durch ein Nichtmitglied der Organisation gefördert wird.[364] Diese Tatbestandsalternative stellt nach h.M. eine zur Täterschaft verselbständigte Beihilfe dar.[365] Dem wird aber kritisch entgegengesetzt, dass diese Ansicht im Ausgangspunkt zwar zutreffend sei, jedoch meist zu weit gehe. Angeführt wird das Argument, der Unterschied zwischen einem täterschaftlichen Unterstützen und der bloßen Teilnahme an einem solchen werde verwischt. Dies gelte insbesondere für die Fälle, bei denen eine Strafmilderung nach § 27 in Betracht kommt.[366] Im Unterschied zum Werben – dies kommt der Vereinigung nur mittelbar über Dritte zugute – kommt es bei der Tathandlung des Unterstützens zur unmittelbaren oder mittelbaren Hilfeleistung der Organisation durch eines ihrer Mitglieder, was täterschaftlich geschieht.[367] Ein Auftrag seitens der Vereinigung ist keine Voraussetzung zur Verwirklichung dieser Tatbestandsvariante.[368] Wohl aber erforderlich ist, dass sich die Unterstützungshandlung auf die Organisation als solche auswirkt und deren Bestrebungen gefördert werden. Das bloße gezielte Fördern durch einzelne Mitglieder bzw. das Fördern der Handlungen einzelner Mitglieder, dem eine solche Wirkung nicht zukommt, ist allein nicht tatbestandserheblich.[369] Auch ist der Tatbestand nicht erfüllt, wenn die Handlung der Vereinigung von vornherein nicht nützlich war und sein konnte.[370]

Ob der Vereinigung nachweislich durch die Handlung ein Vorteil bzw. ein maßgeblicher Nutzen entstanden ist, ist dagegen unerheblich.[371] Für Förderungsakte

---

364 *Krauß*, in: LK, § 129 Rn. 132; *Lenckner/Sternberg-Lieben*, in: Schönke/Schröder, § 129 Rn. 15; *Miebach*/Schäfer, in: MK, § 129 Rn. 81; vgl. z.B. BGHSt 32, 243 mit Anmerkung *Bottke*, JR 1985, 122; BayObLG StV 1987, 393.

365 *Lackner*/Kühl, §129 Rn. 6; *Rudolphi/Stein*, in: SK, § 129 Rn. 17; BGHSt 20, 87 (89); *Dahs*, NJW 1976, 2145 (2148); kritisch dazu: *Lampe*, ZStW 106 (1994), 638 (726); *Sommer*, JR 1981, 490 (495).

366 *Lenckner/Sternberg-Lieben*, in: Schönke/Schröder, § 129 Rn. 15; vgl. auch *Sommer*, JR 1981, 490; *Lampe*, ZStW 106 (1994), 638 (726).

367 Vgl. auch BGHSt 20, 89 (90), wobei es um das Unterstützen einer Ersatzorganisation der KPD ging (FDGB).

368 *Miebach/Schäfer*, in: MK, § 129 Rn. 81.

369 *Krauß*, in: LK, § 129 Rn. 133 f.; *Miebach/Schäfer*, in: MK, § 129 Rn. 81.

370 *Schmidt*, MDR 1981, 89 (91).

371 BGHSt 29, 99 (101): Hierbei ging es um die Entscheidung, ob Verteidigerhandeln als Unterstützung einer kriminellen oder terroristischen Vereinigung qualifiziert werden kann: Für die Schuldfrage sei es insbesondere unerheblich, ob der Organisation nachweisbar ein messbarer Nutzen entstanden sei. Es genüge vielmehr, wenn die Hilfe den Bestrebungen der Vereinigung oder ihrer Tätigkeit irgendwie vorteilhaft ist oder wenn sie die Mitglieder in ihrem Beschluss bestärkt, die geplanten

solcher Art gilt Folgendes: Im Unterschied zu § 84 Abs. 2 StGB, worin die mitgliedschaftliche Betätigung in einer verfassungswidrigen Partei oder die Unterstützung deren organisatorischen Zusammenhalts erfasst ist, wird in § 129 StGB nicht nur die Unterstützung des organisatorischen Zusammenschlusses kriminalisiert,[372] sondern jegliche Unterstützung der Vereinigung, womit auch ihre Tätigkeit und die von ihr verfolgten Ziele umfasst sind.[373] Das Unterstützen muss eine derartige objektive Förderungseignung besitzen, dass die Vereinigung tatsächlich in den Genuss der fraglichen Handlung gekommen ist und dass diese für sie und das durch sie verkörperte Gefahrenpotential einen Nutzen irgendwelcher Art bedeutet, auch wenn kein Gebrauch davon gemacht wird.[374] Zusammenfassend ist als tatbestandserhebliche Unterstützung folglich jede Handlung zu werten, die die innere Organisation und den Zusammenhalt der kriminellen Vereinigung unmittelbar fördert, die Verwirklichung der von dieser geplanten Straftaten erleichtert (wenn auch nicht notwendigerweise maßgebend) oder sich sonst auf die kriminellen Ziele und Zwecke der Vereinigung in irgendeiner Art und Weise positiv auswirkt und dadurch die ihr wesenseigene Gefährlichkeit weiter stabilisiert.[375] Als tatbestandsmäßige Unterstützungshandlungen kommen deshalb in Betracht etwa auch Ratschläge, Informationen, das Liefern von Materialien und Werkzeugen usw., die für die Vereinigung vorteilhaft sind, wobei unerheblich ist, ob sie dann auch tatsächlich genutzt werden.

Als Unterstützungshandlung ausreichend ist auch eine rein psychische Unterstützung;[376] diese setzt dann aber voraus, dass sie entweder die Gruppenmoral gefestigt hat oder einzelne Mitglieder in ihrer Bereitschaft, eine Straftat zu begehen, bestärkt hat.[377] Weiterhin muss diese Unterstützungshandlung im Hinblick auf

---

Taten zu begehen; BGHSt 32, 243 (244), zum Merkmal der Unterstützung einer terroristischen Vereinigung durch einen Verteidiger von inhaftierten Mitgliedern, der diesen Strategiepapiere übermittelt, die sich mit der Frage des Abbruchs eines Hungerstreiks befassen: Danach unterstütze derjenige eine terroristische Vereinigung, der als Nichtmitglied ihren Fortbestand oder die Verwirklichung ihrer Ziele fördert. Ob die Hilfe den Erfolg hat, den der Täter mit ihr erstrebt, oder ob der Organisation nachweisbar ein messbarer Nutzen entstanden ist, ist unerheblich; *Krauß*, in: LK, § 129 Rn. 132; *Fischer*, § 129 Rn. 30; *Rudolphi*, in: FS Bruns, S. 315 (329).

372 *Miebach/Schäfer*, in: MK, § 84 Rn. 17.

373 *Lenckner/Sternberg-Lieben*, in: Schönke/Schröder, § 129 Rn. 15; *Miebach/Schäfer*, in: MK, § 129 Rn. 83; enger i.S.e. Förderung des spezifischen organisatorischen Gefährdungspotential: *Ostendorf*, in: NK, § 129 Rn. 20; *Rudolphi*, in: FS Bruns, S. 315 (329).

374 *Fischer*, § 129 Rn. 30; *Lackner/Kühl*, § 129 Rn. 6; *Miebach/Schäfer*, in: MK, § 129 Rn. 82; *Rudolphi/Stein*, in: SK, § 129 Rn. 17.

375 Vgl. *Fischer*, § 129 Rn. 30; *Lenckner/Sternberg-Lieben*, in: Schönke/Schröder, § 129 Rn. 15; *Bottke*, JR 1985, 122 (123); *Fürst*, Grundlagen und Grenzen der §§ 129, 129 a StGB, S. 110 ff.

376 Vgl. BGHSt 32, 243 (244); BGHSt 33, 16 (17); BGH NJW 1975, 985; *Rebmann*, NStZ 1989, 97 (100).

377 Vgl. hierzu BGH NJW 1988, 1677 (1678).

den organisatorischen Charakter des § 129 StGB den organisatorischen Zusammenhalt der Vereinigung fördern.[378] Deutlich wird dies im Beschluss des BGH vom 5.4.1990: Hier wurde die Zusage zur Beschaffung einer Waffe als ausreichend erachtet mit der Begründung, bereits die Übernahme der Beschaffungstat habe sich positiv auf das Bestehen und die Handlungsmöglichkeiten der Vereinigung ausgewirkt.[379] Als ein weiteres Beispiel für eine Unterstützungshandlung dient der Hungerstreik: Wird dieser seitens inhaftierter Vereinigungsmitglieder durchgeführt und soll dieser dem Zusammenhalt der Vereinigung dienen, um die Fortsetzung ihrer kriminellen Ziele zu sichern, so kann sich derjenige als Unterstützer schuldig machen, der Hilfe bei der Durchführung des Hungerstreiks leistet, einschließlich der psychischen Unterstützung.[380] Findet eine derartige Solidarisierung durch Außenstehende statt, müssen diese Handlungen jedoch auch Wirksamkeit entfalten. Verneint wird dies für den Fall von Briefen an inhaftierte Mitglieder einer Organisation, die noch vor Aushändigung beschlagnahmt werden.[381]

Wird an einzelnen Straftaten mitgewirkt, die jedoch keine Bedeutung für die Bestrebungen oder den Fortbestand der Vereinigung haben, ist der Tatbestand des § 129 StGB nicht erfüllt, was auch für die lediglich nicht organisationsbezogene Unterstützung einzelner Mitglieder gilt;[382] gleiches ist auch bei der Vornahme sozialüblicher Geschäftstätigkeiten anzunehmen, wie beispielsweise der

378 BGHSt 33, 16 (17); BGH NJW 1989, 2002.

379 BGHR StGB § 129 a Abs. 3 Unterstützen 4. Hier sind jedoch neuerdings Bedenken seitens des BGH zu verzeichnen: Zum einen ist der Versuch der Unterstützung nicht strafbar, zum anderen werde der Bereich der Vollendung des Delikts zu weit nach vorne verlagert; vgl. BGH StB 3/05 vom 19.5.2005.

380 Vgl. BGHSt 32, 243 (244 f.), BGH NJW 1982, 2508; BGH NJW 1989, 2002; *Miebach/Schäfer*, in: MK, § 129 Rn. 88; einschränkend *Ostendorf*, GA 1984, 308 (322 ff.); ders. in: NK, § 129 Rn. 21. Weitere Beispiele für Unterstützungshandlungen sind das Leisten von Kurierdiensten, vgl. *Schmidt*, MDR 1990, 102 (104); *Lenckner/Sternberg-Lieben*, in: Schönke/Schröder, § 129 Rn. 15A; *Miebach/Schäfer*, in: MK, § 129 Rn. 90; der Aufbau und das Unterhalten eines sog. „Info-Systems", das nicht der Verteidigung oder sonstigen Zielen dient, sondern der Propagierung krimineller Zwecke einer Vereinigung zwischen inhaftierten Mitgliedern durch Verteidiger, hierzu BGHSt 31, 16 (24); BGHSt 32, 243 (244); *Schmidt*, MDR 1981, 89 (91); OLG Hamburg, JZ 1979, 275 mit Anmerkung *Ostendorf* 252; *Rudolphi*, in: FS Bruns, S. 335 ff.; dem BGH zustimmend *Miebach/Schäfer*, in: MK, § 129 Rn. 88; *Fischer*, § 129 Rn. 33; ferner Publikationen, die mit eindeutigem Organisationsbezug das Ziel verfolgen, auf die Vereinigung einen stabilisierenden Einfluss auszuüben, vgl. näher zu terroristischen Presseerzeugnissen *Rebmann*, NStZ 1989, 97; BGH NJW 1988, 1676 (1677), wonach unter dem Gesichtspunkt des Unterstützens auch das Verbreiten von Schriften behandelt wird, durch die andere „in eine innere Nähe zu der Vereinigung" gebracht und so deren „Aktionsmöglichkeiten, eventuell auch ihr Rekrutierungsfeld" erweitert werden können; Vorinstanz BayObLG StV 1987, 393.

381 *Schmidt*, MDR 1986, 178.

382 *Miebach/Schäfer, in*: MK, § 129 Rn. 85; *Rudolphi/Stein*, in: SK, § 129 Rn. 17a.

Verkauf von Lebensmitteln oder die Vermietung von Wohnraum, wobei letzteres wiederum zur Strafbarkeit führen kann, wenn die Räumlichkeiten geheimen Unterschlupf oder den Ausgangspunkt von Straftaten bieten.[383]

(b) Verteidigerhandeln als Unterstützen i.S.d. § 129 Abs. 1 StGB? Das Verfahren gegen RAF-Anwalt Groenewold

Näher eingegangen werden soll hier nun auf den Fall des Verteidigerhandelns und die Frage, ob dieses ein Unterstützen einer kriminellen Vereinigung i.S.d. § 129 Abs. 1 StGB darstellen kann. Grundsätzlich gilt, dass prozessual zulässiges Verteidigerhandeln, das sich zugleich unterstützend auf die Vereinigung auswirkt, keine Unterstützungshandlung i.S.d. § 129 Abs. 1 StGB darstellt.[384] Auf den Zweck, den der Verteidiger hier subjektiv verfolgt, kann es nach allgemeinen Grundsätzen – entgegen der Rechtsprechung – nicht ankommen.[385] Verteidigungsfremde, die Vereinigung fördernde Aktivitäten, wie z.B. das Einschmuggeln von Waffen in eine Haftanstalt bzw. umgekehrt die Übermittlung von Anweisungen für die Tätigkeit der Organisation, ferner auch die Gewinnsicherung aus der weiterlaufenden kriminellen Vereinigungstätigkeit, stellen hingegen unbestreitbar ein Unterstützen dar.[386]

Als konkretes Beispiel soll nun das Verfahren gegen den RAF-Anwalt *Kurt Groenewold* erläutert werden. Nicht nur die Mitglieder der RAF, sondern auch deren Verteidiger gerieten ins Visier der Ermittler. *Groenewold* sollte u.a. die Verteidigung für *Andreas Baader, Ulrike Meinhof, Gudrun Ensslin* und *Jan-Karl Raspe* im ersten Stammheimer Prozess übernehmen. Gegen *Groenewold* wurde mehrere Jahre ermittelt, u.a. mittels dreizehnmonatiger Abhörung seines Telefons. Ihm wurde vorgeworfen, seine Kanzlei fungiere als sog. „Info-System“, d.h.

383 *Krauß*, in: LK, § 129 Rn. 144; *Miebach/Schäfer*, in: MK, § 129 Rn. 94; *Ostendorf*, in: NK, § 129 Rn. 22; *Rudolphi*, in: FS Bruns, S. 315 (331 f.). Weiterhin nicht unter den Tatbestand fällt eine eine andere Zielrichtung verfolgende Schrift (z.B. wissenschaftliche Dokumentation), die nur eine solche Nebenwirkung entfaltet; ihr Herstellen, Verbreiten usw. ist durch Art. 5 GG gedeckt. Abzulehnen ist die Tatbestandsvariante ferner bei bloßem Vorrätighalten von zur Werbung geeignetem Material, hierzu BayObLG StV 1984, 77; zur Strafbarkeit eines Organisationsopfers (z.B. zahlendes Opfer einer Schutzgelderpressung als Unterstützungstäter) siehe *Arzt*, JZ 2001, 1052 (1054).

384 BGHSt 29, 99 ff. mit Anmerkung *Kuckuk*, NJW 1980, 298 und *Müller-Dietz*, JR 1981, 76; BGHSt 31, 16 mit Anmerkung *Gössel*, JR 1983, 118; *Kindhäuser*, LPK StGB, § 129 Rn 36; schon für Tatbestandsausschluss *Bottke*, JA 1980, 448 und JR 1985, 124; BGH NJW 1980, 64 mit Anmerkung *Giemulla*, JA 1980, 253.

385 Im Ergebnis auch *Bottke*, JR 1985, 124; *Müller-Diez*, JR 1981, 76; *Rudolphi/Stein*, in: SK, § 129 Rn 17a: anders insoweit BGHSt 29, 93; 32, 246; 46, 44.

386 *Fischer*, § 129 Rn. 33; *Miebach/Schäfer*, in: MK, § 129 Rn. 88.

als Kontaktstelle zwischen Häftlingen untereinander und nach außen.[387] Die Bundesanwaltschaft beschuldigte *Groenewold*, die kriminelle Vereinigung RAF so zu unterstützen, dass diese aus der Haft weiter geleitet werden könne. Der Rechtsanwalt sollte daher als erster bundesdeutscher Rechtsanwalt wegen seiner Verteidigertätigkeit für Terroristen vom Hamburger Oberlandesgericht wegen „Unterstützung einer kriminellen Vereinigung in einem besonders schweren Fall" nach § 129 StGB angeklagt werden.[388] Der Vorwurf lautete, der Anwalt habe durch das Info-System die inhaftierten RAF-Häftlinge organisatorisch zusammengehalten und somit das Selbstbewusstsein der Terroristen gestärkt, welches für die Aufrechterhaltung der Beziehung zur Gruppe als unerlässlich eingestuft wurde.[389]

Um den Vorwurf der Unterstützung der kriminellen Vereinigung zu entkräften, wurde argumentiert, dass der Zwang zur kollektiven Verteidigung – schließlich sei der Kern der RAF-Mitglieder kollektiv angeklagt und durch sechs Verteidiger vertreten worden – zwangsläufig zur Arbeitsteilung zwischen Verteidigern und inhaftierten Mandaten habe führen müssen – jeder habe alles wissen müssen. So sei ein Info-System erforderlich gewesen. Ermittlungsbehörden und Justiz seien zu neuen Maßnahmen und Methoden veranlasst worden, die „Grenzen herkömmlicher Strafverteidigung" damit gesprengt worden.[390] Angeklagt wurde *Groenewold* schließlich wegen Unterstützung einer kriminellen Vereinigung i.S.d. § 129 Abs. 1 StGB. Dies setzte aber voraus, dass eine solche nach wie vor bestand, innerhalb der Haftanstalt und aus dieser heraus neue Straftaten beging oder diese konkret vorbereitet hatte. Geschütztes Rechtsgut im Rahmen des § 129 StGB ist die öffentliche Sicherheit und Ordnung, für die bereits die bloße Existenz krimineller Vereinigungen und die diesen innewohnende Eigendynamik ein Gefahrenpotential darstellt.[391] Dafür konnte aber keine eindeutigen Beweise erbracht werden. Am 10.7.1978 erging das Urteil im Verfahren gegen Groenewold. Die Richter des OLG Hamburg sahen es als erwiesen an, dass sich der Angeklagte wegen fortgesetzten Unterstützens einer kriminellen Vereinigung in einem besonders schweren Fall nach § 129 Abs. 1 und Abs. 2 StGB schuldig gemacht hatte.[392] Neben einer echten Verteidigung habe *Groenewold* auch „staatsfeindliche Aktivität" gewollt.[393] Die in Stammheim inhaftierten Mandanten des Anwalts bildeten eine kriminelle Vereinigung nach § 129 StGB, die dieser laut Gericht in ihrer Tätigkeit gefördert und bestärkt habe, insbesondere durch das von ihm betriebene Info-System. Ferner sahen es die Richter als erwiesen an, dass

387 OLG Hamburg, JZ 1979, 275 ff.
388 *Krumm*, Frankfurter Rundschau, 23.1.1978.
389 *Krumm*, Frankfurter Rundschau, 23.1.1978.
390 *Krumm*, Frankfurter Rundschau, 23.1.1978.
391 *Lenckner/Sternberg-Lieben*, in: Schönke/Schröder, § 129 Rn. 1.
392 OLG Hamburg, JZ 1979, 275.
393 OLG Hamburg, JZ 1979, 275 (276).

Groenewold in seinen Verteidigerrundbriefen Anweisungen *Baaders* in Bezug auf den Hungerstreik weitergegeben habe. Gerade die Anweisungen zu einem bestimmten Verhalten im Hungerstreik, durch das der Tod einiger Gefangener in Kauf genommen worden sei, hätten den Gruppenzusammenhalt in besonderer Weise gestärkt, so das Gericht.[394] Es läge zwar in der Natur der Sache, dass bei einer zulässigen gemeinschaftlichen Verteidigung automatisch ein gewisses Zusammengehörigkeitsgefühl weiter bestärkt würde und sich im Rahmen dieser auch bestimmte Beiträge zur gegenseitigen Unterrichtung von Mandanten und dem Verteidiger im Umlauf befänden. Nicht mehr zum zulässigen Verteidigerverhalten gehörten jedoch die Verbreitung der Hungerstreikerklärung und des vorläufigen Kampfprogramms *Meinhofs* in seinem Info-System sowie die Versendung eigener Rundschreiben mit den Standpunkten *Baaders.* Diese hätten der Aufrechterhaltung und Förderung der kriminellen Vereinigung gedient. Als Verteidiger solle *Groenewold* als unabhängiges Organ der Rechtspflege mithelfen, das Recht zu verwirklichen und dürfe den Kampf seiner Mandanten gegen die Institutionen der Rechtspflege nicht unterstützen, so die Argumentation.

(c) Kritische Bewertung des Urteils im Fall *Groenewold*

Kritik am Urteil[395] wurde von *Heribert Ostendorf* vorgenommen. Dieser stimmt der Beurteilung der Richter insoweit zu, als die Übermittlung von Papieren des Info-Systems *Groenewolds* hinsichtlich Detailanweisungen über Sprengstoffe und Bomben, genaue Darstellung von Organisationen der Polizei und des Grenzschutzes – „die Richtigkeit unterstellt" – an die Häftlinge, die Unterstützung einer kriminellen Vereinigung gemäß § 129 StGB als verselbständigte Beihilfe darstelle.[396] Nicht für überzeugend hält er hingegen die Einstufung der Papiere als „verteidigungsfremd", in denen die politischen Zielsetzungen formuliert wurden. Als widersprüchlich empfindet er insbesondere die Aussage im Urteil, dass „eine gegenseitige Unterrichtung und der Austausch von Meinungen zur Darlegung der Motivationslage als zulässig anzusehen ist", sei dies *Groenewold* doch gerade zum Vorwurf gemacht worden.[397]

Insgesamt bleiben für *Ostendorf* hinsichtlich der Verwirklichung des objektiven Tatbestandes „lediglich wenige Papiere übrig, die unter der Verantwortung des Angeklagten im Rahmen des Infosystems an die Gefangenen weitergeleitet wurden." Auch hinsichtlich der Beurteilung der subjektiven Tatbestandsebene durch das Gerichts meldet *Ostendorf* Bedenken an. So erscheint ihm insbeson-

394 OLG Hamburg, JZ 1979, 275 (276).
395 *Ostendorf,* JZ 1979, 252 ff.
396 *Ostendorf,* JZ 1979, 252 (255).
397 *Ostendorf,* JZ 1979, 252 (255).

dere fraglich, ob *Groenewold* „bei der Fülle der Papiere" tatsächlich auch immer dieses Wissen hatte. Abschließend hält *Ostendorf* die Bewertung des Gerichts weder hinsichtlich der objektiven, noch der subjektiven Seite für überzeugend.[398]

dd) Subjektiver Tatbestand

Der subjektive Tatbestand erfordert bei allen Begehungsmodalitäten Vorsatz (§ 15 StGB), wobei grundsätzlich dolus eventualis ausreichend ist.[399] Es muss vom Täter also zumindest für möglich gehalten und billigend in Kauf genommen werden, dass eine kriminelle Vereinigung vorliegt, für die er eine der in § 129 Abs. 1 StGB genannten Tatvarianten begeht.[400] Zu beachten ist, dass der Vorsatz auch die Strafbarkeit der geplanten Taten umfassen muss, die er im Einzelnen allerdings nicht zu kennen braucht.[401] Hält der Täter diese nicht für strafbares Unrecht, so ist § 16 StGB heranzuziehen,[402] was auch für den Fall gilt, dass er fälschlich von den Voraussetzungen des § 129 Abs. 2 Nr. 2 StGB ausgeht.[403]

Hinsichtlich der einzelnen Tathandlungen ist folgendermaßen zu differenzieren: Bei der mitgliedschaftlichen Beteiligung muss der Wille seitens des Täters dahingehend vorliegen, am Verbandsleben fortdauernd teilzunehmen und bewusst einvernehmlich darin eingebunden zu sein.[404]

---

398 Weiterhin lehnt *Ostendorf* die Auffassung des Gerichts, das auch in der Unterstützung des Hungerstreiks eine Unterstützungshandlung i.S.d. § 129 StGB ansah, gänzlich ab. Dieser gehöre als „ultima ratio zu den Selbstschutzrechten des Menschen" und sei zugleich „Ausdruck des Autonomieprinzips." Ob moralisch vertretbar oder nicht – diese Bewertung habe außer Betracht zu bleiben – strafbar sei dieses Mittel, wie die Selbsttötung, nicht. Vielmehr falle dieses Verhalten unter die allgemeine Handlungsfreiheit gemäß Art. 2 Abs. 1 GG. Konsequenterweise könne die Unterstützung eines Hungerstreiks dann auch nicht als Unterstützungshandlung i.S.d. § 129 StGB gewertet werden. Dies verbiete sich umso mehr, als das Gericht selbst festgestellt habe, dass sich der Hungerstreik zumindest auch gegen die Isolationshaft gerichtet hat. Vgl. *Ostendorf*, JZ 1979, 252 (256).
Letztlich bleiben für ihn darüber hinaus auch Fragen bezüglich der Rechtsstaatlichkeit dieses Verfahrens offen. Möglicherweise wurde der Angeklagte in seiner eigenen Verteidigung dadurch behindert, dass teilweise die Verfahren seiner (ehemaligen) Mandanten zu diesem Zeitpunkt noch nicht abgeschlossen waren, und er damit weiterhin seiner anwaltlichen Schweigepflicht verpflichtet war. Doch dies blieb seitens des Gerichts unberücksichtigt, *Ostendorf*, JZ 1979, 252 (256).

399 *Fischer*, § 129 Rn. 34; *Lenckner/Sternberg-Lieben*, in: Schönke/Schröder, § 129 Rn. 16; *Miebach/Schäfer*, in: MK, § 129 Rn. 95.

400 BayObLG NStZ 1983, 123; NStZ-RR 1996, 7 (8).

401 *Miebach/Schäfer*, in: MK, § 129 Rn. 95.

402 *Fischer*, § 129 Rn. 34; *Rudolphi/Stein*, in: SK, § 129 Rn. 19; Beispiel des Irrtums über strafprozessual erlaubten Verteidigerhandelns bei *Krauß*, in: LK, § 129 Rn. 153.

403 *Fischer*, § 129 Rn. 34.

404 *Krauß*, in: LK, § 129 Rn. 152; BGH NStZ 1993, 37 (38).

Der Tatbestand des Werbens erfordert ein propagandistisches Handeln, eine auf den Werbeerfolg – d.h. die Gewinnung von Mitgliedern – gerichtete Absicht in Form von dolus directus 1. Grades; dolus eventualis genügt hier insoweit nicht.[405] Werden beispielsweise fremde Werbetexte wiedergegeben oder abgedruckt, ist nicht ausreichend, dass der Publizierende sich der Zielrichtung der jeweiligen Texte auf einen Durchschnittsadressaten bewusst ist oder diese billigend in Kauf nimmt.[406] Hat der Täter einen Gehilfen, so kann sich dieser jedoch mit bloß bedingtem Vorsatz an der Tathandlung des Haupttäters beteiligen.[407]

Das Erfordernis absichtlichen Handelns gilt auch für das Gründen, ebenso beim Sichbeteiligen bezüglich des Willens zu fortdauernder mitgliedschaftlicher Betätigung,[408] während für das Unterstützen bedingter Vorsatz ausreicht – dieser muss sich auch auf die konkrete geförderte Vereinigung beziehen.[409]

Im Falle der Rädelsführerschaft[410] muss sich der Täter darüber bewusst sein, dass er durch sein Handeln die Organisation maßgeblich fördert und in dieser eine führende Stellung einnimmt;[411] eine wertende Einschätzung seines Handelns im Sinne einer Rädelsführerschaft braucht der Täter nicht zu vollziehen.[412]

Was Irrtumsfragen angeht, so gelten die allgemeinen Regeln. Als Beispiel soll hier nochmals der Fall der Unterstützung durch Verteidigerhandeln herangezogen werden. Je nach Einordnung des strafprozessual erlaubten Verteidigerhandelns als Tatbestandsausschluss, was dann zum Tatbestandsirrtum führt, oder als Rechtfertigungsgrund, was wiederum zum Erlaubnistatbestandsirrtum führt, gilt

---

405 *Fischer*, § 129 Rn. 34; *Lenckner/Sternberg-Lieben*, in: Schönke/Schröder, § 15 Rn. 66 f.; *Miebach/Schäfer*, in: MK, § 129 Rn. 96; vgl. BGH NJW 1988, 1677 (1679); *Schmidt*, MDR 1993, 504 (505); BayObLG NStZ-RR 1996, 7 (8); OLG Koblenz, StV 1989, 205; anders BayObLG NStZ 1983, 123 sowie *Rebmann* NStZ 1981, 457 (462): dem Täter muss entweder die durch die Textwiedergabe auf den Durchschnittsadressaten hervorgerufene Werbewirkung bewusst sein oder er muss wenigstens mit dieser Möglichkeit gerechnet und sie billigend in Kauf genommen haben.

406 Vgl. BGHSt 36, 363 (370); ferner ist zu beachten, den „abgestuften, betriebsinternen Verantwortungsbereich der nur an der drucktechnischen Herstellung einer entsprechenden Werbeschrift Mitwirkenden und dem entsprechend begrenzten Maß an Aufmerksamkeit dieser Person gegenüber dem Inhalt der Druckschrift" ausreichend zu berücksichtigen, vgl. *Krauß*, in: LK, § 129 Rn. 152.

407 BGHSt 29, 258 (263 f.)

408 *Lenckner/Sternberg-Lieben*, in: Schönke/Schröder, § 129 Rn. 16; *Miebach/Schäfer*, in: MK, § 129 Rn. 96.

409 BGHSt 29, 99 (101 f.) bzgl. Verteidigerhandeln als Unterstützen i.S.d. § 129 StGB.

410 Auf die Figur des Rädelsführers wird im Folgenden noch gesondert eingegangen werden, vgl. Gliederungsebene B.I.2.d) hh). Rädelsführer ist, wer als Mitglied, Hintermann bzw. als Außenstehender geistig oder wirtschaftlich de facto eine maßgebende Rolle für die Vereinigung inne hat, vgl. BGHSt 6, 129; 7, 279; 11, 233; 19, 109; 20, 45; 21.

411 *Miebach/Schäfer*, in: MK, § 129 Rn. 96.

412 *Krauß*, in: LK, § 129 Rn. 154.

§ 16 StGB direkt oder entsprechend. Der Täter hat in diesem Fall irrig Umstände angenommen, die sein Handeln als erlaubte Verteidigung erscheinen lassen bzw. sich über die sachlich verteidigungsbezogene Notwendigkeit des Handelns innerhalb der Grenzen erlaubter Verteidigung girrt.[413]

ee) Rechtfertigung

Eine Rechtfertigung ist im Rahmen des Unterstützens unter dem Gesichtspunkt prozessual erlaubter Verteidigung möglich.[414] Gleiches gilt für eine durch Art. 5 GG gedeckte Äußerung, die sich zugleich als ein Unterstützen der Vereinigung auswirkt.[415] Für den Irrtum über die rechtlichen Grenzen erlaubten Verteidigerhandelns ist § 17 StGB heranzuziehen, für den Irrtum über das Gebotensein der Tätigkeit innerhalb dieser Grenzen gilt hingegen § 16 StGB entsprechend.[416]

Schutzgeld zahlende Erpressungsopfer können sich in der Regel nicht auf § 34 StGB berufen. In Betracht kommt lediglich eine Entschuldigung gemäß § 35 StGB unter den Gesichtspunkten des Nötigungsnotstandes.[417]

ff) Versuch, Rücktritt, § 129 Abs. 6 StGB (Tätige Reue)

1) Versuch

Vollendet ist die Tat mit der Vornahme der in § 129 Abs. 1 StGB genannten Handlungen. Einen Erfolg verlangt nur die Gründung in Gestalt des Zustandekommens der Vereinigung und zwar insoweit, als die Vereinigung jedenfalls soweit zustande gekommen sein muss, dass ihre Zwecke festgelegt sind und es eine Organisations- und Kommandostruktur gibt.[418] Die Unterstützungshandlung muss einen für die Vereinigung vorteilhaften Effekt haben. Nicht erforderlich ist, dass es tatsächlich zur Begehung einzelner Straftaten kommt.[419] Der Versuch ist nach § 129 Abs. 3 StGB nur bei der Gründung strafbar;[420] in der Sache sind jedoch zu einem Teil auch mit dem Werben und Unterstützen Versuchshandlungen

413 *Miebach/Schäfer*, in: MK, § 129 Rn. 97.

414 BGHSt 32, 243 (246 f.).

415 *Lenckner/Sternberg-Lieben*, in: Schönke/Schröder, § 129 Rn. 17.

416 *Lenckner/Sternberg-Lieben*, in: Schönke/Schröder, vor § 32 Rn. 21; Erlaubnistatbestandsirrtum *v. Bubnoff*, in: LK[11], § 129 Rn. 71, von BGHSt 32, 247 f. offengelassen, ob nicht schon Tatbestandsirrtum.

417 *Fischer*, § 129 Rn. 37, 31.

418 *Fischer*, § 129 Rn. 35; *Lenckner/Sternberg-Lieben*, in: Schönke/Schröder, § 15 Rn. 18.

419 *Miebach/Schäfer*, in: MK, § 129 Rn. 104.

420 *Fischer*, § 129 Rn. 36; vgl. dazu BGHSt 27, 325 (326 f.) zur Umwandlung einer ursprünglich legalen Zwecken dienenden Organisation als Gründung.

erfasst.[421] Das Vorbereitungsstadium wird dann verlassen und mit dem unmittelbaren Ansetzen i.S.d. § 22 StGB zur Verwirklichung des Tatbestandes begonnen, wenn der Täter eine andere Person mit dem konkreten Ziel anspricht, diese als Mitglied der zu gründenden Vereinigung zu rekrutieren.[422] Konsequenterweise muss dann aber der eigentliche Gründungsakt, nämlich das Treffen der Vereinigungsabrede, im unmittelbaren Anschluss erfolgen.[423]

2) Rücktritt

Für einen Rücktritt gelten die allgemeinen Grundsätze nach § 24 StGB; ein solcher ist daher beim Gründungsversuch nach § 129 Abs. 3 StGB möglich.[424] Teilweise wird die Ansicht vertreten, auch das vollendete Werben unter Abs. 3 zu fassen. Es müsse entsprechendes – trotz formeller Vollendung – auch bei dieser Tatmodalität gelten, weil entsprechende Handlungen bei einer bereits bestehenden Vereinigung wie solche im Gründungsstadium zu werten seien.[425] Hiergegen gibt es jedoch Bedenken: Bei der Tatbestandsvariante des Werbens um Mitglieder oder Unterstützer ist es nicht erforderlich, dass es zum Beitritt eines Mitglieds oder zu einem Unterstützungsverhalten gekommen ist; man kann diese Variante also in die Kategorie der unechten Unternehmensdelikte einordnen.[426] Eine analoge Anwendung des § 24 StGB auf unechte Unternehmensdelikte ist jedoch nicht möglich, da diese untereinander besonders vielgestaltig sind und eine einheitliche Beurteilung bei der Frage der tätigen Reue und bei der Zuordnung einer bestimmten Rücktrittsvorschrift nicht möglich ist.[427]

---

421 So auch vertreten von *Lenckner/Sternberg-Lieben*, in: Schönke/Schröder, § 15 Rn. 18.

422 Vgl. BGH NStZ-RR 2004, 40. Hier heißt es: „Für den Tatbestand der Gründung einer terroristischen Vereinigung kann im Regelfall davon ausgegangen werden, dass der Täter jedenfalls dann das Vorbereitungsstadium verlassen und zur Verwirklichung unmittelbar angesetzt hat, wenn er eine Person mit dem konkreten Ansinnen, diese als Mitglied der zu gründenden terroristischen Vereinigung zu rekrutieren, angesprochen hat."

423 *Rudolphi/Stein*, in: SK, § 129 Rn. 21.

424 *Fischer*, § 129 Rn. 36; *Miebach/Schäfer*, in: MK, § 129 Rn. 106; zur Möglichkeit einer analogen Anwendung des Abs. 6 beim misslungenen Rücktritt vgl. *Lenckner*, in FS Gallas, S. 279 (293).

425 *Lenckner/Sternberg-Lieben*, in: Schönke/Schröder, § 129 Rn. 18.

426 *Lenckner/Sternberg-Lieben*, in: Schönke/Schröder, § 129 Rn. 18; *Rudolphi/Stein*, in: SK, § 129 Rn. 22.

427 So z.B. *Gribbohm*, in: LK, § 11 Rn. 97; siehe auch BGHSt 14, 213 (217) bei unterlassener Hilfeleistung nach § 323 c StGB, der den Grundgedanken der Tätigen Reue für unanwendbar gehalten hatte, „weil der Gesetzgeber eine solche Vergünstigung nur für bestimmte Straftatbestände aus besonderen kriminalpolitischen Erwägungen vorgesehen hat [...] und eine entsprechende Anwendung auf sonstige Straftaten zu kriminalpolitisch unerwünschten Ergebnissen führen würde."

3) Tätige Reue nach § 129 Abs. 6 StGB

Darüber hinaus eröffnet § 129 Abs. 6 StGB weitere Regeln, die die Möglichkeit der Strafmilderung oder des Absehens von Strafe (1. Halbsatz) bzw. eines Strafausschlusses (2. Halbsatz) beinhalten. Dieser Absatz beinhaltet eine Sonderreglung für den Rücktritt vom formell bereits vollendeten Delikt. Das Ziel ist ein kriminalpolitisches: Es sollen Anreize für den Täter geschaffen werden, bei der Abwehr und Minderung vereinigungstypischer Gefahren mitzuhelfen, wobei dessen „Insiderwissen" genutzt werden soll. Daraus ergeben sich als Anknüpfungspunkte für Nr. 1 und Nr. 2 schon „*an sich* zur Gefahrenbegrenzung geeignete bzw. rechtzeitige Verhaltensweisen des Täters"; nicht erforderlich ist dagegen ein Verhinderungserfolg durch dessen tätiges Bemühen.[428]

Seitens des Gerichts besteht damit die Möglichkeit, die Strafe nach § 49 Abs. 2 StGB zu mildern oder von einer Bestrafung nach Abs. 1 und 3 abzusehen – unbeschadet der Strafbarkeit nach anderen Straftatbeständen –, wenn der Täter sich freiwillig und ernsthaft bemüht, das Fortbestehen der Vereinigung oder die Begehung einer ihren Zielen entsprechenden Straftat zu verhindern (Abs. 6 Nr. 1), oder freiwillig sein (gesamtes) Wissen so rechtzeitig einer Dienststelle offenbart, dass Straftaten, deren Planung er kennt, noch verhindert werden können.

Letztlich handelt es sich bei dieser Regelung um eine punktuelle Mithilfe durch den Täter, sei es in der Gestalt von Hilfe bei Ermittlungsschwierigkeiten oder sei es bei der Schließung von Lücken bei der Aufklärung der von der kriminellen Vereinigung begangenen Taten.[429] Es scheint, als handle es sich dabei um den Fall einer Kronzeugenregelung, Abs. 6 kommt einer solchen auch nahe.[430] Diese Ansicht ist jedoch im Ergebnis zu verneinen, es handelt sich vielmehr um Fälle einer tätigen Reue.[431] Geht es dem Täter hingegen nicht um eine essenzielle Verminderung der von der kriminellen Vereinigung ausgehenden Gefahr, sind seine Bemühungen unvollständig oder nimmt er nach Scheitern seiner Bemühungen weiterhin Unterstützungshandlungen vor, so besteht kein Anlass mehr, noch von dieser Regelung Gebrauch zu machen.[432]

Gänzlich straflos bleibt der Täter, wenn das Ziel erreicht wird, das Fortbestehen der Vereinigung zu verhindern – sei es durch Bemühungen des Täters, sei es aber auch, dass dieses Ziel ohne sein Zutun erlangt wird, wobei er sich nach § 129

428 *Krauß*, in: LK, § 129 Rn 183.

429 *Krauß*, in: LK, § 129 Rn. 180.

430 So *Jung*, ZRP 1986, 38; teilweise wird auch von einer „kleinen Kronzeugenregelung" gesprochen, weil auf die §§ 129, 129 a StGB beschränkt in den Fällen des 1. Halbsatzes; vgl. dagegen mit Unterschieden z.B. *Bernsmann*, JZ 1988, 539 (541); *Krauß*, in: LK, § 129 Rn. 180; *Lackner/Kühl*, § 129 Rn. 12; *Rudolphi/Stein*, in: SK, § 129 Rn. 25.

431 Vgl. *Ostendorf*, in: NK, § 129 Rn. 35; *Fischer*, §129 Rn. 44.

432 *Lenckner/Sternberg-Lieben*, in: Schönke/Schröder, § 129 Rn. 21.

Abs. 6 2. Halbsatz StGB ernsthaft um die Herbeiführung des Erfolges eingesetzt haben muss.

gg) Teilnahme

Die Frage der Anwendbarkeit der allgemeinen Grundsätze hinsichtlich der Beurteilung des Vorliegens von Täterschaft und Teilnahme gemäß §§ 25 ff. StGB auf den Tatbestand des § 129 StGB ist so umstritten wie unübersichtlich, nicht zuletzt aufgrund der speziellen Struktur dieser Norm.[433]

1) Generelle Anwendbarkeit der §§ 26, 27 StGB auf § 129 StGB

Nach der am weitest gehenden Meinung soll die Anstiftung und Beihilfe zu allen Begehungsmodalitäten möglich sein.[434] Das ergebe sich aus der grundsätzlich umfassenden Geltung der Teilnahmevorschriften des Allgemeinen Teils des StGB sowie der besonderen Gefährlichkeit krimineller Vereinigungen. Dies gelte jedoch nicht ausnahmslos; die Anstiftung zur mitgliedschaftlichen Beteiligung sei stets als täterschaftliches Werben um Mitglieder oder Unterstützer zu qualifizieren.[435] Die mittelbare Förderung, beispielsweise in Form von Hilfe bei der Waffenbeschaffung durch den bloßen Transport, wird als Beihilfe zum Unterstützen eingestuft; dies bietet wiederum die Möglichkeit einer Strafmilderung nach § 27 Abs. 2 i.V.m. § 49 Abs. 1 StGB. Täterschaftliches Unterstützen liegt hingegen vor, wenn fördernde Beiträge unmittelbar erbracht werden, wobei der Handelnde über das „Ob und Wie“ entscheiden können muss.[436]

Nach der engsten Auffassung ist § 129 StGB als abschließende Regelung anzusehen. Die darin vorgesehenen Mitwirkungsformen des Gründens, Werbens und Unterstützens seien nur dann erfüllt, wenn eine nach dem Maßstab des § 25 StGB täterschaftliche Beteiligung am Gründungs-, Werbe- oder Unterstützungsvorgangs geleistet werde. Die §§ 26, 27 StGB könnten auch nicht ergänzend herangezogen werden.[437] Die Begründung hierfür ergebe sich aus dem Vorfeldcharakter der Begehungsmodalitäten: Aus diesem sei zu schließen, dass nicht

---

433 Vgl. bspw. *Krauß*, in: LK, § 129 Rn. 158 ff.; *Lenckner/Sternberg-Lieben*, in: Schönke/Schröder, § 129 Rn. 24.

434 Zu dieser Meinung zählen *Lenckner/Sternberg-Lieben*, in: Schönke/Schröder, § 129 Rn. 24; *Bader*, NStZ 2007, 618 (622).

435 *Lenckner/Sternberg-Lieben*, in: Schönke/Schröder, § 129 Rn. 24.

436 Kritisch zur Abgrenzung zwischen unmittelbarer und mittelbarer Förderung: *Fürst*, Grundlagen und Grenzen der §§ 129, 129 a StGB, S. 236.

437 *Rudolphi/Stein*, in: SK, § 129 Rn. 27; *Fürst*, Grundlagen und Grenzen der §§ 129, 129 a StGB, S. 240.

noch zusätzlich die nicht-täterschaftliche Mitwirkung strafbar sein soll.[438] Eine einschränkende Auffassung nimmt dies jedenfalls für die strafrechtliche Teilnahme an den verselbständigten Teilnahmeformen des Werbens und des Unterstützens beziehungsweise für die Beihilfe zum Werben oder Unterstützen an.[439] Argumentiert wird u.a. damit, dass man sich bei einer weiteren Ergänzung der Strafbarkeitszone des ohnehin schon weit ins Vorfeld des Strafrechtsschutzes angesiedelten Werbens und Unterstützens noch weiter von der als Unrechtskern gedachten Rechtsgutsverletzung entferne, was eine Überschreitung des Schutzbereichs des § 129 StGB zur Folge hätte.[440]

Diese Auffassung wird jedoch von einigen als zu eng bewertet.[441] Hingewiesen wird auf die systematische Stellung der §§ 26, 27 StGB: Diese weise auf die grundsätzlich umfassende Anwendbarkeit der Teilnahmeregeln auf alle Tatbestände des Besonderen Teils des StGB hin.[442] Ferner sei nicht ersichtlich, warum für mit einem „Unrechtsminus" versehene Teilnahmehandlungen ein strafrechtsfreier Raum geschaffen werden solle, könnten diese Handlungen das Gefährdungspotential einer kriminellen Vereinigung doch durchaus erhöhen.[443]

2) Teilnahme an den einzelnen Begehungsvarianten

Was die Tatbestandsvariante des Gründens angeht, so ist sowohl Anstiftung nach § 26 StGB als auch Beihilfe nach § 27 StGB möglich.[444] Andere Stimmen vertreten hingegen, diese Teilnahmehandlungen als Werben oder Unterstützen zu erfassen.[445] Insoweit handele es sich der Sache nach um eine tatbestandlich verselbständigte Anstiftung.[446] Dagegen wird jedoch argumentiert, bei dieser Ansicht bleibe außer Betracht, dass diese beiden Begehungsformen bereits eine bestehende Vereinigung voraussetzen. Dies hätte wiederum zur Konsequenz, dass

---

438 *Rudolphi/Stein*, in: SK, § 129 Rn. 26.

439 *Sommer*, JR 1981, 490 (494 f.); *Scheiff*, Wann beginnt der Strafrechtsschutz gegen kriminelle Vereinigungen (§ 129 StGB)?, S. 133 ff.

440 *Sommer*, JR 1981, 490 (495).

441 *Krauß*, in: LK, § 129 Rn. 161; *Lenckner/Sternberg-Lieben*, in: Schönke/Schröder, § 129 Rn. 24; *Miebach/Schäfer*, in: MK, § 129 Rn. 101; *Bader*, NStZ 2007, 618 (622).

442 *Bader*, NStZ 2007, 618 (620).

443 BGHSt 29, 258 (263 ff.); BGHSt 36, 363 (365 ff.) jeweils hinsichtlich der Beihilfe zum Werben; *Krauß*, in: LK, § 129 Rn. 161; *Miebach/Schäfer*, in: MK, § 129 Rn. 101.

444 So *Fischer*, § 129 Rn. 38; *Krauß*, in: LK, § 129 Rn. 162; *Lenckner/Sternberg-Lieben*, in: Schönke/Schröder, § 129 Rn. 24; *Miebach/Schäfer*, in: MK, § 129 Rn. 100.

445 So *v. Bubnoff*, in: LK [11], § 129 Rn. 73, nach dessen Ansicht es sich insoweit um eine tatbestandlich verselbständigte Anstiftung handelt; *Dahs*, NJW 1976, 2145 (2148); *Fürst*, Grundlagen und Grenzen der §§ 129, 129a StGB, S. 242; *Scheiff*, Wann beginnt der Strafrechtsschutz gegen kriminelle Vereinigungen (§ 129 StGB)?, S. 126.

446 *V. Bubnoff*, in: LK [11], § 129 Rn. 73.

ohne die Möglichkeit der Beteiligung nach §§ 26, 27 StGB die Hintermänner und Gehilfen des Gründers letztlich straflos blieben.[447]

Hinsichtlich der Variante des Werbens gelten ebenfalls die allgemeinen Regeln zur Anstiftung und Beihilfe.[448] Die Gegenmeinung nimmt hingegen insbesondere im Falle der Beihilfe Straflosigkeit an und begründet dies insoweit mit der nicht ausreichenden Gefährlichkeit der in Betracht kommenden Handlungen.[449] Hiergegen sprechen aber die von kriminellen Vereinigungen ausgehenden Bedrohungen für den öffentlichen Frieden, insbesondere vor dem Hintergrund, dass nun nur noch das Werben um Mitglieder oder Unterstützer unter Strafe gestellt ist.[450]

Keine eigenständige Bedeutung mehr hat die Anstiftung zur mitgliedschaftlichen Beteiligung, da diese bereits begrifflich unter das Werben um Mitglieder fällt.[451] Beihilfe zur mitgliedschaftlichen Beteiligung ist regelmäßig als täterschaftliches Unterstützen einzuordnen, muss jedoch nicht notwendigerweise deckungsgleich sein.[452] Dies folgt daraus, dass sich Hilfeleisten im Sinne von § 27 StGB stets auf die vorsätzliche rechtswidrige Tat des Haupttäters bezieht, sich das Unterstützen nach § 129 StGB hingegen an die Vereinigung als solche richtet und einzelfallabhängig gleichzeitig eine Beihilfe zur mitgliedschaftlichen Betätigung eines Mitglieds der Vereinigung darstellen kann. [453] Weiterhin wird für eine Strafbarkeit nach § 129 Abs. 1 StGB vorausgesetzt, dass es zu einer konkreten Förderung oder Erleichterung der Haupttat kommt, während ein entsprechender Erfolg der Unterstützungshandlung für die Vereinigung gerade nicht erforderlich ist.[454] Nach der

447 *Lenckner/Sternberg-Lieben*, in: Schönke/Schröder, § 129 Rn. 24; *Miebach/Schäfer*, in: MK, § 129 Rn. 100.

448 *Fischer*, § 129 Rn. 38; für die Beihilfe: BGHSt 29, 258 (264 f.), zur Verurteilung eines Angeklagten wegen Beihilfe zur Werbung für terroristische Vereinigungen: „Die Regeln der Teilnahme, also auch die der Beihilfe (§ 27), gelten ausdrücklich für jeden Straftatbestand. […] In Frage gestellt werden könnte die Strafbarkeit der Beihilfe allenfalls dann, wenn anzunehmen wäre, der Gesetzgeber habe die Strafandrohung ausnahmsweise auf die Fälle der Täterschaft beschränken wollen. […] Die auf Ausweitung der Strafbarkeit gerichtete Tendenz des Gesetzgebers gibt keinen Anlass zu der Annahme, dass nunmehr die vorher gegebene Strafbarkeit von Beihilfehandlungen ausgeschlossen werden sollte.“; BGHSt 36, 363 ff., Beschluss hinsichtlich der Herstellung und Verbreitung von elf Ausgaben der Zeitschrift „Radikal“: „Wer duldet , dass die Herstellungs- und Vertriebskosten einer periodischen Druckschrift über seine Konten abgewickelt werden und er im Impressum der Zeitschrift zum Schein als Herausgeber genannt wird, kann sich wegen Beihilfe […] (Werbung für eine terroristische Vereinigung) strafbar machen.“

449 Vgl. *Schlothauer/Tscherch*, StV 1981, 22 Anmerkung zum BGH Urt. v. 23.4.1980; *Sommer*, JR 1981, 494; *Rudolphi/Stein*, in: SK, § 129 Rn. 27.

450 So *Miebach/Schäfer*, in: MK, § 129 Rn. 101.

451 So *Fischer*, § 129 Rn. 38; *Krauß*, in: LK, § 129 Rn. 163; *Miebach/Schäfer*, in: MK, § 129 Rn. 102.

452 BGH NStZ 2007, 635 (637); *Bader*, NStZ 2007, 618 (619 ff.).

453 *Krauß*, in: LK, § 129 Rn. 163.

454 BGH NStZ 2007, 635 (637).

Gegenmeinung sei die Beihilfe zur mitgliedschaftlichen Beteiligung immer täterschaftliches Unterstützen; es erfolge eine Bestrafung nach § 129 StGB ohne die Möglichkeit der Strafmilderung nach §§ 27 Abs. 2, 49 Abs. 1 StGB.[455]

Schließlich ist noch auf die Begehungsmodalität des Unterstützens einzugehen, welche eine zur Täterschaft verselbständigte Form der Beihilfe darstellt.[456] Aufgrund ihres Förderungscharakters sind Anstiftung und Beihilfe ihrerseits auch als täterschaftliches Unterstützen einzuordnen; weitergehende Teilnahme an dieser täterschaftlich verselbständigten Verhaltensform ist daher nicht möglich.[457] Dies ist jedoch nicht unumstritten; so vertritt die Gegenansicht[458], eine Beihilfehandlung müsse unter Hinweis auf die besondere Gefährlichkeit, die von kriminellen Vereinigungen ausgeht, auch beim Unterstützen möglich sein. Als täterschaftliches Unterstützen erfasst werde hierbei die unmittelbare Leistung fördernder Beiträge, so z.B. wenn der Unterstützer die Entscheidung über das „Ob und Wie" der Förderung trifft.[459] Als Beihilfe wird dann konsequenterweise die nur mittelbare Förderung gewertet, was z.B.[460] die Hilfe bei der Waffenbeschaffung durch die bloße Transporttätigkeit sein kann.[461] Damit wird die Möglichkeit der Strafmilderung nach § 27 StGB offengehalten.

hh) § 129 Abs. 4 StGB

Handelt es sich bei dem Täter um einen Rädelsführer oder Hintermann, so liegt nach § 129 Abs. 4 StGB zwingend ein besonders schweren Falles vor. Der Täter ist ein Rädelsführer, wenn er maßgeblichen Einfluss – geistiger

---

455 *Fischer*, § 129 Rn. 38; *Miebach/Schäfer*, in: MK, § 129 Rn. 102.

456 Hierzu BGHSt 29, 99 (101), wo es um die Entscheidung ging, ob Verteidigerhandeln als Unterstützung einer kriminellen oder terroristischen Vereinigung qualifiziert werden kann; *Schmidt*, MDR 1985, 183 (185); *Miebach/Schäfer*, in: MK, § 129 Rn. 103.

457 *Schmidt*, MDR 1985, 183 (185); *Fischer*, § 129 Rn. 38; *Joecks*, § 129 Rn. 5; *Krauß*, in: LK, § 129 Rn. 164.

458 So *Lenckner/Sternberg-Lieben*, in: Schönke/Schröder, § 129 Rn. 24.

459 Vgl. *Lenckner/Sternberg-Lieben*, in: Schönke/Schröder, § 129 Rn. 24; anders als beim Werben – hier muss der Täter selbst hinter dem Text stehen – ist ein täterschaftliches Unterstützen durch Verbreiten von Untergrundzeitschriften u.a. auch möglich, wenn sich der Täter deren Inhalt nicht erkennbar zu eigen macht. Anders hingegen bei der Aufforderung an einen Wohnungsinhaber, die Wohnung für Zwecke der Vereinigung zu vermieten: Hierin liegt nur eine (u. U. erfolglose) Anstiftung, in dem bloßen Überbringen von Waffen durch einen Boten lediglich eine Beihilfe zur Unterstützung durch den Waffenlieferanten, und ebenso ist die Hilfe mit Rat und Tat, die einem zum Eintritt in eine kriminelle Vereinigung bereits Entschlossenen bei der Verwirklichung seiner Absicht geleistet wird, nur eine Beihilfe zum Sichbeteiligen und kein täterschaftliches Unterstützen der Vereinigung.

460 Beispiel vgl. *v. Bubnoff*, in: LK[11], § 129 Rn. 74, der diese Meinung jedoch nicht vertritt.

461 Kritisch zur Abgrenzbarkeit der mittelbaren von der unmittelbaren Förderung *Fürst*, Grundlagen und Grenzen der §§ 129, 129 a StGB, S. 236 ff.

oder wirtschaftlicher Natur – auf die Vereinigung hat bzw. innerhalb dieser eine entscheidende Führungsrolle innehat.[462] Ratio dieser Regelung ist es, Führungspersonen, Drahtzieher und solche Täter zu erfassen, die aufgrund ihrer sonstigen – wenn auch nur vorübergehenden – Schlüsselstellung einen bestimmenden Einfluss auf die Vereinigung ausüben.[463] Nicht ausreichend ist hingegen eine rein formale Stellung innerhalb der Führungsebene, ebenso wenig wie ein Fördern, dem nur untergeordnete Bedeutung beigemessen werden kann[464]. Der BGH entschied in BGHSt 18, 296, dass Außenstehende niemals Rädelsführer sein können, sondern der Täter Mitglied der Organisation sein muss.

Als Hintermann tritt der Täter hingegen auf, wenn er sich als Außenstehender in maßgeblicher Weise für die Vereinigung betätigt oder er einen gewissen Einfluss auf die Führer dieser bzw. auf eine nicht ganz unerhebliche Anzahl von deren Angehörigen und Freunden für sich in Anspruch nimmt.[465] Den entscheidenden Unterschied zum Rädelsführer macht die Förderung der Organisation durch den Hintermann von außen aus, wobei es besonderer „Tarnmaßnahmen" nicht bedarf.[466] Erfasst werden sollen damit solche mitwirkenden Personen, deren ausschlaggebende Hilfe in finanzieller oder sonstiger Art liegt, und die dabei nach außen selbst nicht in Erscheinung treten.

Darüber hinaus kann sich ein besonders schwerer Fall z.B. aus der besonderen Schwere der geplanten Taten ergeben, wobei diese Bestimmung freilich mit Einführung des § 129 a StGB an Bedeutung verloren hat.[467] Ferner kann sich ein solcher auch aus dem besonderen Umfang bzw. Gewicht der von der Vereinigung entwickelten verbrecherischen Aktivität[468] oder aus der besonderes gefährlichen Zielsetzung ergeben.[469]

---

462 *Stree/Sternberg-Lieben*, in: SK, § 84 Rn. 10; *Miebach/Schäfer*, in: MK, § 129 Rn. 119.

463 Vgl. BGHSt 19, 109 (110), in dessen Urteil es um den Begriff des Rädelsführer geht. Darin heißt es u.a.: „Das Gesetz will die ‚Drahtzieher' erfassen."

464 Vgl. BGHSt 6, 129 (130).

465 BGHSt 20, 121 (123), wo es heißt: „Kennzeichen des Hintermanns ist, dass er zwar nicht Mitglied ist, sein Einfluss daher nicht auf Weisungsbefugnissen beruht, dass er aber dennoch geistig oder wirtschaftlich maßgebenden Einfluss auf die Führung der Vereinigung hat."; *Miebach/Schäfer*, in: MK, § 129 Rn. 120; *Rudolphi/Stein*, in: SK, § 129 Rn. 30; *Stree/Sternberg-Lieben*, in: SK, § 84 Rn. 11.

466 *Krauß*, in: LK, § 129 Rn. 174; *Miebach/Schäfer*, in: MK, § 129 Rn. 120.

467 Siehe zum früheren Recht OLG Hamburg, JZ 1979, 275 (277).

468 So *Fischer*, § 129 Rn. 42, der die Bedrohung von „Aussteigern", Konkurrenten oder Mitarbeitern von Strafverfolgungsbehörden oder die Schaffung eines Systems existenzieller Abhängigkeit von Mitgliedern als Beispiele aufzeigt.

469 Vgl. hier z.B. *Krauß*, in: LK, § 129 Rn. 176, der die Beseitigung der verfassungsmäßigen Ordnung der Bundesrepublik und deren Ersetzung durch eine autoritäre Herrschaft nennt; *Miebach/Schäfer*, in: MK, § 129 Rn. 122; *Rudolphi/Stein*, in: SK, § 129 Rn. 30.

§ 129 Abs. 4 StGB sieht daneben eine weitere Strafrahmenverschärfung für die Fälle vor, in denen Zweck oder Tätigkeit der Vereinigung auf die Begehung bestimmter in § 100 c Abs. 2 StPO genannter Straftaten gerichtet sind. Diese Bestimmung hat besondere praktische Relevanz bei der Bekämpfung organisierter Kriminalität, denn hierdurch kann beispielsweise auch die akustische Wohnraumüberwachung (siehe § 100 c Abs. 1 Nr. 1 b StPO) ermöglicht werden.[470] Zu beachten ist, dass diese Regelung nicht unmittelbar an Abs. 1 anknüpft, sondern an Abs. 4 Halbsatz 1 und damit unmittelbar nur die Rädelsführer und Hintermänner erfasst.[471]

ii) § 129 Abs. 5 StGB

Wie auch bei der sog. Mitläuferklausel des § 84 Abs. 4 i.V.m. Abs. 1 S. 2 StGB[472] kann nach § 129 Abs. 5 StGB in den Fällen des Abs. 1, 3 bei Beteiligten, deren Schuld gering und deren Mitwirkung von untergeordneter Bedeutung ist, von Bestrafung abgesehen werden.[473] Diese Klausel ist insbesondere dann von Bedeutung, wenn der Tatbeitrag des Beschuldigten insgesamt nicht erheblich ins Gewicht fällt oder dessen Beteiligung am unteren Rande des strafbaren Mitwirkens liegt.[474] Abs. 5 sieht ein fakultatives Absehen von Strafe vor, was die Beschränkung der Rechtsfolge auf den Schuldspruch und die Kostenfolge des § 465 StPO bedeutet.[475]

Missverständlich in diesem Zusammenhang könnte die Formulierung des „Mitwirkens“ sein. Nicht nur die Beteiligung als Mitglied ist davon erfasst, sondern auch das Unterstützen und Werben, und zwar unabhängig von Täterschaft und Teilnahme. Anders liegt der Fall des versuchten Gründens nach Abs. 3, wo es nur um eine Beihilfe dazu gehen kann, da bei mittäterschaftlicher Begehung oder bei einer Anstiftung hier von einer „untergeordneten Bedeutung“ keine Rede sein kann.[476]

---

470 Vgl. dazu den (weiterreichenden) Vorschlag des Bundesrats (BT-Drucks. 15/5621 S. 2) zum urspr. Gesetzesentwurf (BT-Drucks. 15/4533, 15/5486), in dem zur Umsetzung des BVerfG-Urteils v. 3.3.2004 eine entsprechende Ermittlungsmaßnahme nur gegenüber terroristischen Vereinigungen vorgesehen war.

471 So *Fischer*, § 129 Rn. 41.

472 *Fischer*, § 84 Rn. 13; *Laufhütte*, in: LK, § 84 Rn. 17; *Stree/Sternberg-Lieben*, in: SK, § 84 Rn. 24.

473 *Lenckner/Sternberg-Lieben*, in: Schönke/Schröder, § 129 Rn. 25.

474 BGH EzSt § 129 a Nr. 1.

475 Vgl. *Rudolphi/Stein*, in: SK, § 129 Rn. 29.

476 Vgl. *Lenckner/Sternberg-Lieben*, in: Schönke/Schröder, § 129 Rn. 26.

jj) Konkurrenzen

Wenn es um die Frage der Konkurrenzen geht, so muss unterschieden werden: Zum einen gibt es das Verhältnis zwischen den einzelnen Tatbestandsvarianten, zum anderen das Verhältnis der Tatbestandsvarianten zu den vom Mitglied einer Vereinigung begangenen Straftaten. Beide Verhältnisse sollen im Folgenden gesondert untersucht werden.

1) Verhältnis zwischen den einzelnen Tatbestandsvarianten

Aufgrund der besonderen Struktur des § 129 StGB stellt die mitgliedschaftliche Beteiligung ein Dauerdelikt dar, wenn es sich um die Beteiligung an derselben Vereinigung[477] handelt, wobei die Verhaltensweisen auch zeitlich auseinander liegen können.[478] Fallen also mehrere Handlungen unter dieselbe Tatbestandsvariante, werden die Einzelakte zu einer tatbestandlichen Handlungseinheit verbunden.[479] Dies gilt jedoch nur solange der Täter ununterbrochen als Mitglied der Vereinigung handelt. War diese Mitgliedschaft zwischenzeitlich unterbrochen, z.B. durch Vereinbarung der Mitglieder oder durch einseitige Distanzierung, und beginnt dann erneut, so ist diese Fortsetzung eine neue Tatbestandsverwirklichung, die zur früheren in Tatmehrheit steht.[480] *Miebach/Schäfer* verlangen, dass bei der nach §§ 53 ff. StGB zu bildenden Gesamtstrafe jedoch angemessen zu berücksichtigen ist, dass das insgesamt verwirklichte Tatunrecht bei einer nicht permanenten Mitgliedschaft wohl nicht höher sein wird, als die fortdauernde Betätigung für eine Vereinigung, bei der nur eine Tat gegeben ist.

Was die Rädelsführerschaft nach Abs. 4 angeht, so ergibt sich deren Vorliegen oftmals erst aus der Gesamtbetrachtung mehrerer einzelner, durch den Täter begangener Handlungen. Es liegt deshalb keine fortgesetzte Handlung, sondern eine vom Gesetz geschaffene Handlungseinheit vor.[481] Zu beachten ist jedoch, dass für die Varianten des Unterstützens und Werbens, auch durch Hintermänner nach Abs. 4, Besonderheiten gelten: Beide Begriffe setzen kein Beruhen der Tätigkeit auf einer verbindlichen gegenseitigen Verpflichtung des Werbers bzw. des

---

477 Was dieses Kriterium betrifft, vgl. BGHSt 46, 349 (353 ff.) im Fall der „Berliner Zelle“ der „Revolutionären Zellen“.

478 *Miebach/Schäfer*, in: MK, § 129 Rn. 108; *Rudolphi/Stein*, in: SK, § 129 Rn. 31.

479 Dazu BGHSt 15, 262; BGHSt 29, 291 ff.; BGH NStZ 2004, 385; OLG Karlsruhe NJW 1977, 2222 (2223); *Fischer*, § 129 Rn. 49; *Lenckner/Sternberg-Lieben*, in: Schönke/Schröder, § 129 Rn. 27; *Rissing-van Saan*, in: LK, vor § 52 Rn. 23.

480 *Haberstrumpf*, MDR 1979, 978 (979); *Miebach/Schäfer*, in: MK, § 129 Rn. 108; *Rudolphi/Stein*, in: SK, § 129 Rn. 31.

481 BGHSt 15, 259 (262); *Krauß*, in: LK, § 129 Rn. 192; *Lenckner/Sternberg-Lieben*, in: Schönke/Schröder, § 129 Rn. 27.

Unterstützers voraus. Daher kommt bei diesen Handlungsvarianten eine tatbestandliche Handlungseinheit kraft einheitlicher (einmaliger) Tatbestandsverwirklichung nach den allgemeinen Regeln nur insoweit in Betracht, als es um ein und denselben Werbungs- und Unterstützungserfolg, wie z.B. Anwerben derselben Person als Mitglied oder Unterstützer oder Zuwendung desselben Geldbetrages, geht. Zudem müssen die einzelnen Akte nach der Vorstellung des Täters aufeinander aufbauend zu diesem Erfolg führen oder mehrere, in engem räumlichen und zeitlichen Zusammenhang stehende Anläufe zur Herbeiführung desselben Erfolges darstellen.[482] Es liegt dann eine fortlaufende (sukzessive) Tatbestandsverwirklichung vor.[483] Sollen mehrere Werbungs- oder Unterstützungserfolge herbeigeführt werden, so ist der Tatbestand tateinheitlich erfüllt, wenn die Voraussetzungen einer natürlichen Handlungseinheit vorliegen.[484] Entsprechendes soll auch für die Begehungsmodalität des Gründens gelten. Liegt eine Mehrzahl aufeinander aufbauender und erfolgreicher Teilakte vor, ist die Tatbestandsvariante des Gründens erfüllt, welche mit einem zuvor fehlgeschlagenen Versuch der Gründung (§§ 129 Abs. 3, 22 StGB) in Tateinheit steht, sofern nicht ausnahmsweise die Voraussetzungen der natürlichen Handlungseinheit vorliegen.[485]

2) Verhältnis zu den als Mitglied einer Vereinigung begangenen Straftaten

Was das Verhältnis zu einer den Zwecken der Vereinigung oder ihrem organisatorischen Zusammenhalt dienenden § 129 StGB externen Straftat betrifft, so gilt: Tateinheitliches Handeln i.S.v. § 52 StGB besteht zwischen dem Gründen und der späteren Beteiligung an einer von der Vereinigung begangenen Straftat, wenn sich das Gründen in einem mitgliedschaftlichen Sich-Beteiligen fortgesetzt hat; ist dies nicht der Fall, liegt Tatmehrheit vor.[486] Das mitgliedschaftliche Sich-Beteiligen wird nicht mehr wie ursprünglich[487] als Dauerdelikt gesehen. Somit hat sich die damit verbundene konsequente Beschränkung der Tateinheit für die Fälle erledigt, in denen der Vorsatz des Täters schon zu Beginn der Mitgliedschaft auf eine Beteiligung an bestimmten Taten gerichtet war, während im Übrigen Tatmehrheit vorliegen sollte. Vielmehr wird nach der h.M. nun Idealkonkurrenz angenommen.[488]

---

482 *Rudolphi/Stein*, in: SK, § 129 Rn. 31.
483 *Rissing-van Saan*, in: LK, vor § 52 Rn. 36.
484 *Rissing-van Saan*, in: LK, vor § 52 Rn. 10 ff.
485 *Rudolphi/Stein*, in: SK, § 129 Rn. 31.
486 Vgl. *Rudolphi/Stein*, in: SK, § 129 Rn. 30.
487 OLG Karlsruhe NJW 1977, 2222 (2223).
488 Vgl. z.B. BGHSt 29, 288; BGH NJW 1980, 2029; BGH StV 1999, 353; BayObLG NJW 1991, 2576 (2577); OLG Stuttgart JZ 1992, 537 (539); *Haberstrumpf*, MDR 1979, 978 (980); *Miebach/Schäfer*, in: MK, § 129 Rn. 112; *Werle*, JR 1979, 93 sowie ders. NJW 1980, 2671; anders auch OLG Karlsruhe NJW 1977, 2222 (2223) mit Anmerkung *Meyer*, JR 1978, 34 (35): Tateinheit,

An sich selbständige, mit der Dauerstraftat der mitgliedschaftlichen Beteiligung jeweils in Tateinheit stehende Delikte können unter bestimmten Voraussetzungen einer Klammerwirkung (zumindest annähernde Wertgleichheit zwischen den an sich selbständigen Taten und § 129 StGB) zu Idealkonkurrenz verbunden werden.[489]

II. Schaffung der Qualifikationen

1. Der § 129 a StGB

a) Entstehung der Norm

aa) Das Terrorismusbekämpfungsgesetz von 1976

Am 20.9.1976 trat das sog. Anti-Terror-Gesetz[490] in Kraft, auf dessen Grundlage der § 129 a StGB als neuer Qualifikationstatbestand zu § 129 StGB in das StGB aufgenommen wurde. Grund für die Schaffung dieser neuen Qualifikation war der seit Beginn der 1970er Jahre in der Bundesrepublik Deutschland immer stärker werdende und sich ausbreitende Linksextremismus, der sich zum Linksterrorismus verstärkte.

Wenige Tage nach der Geiselnahme in der Deutschen Botschaft in Stockholm am 29.4.1975 beschlossen die bayerische Staatsregierung und die Landesregierung von Baden-Württemberg einen Gesetzesentwurf[491] und legten diesen dem Bundesrat vor, der – ausweislich der Begründung – die strafrechtlichen Möglichkeiten zur Bekämpfung moderner Formen terroristischer krimineller Vereinigungen verbessern und das Vertrauen der Bürger in den Rechtsstaat wiederherstellen sollte.[492] „Bildung schwerkrimineller Vereinigungen" sollte als amtliche Überschrift eingeführt werden und damit solche Verbrechen im Rahmen eines eigenen Verbrechenstatbestandes erfassen, die die innere Sicherheit in besonderem Ausmaß bedrohten. Bis es jedoch zur zunächst endgültigen Fassung und Inkrafttreten dieser Spezialnorm kam, sollten noch ebenso zahlreiche wie kontroverse Gesetzesinitiativen, Debatten und Änderungen vorausgehen.[493] Die

---

wenn die Tat „organisationsbezogen" ist, Tatmehrheit, wenn sie das Ziel der Vereinigung bildet; generell für Tatmehrheit *Meyer*, JR 1978, 35; *Fischer*, § 129 Rn. 23.

489 *Krauß*, in: LK, § 129 Rn. 194; *Rudolphi/Stein*, in: SK, § 129 Rn. 30.

490 Gesetz zur Änderung des Strafgesetzbuches, der Strafprozessordnung, des Gerichtsverfassungsgesetzes, der Bundesrechtsanwaltsordnung und des Strafvollzug vom 18.8.1976, BGBl. 1976 I, 2118 ff.

491 BR-Drucks. Nr. 291/1/75.

492 *Felske*, Kriminelle und terroristische Vereinigungen, S. 356 f.

493 Ausführliche Darstellung des Gesetzgebungsprozesses bei *Felske*, Kriminelle und terroristische Vereinigungen, S. 358 ff.; *Fürst*, Grundlagen und Grenzen der §§ 129, 129 a StGB, S. 41 ff.

Regierung und Opposition verfolgten mit ihren Gesetzesinitiativen eine völlig unterschiedlich akzentuierte Politik – sprach sich die Union für einen Sondertatbestand aus, hielt die Parlamentsmehrheit das bestehende Strafrecht prinzipiell für ausreichend und wollte lediglich bestimmte schwere und gefährliche Formen in einem speziellen Tatbestand hervorheben.[494] Als wesentlicher Streitpunkt erwies sich die Festsetzung des Strafrahmens. Während die Union § 129 a StGB als Verbrechenstatbestand ausgestalten wollte, hielt die Koalition von SPD und FDP einen Strafrahmen von sechs Monaten bis zu fünf Jahren für ausreichend und angemessen.[495] Begründet wurde die Einstufung als Verbrechen und damit die Möglichkeit einer Strafbarkeitsausdehnung nach § 30 StGB unter Hinweis auf bereits begangene Gewaltakte mit der außerordentlichen Gefährlichkeit solcher Vereinigungen, die in einem „schwereren Unwerturteil des Gesetzgebers" und in einer gegenüber § 129 StGB deutlich höheren Strafdrohung Ausdruck finden müsse.[496] Die Koalition hielt dies aber für überzogen, schließlich bewege sich der Tatbestand des § 129 a StGB im Vorfeld der Begehung von Straftaten und mit den Begehungsmodalitäten des Werbens und des Unterstützens seien auch Fälle geringeren Unrechts erfasst. Weiterhin uneinig war man sich hinsichtlich der Ausgestaltung des neuen § 129 a StGB und des Vorschlags der Einführung des sog. Kronzeugen sowie weiterer haftrechtlicher und strafprozessualer Neuerungen, wie z.B. Verteidigerausschluss und -überwachung.[497]

Schließlich stimmte der Bundesrat nach Scheitern des Vermittlungsausschusses doch noch dem Regierungsentwurf zu.[498] Der Strafrahmen des § 129 a StGB entsprach dem des damaligen § 129 Abs. 4 StGB[499], und Hintermänner oder Rädelsführer wurden gemäß § 129 a Abs. 2 StGB mit einer Freiheitsstrafe von einem bis zu zehn Jahren bedroht. Was die Versuchsstrafbarkeit nach Abs. 3, die Strafmilderungsmöglichkeiten nach Abs. 4 und die Tätige-Reue-Regelung nach Abs. 5 betraf, so lehnten sich die Regelungen des § 129 a StGB[500] eng an § 129 StGB an. Ferner wurde in § 129 a Abs. 6 StGB eine Aberkennung der Fähigkeit, öffentliche Ämter zu bekleiden, und die Fähigkeit, Rechte aus öffentlichen Wahlen zu erlangen, vorgesehen. In Fällen der Abs. 1 und 2 konnte das Gericht nach Abs. 7 Führungsaufsicht anordnen.

494 BT-Drucks. 7/Nr. 3661, 4.

495 *Fürst*, Grundlagen und Grenzen der §§ 129, 129 a StGB, S. 43.

496 BT-Drucks. 7/4005, 17; BT-Drucks. 7/5607, 2.

497 Ausführlich hierzu *Fürst*, Grundlagen und Grenzen der §§ 129, 129 a StGB, S. 44 f.

498 Vgl. auch *Krauß*, in LK, § 129 a Entstehungsgeschichte.

499 § 129 a.F. (vom 2.3.1974):
(4) Gehört der Täter zu den Rädelsführern oder Hintermännern oder liegt sonst ein besonders schwerer Fall vor, so ist auf Freiheitsstrafe von sechs Monaten bis zu fünf Jahren zu erkennen.

500 Vgl. § 129 a a.F. (vom 28.8.1976) StGB: Bildung terroristischer Vereinigungen.

bb) Das Terrorismusbekämpfungsgesetz von 1986

Ab dem Jahre 1985 kam es zu einem erneuten Anstieg der Anzahl von terroristischen Anschlägen,[501] zudem erstarkte die Gruppierung sog. Autonomer[502], deren Handlungen auf radikalen, militanten Widerstandsformen basierten, um u.a. Veranstaltungen politischer Gegner zu stören, am Bau von Kernkraftwerken beteiligte Firmen zu sabotieren oder Demonstrationen mit Ausschreitungen zu durchsetzen.[503]

Damit war auch dieses Terrorismusbekämpfungsgesetz[504] wieder primär Reaktion auf aktuelle terroristische Anschläge und somit dessen Entstehung durch äußerste Eile und politische Kontroversen geprägt.[505] Das Gesetz, das am 1.1.1987 in Kraft trat, wurde hinsichtlich seiner Katalogtaten um Vergehen i.S.d. §§ 315 Abs. 1 und 316 b Abs. 1 StGB sowie um den neu geschaffenen § 305 a StGB erweitert.[506] Diese Katalogerweiterung erwies sich als problematisch, da sich die Frage stellte, ob mit diesen Tatbeständen nicht auch Fälle allgemeiner Kriminalität erfasst wurden, und dies zur Aufgabe der Beschränkung des Tatbestandes auf terroristische Taten führte.[507] Es würden – so wurde kritisiert – auch Organisationen erfasst, deren Tätigkeiten nur auf die Begehung von Vergehen gerichtet sei. Dies bedeute, deren Mitgliedern eine Bestrafung mit einem Strafrahmen von einem bis zehn Jahre bzw. drei bis 15 Jahre aufzuerlegen. Begründet wurde dies mit der abstrakten Gefahr, diese Organisation könne Taten begehen, die ihrerseits nur mit Freiheitsstrafen bis zu fünf Jahren bedacht sind. Dies wurde als unvereinbar mit dem Schuldprinzip deklariert.[508] Ferner wurde die Tathandlung des Gründens und der mitgliedschaftlichen Betätigung in einer terroristischen Vereinigung als Verbrechen eingestuft,[509] die Mindeststrafe für Rädelsführer und Hintermänner von einem Jahr auf drei Jahre Freiheitsstrafe

---

501 Vgl. Bericht, BT-Drucks. 10/6635, 11.

502 Die „Autonomen" traten in den 1980er Jahren das Erbe des „Spontis" an, also den Nachfolgern der APO und der ’68er-Bewegung. Diese greifen in ihrem Weltbild auf anarchistische wie marxistisch-antiimperialistische Denk- und Deutungsmuster zurück und finden öffentliche Aufmerksamkeit vor allem durch das Agieren im „schwarzen Block" am Rande von Demonstrationen. Vgl. *Backes*, in: Terrorismus und Extremismus, S. 45.

503 Dazu ausführlich *Felske*, Kriminelle und terroristische Vereinigungen, S. 400 ff.

504 Gesetz zur Bekämpfung des Terrorismus vom 19.12.1986, BGBl. 1986 I, S. 2566.

505 *Krauß*, in LK, § 129 a Entstehungsgeschichte; *Rudolphi/Stein*, in: SK, § 129 a Rn. 2.

506 Vgl. § 129 a a.F. (vom 19.12.1986) StGB : Bildung terroristischer Vereinigungen.

507 Vgl. dazu *Dencker*, StV 1987, 117 (119 ff.); *Fürst*, Grundlagen und Grenzen der §§ 129, 129 a StGB, S. 150 ff.; *Kühl*, NJW 1987, 737 (746).

508 So z.B. *Kühl*, NJW 1987, 737 (746).

509 Zuvor lag der Strafrahmen bei sechs Monaten bis zu fünf Jahren, nun bei einem Jahr bis zu zehn Jahren.

erhöht[510] sowie für den Versuch die Möglichkeit des Absehens von Strafe gestrichen.[511]

Nicht unbedenklich erschien auch, dass § 129 a StGB einer dem § 129 Abs. 2 Nr. 2 StGB entsprechenden Einschränkung entbehrte. Konsequenterweise hätte dann auch beispielsweise eine Gruppe prinzipiell nicht gewalttätiger Kernkraftgegner, die gelegentlich weniger gravierende Delikte wie das Umsägen eines Strommasten begeht, als terroristische Vereinigung i.S.d. § 129 a StGB gewertet werden müssen.[512] Auch in verfassungsrechtlicher Hinsicht bedenklich ist der Effekt, dass die §§ 305 a, 315 Abs.1, 316 b StGB – seit 2003 ferner §§ 303 b, 305, 317 StGB – Vergehen betreffen, die Gründung einer Vereinigung zur Ausführung dieser Taten und die mitgliedschaftliche Beteiligung hingegen Verbrechen sind.[513] Fragwürdig ist dabei, warum die Mitglieder einer solchen Vereinigung gefährlicher sein sollen als die Einzeltäter der Vergehen; schließlich könnte man so auch § 129 StGB insgesamt als Verbrechen einstufen.[514]

Damit bot diese Norm eine weite Angriffsfläche, und es wurde immer wieder gefordert, sie letztlich aus dem StGB zu streichen.[515] Die Frage der ersatzlosen Streichung stellt sich aber nach den Ereignissen um den 11.9.2001 und der Schaffung des § 129 b StGB sowie vor dem Hintergrund von Maßnahmen auf europäischer Ebene wohl nicht mehr.

cc) Das Kronzeugengesetz von 1989

Schon in Vorbereitung der bereits dargestellten Fassungen des § 129 a StGB kam es immer wieder zu Bestrebungen, eine sog. Kronzeugenregelung[516] einzuführen – in § 129 a StGB an sich oder als eigenständige Regelung. Diese Bestrebungen stießen allerdings immer wieder auf Kritik,[517] so dass sie letztlich sowohl bei der

---

510 Entspricht dem jetzigen Abs. 4 i.V.m Abs. 1 und 2.

511 *Rudolphi/Stein*, in: SK, § 129 a Rn. 2, ausführlich hierzu *Fürst*, Grundlagen und Grenzen der §§ 129, 129 a StGB, S.150 ff.

512 So die Kritik von *Lenckner/Sternberg-Lieben*, in: Schönke/Schröder, § 129 a Rn. 1.

513 So *Dencker*, StV 1987, 119 (121).

514 *Lenckner/Sternberg-Lieben*, in: Schönke/Schröder, § 129 a Rn. 1.

515 Antrag der Abgeordneten *Häfner*, *Beck*, *Nickels*, *Vollmer*, *Atman* und der Fraktion Bündnis 90/Die Grünen, BT-Drucks. 13/9460 v. 11.12.1997 sowie der Fraktion PDS (Die Linke), 14/5832 v. 5.4.2001.

516 Definitionsversuch nach *Jeßberger*, Kooperation und Strafzumessung, S. 25 f., wonach sich das „Modell Kronzeuge“ dadurch auszeichnet, dass ein einer Straftat Verdächtiger oder Beschuldigter sein Wissen über die Straftaten anderer offenbart, und der Staat dieses Verhalten durch völliges Absehen von der Bestrafung oder eine mildere Strafe honoriert.

517 So sprach sich beispielsweise die FDP auf ihrem Wahlparteitag am 22.11.1986 dafür aus, dass die vorgelegte Kronzeugenregelung lediglich eine Strafminderung, jedoch keine Straffreiheit vorsehen sollte; dies wurde wiederum von der Unionsfraktion abgelehnt. Damit wurde diese

Schaffung, als auch bei der Erweiterung des § 129 a StGB zunächst fallen gelassen wurden.[518]

Die Funktion eines Kronzeugen besteht in der Beseitigung eines Informationsdefizits und ist somit in erster Linie Instrument der Strafverfolgung (Subjekt der Strafverfolgung).[519] Ferner kann nur derjenige Kronzeuge sein, der selbst der Begehung einer Straftat zumindest verdächtig ist, meist jedoch schon beschuldigt ist (Objekt der Strafverfolgung).[520] Schließlich wurde die Kronzeugenregelung[521] durch Art. 4 des sog. Artikelgesetzes vom 9.6.1989[522] doch noch eingeführt[523] und damit die über den Tatbeitrag des Kronzeugen hinausreichende Aufklärung bereits begangener terroristischer Straftaten sowie die Festnahme weiterer terroristischer Straftäter verstärkt. Ferner sollten noch nicht bzw. nicht mehr in der Vereinigung verfestigte Mitglieder aus dieser herausgebrochen werden. Beabsichtigt wurde damit gleichzeitig auch die Prävention von weiteren Straftaten.[524] Dem Täter einer Straftat nach § 129 a StGB sollte unter bestimmten Voraussetzungen – abgestuft nach der Art der vom Vereinigungszweck umfassten Straftaten – die Möglichkeit der Strafmilderung oder sogar Straflosigkeit gegen die Offenbarung seines Wissens eingeräumt werden.[525] Darüber hinaus galt diese Regelung auch für die mit § 129 a StGB zusammenhängenden Straftaten, ausgenommen Völkermord nach § 220 StGB a.F. und in modifizierter Form bei Mord nach § 211 StGB und Totschlag nach § 212 StGB.[526] Schließlich wurde die Kronzeugenregelung auch auf einen Teil der Fälle des § 129 StGB ausgedehnt.[527] Auffallend war zum einen die systematische Stellung außerhalb des StGB und der StPO, zum anderen besonders die für das deutsche Recht sehr ungewöhnliche zeitliche Befristung der Regelung; dies sollte den „Ausnahme- und

---

Regelung nach Anhörung im Rechtsausschuss von der Koalition fallen gelassen. Vgl. *Felske*, Kriminelle und terroristische Vereinigungen, S. 429.

518 Zu den unterschiedlichen erfolglosen Gesetzesinitiativen siehe *Jaeger*, Der Kronzeuge unter besonderer Berücksichtigung des § 31 BtMG, S. 5 ff.

519 *Jeßberger*, Kooperation und Strafzumessung, S. 27 ff.

520 *Jeßberger*, Kooperation und Strafzumessung, S. 30 ff.

521 Dazu Stellungnahme von *Hassemer*, StV 1989, 72 (79 f.); *Krauß*, StV 1989, 313 (321 f.).

522 BGBl. 1989 I, S.1059.

523 Vgl. Art. 4 (§§ 1-5) – Art. 6 des Gesetz zur Änderung des Strafgesetzbuches, der Strafprozessordnung und des Versammlungsgesetzes und zur Einführung einer Kronzeugenregelung bei terroristischen Straftaten vom 9. Juni 1989, sog. Kronzeugengesetz; ausführlich hierzu *Schulte*, Terrorismus und Antiterrorismus-Gesetzgebung, S. 166 ff.

524 *Miebach/Schäfer*, in: MK, § 129 a Rn. 94; *v. Bubnoff*, in: LK [11], Vor § 129 a Rn. 14.

525 *Rudolphi/Stein*, in: SK, § 129 a Rn. 3.

526 *Miebach/Schäfer*, in: MK, § 129 a Rn. 94.

527 *Lenckner/Sternberg-Lieben*, in: Schönke/Schröder, § 129 Rn. 28; *Rudolphi/Stein*, in: SK, § 129 a Rn. 3.

Schlussverkaufscharakter"[528] des Angebots an Mitglieder der „terroristischen Szene" unterstreichen.[529] Zweimal wurde die Kronzeugenregelung verlängert,[530] trat dann aber mit Ablauf des 31.12.1999 mangels praktischer Bedeutung außer Kraft.[531] Nach den Terroranschlägen vom 11.9.2001 wurde die Wiedereinführung der Kronzeugenregelung durch die damalige Bundesjustizministerin *Däubler-Gmelin* (SPD) vorgeschlagen; dieser Vorschlag scheiterte jedoch an der entschiedenen Ablehnung des Koalitionspartners Bündnis 90/Die Grünen. Im Mai 2007 wurde seitens der Bundesregierung, bestehend aus einer großen Koalition, ein neuer Gesetzesentwurf[532] vorgelegt, woraufhin am 1.9.2009 schließlich die genannte Kronzeugenregelung, verankert in § 46 b StGB, in Kraft getreten ist.[533] Auf Grundlage dieser Norm kann der Strafrichter, wenn ein Täter „durch freiwilliges Offenbaren seines Wissens wesentlich dazu beigetragen hat, dass eine Tat nach § 100 a Abs. 2 der Strafprozessordnung aufgedeckt werden konnte" oder „freiwillig sein Wissen so rechtzeitig einer Dienststelle offenbart, dass eine Tat nach § 100 a Abs. 2 der Strafprozessordnung, von deren Planung er weiß, noch verhindert werden kann", die Strafe mildern oder ganz von Strafe absehen. Die Strafmilderung ist jedoch kein Automatismus. Vielmehr muss das Gericht ausdrücklich den „Wert" der Aussage zur Schwere der Tat des „Kronzeugen" ins Verhältnis zu setzen.[534]

dd) Änderungen bis zur aktuellen Fassung

Eine weitere Änderung erfuhr § 129 a StGB mit dem Gesetz zur Einführung des Völkerstrafgesetzbuches (VStGB) vom 26.6.2002.[535] Abs. 1 Nr. 1 wurde um die im VStGB erfassten Straftatbestände Völkermord (§ 6 VStGB), Verbrechen gegen die Menschlichkeit (§ 7 VStGB) und Kriegsverbrechen (§§ 8, 9, 10, 11, 12 VStGB) erweitert.

---

528 Vgl. *Lammer*, ZRP 1989, S. 248 (250).

529 *Jeßberger*, Kooperation und Srafzumessung, S. 36 f.

530 Vgl. BGBl. 1993 I, S.238 sowie BGBl. 1996 I, S.58.

531 *Miebach/Schäfer*, in: MK, § 129 a Rn. 94; *Rudolphi/Stein*, in: SK, § 129 a Rn. 3; praktische Relevanz z.B. BVerfGE 1993, S. 190; BGH NJW 1992, 989 (zur Anwendung der Kronzeugenregelung – Fall *Lotze*).

532 Abrufbar unter http://dip21.bundestag.de/dip21/brd/2007/0353-07.pdf; zum Gesetzesentwurf vgl. http://dip21.bundestag.de/dip21/btd/16/062/1606268.pdf, beide zuletzt besucht am 21.3.2013.

533 BGBl. 2009 I, 2288.

534 Vgl. aktuell auch Rechtsprechung des BGH zur Anwendbarkeit der Kronzeugenregelung, Beschl. v. 18.3.2010 – 3 StR 65/10, wo es heißt: „Art. 316 d EGStGB bestimmt, dass § 46 b StGB und § 31 BtMG in der Fassung des 43. StrÄndG nicht auf Verfahren anzuwenden sind, in denen vor dem 1.9.2009 die Eröffnung des Hauptverfahrens beschlossen worden ist."

535 BGBl. 2002 I, 2254.

Weiterhin wurde die Tatvariante des Werbens mit dem 34. StrÄndG vom 22.8.2002[536], wie auch bei § 129 Abs. 1, auf das Werben um Mitglieder oder Unterstützer beschränkt. Nach Inkrafttreten des § 129 a StGB im Jahr 1976 war die Handlungsmodalität höchst umstritten, konnten doch aufgrund derer Sympathisanten der linksextremistischen Bewegung wegen Graffiti-Sprühaktionen zu Haftstrafen verurteilt werden.[537]

Die schließlich letzte Änderung bis hin zur aktuellen Fassung des § 129 a StGB wurde mit dem Gesetz zur Umsetzung des Rahmenbeschlusses des Rates der Europäischen Union vom 13.6.2002 zur Terrorismusbekämpfung und zur Änderung anderer Gesetze vom 22.12.2003[538] vollzogen. Anlass des Rahmenbeschlusses[539] war die aktuelle Bedrohung durch terroristische Aktivitäten in Mitgliedstaaten der Europäischen Union. Die diesbezüglichen Strafrechtsnormen der Mitgliedstaaten wurden damit weiter angeglichen.[540] Die Umsetzung des Rahmenbeschlusses führte zu essentiellen Veränderungen des § 129 a StGB. Der bisherige Abs. 1 Nr. 3 wurde in einen neugestalteten Abs. 2 gefasst und der Straftatenkatalog erweitert. Mit der notwendigen Bestimmung der Katalogtat wurde ein zusätzliches subjektives Tatbestandsmerkmal eingefügt, ein zusätzliches objektives mit den möglichen Folgen der Begehungsart oder der Auswirkung der Straftat;[541] deren Feststellung kommt eine einschränkende Wirkung zu.[542] Eine gänzlich neue Bestimmung wurde in Abs. 3 aufgenommen: Hier werden Vereinigungen erfasst, deren Zwecke oder Tätigkeiten darauf gerichtet sind, Katalogtaten nicht auszuführen, sondern nur anzudrohen. Die erhöhte Strafdrohung für Rädelsführer und Hintermänner wurde von Abs. 2 in Abs. 4 umgewandelt, die Strafbarkeit des Unterstützens einer terroristischen Vereinigung sowie das Werben um Mitglieder oder Unterstützer findet sich in Abs. 5. In Abs. 6 bis 9 befinden sich nun differenzierte Fassungen der bisher in Abs. 4 bis 7 erfassten Regelungen über die Milderung des Strafrahmens, die Anwendbarkeit von § 129 Abs. 6 StGB sowie zusätzliche Straftatfolgen.

---

536 BGBl. 2002 I, 3390.

537 Vgl. dazu BGHSt 28, 26 ff., wo es um das Aufsprühen der Parolen „RAF", „Es lebe die RAF" und „RAF wir werden siegen" ging. Der BGH sah mit diesem Verhalten das Merkmal des Werbens für eine kriminelle Vereinigung i.S.d. § 129 Abs. 1 StGB als erfüllt an. Dieses Merkmal sei nicht auf eine Werbetätigkeit beschränkt, die auf Gewinnung von Mitgliedern oder Anhängern der Vereinigung abzielt. Vielmehr seien über diese Zielsetzung hinaus auch ähnliche Betätigungen erfasst, mit denen eine andere Art der Stärkung und gezielten Unterstützung mit den Mitteln der Propaganda bezweckt wird.; ausführlich s. *Netz*, Die Strafbarkeit ausländischer terroristischer Vereinigungen, S. 75 f.

538 BGBl. 2003 I, 2836.

539 ABl. EG Nr. L 164 S. 3.

540 Ausführlich zum Gesetzgebungsverfahren *Miebach/Schäfer*, in: MK, § 129 a Rn. 14; *Netz*, Die Strafbarkeit ausländischer terroristischer Vereinigungen, S. 78 ff.

541 *Miebach/Schäfer*, in: MK, § 129 a Rn. 17.

542 *Miebach/Schäfer*, in: MK, § 129 a Rn. 18.

Insgesamt lassen sich gegenüber diesen Änderungen des § 129 a StGB ähnliche Bedenken erheben, wie seinerzeit bei den Änderungen, die die Norm durch das Gesetz zur Bekämpfung des Terrorismus 1986 erfahren hat, denn erneut handelt es sich hier um eine erweiterte Neufassung. Die Norm hat eine noch komplexere Ausdifferenzierung erfahren. Kritisiert wird wird auch die Einfügung zahlreicher nur schwer eindeutig bestimmbarer Rechtsbegriffe, was insbesondere § 129 a Abs. 2 StGB betrifft. Hieraus können sich Bedenken hinsichtlich des verfassungsrechtlichen Bestimmtheitsgebots ergeben. Dies ist gerade vor dem Hintergrund zu sehen, dass die Norm den Anknüpfungspunkt zahlreicher Ermittlungsmaßnahmen bildet, die zum Teil von erheblicher Eingriffsintensität zeugen. Hierfür wäre eine präzise Gesetzesfassung in besonders hohem Maße erforderlich.[543]

b) Aktuelle Fassung des § 129 a StGB: Gemeinsamkeiten und Unterschiede zur Grundnorm § 129 StGB

aa) Verhältnis Grundtatbestand – Qualifikation

§ 129 a StGB bildet die Qualifikation zur Grundnorm des Vereinigungsstrafrechts § 129 StGB.[544] Daran hat auch die Umgestaltung durch das Gesetz zur Umsetzung des Rahmenbeschlusses des Rates der Europäischen Union vom 13.6.2002 zur Terrorismusbekämpfung und zur Änderung anderer Gesetze vom 22.12.2003[545] nichts geändert, auch wenn mit der Einfügung neuer Tatbestandsmerkmale und die zwischen den Tatbestandsvarianten Werben und Unterstützen differenzierende Strafrahmenbestimmung die Kluft zum Grundtatbestand größer geworden sein dürfte.[546]

Was den Vereinigungsbegriff sowie die unterschiedlichen Tathandlungen (Gründen und Sichbeteiligen als Mitglied, Werben um Mitglieder oder Unterstützer, Unterstützen einer terroristischen Vereinigung) in § 129 a StGB betrifft, so kann grundsätzlich auf die Ausführungen zu § 129 StGB verwiesen werden.[547] Im Folgenden sollen nun die wesentlichen Unterschiede der Normen aufgezeigt werden.

---

543 So bei *Miebach/Schäfer*, in: MK, § 129 a Rn. 18; kritisch auch *Lenckner/Sternberg-Lieben*, in: Schönke/Schröder, § 129 a Rn. 1.

544 Vgl. Bericht, BT-Drucks. 10/6635, S. 4.

545 BGBl. 2003 I, 2836.

546 *Krauß*, in: LK, § 129 a StGB Rn. 2.

547 So auch *Fischer*, § 129 a Rn 4, der auf die Erläuterungen zu § 129 Rn. 5 ff. verweist.

l) Terroristische Vereinigung

Der Rahmenbeschluss (RB) vom 13.6.2002[548] strebt in Abs. 6 der Präambel eine Angleichung der Definition der terroristischen Straftaten in allen Mitgliedstaaten an.[549] In Art. 2 Abs. 1 des RB ist diese Begriffsdefinition enthalten: Terroristische Vereinigung in diesem Sinne bezeichnet „einen auf längere Dauer angelegten organisierten Zusammenschluss von mehr als zwei Personen, die zusammenwirken, um terroristische Straftaten zu begehen. Der Begriff „organisierter Zusammenschluss" meint einen Zusammenschluss, der nicht nur zufällig zur unmittelbaren Begehung einer strafbaren Handlung gebildet wird, und der nicht notwendigerweise förmlich festgelegte Rollen für seine Mitglieder, eine kontinuierliche Zusammensetzung oder eine ausgeprägte Struktur hat." Darüber hinaus verlangt der BGH eine Unterordnung des Willens des Einzelnen unter den Willen der Gesamtheit zur Verfolgung terroristischer Zwecke, so dass sich die Mitglieder als Teil eines einheitlichen Verbandes fühlen. [550] Dies stellt jedoch eine Einschränkung gegenüber dem Rahmenbeschluss dar. Deshalb ist fraglich, ob an dieser relativ engen Definition im Hinblick auf die Anforderungen an Struktur und Willensbildung in Art. 2 Abs. 2 des RB und der Harmonisierung der Rechtsetzung im Gebiet der Europäischen Union festgehalten werden kann. In seiner Entscheidung „Freikorps Havelland"[551] hat dies der BGH jedenfalls offen gelassen, jedoch hatte sich der 3. Strafsenat dahingehend geäußert, er neige zu dieser Auffassung.[552]

548 ABl. EG Nr. L 164, S. 3-7.

549 Das StGB enthält keine Legaldefinition des Terrorismus (zum Definitionsversuch vgl. *Nehring*, Kriminelle und terroristische Vereinigungen im Ausland, S. 7 ff.). Die in der Überschrift geführte Bezeichnung „terroristische Vereinigung" ist insoweit irreführend, als „der Begriff ‚terroristisch' nicht zur spezifischen Kennzeichnung einer eigenständigen Erscheinungsform sozialschädlichen Verhaltens verwendet wird" so *Krauß*, in: LK, § 129 a StGB Rn. 3. Es wird nicht zwangsläufig vorausgesetzt, dass die strafrechtlich relevanten Zwecke oder die Tätigkeit der Vereinigung über politisch-ideologische Motive oder Hintergründe verfügt, vgl. *Fischer*, § 129 a Rn. 2. Unter den Tatbestand fallen kann auch eine Vereinigung, die aus gewinnsüchtigen Gründen erpresserischen Menschenraub nach § 239 a StGB begeht. Der Gesetzgeber hat bei Einfügung des Tatbestands die darin aufgenommenen Delikte lediglich als charakteristische Erscheinungsformen terroristischer Aktivitäten eingeordnet. Mit der Umsetzung des RB wurde der Straftatenkatalog erweitert, was aber als „zu breit gestreut" kritisiert wird. Eine Eingrenzung auf höchst gefährliche und bedrohliche Angriffe auf die öffentliche Sicherheit sei nicht mehr möglich, vgl. *Krauß*, in: LK, § 129 a StGB Rn 3. Die in Abs. 2 der Norm eingefügte besondere terroristische Zielsetzung und Schädigungseignung übernehme nun der europarechtlichen Systematik entsprechend diese Funktion.

550 Dazu BGHSt 28, 147 ff.; 31, 202 (204 f.); 31, 239 f. (Hausbesetzer); 45, 26 (35); BGH NJW 2005, 1667 (1668).

551 BGH NJW 2006, 1603 f. Die Vereinigung „Freikorps Havelland" wollte mittels systematischer und wiederholter Brandanschläge gegen Geschäftsobjekte von Ausländern diese aus der Region („ausländerfreies Havelland") und letztlich aus Deutschland vertreiben.

552 BGH NStZ-RR 2006, 267 (268); *Fischer*, § 129 a Rn 4; *Miebach/Schäfer*, in: MK, § 129 a Rn. 40 f.; zur rahmenbeschlusskonformen Auslegung vgl. *Tinkel*, StV 2006, 36 (38).

Während sich die Vereinigungen gemäß §§ 129, 129 a StGB zur Bande nach – im einzelnen zwar strittigen – organisationsspezifischen Merkmalen abgrenzt, so bestimmt sich die Definition einer terroristischen Vereinigung und ihre Abgrenzung zur kriminellen Vereinigung i.S.d. § 129 StGB im wesentlichen nach ihrem Zweck, was der Struktur des Tatbestandes entspricht.[553] Dieser Zweck wird wiederum in den Straftatenkatalogen der Abs. 1 und 2, den einschränkenden Voraussetzungen des Abs. 2, 3. und 4. Halbsatz sowie der Verweisung in Abs. 3 abschließend dargelegt. Nicht zwingend – wie auch bei § 129 StGB – ist für § 129 a StGB, dass die Begehung der terroristischen Tat den einzigen oder Hauptzweck darstellt.[554] Die Ausnahmeregelung des § 129 Abs. 2 Nr. 2 StGB wurde nicht in § 129 a StGB übernommen – konsequenterweise muss es dann also auch genügen, wenn die Begehung der in Abs. 1 und 2 genannten Taten nur einem Zweck oder einer Tätigkeit von untergeordneter Bedeutung entspricht.[555] Ferner ist ausreichend, wenn sich die Mitglieder der Vereinigung darüber bewusst sind, es könnte bei der Verfolgung ihrer möglicherweise weitergehenden Ziele zu den Katalogtaten kommen, und dies auch wollen.[556] Zielt die Vereinigung lediglich auf die einmalige Begehung einer Katalogtat ab, ist diese nicht als terroristische zu qualifizieren, ebenso wenig wie bei der Begehung von Katalogtaten durch einzelne Mitglieder.[557] Hinsichtlich des Zwecks ist die Änderung „in beide Richtungen" möglich;[558] die Beurteilung des Täters erfolgt dann nach dem Stadium seiner Organisationstat.

Durch das Terrorismusbekämpfungsgesetz vom 22.12.2003[559] wurden drei verschiedene Arten terroristischer Vereinigungen eingeführt, die sich ihrerseits wiederum zum einen hinsichtlich der über die Tatbegehung hinaus gehenden weiteren Zwecke (Abs. 1 und 2) unterscheiden, zum anderen bereits bezüglich des Zwecks der Tatbegehung (Abs. 3). Besonders schwerwiegende Straftaten werden im Katalog des Abs. 1 aufgelistet, während die im Katalog des Abs. 2 genannten Taten darüber hinaus noch die Bestimmung im 2. Halbsatz und die im 3. Halbsatz aufgeführte Eignung aufweisen müssen. Durch Abs. 3 findet dies eine Erweite-

---

553 *Fischer*, § 129 a Rn. 5.

554 *Krauß*, in: LK, § 129 a StGB Rn. 32.

555 *Lenckner/Sternberg-Lieben*, in: Schönke/Schröder, § 129 a Rn. 2.

556 *Miebach/Schäfer*, in: MK, § 129 a Rn. 53

557 *Miebach/Schäfer*, in: MK, § 129 a Rn. 34 („zeitliches Element"); *Lenckner/Sternberg-Lieben*, in: Schönke/Schröder, § 129 a Rn. 2, wo das Beispiel des Großverbrechens in Form des Anschlags auf das New Yorker World Trade Center am 11.9.2001 genannt wird und weder das Vorliegen einer terroristischen Vereinigung i.S.d. § 129 a StGB, noch das einer kriminellen Vereinigung i.S.d. § 129 StGB begründet wird.

558 Vgl. BayObLG NJW 1998, 2542 (2543 f.).

559 BGBl. 2003 I, 2836.

rung auf Taten im Vorfeld von § 129 a StGB.[560] Da grundsätzlich jede beliebige Straftat jedenfalls die Voraussetzungen der Bestimmung (Abs. 2, 3. Halbsatz) erfüllen könnte, handelt es sich im Ergebnis um eine Einschränkung des Vereinigungszwecks.

Es wird eine besondere Schwierigkeit bei der Umsetzung des Rahmenbeschlusses in das deutsche Strafrecht deutlich: Wie die Strafgesetze der meisten Mitgliedstaaten knüpft der Rahmenbeschluss an die Straftaten selbst an und verlangt eine Qualifizierung, wenn diese terroristischen Zwecken dienen (vgl. Art 5 Abs. 2, Abs. 3 RB). Auch soweit Art. 2 Abs. 2 RB eine Bestrafung selbständiger Organisationshandlungen (Anführen, Beteiligung an Handlungen terroristischer Organisationen einschließlich Finanzierung) verlangt, knüpft der Vereinigungsbegriff an Straftaten an, die mit terroristischen Zielen „begangen werden" (Art. 1 Abs. 1 RB). Die Umsetzung dieser Vorgaben in den Tatbestand des § 129 a StGB als Organisationsdelikt führt zu einer teilweise schwer durchschaubaren „Verschachtelung" von objektiven Zwecken, subjektiven Absichten und Ketten-Verweisungen.[561]

2) Katalogstraftaten

Bei der Schaffung des § 129 a StGB im Jahre 1976 waren die Straftaten, die die Vereinigung zu einer terroristischen machten, auf wenige, jedoch durchweg sehr schwere Delikte beschränkt. Dabei ging es um drei Kategorien von Straftaten, solche gegen das Leben, gegen die persönliche Freiheit und gemeingefährliche Straftaten. Mit dem Gesetz zur Bekämpfung des Terrorismus vom 19.12.1986[562] wurde der Straftatkatalog schließlich um nicht typische terroristische Delikte erweitert, wie die Zerstörung wichtiger Arbeitsmittel gemäß § 305 a StGB.

Im Gegensatz zum Grunddelikt des § 129 StGB, für das jede Straftat von einiger Bedeutung für die öffentliche Sicherheit ausreichend ist, zeichnet sich die Qualifikation des § 129 a StGB wesentlich dadurch aus, dass die Zwecke oder Tätigkeiten der Vereinigung gerade auf die Begehung der in Abs. 1, 2, oder 3 abschließend aufgelisteten Katalogtaten gerichtet sein müssen.[563]

3) Ausnahmeregelungen des § 129 Abs. 2 StGB

In § 129 a StGB nicht enthalten ist eine dem § 129 Abs. 2 Nr. 1-3 StGB entsprechende Regelung, nach der bestimmte terroristische Vereinigungen von der Strafbarkeit ausgenommen werden. Eine verbreitete Ansicht wendet jedoch

---

560 *Fischer*, § 129 a Rn. 6.

561 Vgl. dazu auch *Weigend*, in: FS Nehm, S.151 (163 ff.).

562 BGBl. 1986 I, 2566.

563 *Dahs*, NJW 1976, 2145 (2147); *Schnarr*, NStZ 1990, 257 (258).

unter Berufung auf Art. 21 GG und die Kompetenzzuweisung des Art. 21 Abs. 2 GG, wonach das BVerfG über die Verfassungswidrigkeit einer Partei entscheidet, das Parteienprivileg gemäß § 129 Abs. 2 Nr. 1 StGB auf terroristische Vereinigungen entsprechend an.[564] Gegen diese Ansicht spricht jedoch der Wille des Gesetzgebers: Dieser hat die im Regierungsentwurf[565] noch enthaltene Bezugnahme auf die Ausnahmebestimmungen des § 129 Abs. 2 Nr. 1 StGB bewusst nicht übernommen. In der Begründung heißt es, im Regelungsbereich des § 129 a StGB könne es nicht zu einer Kollision mit der Freiheit politischer Parteien, die durch eine offene Tätigkeit im Rahmen offen verkündeter Ziele gekennzeichnet sei, kommen.[566] Auch eine analoge Anwendung wird ausgeschlossen; diese würde dem Sinn und Zweck des Parteienprivilegs zuwiderlaufen. Die Aufgabe einer solchen Ausnahmebestimmung könne nicht sein, die Betätigung für eine bestimmte Partei straflos zu lassen, deren Ziel die Begehung von Morden usw. oder von Katalogtaten nach § 129 a Abs. 2 StGB ist, um die Bevölkerung auf erhebliche Weise einzuschüchtern oder die Beseitigung der politischen, verfassungsrechtlichen, wirtschaftlichen oder sozialen Grundstrukturen beabsichtigen.[567]

Wegen der Schwere und der Tragweite der Katalogtaten des § 129 a StGB ist weiterhin auch die entsprechende Anwendung des § 129 Abs. 2 Nr. 2 StGB zu verneinen, ebenso wie § 129 Abs. 2 Nr. 3 StGB mangels darin genannter Organisationsdelikte.[568]

4) § 129 Abs. 4 und § 129 a Abs. 4 StGB

Was die Rechtsfiguren des Rädelsführers und des Hintermannes betrifft, die in Abs. 4 des neuen § 129 a StGB mit einer erhöhten Mindeststrafe bedroht sind, so liegt hier eine tatbestandliche Qualifikation vor[569], im Verhältnis zum Grunddelikt des § 129 StGB sogar eine doppelte Qualifikation.[570] Allerdings handelt es sich dabei auch um einen echten Qualifikationstatbestand; es sind nicht nur zwingende Beispiele enthalten, die die Annahme eines besonders schwereren Falles

564 Vgl. *Rudolphi/Stein*, in: SK, § 129 a Rn. 7; *v. Bubnoff*, in: LK[11], § 129 a Rn. 15; *Fürst*, Grundlagen und Grenzen der §§ 129, 129 a StGB, S. 89; *Sturm*, MDR 1977, 6 (8).

565 § 129 a Abs. 7, vgl. BT-Drucks. 7/4005, S. 4, 10.

566 Bericht, BT-Drucks. 7/5401, S. 6.

567 *Krauß*, in: LK, § 129 a Rn. 28; *Lenckner/Sternberg-Lieben*, in: Schönke/Schröder, § 129 a Rn. 3; *Miebach/Schäfer*, in: MK, § 129 a Rn. 56

568 *Krauß*, in: LK, § 129 a Rn. 29; *Lenckner/Sternberg-Lieben*, in: Schönke/Schröder, § 129 a Rn. 3.

569 *Fischer*, § 129 a Rn. 26; *Lenckner/Sternberg-Lieben*, in: Schönke/Schröder, § 129 a Rn. 4; *Netz*, Die Strafbarkeit ausländischer terroristischer Vereinigungen, S. 92.

570 *Miebach/Schäfer*, in: MK, § 129 a Rn. 61.

begründen.[571] Die Möglichkeit der Anwendung der verschärften Strafrahmen in sonstigen, nicht ausdrücklich im Gesetz festgelegten Fällen entfällt hier im Gegensatz zu § 129 StGB.[572]

5) Subjektiver Tatbestand

Grundsätzlich gilt auch hier das zu § 129 StGB Ausgeführte. Eine Besonderheit liegt jedoch bei § 129 a Abs. 2 StGB vor: In Umsetzung von Art. 1 Abs. 2 S. 1 RB wird die Strafbarkeit weiter davon abhängig gemacht, dass zumindest eine der Katalogtaten eine besondere Bestimmung aufweist, wobei die Norm drei Varianten enthält.[573] Der Täter muss direkten Vorsatz bezüglich eines der genannten Ziele aufweisen.[574]

Das in den subjektiven Bereich verlagerte Vorliegen unbestimmter Rechtsbegriffe, wie diese der vorliegende Straftatbestand aufweist, hat zur Folge, dass dieser Teil der Norm in zweierlei Hinsicht – unter Bestimmtheitsgesichtspunkten wie in der Anwendung in der täglichen Praxis – als problematisch erscheint. Festgemacht wird dies daran, dass die Tatbestandsmerkmale zum Teil im deutschen materiellen Strafrecht einer Entsprechung entbehren und auch die Gesetzesmaterialien keinerlei Anhaltspunkte für die Auslegung geben. So bleibt nur die am konkreten Einzelfall orientierte Betrachtung im Hinblick auf quantitative und qualitative Voraussetzungen zur Bestimmung des Vorliegens der genannten Ziele.[575]

bb) Beispiele für die Anwendung des § 129 a StGB

1) Politisch-ideologisch motivierte Vereinigungen

Das Beispiel schlechthin für das Vorliegen einer politisch-ideologisch motivierten terroristischen Vereinigung war die RAF, die auch linksextreme Unter- und Nachfolgeorganisationen hervorgebracht hatte. Am 20.4.1998 kam es schließlich

571 *Lenckner/Sternberg-Lieben*, in: Schönke/Schröder, § 129 a Rn. 4; *Miebach/Schäfer*, in: MK, § 129 a Rn. 61.

572 *Lackner/Kühl*, § 129 a Rn. 3; *Miebach/Schäfer*, in: MK, § 129 a Rn. 61.

573 *Miebach/Schäfer*, in: MK, § 129 a Rn. 64; dagegen: *Rudolphi/Stein*, in: SK, § 129 a Rn. 15, der die in Abs. 2 verlangten besonderen Zwecke der Katalogtatenbegehung nicht für subjektive Tatbestandsmerkmale hält, sondern diese als zum Inhalt der tatsächlich existierenden Vereinigungsabrede zugehörig ansieht. Der (bedingte) Vorsatz müsse sich u.a. auf deren Vorliegen erstrecken.

574 *Fischer*, § 129 a Rn. 22.

575 Vgl. *Miebach/Schäfer*, in: MK, § 129 a Rn. 65, wo im Weiteren (Rn. 66) unter Vorbehalt Gesichtspunkte dargelegt werden, an denen sich eine Auslegung orientieren könnte.

zur Auflösung der RAF.[576] Doch nicht nur linksextremistisch orientierte Gruppierungen können unter § 129 a StGB fallen; auch rechtsextreme Zusammenschlüsse können durchaus eine terroristische Vereinigung bilden, wie das Beispiel der sog. „Wehrsportgruppe Hoffmann" (WSG) zeigen soll.

Mitte der 1970er Jahre wurde die militante nationalsozialistische Gruppe WSG gebildet. Gründer war der Nürnberger Porzellanmaler und Graphiker *Karl-Heinz Hoffmann*. Mit rund 500 Mitgliedern war die WSG eine der bedeutsamsten Gruppierungen des rechten Lagers in der Bundesrepublik Deutschland.[577] Mit ausgemusterten Waffen und alten Fahrzeugen der Bundeswehr fuhren die Mitglieder ins Gelände und übten für den Guerillakampf. Unterstützer *Hoffmanns* war u.a. der Verleger und spätere Vorsitzende der Deutschen Volksunion (DVU) *Gerhard Frey*.[578] Der Anführer propagierte eine „radikale Veränderung der Gesamtstruktur in allen Bereichen" sowie eine „nach dem Leistungs- und Selektionsprinzip ausgerichtete Führerstruktur".[579] Ferner äußerte sich *Hoffmann* 1977 wie folgt: „Eine Demokratie ist impotent, eine Diktatur, die den richtigen Mann an der Spitze hat, kann für ein Volk alles tun."[580] Die WSG als „Keimzelle des deutschen Terrorismus"[581] wurde jedoch erst im Januar 1980 vom Bundesinnenminister *Gerhard Baum* verboten.[582] Am 26.9.1980 kam es auf dem Münchner Oktoberfest zu einem Anschlag: Der (mutmaßliche) Attentäter *Gundolf Köhler*, der auch an Übungen der WSG teilgenommen hatte, zündete eine Bombe, durch die 13 Menschen getötet (unter ihnen auch *Köhler* selbst) und 211 schwer verletzt wurden.[583] Beim Versuch *Hoffmanns*, aus Deutschland in ein arabisches Land auszureisen, konnte dieser schließlich verhaftet werden. Der Vorwurf lautete auf „Bildung einer terroristischen Vereinigung". Da es damals aber um Anschlagsvorbereitungen im Ausland ging, musste der 3. Strafsenat des BGH den Haftbefehl wieder aufheben, da der Begriff der terroristischen Vereinigung i.S.v. § 129 a StGB nur auf jene Organisationen anwendbar ist, die im räumlichen Geltungsbereich des Grundgesetzes bestehen.[584] Am 19.12.1980 wurden der jüdische Ver-

576 *Jander*, Der „Deutsche Herbst", S. 141; Auflösungserklärung nachlesbar in *Pflieger*, Die Rote Armee Fraktion, S. 179 oder abrufbar unter: www.rafinfo.de/archiv/raf/raf-20-4-98.php, zuletzt besucht am 21.3.2013.

577 *Kailitz*, Politischer Extremismus in der Bundesrepublik Deutschland, S. 96; Der Spiegel, 34/1984 S. 37.

578 *Kailitz*, Politischer Extremismus in der Bundesrepublik Deutschland, S. 97; *Pfahl-Traughber*, Rechtsextremismus, S. 57.

579 BMI, Verfassungsschutzbericht, Bonn 1975, S. 32.

580 Zitat abrufbar unter: www.spiegel.de/spiegel/print/d-13517550.html, zuletzt besucht am 21.3.2013.

581 *Kailitz*, Politischer Extremismus in der Bundesrepublik Deutschland, S. 97.

582 *Fromm*, Die „Wehrsportgruppe Hoffmann", S. 439 f.

583 *Fromm*, Die „Wehrsportgruppe Hoffmann", S. 331 ff.

584 BGH NStZ 1982, S. 298.

leger *Shlomo Lewin* und dessen Lebenspartnerin *Frida Poeschke* erschossen. Als Täter galt der Gefolgsmann *Hoffmanns Uwe Behrendt*; eine Tatbeteiligung *Hoffmanns* und seiner WSG konnte hingegen nicht nachgewiesen werden.[585] Die Staatsanwaltschaft war hingegen überzeugt von *Hoffmanns* Tatbeteiligung und sah den Grund in der terroristischen Energie der Gruppe und einem Legitimationsdruck gegenüber seinen palästinensischen Partnern; er habe sich gegenüber der PLO-Führung „profilieren" wollen.[586]

2) Religiös motivierte Vereinigungen

Nicht erst seit den Anschlägen vom 11.9.2001 in den USA und Madrid am 11.3.2004 sowie London am 7.7.2005 rückten radikal-islamische Gruppierungen[587] auch in Europa in den Fokus der Strafverfolgungsbehörden. Die juristische Praxis sieht sich mit Dimensionen konfrontiert,[588] mit denen sie sich bis dato in dieser Form nicht hatte auseinandersetzen müssen. So tastet sie sich an die mit dieser besonders gefährlichen Art der Kriminalität verbundenen Fragen heran, und es wird teilweise bezweifelt, ob die §§ 129 ff. StGB selbst in ihrer überarbeiteten Form überhaupt ein für die Bekämpfung dieser Art von Kriminalität geeignetes Instrumentarium darstellen.[589] Fraglich ist beispielsweise, ob die in Frage kommenden Gruppierungen dem klassischen Vereinigungsbegriff überhaupt unterfallen; dies insbesondere hinsichtlich des erforderlichen Organisationsgrades und der Zusammenwirkung über einen genügend langen Zeitraum. Der BGH hat sich in diesem Zusammengang so geäußert, dass es dem Erfordernis der Dauerhaftigkeit des Zusammenschlusses nicht entgegen stehen muss, dass die bei der Planung von Terroranschlägen als Selbstmordkommandos vorgesehenen Attentäter naturgemäß nicht mehr an weiteren Aktionen teilnehmen können. Dabei gilt dies nur insofern als dass nicht zu erkennen ist, dass es sich von vornherein nur um eine einmalige Aktion handelt.[590]

Mit der Schaffung des § 129 b StGB – kriminelle und terroristische Vereini-

585 *Kailitz*, Politischer Extremismus in der Bundesrepublik Deutschland, S. 97; Der Spiegel, 34/1984 S. 37.

586 Staatsanwaltschaft bei dem Landgericht Nürnberg-Fürth, Az. *340 Js 40387/81*, 10.1.1983, S. 3 f.

587 Vgl. dazu die Entscheidung „Kalifatstaat" in Köln, BGH NStZ 1999, 503 ff.

588 Vgl. *Miebach/Schäfer*, in: MK, § 129 a Rn. 58, wonach sich regelmäßig der Verdacht ergibt, dass eine Mehrzahl von Personen nach einer Ausbildung – typischerweise in Afghanistan – in der Art und Weise zusammenschließen, um den von ihnen propagierten „Heiligen Krieg" (*Djihad*) zu führen und zu dessen Umsetzung Terrorakte im westlichen Kulturkreis verüben.

589 *Miebach/Schäfer*, in: MK, § 129 a Rn. 58.

590 Vgl. BGH Beschl. v. 26.6.2002 – AK 12/02, Beschluss des BGH über die Fortsetzung der Untersuchungshaft von Beschuldigten wegen des dringenden Tatverdachtes der Unterstützung einer terroristischen Vereinigung.

gungen im Ausland – wollte der Gesetzgeber den mit dem bisher erforderlichen Inlandsbezug der Vereinigung verbundenen Problemen entgegenwirken.

2. Der § 129 b StGB

Voraussetzung der Tatbestände der §§ 129, 129 a StGB ist bis heute, dass die betroffene Vereinigung zumindest in Form einer Teilorganisation im Bundesgebiet existierte.[591] Resultat dieses Erfordernis waren bisweilen unbefriedigende Ergebnisse. Diese Problematik soll anhand des Beschlusses des 3. Strafsenats des BGH vom 5.1.1982[592] verdeutlicht werden. Darin ging es um die im Libanon gebildete rechtsextremistische Vereinigung „Wehrsportgruppe – Ausland (Projekt Libanon)“, die jedoch über keine Teilorganisation in der Bundesrepublik Deutschland verfügte.[593] Dies schließe, so der BGH, eine Anwendung des § 129 a StGB auf organisatorische Handlungen im Sinne dieser Strafvorschrift aus. Eine Verurteilung nach § 129 StGB setze die Feststellung voraus, dass die kriminelle Vereinigung, zumindest in Form einer Teilorganisation, im räumlichen Geltungsbereich des Art. 9 Abs. 2 GG besteht.[594] Dies hatte zur Folge, dass das strafwürdige und wegen seines starken Inlandsbezugs auch strafbedürftige Geschehen nicht angemessen bestraft werden konnte.[595] Doch nicht nur aus diesem Grunde ergab sich Handlungsbedarf für den Gesetzgeber, sondern auch aufgrund einer Gemeinsamen Maßnahme des Rates vom 21.12.1998 betreffend die Strafbarkeit der Beteiligung an einer kriminellen Vereinigung in den Mitgliedstaaten der Europäischen Union[596], die die Verpflichtung zur Ahndung von Beteiligungshandlungen an kriminellen Vereinigungen in den Mitgliedstaaten beinhaltete.[597] Aufgrund der Schwere und Entwicklung bestimmter Formen der organisierten Kriminalität wollte der Rat der Europäischen Union eine Harmonisierung und

591 Eine Ausnahme dieser Auslegung bestand bis dahin lediglich im Bereich der Drogenkriminalität in § 30 b BtMG. Diese Norm erweitert den Anwendungsbereich des § 129 StGB auf Organisationen, die nicht oder nicht nur im Inland bestehen, vgl. auch *Krauß*, in: LK, § 129 b Entstehungsgeschichte, S. 430.

592 BGHSt 30, 328 ff.

593 *Fromm*, Die „Wehrsportgruppe Hoffmann“, S. 457 ff.

594 BGHSt 30, 328.

595 *Altvater*, NStZ 2003, 179.

596 ABl. EG Nr. L 351/1 vom 29.12.1998.

597 Nach Art. 4 Abs. 1 der Gemeinsamen Maßnahme vom 21.12.1998 verpflichten sich die Mitgliedstaaten der EU dafür zu sorgen, dass die Beteiligung an einer kriminellen Vereinigung bestraft werden kann „unabhängig von dem Ort im Hoheitsgebiet der Mitgliedstaaten, an dem die Vereinigung ihre Operationsbasis hat oder ihre strafbare Tätigkeit ausübt“; vgl. auch *Krauss*, in: LK, § 129 b Entstehungsgeschichte, S.430.

Verstärkung der Zusammenarbeit zwischen den Mitgliedstaaten auch im Bereich des Terrorismus erreichen.

Zunächst arbeitete das Bundesministerium der Justiz einen Vorentwurf (21.3.2000) aus, der hinsichtlich der §§ 129, 129 a StGB eine Ausweitung nur auf Vereinigungen in den EU-Mitgliedstaaten zum Inhalt hatte[598]. Aufgrund politischer Zweifel innerhalb der rot-grünen Koalition wurde dieser Entwurf zunächst nicht weiter verfolgt. Mit den Anschlägen vom 11.9.2001 nahm der Gesetzgeber jedoch zur effektiven Bekämpfung des internationalen Terrorismus auch kriminelle und terroristische Vereinigungen weltweit in den Anwendungsbereich mit auf. Nach weiteren Überarbeitungen[599] – zunächst sollte beispielsweise § 129 b StGB lediglich dahingehend lauten, dass §§ 129, 129 a StGB auch für Vereinigungen im Ausland gelten[600] – wurde § 129 b StGB in seiner heutigen Fassung durch das 34. StrÄndG vom 22.8.2002[601] in das StGB eingefügt. Das Gesetz trat am 30.8.2002 in Kraft.

a) Zu den Erfordernissen dieser Norm

aa) Geschütztes Rechtsgut

Problematisch erscheint die Bestimmung des von § 129 b StGB geschützten Rechtsguts. Wie schon an anderer Stelle diskutiert, liegt dies bei §§ 129, 129 a StGB in der öffentlichen Sicherheit und staatlichen Ordnung einschließlich des Rechtsfriedens in der Bundesrepublik Deutschland.[602] Fraglich ist nun, ob aufgrund der weltweiten strafrechtlichen Ausrichtung konsequenterweise auch die öffentliche Sicherheit und Ordnung weltweit geschützt wird. Zur Klärung dieser Frage ist auf den Wortlaut des Tatbestandes abzustellen: Dieser unterscheidet zwischen kriminellen und terroristischen Vereinigungen in den Mitgliedstaaten der Europäischen Union einerseits und solchen Zusammenschlüssen auf der ganzen Welt. Was die Bekämpfung krimineller und terroristischer Vereinigungen in den Mitgliedstaaten der Europäischen Union als Raum der Freiheit, der Sicherheit und des Rechts (Art. 67 Abs. 1 AEUV) angeht, ist zu berücksichtigen, dass eine enge Verzahnung ihrer Schutzbelange gegeben ist und sich durch solche Zusammenschlüsse verursachte Schäden länderübergreifend auswirken. Somit ist in diesem Rahmen das Rechtsgut der öffentlichen Sicherheit und Ordnung ein-

598 Vgl. *v. Bubnoff*, in: LK-Nachtrag, § 129 b Vorbemerkung und Rn. 1 ff.

599 Ausführlicher dazu *Krauß*, in: LK, § 129 b Entstehungsgeschichte, S.431.

600 BR-Drucks. 725/01 und BT-Drucks. 14/7025.

601 BGBl. 2002 I, 3390.

602 Eine Darstellung der Rechtsgutsdiskussion findet sich auch bei *Netz*, Die Strafbarkeit ausländischer terroristischer Vereinigungen, S.137 ff.

schließlich des Rechtssicherheitsgefühls im Rechtsraum der europäischen Mitgliedstaaten hier anzuerkennen.[603] Dies steht auch in Einklang mit dem Ziel der gemeinsamen Maßnahme des Rats vom 21.12.1998, die die strafrechtliche Basis zum Schutz der gemeinsamen Wertvorstellungen und Interessen in der Europäischen Union bilden sollte.[604]

Hinsichtlich der Verfolgung der Bekämpfung krimineller und terroristischer Zusammenschlüsse außerhalb der EU ist es eher fragwürdig, vom Rechtsgut der öffentlichen Sicherheit der gesamten Welt zu sprechen und wohl „akademischer Natur"[605]. Festzustellen, dass bestimmte Ereignisse bzw. Verhältnisse an jedem beliebigen Ort der Welt tatsächlich messbare Auswirkungen auf die öffentliche Sicherheit in Deutschland haben, so dass eine strafrechtliche Sanktionierung gerechtfertigt wäre, erscheint unmöglich.[606] Letztlich fehlt es an einer Orientierung für die Verfolgungspflicht der deutschen Strafverfolgungsbehörden;[607] das geschützte Rechtsgut bleibt jedenfalls ein „diffuses".[608] Eine andere Auffassung[609] stellt auf die durch §§ 129, 129 a StGB mittelbar mitgeschützten individuellen und kollektiven Rechtsgüter der Katalogtaten ab.

bb) Das Verhältnis zwischen § 129 b StGB und §§ 3 StGB ff.

Auf Grundlage des § 129 b StGB werden Vereinigungen im Ausland in den Geltungsbereich der §§ 129, 129 a StGB einbezogen. Um eine Begrenzung der Strafbarkeit von Beteiligungshandlungen bezüglich ausländischer Nicht-EU-Vereinigungen zu erreichen, wurde der persönliche und räumliche Geltungsbereich der Norm durch die Rechtsanwendungsregel des § 129 b Abs. 1 S. 2 StGB beschränkt. Hinsichtlich der Beteiligungshandlungen in Bezug auf Vereinigungen innerhalb der EU sind hingegen keine besonderen Rechtsanwendungsregeln in dieser Vorschrift normiert.[610] Fraglich ist an dieser Stelle, wie sich § 129 b Abs. 1 S. 2-5 StGB zu den §§ 3 ff. StGB, den allgemeinen Regeln des internationalen Strafrechts, verhält. Die Rechtsanwendungsregeln des § 129 b Abs. 1 S. 2 StGB sind für Vereinigungen außerhalb der EU zum Teil großzügiger als die Regeln der §§ 3 ff. StGB, und es werden darüber hinaus auch keine Vereinigung innerhalb

603 *Krauß*, in: LK, § 129 b Rn. 1 f.

604 Vgl. *v. Bubnoff*, in: LK-Nachtrag, § 129 b Rn. 5.

605 *Krauß*, in: LK, § 129 b Rn. 2.

606 So auch *Krauß*, in: LK, § 129 b Rn. 2; *Miebach/Schäfer*, in: MK, § 129 b Rn. 2.

607 *Fischer*, § 129 b Rn. 3; *Lenckner/Sternberg-Lieben*, in: Schönke/Schröder, § 129 b Rn. 2; *Nehring*, Kriminelle und terroristische Vereinigungen im Ausland, S. 133.

608 *Miebach/Schäfer*, in: MK, § 129 b Rn. 2.

609 OLG München, NJW 2007, 2786 (2788); *Nehring*, Kriminelle und terroristische Vereinigungen im Ausland, S. 132 f.

610 *Krauß*, in: LK, § 129 b Rn. 8.

der EU von diesen erfasst. So könnte man zunächst dem Wortlaut zufolge nach meinen, die §§ 129, 129 a StGB seien nun grundsätzlich und uneingeschränkt auf all die Taten im Ausland anwendbar, die in Zusammenhang mit einer kriminellen oder terroristischen Vereinigung begangen wurden, und die Rechtsanwendungsregeln der §§ 3 ff. StGB finden keine Anwendung. Es wird jedoch betont, dass dies keineswegs so ist, sondern vielmehr 129 b StGB neben die §§ 3 ff. StGB tritt. Die §§ 3 ff. StGB werden also weder ersetzt noch treten sie zurück.[611] Die Tatbestandsvarianten Gründen, Beteiligung als Mitglied, Unterstützen und Werben um Mitglieder für eine kriminelle oder terroristische Vereinigung sind nach deutschem Strafrecht nur nach Maßgabe der §§ 3, 7 StGB zu bestrafen.[612] Der Täter muss z.B. im Inland gehandelt haben, der Taterfolg muss im Inland eingetreten sein (§§ 3, 9 StGB) oder die Täter oder das Opfer müssen Deutsche sein (§ 7 StGB). Dies gilt für strafbare Verhaltensweisen sowohl für Verhaltensweisen von kriminellen Vereinigungen innerhalb als auch außerhalb der Mitgliedstaaten der EU. Durch die Erweiterung der §§ 129, 129 a StGB mit § 129 b StGB ist ausschließlich der Umstand betroffen, dass sich die Tathandlungen einer kriminellen Vereinigung nunmehr nicht mehr auf eine solche beziehen müssen, die zumindest in Form einer Teilorganisation im Inland besteht. Grundsätzlich bleibt es dabei, dass die Verfolgungskompetenz deutscher Behörden hinsichtlich Straftaten für in Zusammenhang mit ausländischen Vereinigungen stehenden strafbaren Verhaltensweisen gem. §§ 3 ff. StGB nur dann legitimiert ist, wenn die Voraussetzungen der besonderen Verknüpfung von Inlands- und Auslandssachverhalten sowie dem Einfluss in inländische Schutzbelange gegeben sind.[613] Fehlt hingegen eine besondere Verknüpfung von In- und Auslandssachverhalten, kann jedenfalls innerhalb der EU gegebenenfalls von der Auslieferung an den zuständigen EU-Mitgliedsstaat Gebrauch gemacht werden.[614]

Als problematisch gestaltet sich die Tatvariante der mitgliedschaftlichen Beteiligung, da hier die Festlegung des Tatortes Schwierigkeiten bereiten kann. Voraussetzung für eine solche Beteiligung ist die Eingliederung in die Organisation der Vereinigung. Ferner müssen die Ziele der Vereinigung gefördert werden, und es muss eine Unterordnung unter den Willen der Organisation stattfinden. Eine zeitweise passive Mitgliedschaft steht dem nicht entgegen. In diesem

611 *Fischer*, § 129 b Rn. 4; *Krauß*, in: LK, § 129 b Rn. 8 ff. mit ausführlichen Ausführungen zu dieser Problematik; *Miebach/Schäfer*, in: MK, § 129 b Rn. 9; zur Anwendung des deutschen Strafrechts, wenn einem Beschuldigten, der (auch) die deutsche Straatsangehörigkeit besitzt, vorgeworfen wird, sich durch eine ausschließlich im Ausland ausgeübte Tätigkeit als Mitglied an einer ausländischen terroristischen Vereinigung beteiligt zu haben, vgl. BGH Beschl. v. 31.7.2009 – StB 34/09, NStZ-RR 2011, 199.

612 *Krauß*, in: LK, § 129 b Rn. 13; *Miebach/Schäfer*, in: MK, § 129 b Rn. 9.

613 *Miebach/Schäfer*, in: MK, § 129 b Rn. 9.

614 *Krauß*, in: LK, § 129 b Rn. 15.

Fall kann als Anknüpfungspunkt für einen inländischen Tatort unter Umständen jedoch nur der bloße Aufenthalt im Bundesgebiet durch das verfolgte Vereinigungsmitglied herangezogen werden.[615] Fraglich ist also, ob dies als Legitimation zur Anwendbarkeit des deutschen Strafrechts ausreichen kann. Während es Stimmen in der Literatur gibt, die dies für unzureichend erachten und einen weitergehenden inlandsbezogenen Anknüpfungspunkt verlangen,[616] findet sich im Wortlaut des Gesetzes dafür jedoch keine ausreichende Stütze. In Abs. 1 S. 2 wird ausdrücklich das Tätigwerden im Inland dem entsprechenden Aufenthalt gleichgestellt.[617]

cc) Vereinigungen außerhalb des EU-Gebiets

Hier gibt es einige Besonderheiten zu beachten. Gemäß § 129 b Abs. 1 S. 2 StGB muss bei Vereinigungen außerhalb des EU-Gebiets ein spezifischer Inlandsbezug vorliegen.[618] Folgende fünf verschiedenen Fallgruppen sind in dieser Regelung enthalten: 1. Die Tat wird durch eine im Geltungsbereich des StGB ausgeübte Handlung begangen.[619] 2. Der Täter ist Deutscher. 3. Der Täter befindet sich im Inland. 4. Das Opfer ist Deutscher. 5. Das Opfer befindet sich im Inland.[620] Ferner hängt die Verfolgung der Tat gemäß Abs. 1 S. 3 von einer Ermächtigung des Bundesministeriums der Justiz ab. Zweck des Ermächtigungserfordernisses ist, nicht strafwürdige Fälle von der Strafverfolgung auszunehmen, so dass eine Konzentration auf schwerwiegende Sachverhalte möglich ist.[621] Dieses Erfordernis ist nicht unumstritten. Teilweise wurde es begrüßt,[622] andere Stimmen hingegen bezeichnen es als systemfremde Verfolgungshürde[623] und als Politisierung

---

615 *Miebach/Schäfer*, in: MK, § 129 b Rn. 11.

616 Zum Meinungsstreit vgl. *Kress*, JA 2005, 220 (227); zu den Stimmen in der Literatur vgl. *Fischer*, § 129 b Rn. 4 f., 7 ff.; *v. Bubnoff*, in: LK-Nachtrag, § 129 b Rn. 6.

617 Vgl. auch BT-Drucks. 14/8893, S. 17. Die Regelung betrifft zwar unmittelbar nur Vereinigungen außerhalb des Gebiets der Europäischen Union, der dahinter stehende Gedanke trifft aber in derselben Weise auch auf Vereinigungen innerhalb der EU zu; eine Differenzierung ist weder vom Gesetzgeber gewollt noch in der Sache sinnvoll. So auch *Miebach/Schäfer*, in: MK, § 129 b Rn. 11; *Altvater*, NStZ 2003, 179 (180).

618 *Krauß*, in: LK, § 129 b Rn. 18; *Miebach/Schäfer*, in: MK, § 129 b Rn. 14.

619 Zu Fällen, in denen ausländische Staatsangehörige über das Internet vom Ausland aus z.B. Terrorangriffe gegen die Bundesrepublik Deutschland propagieren, vgl. *Krauß*, in: LK, § 129 b Rn. 19 a.

620 Zu den einzelnen Erfordernissen vgl. auch *Lenckner/Sternberg-Lieben*, in: Schönke/Schröder, § 129 b Rn. 7.

621 Vgl. BT-Drucks. 14/8895, S. 9; *Nehring*, Kriminelle und terroristische Vereinigungen im Ausland, S. 302 ff.

622 So bei *Altvater*, NStZ 2003, 179 (181).

623 Vgl. *v. Bubnoff*, NJW 2002, 2672 (2675).

der Justiz[624].

Nach Abs. 1 S. 4 kann die Ermächtigung für den Einzelfall, aber auch allgemein für die Verfolgung künftiger Taten einer Vereinigung erteilt werden, die im Einzelnen noch nicht genau zu bestimmen sind.[625] Sinn und Zweck dieser Regelung ist es, den bürokratischen Aufwand gering zu halten sowie eine Erleichterung innerhalb der internationalen Koordination beim Vorgehen gegen kriminelle Vereinigungen zu bewirken.[626] Was die Erteilung oder Rücknahme einer Ermächtigung angeht, so steht diese im Ermessen des Bundesministeriums der Justiz. Hierfür enthält § 129 b Abs. 1 S. 5 StGB entsprechende Hinweise, die allerdings auf Vereinigungen mit politisch motivierten Zielen zugeschnitten sind.[627]

b) Kriminalpolitische Bedeutung des § 129 b StGB

Die kriminalpolitische Bedeutung einer Norm kann sich beispielsweise in der Anzahl der Verfahren widerspiegeln, in denen die Norm bislang eine Rolle gespielt hat. Dazu ist bezüglich des § 129 b StGB vorab zu sagen, dass das Statistische Bundesamt wie auch die Polizei Straftaten nach § 129 b StGB in ihrer Strafverfolgungs- bzw. Kriminalstatistik nicht gesondert erfassen. Zahlen, die an dieser Stelle genannt werden können, beziehen sich auf beim Generalbundesanwalt anhängige Verfahren.[628] Aus diesem Grund kann jedoch die Bedeutung des § 129 b StGB bei der Bekämpfung von internationaler organisierter Kriminalität nicht aufgezeigt werden, vielmehr geht es hier um Verfahren, die Staatsschutzbezug aufweisen. Verfolgt man die Anzahl der nach § 129 b StGB eingeleiteten Verfahren, so ist diese von 2002 bis 2006 stetig gestiegen, beginnend mit zehn bis hin zu 58 Verfahren. 2007 ist die Zahl jedoch wieder auf 40 Verfahren zurückgegangen. Während es in den ersten beiden Jahren seit Einfügung der Norm in das StGB zu keinen Anklagen gekommen ist, wurden in den Jahren zwischen 2004 und 2007 insgesamt elf Anklagen erhoben. Die im Jahre 2008 erhobenen öffentlichen Klagen betrafen wie auch in 2009 die ausländischen terroristischen Vereinigungen Al Qaida, Devrimci Halk Kurtulus, Partisi-Cephesi (DHKP-C) und Islamische

---

624 *Fischer*, § 129 b Rn. 13; *Lackner/Kühl*, § 129 b Rn. 4.

625 *Krauß*, in: LK, § 129 b Rn. 28.

626 BT-Drucks. 14/8893, S. 9; *Altvater*, NStZ 2003, 179 (182).

627 *Krauß*, in: LK, § 129 b Rn. 30.

628 Die Zahlen basieren auf Antworten der Bundesregierung auf Kleine Anfragen, vgl. BT-Drucks. 16/49 bzgl. der Verfahren bis 2004; BT-Drucks. 16/3947 und BT-Drucks. 16/4007 bzgl. der Verfahren im Jahr 2005; Kleine Anfrage, BT-Drucks. 16/5537 und Antwort der Bundesregierung, BT-Drucks. 16/5696; Kleine Anfrage, BT-Drucks. 16/9941 und Antwort der Bundesregierung, BT-Drucks. 16/10045; vgl. auch BT-Drucks. 16/5820, S. 3 f.; Kleine Anfrage, BT-Drucks. 17/753 und Antwort der Bundesregierung, BT-Drucks. 17/999.

Dschihad-Union (IJU). Zu einer tatsächlichen Verurteilung kam es im Jahr 2006 nur einmal, dreimal in 2007, im Jahr 2008 zu sechs sowie sieben in 2009.[629]

Allerdings wurde die Beobachtung gemacht, dass Verfahren gegen Mitglieder und Unterstützer ausländischer terroristischer Vereinigungen seit Inkrafttreten dieser Norm zugenommen haben, insbesondere im Verhältnis zu Verfahren gegen Mitglieder und Unterstützer inländischer terroristischer Vereinigungen.[630] Hierbei eine zentrale Rolle spielt die Bekämpfung von außereuropäischen, islamistischen, terroristischen Vereinigungen und erfasst wird die ganze Bandbreite der Tathandlungen innerhalb des § 129 a StGB. Es wird von „globalem Djihad" gesprochen, dem islamistischen Terrorismus als Massenbewegung mit weltweitem Handlungsspielraum.[631]

In diesem Zusammenhang kann auf die Fälle in Zusammenhang mit der Unterstützung der Islamische Jihad Union (IJU) verwiesen werden. In dem Strafverfahren gegen *Salih S.* hatte der Staatsschutzsenat des Oberlandesgerichts Frankfurt am Main am 1.9.2010 das Hauptverfahren eröffnet, dem der Generalbundesanwalt die mitgliedschaftliche Beteiligung an einer terroristischen Vereinigung im Ausland und die Unterstützung einer solchen Vereinigung vorgeworfen hatte.[632] Der Staatsschutzsenat des OLG hatte festgestellt, dass der Angeklagte zum islamistischen Freundeskreis des als Mitglied der „Sauerland-Gruppe" bekannt gewordenen *Adem Y.* gehörte, den das OLG Düsseldorf mit Urteil vom 4.3.2010 wegen Mitgliedschaft in einer terroristischen Vereinigung im Ausland in Tateinheit mit Verabredung zu Mord, Herbeiführen einer Sprengstoffexplosion und Nötigung von Verfassungsorganen sowie mit Vorbereitung eines Explosionsverbrechens zu einer Freiheitsstrafe von elf Jahren verurteilt hat.[633] Mit Urteil vom 15.10.2010 wurde *Salih S.* wegen mitgliedschaftlicher Beteiligung an einer terroristischen Vereinigung im Ausland und Unterstützung einer terroristischen Vereinigung im Ausland zu einer Gesamtfreiheitsstrafe von drei Jahren und drei Monaten verurteilt.

---

629 Aktuell läuft eine kleine Anfrage seitens der Fraktion Die Linke an den Bundesregierung hinsichtlich Straf- und Ermittlungsverfahren nach § 129, § 129a und § 129b StGB im Jahr 2011, vgl. BT-Drucks. 17/8770.

630 *Krauß*, in: LK, § 129 b Rn. 6.

631 *Griesbaum*, in: FS Nehm, S. 125. Zum islamistischen Terrorismus und dessen Organisationen siehe auch *Puschnerat*, in: Terrorismus und Extremismus, S. 227 f.

632 Vgl. www.olg-frankfurt.justiz.hessen.de/irj/OLG_Frankfurt_am_Main_Internet?rid=HMdJ_15/OLG_Frankfurt_am_Main_Internet/nav/d44/d4471596-ad85-e21d-0648-71e2389e4818,bf120932-1fe2-ae21-f012-f31e2389e481,,,11111111-2222-3333-4444-100000005004%26_ic_uCon_zentral=bf120932-1fe2-ae21-f012-f31e2389e481%26overview=true.htm&uid=d4471596-ad85-e21d-0648-71e2389e4818, zuletzt besucht am 21.3.2013.

633 Vgl. www.olg-duesseldorf.nrw.de/behoerde/presse/archiv/Pressemitteilungen_aus_2010/2010-03-04_pm_sauerland_urteil/index.php , zuletzt besucht am 21.3.2012

c) Eigene Bewertung der Norm

Als problematisch gesehen wird hier folgender Aspekte der Norm: Es stellt sich die Frage bei der Verfolgung von Organisationen aus einem Nicht-EU-Staat, auf welcher Grundlage Aussagen im Ausland zustande gekommen sind, die ihrerseits in ein Verfahren in Deutschland eingebracht werden. Diese können von ausländischen Polizeibehörden oder auch Geheimdiensten stammen, wobei hier fraglich sein kann, ob diese unter Zwang oder Folter entstanden sind. Dass diese Bedenken nicht aus der Luft gegriffen sind, zeigt das Verfahren gegen fünf türkische Mitglieder der sog. Revolutionären Volksbefreiungspartei-Front. Als Zeuge wurde u.a. der Referatsleiter der Anti-Terror-Abteilung der Polizei in Istanbul benannt und auch vom Stuttgarter Oberlandesgericht vernommen. Diesem Zeugen wurde jedoch später nachgewiesen, dass gegen ihn in Istanbul zwei Anklagen wegen Folter im Amt anhängig waren. Daraufhin wurde dessen Vernehmung auf unbestimmte Zeit ausgesetzt.[634] Selbstverständlich ist in Deutschland gemäß § 136 a StPO[635] die Anwendung von Folter zur Gewinnung einer Aussage verboten, und auf diesem Wege gewonnene Aussagen dürfen auch nicht vor Gericht verwertet werden. Jedoch ist in Deutschland strittig, ob diesem Beweisverwertungsverbot eine Fernwirkung zukommt, also ob weitere Ermittlungsergebnisse, die auf dieser Grundlage erzielt wurden, ebenfalls nicht verwendet werden dürfen, wie dies in den USA grundsätzlich der Fall ist („*fruit of the poisonous tree doctrine*")[636]. Die überwiegende Meinung in Deutschland lehnt diese Lehre ab und will das Verwertungsverbot nur auf den unmittelbar durch die verbotene Vernehmungsmethode erlangten Beweis (die erfolterte Aussage) erstrecken.[637] Dass damit auch Informationen bzw. Beweise aus „fragwürdigen" Quellen im Ausland in einem deutschen Verfahren verwertet werden können, ist meiner Ansicht nach äußerst problematisch und es stellt sich die Frage nach Sinn und Zweck eines Beweisverwertungsverbots. Der EGMR hat sich jedoch im Falle des Kindsmörders *Magnus Gäfgen*[638] für eine gewisse Fernwirkung bei Beweisver-

634 Vgl. zu diesem Fall in Kleiner Anfrage, BT-Drucks. 16/11078 S. 1.

635 Näher zu dieser Norm *Pfeiffer*, § 136 a StPO Rn. 1 ff.; *Meyer-Goßner*, § 136 a StPO Rn. 1ff.

636 Hierzu *Hall*, Criminal Law and Procedure, S. 349.

637 Ausführlich zum Streitstand *Beulke*, Strafprozessrecht, Rn. 482. Zum Folterverbot ausführlich *Steiger*, Das völkerrechtliche Folterverbot und der „Krieg gegen den Terror", passim.

638 Am 27.9.2002 entführte *Gäfgen* den elfjährigen Bankierssohn *Jakob von Metzler*, um von dessen Eltern Lösegeld zu erpressen. Nachdem *Gäfgen* am 30.9.2002 festgenommen werden konnte, den Verbleib und Zustand *Jakobs* aber auch im polizeilichen Verhör nicht preisgab, ordnete der damalige Polizeivizepräsident *Wolfgang Daschner* an, durch Androhung von massiver Gewalt die aus seiner Sicht mutmaßlich lebensrettende Aussage (*Gäfgen* hatte *Jakob* schon kurz nach der Entführung erstickt) zum Verbleib des Jungen zu erzwingen. *Gäfgen* sagte daraufhin aus, so dass die Ermittler die Leiche des Entführungsopfers finden konnten.
Im Juni 2005 legte *Gäfgen* Beschwerde vor dem EGMR ein und machte u.a. eine Verletzung des Grundsatzes des fairen Verfahrens geltend, da durch sein Geständnis Beweismittel erlangt

wertungsverboten ausgesprochen.[639] Zwar waren im zugrundeliegenden Fall die umstrittenen körperlichen Beweise – bei deren Erlangung kam es bei den Ermittlungen zu einem Verstoß gegen Art. 3 EMRK – nicht notwendig und hatten nicht dazu gedient, die Schuld *Gäfgens* zu beweisen oder die Strafe festzusetzen, da das Geständnis *Gäfgens* in der Hauptverhandlung die Grundlage für die Verurteilung und Bestrafung wegen Mordes in Tateinheit mit erpresserischem Menschenraub mit Todesfolge war. Hierdurch wurde der Kausalzusammenhang zwischen der verbotenen Vernehmungsmethode und der Verurteilung und Bestrafung *Gäfgens* dem Gericht nach hinsichtlich der körperlichen Beweise unterbrochen.[640] Im Umkehrschluss lässt sich dann aber sagen, dass durch die Prüfung eines Kausalzusammenhangs zwischen einem durch unmenschliche Behandlung erlangten Beweises und der Erlangung weiterer Beweise auf dieser (rechtswidrigen) Grundlage, die Fernwirkung bei Beweisverwertungsverboten nach dem EGMR durchaus zu beachten ist.

An der praktischen Relevanz der Norm im allgemeinen bestehen grundsätzlich keine Zweifel mehr. Betrachtet man die Pressemitteilungen des Generalbundesanwalts im Jahr 2010 und 2011,[641] so zeigt sich die Bedeutung des § 129 b StGB besonders deutlich.[642] Es ergeben sich mit der Aufklärung von Straftaten ausländischer krimineller oder terroristischer Vereinigungen indes praktische Schwierigkeiten;[643] insoweit sprechen die mit großem personellen und sachlichen Aufwand verbundenen erheblichen Anstrengungen der Strafverfolgungsbehörden wohl dafür, dass sich jedenfalls die Zahl der tatsächlichen Verurteilungen gem. § 129 b StGB zukünftig in Grenzen halten wird.

---

worden waren, die nur infolge dieser Aussagen von den Ermittlungsbehörden hätten sichergestellt und verwertet werden können Am 30.6.2008 wies der EGMR die Beschwerde Gäfgens als unbegründet zurück. Daraufhin rief *Gäfgens* Anwalt die Große Kammer des EGMR an.

639 EGMR (Große Kammer), Urt. v. 1. 6. 2010 – 22978/05 *Gäfgen/Deutschland.*

640 EGMR, Urt. v. 1. 6. 2010 – 22978/05 *Gäfgen/Deutschland*, Rn. 180.

641 Abrufbar unter www.generalbundesanwalt.de/txt/aktuell.php.

642 Im Jahr 2010 erhob die Bundesanwaltschaft sieben Anklagen u.a. wegen § 129 b StGB (i.V.m. § 129 a StGB): Anklage gegen zwei mutmaßliche Führungsfunktionäre der „Forces Démocratiques de Libération du Rwanda“ (FDLR), Anklage gegen acht mutmaßliche Unterstützer islamistischer terroristischer Vereinigungen im Ausland, Anklage gegen drei mutmaßliche Mitglieder der „Liberation Tigers of Tamil Eelam“ (LTTE), Anklage gegen drei mutmaßliche Unterstützer islamistischer terroristischer Vereinigungen im Ausland, Anklage gegen einen mutmaßlichen Führungsfunktionär der ausländischen terroristischen Vereinigung „Revolutionäre Volksbefreiungspartei-/front“ (DHKP-C), Anklage gegen ein mutmaßliches Mitglied der „Islamischen Jihad Union“ (IJU).

643 Vgl. *Krauß, in: LK, § 129 b* Rn. 7; *Kreß* JA 2005, 220 (226 ff.).

III. Aktuell: Hauptanwendungsfeld des § 129 StGB

1. Linksextremistische Straftaten – Subsumtion unter § 129 StGB?

Im Verfassungsschutzbericht 2010[644] zum Sachstand hinsichtlich der Sicherheit Deutschlands, unter anderem auch den Rechts- und Linksextremismus betreffend, ist insgesamt ein Rückgang hinsichtlich „politisch motivierter Kriminalität – links" zu verzeichnen. Lag die Gesamtzahl der Straftaten in diesem Bereich 2009 noch bei 1.115, liegt diese 2010 bei 944. Gestiegen ist jedoch die Zahl von Körperverletzungsdelikten mit vermutlich linksextremistischem Hintergrund: Wurden 2009 noch 502 solcher Gewalttaten registriert, stieg die Zahl 2010 auf 541.[645] Zudem wurden 2009 sieben Tötungsversuche mit linksextremistischem Hintergrund gezählt – allein vier davon gegen Polizeibeamte. Zu einem Brandanschlag auf mehrere Kraftfahrzeuge am 19.7.2009 in Berlin heißt es in einer Taterklärung „autonomer Gruppen": „der fortschreitenden Zersetzung der Wohnstrukturen in unseren Kiezen haben wir am frühen morgen des 19.7.2009 in Friedrichshain einige feurige Argumente entgegengesetzt. Wir freuen uns das [sic] gleich vier Drecksschleudern unserer Wut zum Opfer gefallen sind. Trotz eures ‚riesen' Apparates von Streifen-Schweinen bestimmen immer noch wir, wann wir zuschlagen. Eure Geiselnahmen der letzten Monate erzeugen nur weitere Wut, die wir in Energie umsetzen um euer Schweinesystem zu zerschlagen. Grüße an alle in die Knäste!"[646] Krawalle sind auch regelmäßig Bestandteil von Demonstrationen zum „Revolutionären 1. Mai".[647] In Berlin lag am 1.5.2009 der Schwerpunkt der linksextremistischen Aktivitäten; dabei kam es zu den schwersten Ausschreitungen seit Jahren.[648] Der Nachweis, dass es sich bei diesen Gruppierungen um kriminelle Vereinigungen handelt, dürfte hingegen schwierig zu erbringen sein. Es erscheint bereits fraglich, ob bei deren Zusammenkünften bzw. Aktivitäten das Vorliegen einer Vereinigung im Sinne des § 129 StGB bejaht werden kann, also der auf eine gewisse Dauer berechnete organisatorische Zusammenschluss

---

644 Verfassungsschutzbericht 2010 abrufbar unter www.verfassungsschutz.de/de/publikationen/verfassungsschutzbericht/vsbericht_2010/, zuletzt besucht am 21.3.2013.

645 Vgl. www.verfassungsschutz.de/de/arbeitsfelder/af_linksextremismus/zahlen_und_fakten_linksextremismus_2010/zuf_li_2010_straftaten.html, zuletzt besucht am 21.3.2013.

646 Verfassungsschutzbericht 2009, S. 136 f. mit Verweis auf die Internetseite „direct action news from germany".

647 *Backes*, in: Terrorismus und Extremismus, S. 45.

648 Verfassungsschutzbericht 2009, S. 136, sowie in der Presse www.welt.de/politik/deutschland/article7396524/1-Mai-Berlin-zittert-vor-Linksautonomen-und-Nazis.html, zuletzt besucht am 21.3.2013.

von mindestens drei Personen, die bei Unterordnung des Willens des einzelnen unter den Willen der Gesamtheit gemeinsame Zwecke verfolgen und unter sich derart in Beziehung stehen, dass sie sich untereinander als einheitlicher Verband fühlen.[649] Die genannten Gruppen unter diese Erfordernisse subsumieren zu können, dürfte problematisch sein. Dies gilt wohl auch für Teilnehmer von Demonstrationen im „schwarzen Block"[650] während der Mai-Krawalle.[651] Diese formieren sich erfahrungsgemäß spontan, ein organisierter Zusammenschluss ist daher schwer nachweisbar. Dies hat zur Folge, dass trotz des Vorhandenseins einer Gruppierung, die möglicherweise auch das Ziel hat, Straftaten zu begehen, das Tatbestandsmerkmal der Vereinigung zu verneinen ist und § 129 StGB nicht zur Anwendung kommt. Neben diesen Zusammenschlüssen gibt es jedoch auch zahlreiche Parteien, Vereinigungen und Verlage, die zwar nicht verboten sind, jedoch unter Beobachtung des Verfassungsschutzes stehen. Als Beispiel eines unter Beobachtung stehenden Printmediums soll hier die Tageszeitung „*junge Welt*" (*jW*) herangezogen werden, die mit „traditionskommunistischer Ausrichtung"[652] laut Verfassungsschutzbericht ein wichtiges Printmedium in der linksextremistischen Szene darstellt. Einzelne Redaktionsmitglieder und ein nicht unerheblicher Teil der Stamm- und Gastautoren seien dem linksextremistischen Spektrum zuzuordnen. Der *jW* wird vorgeworfen, durchgängig die Errichtung einer sozialistischen Gesellschaft zu propagieren; hierbei spiele die politische und moralische Rechtfertigung der DDR sowie die Diffamierung der Bundesrepublik eine wichtige Rolle.[653] Untermauert wird dies mit dem Zitat des Chefredakteurs vom 7.10.2009: „Die Herbeiführung eines Zustandes, in dem von deutschem Boden kein Frieden

---

649 *Lenckner/Sternberg-Lieben*, in: Schönke/Schröder, § 129 Rn. 4; BGHSt 10, 16 (17): Selbständige Teilorganisationen als Vereinigung i.S.d. § 129 StGB; BGHSt 28, 147: Drei-Personen-Erfordernis zur Bildung einer kriminellen Vereinigung; BGHSt 31, 202 (204 f.): Unternehmen zur Vermittlung illegaler Arbeitskräfte keine kriminelle Vereinigung; BGHSt 45, 26 (35); BGHSt 46, 349 (354); BGH NJW 1966, 310 (311); BGH NJW 1975, 985; BGH NJW 1978, 433; BGH NJW 1992, 1618; BGH NJW 1999, 1877 (1878); BGH NJW 2005, 1670; BGH NStZ 1999, 504; NStZ-RR 2002, 300 (301); BGHR Gruppenwille 2, 3; BayObLG StV 1998, 266; OLG Düsseldorf NJW 1994, 398 (399); *Krauß*, in: LK, § 129 Rn. 18; *Lackner/Kühl*, § 129 Rn. 2; *Miebach/Schäfer*, in: MK, § 129 a Rn. 21 ff.

650 Dabei handelt es sich um eine sog. „Demonstrationstaktik": Es formieren sich Gruppierungen, die nach außen hin aufgrund ihres Verhaltens und meist schwarzer Kleidung sowie Vermummung besonders homogen wirken. Die einheitliche Kleidung wird zum einen getragen, um eine Identifikation zu erschweren, zum anderen um den Behörden Solidarität zu vermitteln.

651 Vgl. Fall zweier Berliner Schüler, die vom Vorwurf des versuchten Mordes freigesprochen worden sind. Während der Mai-Krawalle in Berlin sollen sie am Abend des 1.5.2010 Molotow-Cocktails in Kreuzberg gegen Polizisten geschleudert haben. Presse hierzu www.sueddeutsche.de/politik/urteil-freispruch-nach-berliner-mai-krawallen-1.78955, zuletzt besucht am 21.3.2013.

652 Verfassungsschutzbericht 2009, S. 149.

653 Verfassungsschutzbericht 2009, S. 149.

mehr ausgeht, sondern mehr und mehr Krieg, oder die Einführung von Massenarbeitslosigkeit, Niedriglöhnen und Strafrenten waren bewusst herbeigeführte, wesentliche Ziele der Einverleibung des kleineren deutschen Staates."[654] Auch die Verharmlosung ausländischer (Terror-)Organisationen, wie der baskischen separatistischen Terrororganisation ETA, wird zum Thema gemacht. Als kriminelle Vereinigung im Sinne des § 129 StGB wird die *jW* indes nicht eingeordnet. Anders hingegen bei der linksextremistischen, gewaltbereiten Organisation „*militante gruppe*"[655] (*mg*). Der Generalbundesanwalt führte gegen drei Beschuldigte ein Ermittlungsverfahren wegen des Verdachts, sie hätten als deren Mitglieder in der Nacht des 31.7.2007 versucht, in Brandenburg/Havel drei Lkw der Bundeswehr in Brand zu setzen. Es folgte eine Festnahme der Beschuldigten durch observierende Polizeikräfte in unmittelbarer Tatortnähe sowie eine rechtzeitige Entfernung der an den Fahrzeugen angebrachten Zündvorrichtungen. Aufgrund diesen Verdachts erließ der Ermittlungsrichter des BGH auf Antrag des Generalbundesanwalts gegen die Beschuldigten Haftbefehle, die rechtlich auf den Vorwurf der Mitgliedschaft in einer terroristischen Vereinigung, der versuchten Brandstiftung und der versuchten Zerstörung wichtiger Arbeitsmittel gestützt wurden.[656] Auf die Beschwerden der Beschuldigten hin hat der für Staatsschutzsachen zuständige 3. Strafsenat des BGH die Haftbefehle abgeändert und gegen Auflagen außer Vollzug gesetzt. Die Beschuldigten waren zwar der Tat vom 31.7.2007 und auch der Zugehörigkeit zur *mg* dringend verdächtig. Nicht begründet war jedoch in rechtlicher Hinsicht der Vorwurf der Mitgliedschaft in einer terroristischen Vereinigung nach § 129 a StGB, sondern lediglich derjenige der Mitgliedschaft in einer kriminellen Vereinigung nach § 129 StGB.[657] Zwar war die Tätigkeit der *mg* darauf ausgerichtet, Brandanschläge namentlich gegen Gebäude und Fahrzeuge staatlicher Institutionen sowie privatwirtschaftlicher Unternehmen und sonstiger Einrichtungen zu begehen, und derartige Taten stellen terroristische Delikte aus dem Katalog des § 129 a Abs. 2 Nr. 2 StGB dar. Seit der Neufassung der Vorschrift im Jahr 2003[658] ist die Beteiligung an einer Organisation, die auf

---

654 *Arnold Schölzel* (Chefredakteur), jW Nr. 232 vom 7.10.2009, Beilage „ddr 60", S. 1.

655 Diese Gruppe trat erstmals 2001 in Erscheinung, als der Regierungsbeauftragte für die Entschädigung der Zwangsarbeiter, *Otto Graf Lambsdorff*, und zwei Vertreter der Stiftungsinitiative der deutschen Wirtschaft in Briefen jeweils eine scharfe Kleinkaliberpatrone und ein Drohschreiben erhielten. Hierzu ausführlicher das Dossier „militante gruppe"von *Arzt* vom 30.11.2009, abrufbar unter: www.bpb.de/politik/extremismus/linksextremismus/33609/militante-gruppe?p=all, zuletzt besucht am 21.3.2013.

656 Vgl. Pressemitteilung des BGH Nr. 181/2007 vom 28.11.2007; abrufbar unter: http://juris.bundesgerichtshof.de/cgi-bin/rechtsprechung/document.py?Gericht=bgh&Art=en&sid=2130b637fc4b73b91e50ea853926af8f&anz=1&pos=0&nr=41882&linked=pm&Blank=1, zuletzt besucht am 21.3.2013.

657 Vgl. BGH NJW 2008, 86 (87).

658 Vgl. hierzu Gliederungseben B.II.1.a) dd) und b) dieser Arbeit.

die Begehung derartiger Straftaten ausgerichtet ist, indes als Betätigung in einer terroristischen Vereinigung nur noch unter folgenden Voraussetzungen strafbar: Die Taten müssen dazu bestimmt sein, im Einzelnen aufgezählte – staatsgefährdende – Ziele zu erreichen und darüber hinaus „durch die Art ihrer Begehung oder ihre Auswirkungen einen Staat oder eine internationale Organisation erheblich schädigen“ können.[659] Wegen dieser Einschränkung führte dies bei den *mg* dazu, dass sie lediglich als kriminelle Vereinigung im Sinne des § 129 StGB angesehen werden kann. Die von ihr begangenen und beabsichtigten Taten sind nach der Art ihrer Begehung, insbesondere unter Berücksichtigung ihrer Frequenz und Folgen, nicht geeignet, die Bundesrepublik Deutschland im Sinne des Gesetzes erheblich zu schädigen.[660] Acht Jahre nach ihrem ersten Erscheinen hat sich die *mg* nach eigenen Angaben im Juli 2009 selbst aufgelöst; wie die *jW* unter Berufung auf die Zeitschrift „radikal“ berichtet, hatte die Gruppe dies auf 40 Seiten bekannt gegeben.[661]

2. Straftaten mit rechtsextremen Hintergrund: Die Fälle *Landser* und *Kameradschaft Sturm 34*

Das Kammergericht in Berlin hat die Mitglieder der Musikgruppe *Landser* u.a. wegen Bildung einer kriminellen Vereinigung verurteilt,[662] was vom BGH bestätigt wurde.[663] Die Musikgruppe hatte sich aus Angehörigen der rechtsextremen Szene in Berlin gebildet und produzierte sog. Punk- bzw. „Oi!-Skin“-Musik. Durch strafbare und damit in der rechtsextremen Szene als besonders mutig geltende Texte, wollte *Landser* rechtsradikal und propagandistisch auf die Jugend in der Bundesrepublik einwirken, mit dem Ziel, Hass und Emotionen zu schüren. Die Band sollte zum Instrument des politischen Kampfes gemacht werden. Diese Ziele wurden von allen Bandmitgliedern geteilt, und man traf sich heimlich an wechselnden Orten zu Aufnahmen. Schließlich wurden die Produkte auf konspirativem Weg in der rechten Szene verbreitet, u.a. Lieder rechtsradikalen, rassistischen und ausländerfeindlichen Inhalts.[664]

Der BGH sah innerhalb der Musikgruppe eine organisatorische Struktur für das Zusammenwirken der drei Bandmitglieder zur Verwirklichung der gemein-

659 BGH NJW 2008, 86 (88).

660 BGH NJW 2008, 86 (88).

661 So z.B. unter www.tagesspiegel.de/berlin/polizei-justiz/militante-gruppe-gibt-weitere-anschlaege-zu-und-loest-sich-auf/1556714.html, zuletzt besucht am 21.3.2013.

662 KG Berlin, Urt. v. 22.12.2003 (unveröffentlicht).

663 BGH NStZ 2005, 377 f.

664 BGH NStZ 2005, 377.

sam verfolgten Ziele als erwiesen. Als Beleg gelten die Feststellungen zum Verfassen neuer Lieder, zum Einüben neuer Musikstücke, zum Ablauf des Probenbetriebs im Allgemeinen, zum Einspielen bzw. zur Produktion der Tonträger sowie der nahezu konspirativen Ausübung all der genannten Tätigkeiten. Ferner hatten sich die einzelnen Gruppenmitglieder dem Gruppenwillen untergeordnet, wobei keine verbindlichen Regeln erforderlich waren, sondern es ausreichte, dass die Gruppe über mehrere Jahre zusammenwirkte und drei Tonträger auf den Markt gebracht hatte. Ohne diesen Gruppenwillen hätten die kriminellen Absichten der Band nicht in der vorliegenden Weise stattfinden können.[665] Die Ausführungen zur rechtsextremistischen Musikgruppe *Landser* bilden jedoch nur ein Beispiel für den Gebrauch des § 129 StGB in Zusammenhang mit rechtsextremistischen Straftaten in der aktuellen Zeit.

Einen weiteren Fall zeigt die *Kameradschaft Sturm 34*, die von politisch rechtsorientierten Personen im März 2006 in Mittweida gegründet wurde, und es sich zum Ziel gemacht hatte, diesen Ort zu einer sog. „nationalbefreiten Zone", „zeckenfrei" und „braun" zu machen.[666] Zur Durchsetzung dieses Ziels sollte gegen alle Personen, die sich nicht diese rechtsextreme Gesinnung zu eigen machten, mit Gewalt vorgegangen werden. Man wollte ein „Sammelbecken aus Nationalisten" durch Zusammenführung von Hooligans und Skinheads schaffen und strebte „Skinheadkontrollrunden" an, bei denen Teilnehmer der Kameradschaft nach „missliebigen" Personen suchen sollten und diesen, formiert zu einer größeren Einheit, gewalttätig entgegen treten. So kam es zu mehreren Straftaten, bei denen Personen durch Mitglieder der Kameradschaft zusammengeschlagen und teilweise erheblich verletzt wurden. Ein Mitglied wurde als Informant für die Polizei tätig und verfasste Berichte über diese Vereinigung. Im April 2007 wurde die *Kameradschaft Sturm 34* vom Sächsischen Staatsministerium verboten. Das Landgericht Dresden sprach die u.a. wegen Bildung einer kriminellen Vereinigung angeklagten Mitglieder frei – die Voraussetzungen für eine derartige Vereinigung lägen nicht vor.[667] Die Revision der Staatsanwaltschaft hatte Erfolg und das Urteil wurde vom BGH aufgehoben.[668] Das Landgericht musste nun unter Anwendung der vom BGH neu gesetzten Maßstäbe beurteilen, unter welchen Voraussetzungen eine Gruppierung, deren Mitglieder eine übergeordnete, weltanschauliche oder ideologische Zielsetzung haben, als kriminelle Vereinigung i.S.d. § 129 StGB zu qualifizieren ist. Am 13.4.2011 hat die Staatsschutzkammer des Landgerichts fünf Angeklagte der Bildung einer kriminellen Vereinigung, teilweise in Tateinheit mit einem oder mehreren Fällen der gefährlichen Körperver-

665 BGH NStZ 2005, 377.
666 BGH NJW 2010, 1979 (1980).
667 BGH NJW 2010, 1979 (1980).
668 BGH NJW 2010, 1979 (1981).

letzung schuldig gesprochen und sie zu Jugend- bzw. Freiheitsstrafen auf Bewährung oder Geldstrafe verurteilt sowie eine Auflage nach Jugendrecht verhängt.[669] Dagegen hatten einer der Angeklagten und die Staatsanwaltschaft zunächst Revisionen eingelegt. Die Rechtsmittel wurden jedoch am 13. und 23.5.2011 zurückgenommen und das Urteil damit rechtskräftig.[670] Das Verfahren gegen fünf mutmaßlich weitere Mitglieder der kriminellen Vereinigung ist noch anhängig.

3. Sonstige kriminelle Vereinigung: Beispiel der Arbeiterpartei Kurdistans (PKK)

Die Bundesanwaltschaft hat am 18.2.2010 vor dem Staatsschutzsenat des Oberlandesgerichts Düsseldorf Anklage gegen einen türkischen Staatsangehörigen kurdischer Abstammung wegen Rädelsführerschaft in einer kriminellen Vereinigung nach § 129 Abs. 4 StGB erhoben.[671] Unter dem Decknamen *Hamza* leitete dieser als hauptamtlicher Kader der „Arbeiterpartei Kurdistans“ (PKK) und ihrer damaligen Europaorganisation „Kurdische Demokratische Volksunion“ (YDK) von Juni 2003 bis Juni 2004 in Deutschland den PKK-Sektor Mitte. Bereits seit Jahren bilden die in Deutschland tätigen Führungsfunktionäre der PKK unverändert eine kriminelle Vereinigung im Sinne des § 129 StGB.[672] Um die Strukturen und Ziele der Organisation aufrechtzuerhalten bzw. weiter auszubauen werden u.a. Straftaten gegen die körperliche Unversehrtheit und die persönliche Freiheit begangen oder solche Delikte, die im Zusammenhang mit Verstößen gegen ausländerrechtliche Bestimmungen stehen, etwa Urkundenfälschungen und unerlaubte Aufenthalte im Bundesgebiet. Ferner werden in Arbeitsbereichen wie den „heimatgerichteten Aktivitäten“ personelle und materielle Unterstützung der Guerilla im irakisch-iranischen Grenzgebiet sowie konspirative Reisebewegungen zwischen der Bundesrepublik Deutschland und dem Ausland organisiert. Als Leiter des PKK-Sektors Mitte regelte der Angeschuldigte die organisatorischen, finanziellen, personellen und propagandistischen Angelegenheiten in seinem Verantwortungsbereich und erfüllte damit die für einen PKK-Führungskader typischen Leitungsaufgaben. Weiterhin nahm er bestimmenden Einfluss auf die ihm nachgeordneten Gebietsverantwortlichen durch die Koordination ihrer Aufgaben, Erteilung von Anweisungen und den Überblick über die Entwicklungen

---

669 LG Dresden, Urt. v. 13.4.2011, Az. 14 KLs 213 Js 51396/07.

670 Vgl. Pressemitteilung des LG Dresden vom 23.5.2011, abrufbar unter: www.justiz.sachsen.de/lgdd/content/923.php, zuletzt besucht am 21.3.2013.

671 Vgl. Pressemitteilung des Generalbundesanwalts am BGH, abrufbar unter: www.generalbundesanwalt.de/de/showpress.php?themenid=12&newsid=359, zuletzt besucht am 21.3.2013.

672 Zum Verbot der PKK ausführlich *Weick*, Die schwierige Balance, S. 299 ff.

in den Gebieten. Eine Berichtspflicht seinerseits bestand gegenüber der Europaführung der Organisation, und er hatte deren Weisungen Folge zu leisten. Durch seine Aktivitäten beteiligte er sich als Rädelsführer an der in Deutschland im führenden Funktionärskörper der PKK bestehenden kriminellen Vereinigung.

IV. Bekämpfung der organisierten Kriminalität

1. Gesetz zur Bekämpfung des illegalen Rauschgifthandels und anderer Erscheinungsformen der organisierten Kriminalität (OrgKG)

a) Phänomen und Definition der organisierten Kriminalität

Doch nicht nur das „politische“ Feld wird von §§ 129, 129 a StGB erfasst. Auch der Bereich der „klassischen“ organisierten Kriminalität kann unter den Tatbestand dieser Norm fallen. Kriminelle Organisationen, deren Mitglieder oft sozial unauffällig sind, begehen aus Gewinn- oder Machtstreben professionell und teilweise mit Gewalt Straftaten, meist über nationale Grenzen hinweg. Sie organisieren insbesondere illegalen Handel mit Betäubungsmitteln und Waffen, Herstellung und Verarbeitung von Falschgeld, Diebstahl, Hehlerei, Erpressung, Menschenhandel, Zuhälterei, Glücksspiel und Taten der Wirtschaftskriminalität.[673] Auf Landesebene finden sich auch Legaldefinitionen, wie § 1 Abs. 7 des Hamburgischen Gesetzes über die Datenverarbeitung der Polizei (HambPolDVG) und Art. 1 Abs. 3 des Bayerischen Verfassungsschutzgesetzes (BayVSG) zeigen. In diesen Bestimmungen wird die organisierte Kriminalität – nahezu identisch – wie folgt definiert:

Organisierte Kriminalität ist die von Gewinn- oder Machtstreben bestimmte planmäßige Begehung von Straftaten, die einzeln oder in ihrer Gesamtheit von erheblicher Bedeutung für die Rechtsordnung sind, durch mehr als zwei Beteiligte, die auf längere oder unbestimmte Dauer arbeitsteilig tätig werden

- unter Verwendung gewerblicher oder geschäftsähnlicher Strukturen oder
- unter Anwendung von Gewalt oder durch entsprechende Drohung oder
- unter Einflussnahme auf Politik, Verwaltung, Justiz, Medien oder Wirtschaft.[674]

673 *Bruchner/Fischbeck*, Bankrechts-Handbuch, § 42 Rn 1 ff.; *Creifelds*, Rechtswörterbuch, S. 854; zum Begriff vgl. auch *Arnold*, in: Organisierte Kriminalität als transnationales Phänomen, S. 87 ff.

674 GVBl S. 70, BayRS 12-1-I; eine Sammlung bisheriger deutschsprachiger Definitionen findet sich bei *Möhn*, Organisierte Kriminalität, S. 249 ff.

Diese Definition wurde von den Justizministern/-senatoren und Innenministern/-senatoren in einer Gemeinsamen Richtlinie über die Zusammenarbeit von Staatsanwaltschaft und Polizei bei der Verfolgung der organisierten Kriminalität vereinbart und lag auch der Gesetzesbegründung des Deutschen Bundestages zum Gesetz zur Bekämpfung der organisierten Kriminalität (OrgKG) zugrunde. [675] Auch wenn es damit eine Legaldefinition gibt, so besteht weitgehend Einigkeit darüber, dass dies keine abschließende Klärung des Begriffes darstellt.[676] Dass Handlungsbedarf seitens des Gesetzgebers hinsichtlich der Bekämpfung dieses Phänomens bestand, machte nicht zuletzt das seit 1991 vom BKA erstellte Bundeslagebild der organisierten Kriminalität deutlich. Ausgehend von jenem Jahr war die Anzahl der Verfahren im Bereich der organisierten Kriminalität erheblich gestiegen, 1991 waren es 369, im Jahr darauf bereits 540.[677] Gerade im Bereich der Rauschgiftdelikte war ein stetiger Anstieg zu verzeichnen – seit 1987 insbesondere bei erstauffälligen Konsumenten harter Drogen. Die Anzahl der Drogentoten stieg 1990 auf 1491 und 1991 auf eine Höhe von 2125 Personen. 1985 war die Zahl noch bei 324 gelegen.[678] Insgesamt macht der Rauschgifthandel/-schmuggel aktuell 40,9% (2009) der organisierten Kriminalität aus, wobei sich dieser Anstieg stetig fortsetzt. Dies belegt der Vergleich zum Vorjahr 2008 mit einem Anteil von 38,6 %. [679]

Zu spät wurde zu Beginn der 1990er Jahre erkannt, dass für die Erschließung neuer Märkte Deutschland nun zum neuen Betätigungsfeld geworden war; zu lange wog man sich in der trügerischen Sicherheit, dass es sich bei der organisierten Kriminalität um ein ausländisches Phänomen handelte.[680] Gerade Italien war seit jeher bekannt für mafiöse Strukturen, insbesondere mit der sizilianischen *Cosa Nostra*, die sich nach dem zweiten Weltkrieg etablierte und durch eine Art „Parallelgesellschaft" eigene Rituale und Gesetze die ihren nannte, verbunden mit einem speziellen Sanktions- und Schutzmechanismus.[681]

Am 22.9.1992 trat dann das OrgKG in Kraft,[682] das einen Beitrag zur inneren Sicherheit darstellen sollte. Mittels verschärften Strafandrohungen hinsichtlich der für die organisierte Kriminalität typischen Straftaten sollte zum einen

675 BT-Drucks. 12/989, S. 24.

676 Zum Meinungsstand vgl. *Möhn*, Organisierte Kriminalität, S. 89 ff.

677 Bundelagebild OK 2000, S. 4, abrufbar unter www.bka.de/nn_196810/sid_366C5F9856A1E3377CEEFDFDA64C778D/SharedDocs/Downloads/DE/Publikationen/JahresberichteUndLagebilder/OrganisierteKriminalitaet/organisierteKriminalitaetBundeslagebild2000.html?__nnn=true, zuletzt besucht am 21.3.2013.

678 Rauschgiftkriminalität, Bericht des BKA, 2006, S. 218, 224, 225.

679 Vgl. Bundeslagebild Organisierte Kriminalität, abrufbar unter www.bka.de/lageberichte.

680 *Möhn*, Organisierte Kriminalität, S. 59.

681 Näher dazu *Roth*, Mafialand Deutschland, S. 26. ff.

682 BGBl. 1992 I, 1302 ff.

die Abschreckung erhöht werden, zum anderen eine angemessene Bestrafung möglich gemacht werden.[683] Die Entstehungsgeschichte dieses Gesetzes ist lang und bis zu dessen Inkrafttreten von zahlreichen Meinungsverschiedenheiten geprägt.[684] Von der normalen Kriminalitätsbekämpfung unterscheidet sich die Bekämpfung der organisierten Kriminalität dadurch, dass die Prävention im Vordergrund steht und bei der Entwicklung von Strafverfolgungsinstrumenten neue Wege beschritten werden, die teilweise erheblich in den Grundrechtsbereich eingreifen, wie z.B. der Einsatz verdeckter Ermittler auf Grundlage des durch das OrgKG eingeführten § 110 a StPO.[685]

b) Einbindung des § 129 StGB

Beim Kampf gegen den Rauschgifthandel wurde im Rahmen des Gesetzgebungsverfahrens immer wieder darauf hingewiesen, dass ein „war on drugs“ mit mehr Polizei, höheren Strafen, verdeckten Ermittlern und dem Strafrecht als zentralem Problemlösungsmittel, nicht zu gewinnen sei.[686] Auch andere Stimmen konstatierten, dass das „Drogenproblem“ mit den neuen Strafrechtsbestimmungen weder eingegrenzt noch gelöst werden könne, und man sich vor abrupten Änderungen in der Drogenpolitik und utopischen Maximalforderungen, insbesondere an das Strafrecht, hüten solle.[687]

Die Diskussion hinsichtlich der Drogenkriminalität machte die Schwachstellen der Strafverfolgung deutlich, und es wurde gefordert, die Konsequenzen zu ziehen. Insbesondere sollte der Gesetzgeber zu effektiven Maßnahmen greifen.[688] In der Praxis sah die Umsetzung wie folgt aus:

Durch das OrgKG wurde der § 30 a BtMG als Verbrechenstatbestand gegen Rauschgifthändlerbanden eingeführt und mit dem § 30 b BtMG die Anwendbarkeit des § 129 StGB im Bereich der Betäubungsmittelkriminalität erweitert. Auf Grundlage des § 30 b BtMG wird seither die Strafverfolgung von kriminellen Vereinigungen ermöglicht, die sich mit dem unbefugten Vertrieb von Betäubungsmitteln (§ 6 Nr. 5 StGB) befassen und nicht oder nicht nur im Inland Organisationsformen unterhalten.

---

683 BT-Drucks. 12/989, S. 1; *Hilger*, NStZ 1992, 457; *Krey*, JR 1992, 309.

684 Vgl. BT-Drucks. 11/7663, S. 51; BT-Drucks. 12/989 S. 55; Zur Entstehungsgeschichte siehe *Körner*, NJW 1993, 233 (234); *Caesar*, ZRP 1991, 241 f.; *Hilger*, NStZ 1992, 457 f.

685 Damit wurde der Einsatz des Verdeckten Ermittlers im Bereich der Strafverfolgung ausdrücklich gesetzlich geregelt, *Nack*, in: Karlsruher Kommentar StPO, § 110 a Rn. 1; *Zachert*, Aus Politik und Zeitgeschichte, B 23/95 vom 2. Juni 1995, S. 11 ff.; Der Brockhaus, Recht, S. 512

686 *Körner*, NJW 1993, 233 sowie *Meertens*, ZRP 1992, 205 (206).

687 *Hassemer*, JuS 1992, 110 sowie *Hellebrand*, ZRP 1992, 247 (248).

688 *Hellebrand*, ZRP 1992, 247 (251).

Grundsätzlich werden über § 129 StGB nur solche kriminelle Vereinigungen erfasst, die zumindest über eine Teilorganisation im Inland verfügen.[689] Jedoch sah sich der Gesetzgeber des OrgKG insbesondere durch das Übereinkommen der Vereinten Nationen gegen den unerlaubten Verkehr mit Suchtstoffen und psychotropen Stoffen vom 19.12.1988 dazu legitimiert, den Anwendungsbereich des § 129 StGB auszudehnen. Mit der Verweisung in § 30 b BtMG wurde daher erstmals die ausländische bzw. internationale kriminelle Vereinigung als Ziel besonderer Bekämpfungsmaßnahmen aufgeführt.[690] Dies läuft auch mit der Rechtsprechung des BGH zu § 6 Nr. 5 StGB kongruent, wonach diese Vorschrift grundsätzlich unbedenklich ist, es für die Erstreckung der deutschen Strafgewalt auf von Ausländern begangene Auslandstaten jedoch eines legitimierenden Anknüpfungspunktes bedarf.[691] Die Gesetzesinitiatoren hielten die durch die neue Vorschrift vorgenommene punktuelle Ausweitung des § 129 StGB für ebenso rechtlich unbedenklich wie kriminalpolitisch gerechtfertigt und von erheblicher praktischer Bedeutung, insbesondere im Hinblick auf die zunehmenden internationalen Verflechtungen der Betäubungsmittelkriminalität und Tendenzen der Ausweitung ausländischer Organisationen im Inland.[692] Der Tatort der Handlung muss jedoch im Inland liegen, es sei denn, es greifen ausnahmsweise die Grundsätze der stellvertretenden Strafrechtspflege[693] ein, wie etwa bei Taten durch Deutsche im Ausland (§ 7 Abs. 2 StGB); Voraussetzung ist dann jedoch die Existenz einer vergleichbaren Norm am ausländischen Tatort.[694] Speziell an § 30 b BtMG wurde kritisiert, dass ohne die Änderung der komplizierten Rechtshilfebestimmungen und ohne Änderung des § 244 StPO, der auf Antrag zur Ladung und Vernehmung aller bekannten Bandenmitglieder und Hintermänner verpflichtet, § 30 b BtMG eine wenig hilfreiche Bestimmung sei.[695]

§ 30 b BtMG stellt für sich genommen keinen eigenen Straftatbestand dar. Er erweitert den Anwendungsbereich des § 129 StGB, und es gelten die dazu entwickelten Grundsätze, auf die an dieser Stelle verwiesen werden kann. Was

689 BGHSt 30, 328 (329), wo es um die *Wehrsportgruppe Ausland* ging, die über keine Teilorganisation in der Bundesrepublik Deutschland verfügte und dies die Anwendung des § 129 a StGB auf organisationsbezogene Handlungen im Sinne dieser Strafvorschrift ausschloss.

690 *Hügel/Junge/Lander/Winkler*, in: Deutsches Betäubungsmittelrecht, § 30 b Rn. 2.

691 BGHSt 27, S. 30 ff., wo es um den Verkauf von Drogen in den Niederlanden an Deutsche zum Weitervertrieb in Deutschland durch einen niederländischen Staatsangehörigen ging.

692 *Franke*, in: BtMG-Kommentar, § 30 b, Rn. 1; *Hügel/Junge/Lander/Winkler*, in: Deutsches Betäubungsmittelrecht, § 30 b Rn. 2.

693 Deutsches Strafrecht gilt nach dem Grundsatz der stellvertretenden Strafrechtspflege in Fällen, in denen der ausländische Täter einer Auslandstat in Deutschland gefasst wird und aus tatsächlichen oder rechtlichen Gründen nicht ausgeliefert werden kann. Für Deutsche als Täter von Straftaten im Ausland gilt auf Grundlage des aktiven Personalitätsprinzips das deutsche Strafrecht. Vgl. *Jeßberger*, Der transnationale Geltungsbereich des deutschen Strafrechts, S. 39 f.

694 *Hügel/Junge/Lander/Winkler*, in: Deutsches Betäubungsmittelrecht, § 30 b Rn. 2.

695 *Körner*, NJW 1993, 236.

den Organisationswillen angeht, so muss dieser sich auf den Vertrieb von Betäubungsmitteln richten. Davon erfasst werden nur entgeltliche Handlungen, deren Umsatz auf Betäubungsmittel gerichtet ist.[696] Sinn und Zweck der Norm ist es, Betäubungsmittelstraftaten schon im Stadium der Vorbereitung zu bekämpfen, wodurch die öffentliche Sicherheit und die staatliche Ordnung in der Bundesrepublik Deutschland gewahrt werden soll. Sind keine konkreten Verstöße gegen das BtMG geplant – z.B. reist ein Mitglied eines auswärtigen Drogenkartells nach Deutschland ein, um konkrete Verbindungen herzustellen, – wird die Lücke des § 129 StGB durch § 30 b BtMG geschlossen. Es besteht die Möglichkeit der Durchführung strafprozessualer Ermittlungen ohne Anfangsverdacht eines Betäubungsmittelhandels oder -schmuggels.[697]

Die mitgliedschaftliche Beteiligung an einer kriminellen Vereinigung ist grundsätzlich als Dauerdelikt zu qualifizieren, das die einzelnen Tätigkeitsakte zu einer tatbestandlichen Handlungseinheit verbindet.[698] Mit den Taten, die zugleich eine Betätigung zur Verfolgung des Vereinigungszwecks (konkret: unbefugter Vertrieb von Betäubungsmitteln) oder zu ihrer organisatorischen Aufrechterhaltung oder Stärkung darstellen, besteht Tateinheit.[699]

c) Verhältnis zu § 129 b StGB

§ 30 b BtMG, der die uneingeschränkte Geltung des deutschen Strafrechts auch für Nicht-EU-Vereinigungen anordnet, ist zu § 129 b StGB *lex specialis*, soweit die Zwecke oder Tätigkeiten der Vereinigung auf den unbefugten Vertrieb von Betäubungsmitteln gerichtet sind.[700] Dies hat zur Folge, dass die Beteiligung an kriminellen Vereinigungen, die einem solchen Vertrieb nachgehen, weiterhin auch ohne Ermächtigung verfolgbar bleibt. Indessen anwendbar ist § 129 b Abs. 2 StGB, da auf Grundlage dieser Norm ein Bezug auf alle kriminellen und terroristischen Vereinigungen gegeben ist.

---

696 OLG Köln, MDR 1979, 251; *Knauth*, NJW 1979, 1084.

697 *Körner*, in: BtMG-Kommentar, § 30 b Rn. 3.

698 BGHSt 29, 288 (294), wo es um frühere Verfahren von RAF-Mitgliedern und einen etwaigen Strafklageverbrauch ging.

699 BGHSt 29, 288; *Miebach/Schäfer*, in: MK, § 129 Rn. 112; *Pfeiffer/Miebach*, NStZ 1984, 209 (212) mit Überblick zur BGH-Rechtsprechung.

700 *Krauß*, in: LK, § 129 b Rn. 33; *Miebach/Schäfer*, in: MK, § 129 b Rn. 28.

V. Einfluss der §§ 129 ff. StGB auf das Strafprozessrecht

Nicht nur das StGB wurde ab 1974 aufgrund der Anti-Terrorismus-Gesetze als Reaktion des Staates auf (terroristische) Gewalt Neuerungen unterworfen, auch die StPO erfuhr in dieser Zeit zahlreiche und weitreichende Änderungen.[701]

Das erste seit Bestehen der Bundesrepublik Deutschland die StPO betreffende Anti-Terrorismus-Gesetz war das Gesetz zur Ergänzung des Ersten Gesetzes zur Reform des Strafverfahrenrechts vom 20.12.1974.[702] Es folgten das Gesetz zur Änderung des StGB, der StPO, des GVG und des StVollzG vom 18.8.1976[703] und schließlich das Gesetz zur Änderung der StPO vom 14.4.1978.[704] So wurden beispielsweise strafbare Handlungen im Rahmen einer terroristischen Vereinigung i.S.d. § 129 a StGB in die Bestimmung des § 112 Abs. 3 StPO aufgenommen, um sicherzustellen, dass der Richter in den Fällen einen Haftbefehl erlassen kann, in denen der vorläufige Freiheitsentzug erforderlich erscheint.[705] Dies war bis zu diesem Zeitpunkt nicht immer möglich; problematisch waren insbesondere Fälle, bei denen sich die Haftgründe der Fluchtgefahr oder Verdunkelungsgefahr nicht in dem gebotenen Maße darlegen ließen.[706] Begründet wurden die Änderungen damit, dass sich bereits seit 1974 Anhaltspunkte ergeben haben, dass der Verkehr zwischen inhaftierten Angehörigen krimineller Vereinigungen und einzelnen Rechtsanwälten zur Fortsetzung, Vorbereitung oder Begehung von Straftaten teilweise auf schwerste Art und Weise missbraucht wurde.[707] Zwar waren die Bedingungen für eine Artikulation der RAF-Mitglieder aus der Haft heraus stark eingeschränkt, durch die Einrichtung des, wie bereits erwähnten, Info-Systems jedoch möglich. Der Kronzeuge *Gerhard Müller*[708] äußerte sich bezüglich des Info-Systems in folgender Weise: „In dem Kommunikationsbedürfnis der RAF-Gefangenen, das u.a. ein gewisses Zusammengehörigkeitsgefühl ausdrückte, sah *Baader* eine Möglichkeit, seine Ziele weiter zu verfolgen. Vorrangig war er bemüht, die unorganisierte Kommunikation in eine organisierte umzuwandeln. Um diese zu erreichen, bediente er sich der [Rechtsanwälte], die als RAF-Verteidiger tätig waren."[709]

701 Zur Entwicklung der StPO ab 1975 *Rieß*, ZIS 2009, 466 (471 f.).

702 BGBl. 1974 I, 3686.

703 BGBl. 1976 I, 2181.

704 BGBl. 1978 I, 497.

705 Gesetzgebung, JA 1976, 249 (250).

706 Gesetzgebung, JA 1976, 249 (250).

707 Vgl. *Jander*, Der „Deutsche Herbst", S. 144 ff.

708 Zur Person ausführlicher *Hannover*, Terroristenprozesse, S. 144 ff.

709 Vernehmungsprotokoll Gerhard Müller vom 4.6.1975, Bestand des Hamburger Instituts für Sozialforschung: So 01/012,007, S. 7.

Bereits mit einer Ausschlussregelung war der Bundestag seit dem 1.1.1975 diesem Missbrauch entgegen getreten, und die seit dem Inkrafttreten dieser Ausschlussregelung gewonnenen Erfahrungen sprachen dafür, Ergänzungen vorzunehmen.[710] Insbesondere galt dies für die Überwachung des Verkehrs in eng umrissenen Grenzen, zunächst zwischen Beschuldigtem und Verteidiger. Angeführt wurde, dass auch nach dem Inkrafttreten der gesetzlichen Regelung des Ausschlusses von Verteidigern, Schriftstücke in den Zellen inhaftierter Angehöriger terroristischer Vereinigungen und außerhalb sichergestellt worden waren, deren Weitergabe den Verdacht strafbarer Handlungen – zumeist nach § 129 a StGB – unter Ausnutzung des Rechts auf unkontrollierten Schriftverkehr zwischen dem Inhaftierten und dessen Verteidigern begründeten.[711] Doch auch der unbegrenzte mündliche Verkehr sollte in eng umschriebenen Ausnahmefällen eingeschränkt werden. Eine Einschränkung sollte beispielsweise dann geboten sein, wenn sich der Beschuldigte wegen einer Straftat nach § 129 a StGB in Haft befand, und die Überwachung der Gespräche zwischen Verteidiger und Beschuldigtem davon abhing, dass der Beschuldigte verdächtigt wurde, seine Tätigkeit in einer terroristischen Vereinigung nach § 129 a StGB fortzusetzen oder eine der in dieser Norm bezeichneten Straftaten zu begehen.[712]

Im Rahmen dieser Arbeit soll nun auf die schwerwiegendsten Änderungen der StPO eingegangen werden, die freilich nicht erst und allein auf § 129 a StGB beruhen. Der Verteidigerausschluss ist auf Grundlage der §§ 138 a ff. StPO zu vollziehen, die Beschränkung der Verteidigerzahl nach § 137 StPO, das Verbot der Mehrfachverteidigung in einer Strafsache nach § 146 StPO. Schließlich räumt das Gesetzt die Möglichkeit ein, die Hauptverhandlung gemäß §§ 231 a, 231 b StPO auch in Abwesenheit des Angeklagten zu führen.[713]

1. Verteidigerausschluss, §§ 138 a ff. StPO

Bei den Normen handelt es sich um die „ersten durch die Terrorismuskriminalität, namentlich durch die Ermordung des Kammergerichtspräsidenten *von Drenckmann* ausgelösten strafverfahrensrechtlichen Änderungen“[714]. Dass die §§ 138

---

710 Gesetzgebung, JA 1976, 249 (250); *Schulte*, Terrorismus und Antiterrorismus-Gesetzgebung, S. 110.

711 Gesetzgebung, JA 1976, 249 (250).

712 Gesetzgebung, JA 1976, 249 (250); *Schulte*, Terrorismus und Antiterrorismus-Gesetzgebung, S. 129.

713 Ein Überblick über die Folgemaßnahmen ist auch zu finden bei *Hawickhorst*, § 129a StGB – Ein feindstrafrechtlicher Irrweg zur Terrorismusbekämpfung, S. 133 ff.

714 *Vogel*, NJW 1978, 1217 (1219) als amtierender Bundesjustizminister.

a ff. StPO hinter § 138 StPO eingefügt wurden, hatte weiterhin folgendes Geschehen als Hintergrund[715]: Am 17.6.1972 kam es zum Ausschluss des Rechtsanwalts und Wahlverteidigers von *Gudrun Ensslin*, *Otto Schily*, im Stammheim-Verfahren sowie am 14.2.1973 zu der Aufhebung des Ausschlusses durch das BVerfG[716]. Gestützt wurde die Aufhebung auf Art.12 Abs.1 GG, da ein Ausschluss als Eingriff in die Freiheit der anwaltlichen Berufsausübung weder gesetzlich noch gewohnheitsrechtlich abgesichert sei.[717] Das BVerfG wies gleichzeitig auf diesen „höchst unbefriedigende[n]" Regelungszustand hin, der „in naher Zukunft" zu beseitigen sei. Denn obwohl es bis zum Inkrafttreten des Gesetzes zur Ergänzung des Ersten Gesetzes zur Reform des Strafverfahrensrechts vom 20.12.1974 an Normen fehlte, die den Verteidigerausschluss regelten, wurden schon in jahrelanger Praxis Verteidiger aus laufenden Strafverfahren ausgeschlossen, auch wenn die Anzahl dieser Ausschlussentscheidungen gering war.[718] Gestützt wurden diese Entscheidungen auf §§ 145, 146 StPO[719]. Darüber hinaus wurden weitere Ausschließungsgrundsätze seitens der Gerichte entwickelt,[720] obgleich diesen bewusst war, dass es an einem konkreten Rückhalt im Gesetz fehlte.[721] Auch wenn der BGH schon frühzeitig ausführte, die Ausschlusstatsachen lägen „völlig klar zu Tage" und seien einer „dehnbaren oder willkürlichen Deutung unzugänglich",[722] bestehen wohl Zweifel daran, dass diese nicht einer exzessiven Auslegung auch leicht zugänglich gewesen sein könnten. Auch die Bezugnahme auf StPO und BRAO im Jahr 1972 seitens des BGH, wo es in einer Entscheidung heißt, dass sich die Möglichkeit der Ableitung von Ausschlussgründen „aus Sinn und Zweck einer Reihe von Bestimmungen der Prozessordnung sowie der BRAO" herleiten lasse sowie ein Ausschluss bei Beteiligungsverdacht gewohnheitsrechtlich gedeckt sei,[723] konnte letztlich nicht überzeugen.

---

715 Ausführlich zum Ausschluss eines Verteidigers *Remagen-Kemmerling*, Der Ausschluss des Strafverteidigers in Theorie und Praxis.

716 BVerfGE 34, 293 ff.

717 Vgl. BVerfGE 34, 293 (306); zuvor BGH NJW 1972, 2140 f.: Hier hatte der BGH bei der von *Schily* eingereichten Beschwerde zwar anerkannt, dass es keinen gesetzlichen Ausschlusstatbestand gab, war dann aber von einer gewohnheitsrechtlich verankerten Möglichkeit des Ausschlusses ausgegangen.

718 *Schmidt-Leichner*, NJW 1973, 969; zum Verteidigerausschluss weiter *Schulte*, Terrorismus und Antiterrorismus-Gesetzgebung, S. 108 f.

719 „Fragmentarische Regelung" der Ausschließung eines Rechtsanwalts, vgl. *Wuttke*, NJW 1972, 1984 f.

720 So diente beispielsweise als neuer Argumentationsansatz bei seinem Beschluss vom 15.11.1955 der Begriff der Sicherung des Rechtsstaates, vgl. BGHSt 8, 194 (197 f.).

721 Ausführlich zu dieser Problematik siehe *Remagen-Kemmerling*, Der Ausschluss des Strafverteidigers in Theorie und Praxis, S. 19 ff.

722 BGHSt 8, 194 (199).

723 Im sog. „Schily"-Beschluss, vgl. BGH NJW 1972, 2140 (2141).

Die Schaffung der den Verteidigerausschluss regelnden Normen wurde von allen Seiten bezüglich Umfang und Form diskutiert: Zum einen würde die Fortdauer des regelungslosen Zustandes dazu führen, dass die Verantwortung für ein rechtsstaatliches Verfahren allein bei den Gerichten verbliebe, indem diese die gesetzliche Lücke füllen müssten;[724] dies sprach wiederum für eine umfassende Regelung. Andere Stimmen bevorzugten die Lösung im Wege einer Ehrengerichtsbarkeit als weniger einschneidend.[725] Schließlich reichten die Kritiken bis hin zum Vorwurf, man wolle eine gegen Verteidiger in politischen Strafsachen gerichtete Praxis mit Hilfe der geplanten Ausschlussnormen legalisieren,[726] auch von einer „lex RAF" war die Rede.[727]

Was die Praxis angeht, hat diese Norm bislang keine größere Bedeutung erlangt: Im Zeitraum zwischen 1975 und 1990 gab es bundesweit 89 Ausschlussverfahren, davon 28 mit rechtskräftigen Ausschlüssen.[728] Von diesen Ausschlussverfahren waren nur 17 Verfahren solche, die Verfahren mit terroristisch bzw. politisch motivierten Straftaten als Hintergrund hatten.

2. Beschränkung der Verteidigerzahl § 137 StPO

Aufgrund der Vorkommnisse während des Stammheimprozesses wurde der Gesetzgeber auch hinsichtlich der Beschränkung der Verteidigerzahl tätig. Hintergrund dessen war, dass am 14.1.1974 bei der Antragstellung auf Eröffnung der gerichtlichen Voruntersuchung für den Beschuldigten *Baader* 22 Anwälte, für *Ensslin* und *Meinhof* je 16, für *Meins* 14 und für *Raspe* 17 Anwälte als Verteidiger bevollmächtigt waren. Aufgrund der zu diesem Zeitpunkt noch zulässigen Mehrfachverteidigung waren bei Anklageerhebung am 2.10.1974 schließlich 30 Anwälte für die Angeklagten tätig. [729]

Eine Limitierung der Verteidigeranzahl ist laut BVerfG verfassungsmäßig,[730] jedoch ist sie rechtspolitisch höchst umstritten. Sie beschränkt sich nicht auf die

---

724 *Schmidt-Leichner*, NJW 1973, 969 (972), bei dem es heißt: „Wer es bei einem ‚gesetzlosen Zustand' belassen will, verlagert die ‚Verantwortung für ein rechtsstaatliches Verfahren' letzten Endes doch wieder auf den Tatrichter und den Revisionsrichter."

725 *Rudolph*, DRiZ 1973, 257 (259).

726 *Hannover*, KJ 1974, 135.

727 *Croissant*, in: Politische Prozesse, S. 19 ff.

728 *Remagen-Kemmerling*, Der Ausschluss des Strafverteidigers in Theorie und Praxis, S. 92; *Rieß*, NStZ 1981, 328 (Statistik für die Jahre 1975 bis 1980); *Julius*, in: Heidelberger Kommentar, § 138 a StPO, Rn. 2.

729 *Löchner*, in: FS Rebmann, S. 303 (311).

730 BVerfG NJW 1975, 1013.

für ihre Entstehung verantwortlichen RAF-Prozesse.[731] Es sind vielmehr auch solche Verfahren davon umfasst, bei deren Umfang es durchaus geboten erschiene, nicht zuletzt aus Beschleunigungsgründen, mehrere Verteidiger zu beteiligen.[732]

3. Verbot der Mehrfachverteidigung in einer Strafsache, § 146 StPO

Bereits am 1.1.1975 war die Reform des Strafverfahrensrechts in Kraft getreten.[733] Im Mittelpunkt dieser Reform stand die neue Fassung des § 146 StPO, der ein ausdrückliches Verbot der Mehrfachverteidigung vorsieht. Zweck der Vorschrift war es, die Gefahr einer Interessenkollision von Gesetzes wegen von vornherein auszuschließen, also dem Beschuldigten eine ordnungsgemäße und wirksame Verteidigung zu ermöglichen durch Vermeidung von Interessengegensätzen mehrerer Beschuldigter in derselben Sache.[734] Verneint wurde, dass es sich speziell um eine Norm zur Bekämpfung des Terrorismus handele.[735] Jedoch spiele sie gerade in solchen Verfahren eine besondere Rolle, was sich aus der Rechtsnatur des Vergehens nach § 129 a StGB als Dauerstraftaten ergebe.[736] Insofern hing die Schaffung des neuen § 146 StPO sehr wohl mit der in der Bundesrepublik Deutschland vorherrschenden Situation zusammen, war also Resultat der Erfahrungen mit Verfahren gegen RAF-Mitglieder, wohin die RAF bis zur Strafrechtsänderung als kriminelle Vereinigung i.S.d. § 129 StGB galt und mit Einführung des § 129 a StGB zur terroristischen Vereinigung wurde.

Insbesondere in Verfahren wegen Straftaten nach §§ 129, 129 a StGB wurde Kritik hinsichtlich des § 146 StPO laut. Angeführt wurde, die weite Auslegung der Norm führe dazu, dass wegen Organisationsdelikten Beschuldigte häufig nur unter großen Schwierigkeiten mit dieser Rechtsmaterie vertraute Verteidiger finden könnten. Dies stelle einen Verstoß gegen den aus dem Rechtsstaatsprinzip ableitbaren Grundsatz des „Fair Trial" und gegen das Prinzip der Waffengleichheit zwischen Staatsanwaltschaft und Verteidigung dar.[737] Doch eine restriktive Auslegung bei der Anwendung des § 146 StPO seitens der Rechtsprechung war zu diesem Zeitpunkt noch nicht zu erkennen.

731 *Schmidt*, MDR 1977, 529 ff.

732 Kritisch hierzu *Schmidt-Leichner*, NJW 1975, 417 (419 f.).

733 BGBl. 1974 I, S. 3686.

734 *Rebmann*, NStZ 1981, 41.

735 Vgl. *Schmidt*, MDR 1977, 529 (530 f.); *Heinicke*, NJW 1978, 1497.

736 *Rebmann*, NStZ 1981, 41 (42).

737 Vgl. *Rebmann*, NStZ 1981, 41 (42).

4. Möglichkeit der Hauptverhandlung auch in Abwesenheit des Angeklagten, §§ 231 a, 231 b StPO

Mit Art. 1 Nr. 10 des Ergänzungsgesetzes kam es zur Einfügung der §§ 231 a, 231 b StPO, womit erstmals im deutschen Strafprozess die Möglichkeit eines Abwesenheitsverfahren geschaffen wurde, in dem jede gesetzlich zulässige Strafe, also auch die lebenslängliche Freiheitsstrafe, verhängt werden kann.[738]

a) § 231 a StPO

Diese Norm ermöglicht im Falle der bewusst herbeigeführten Verhandlungsunfähigkeit die Verhandlungsführung auch ohne den Angeklagten.[739] So ist die Hauptverhandlung ohne den Angeklagten fortzusetzen, wenn dieser sich vor Beginn der Hauptverhandlung oder nach deren Beginn, aber vor seiner Vernehmung über die Anklage, nach Auffassung des Gerichts vorsätzlich und schuldhaft in einen im Sinne von § 205 StPO seine Verhandlungsfähigkeit ausschließenden Zustand versetzt hat und dadurch wissentlich die ordnungsgemäße Durchführung der Hauptverhandlung in seiner Gegenwart verhindert, soweit das Gericht seine weitere Anwesenheit nicht für unerlässlich hält. Auch für diese Regelung gilt als Auslöser der Stammheimprozess,[740] über dem das „Damoklesschwert“[741] der Verhandlungsunfähigkeit schwebte, herbeigeführt durch einen Hungerstreik als Protest gegen die Haftbedingungen. Die Möglichkeit der Verhandlungsführung ohne den Angeklagten bei bewusster Herbeiführung der Verhandlungsunfähigkeit war zwar auch schon nach § 231 Abs. 2 StPO möglich,[742] doch nur mit der Einschränkung, dass dessen Vernehmung bereits erfolgt war.[743] Insofern wäre es den angeklagten RAF-Mitgliedern möglich gewesen, den Prozess vor oder unmittelbar nach dessen Beginn zu suspendieren, indem sie sich bis zu ihrer ersten Vernehmung zur Anklage verhandlungsunfähig gehungert hätten.[744]

---

738 *Rudolphi*, JA 1979, S. 1, 6.

739 *Becker*, in: Löwe-Rosenberg, § 231 a Rn. 1.

740 Vgl. auch *Hamm*, Die Revision in Strafsachen, Rn. 421.

741 So *Schulte*, Terrorismus und Antiterrorismus-Gesetzgebung, S. 114.

742 Vgl. BGHSt 2, 300 (304).

743 *Löchner*, in: FS Rebmann, S. 303 (315).

744 Zur tatsächlichen und rechtlichen Problemstellung, wie z.B. Verfassungsmäßigkeit der Vorschrift vgl. *Schulte*, Terrorismus und Antiterrorismus-Gesetzgebung, S. 115.

b) § 231 b StPO

Zweck dieser Norm ist es wiederum, die ordnungsgemäße Durchführung der Hauptverhandlung auch in den Fällen zu ermöglichen, in denen der Angeklagte nach § 177 GVG aus dem Sitzungszimmer entfernt werden muss, weil er sämtliche getroffene Anordnungen zur Aufrechterhaltung der Ordnung missachtet.[745] Grundsätzlich hat der Angeklagte das Anwesenheitsrecht während des Verlaufs der Hauptverhandlung; versucht er hingegen, durch permanentes Stören deren ordnungsgemäßen Ablauf zu verhindern, verwirkt er seinen Anspruch auf Anwesenheit. Hintergrund dieser Vorschrift waren die ständigen Auseinandersetzungen zwischen den RAF-Häftlingen und dem Vorsitzenden Richter *Prinzing*. So kam es beispielsweise zu einem Wortwechsel zwischen *Prinzing* und dem Angeklagten *Baader*, im Laufe dessen Letzterer das Ziel hatte, von der Verhandlung ausgeschlossen zu werden. Dabei bezeichnete *Baader* Richter *Prinzing* als „faschistisches Arschloch" und *Ensslin* den Richter kurz darauf als „altes Schwein".[746]

VI. Zusammenfassung

Durch die große Strafrechtsreform im Jahr 1951 wurde der Tatbestand der kriminellen Verbindung bzw. Vereinigung gänzlich geändert. Bis dahin war die Teilnahme an einer Verbindung, zu deren Zwecken oder Beschäftigungen es gehörte, Maßregeln der Verwaltung oder die Vollziehung von Gesetzen durch ungesetzliche Mittel zu verhindern oder zu entkräften, strafbar. Mit dem 1. Strafrechtsänderungsgesetz wurde nunmehr pönalisiert, wer eine Vereinigung gründete, deren Zwecke oder deren Tätigkeit darauf gerichtet waren, strafbare Handlungen zu begehen, oder wer sich an einer solchen Vereinigung als Mitglied beteiligte, sie unterstützte oder zu ihrer Gründung aufforderte. Gleichzeitig wurde eine Regelung über tätige Reue eingeführt sowie der Straftatbestand um die Strafschärfungsgründe für Rädelsführer und Hintermänner erweitert. Damit wurde ein neues Staatsschutzrecht geschaffen, wenngleich auf eine politische Bezugnahme in § 129 StGB verzichtet wurde, was jedoch dem eigentlichen Charakter der Norm, wie aufgezeigt, nicht entsprach. Mitte der 1950er widmete man sich der weiteren Entwicklung so Norm, die zunächst zu einer Änderung im Entwurf der Norm von 1962 führte. Der zu weit geratene § 129 StGB sollte auf seinen „unpolitischen"

---

745 *Becker*, in: Löwe-Rosenberg, § 231 b Rn. 1.

746 Der gesamte Ablauf der Konversation nachlesbar unter: www.raf-in-stammheim.de/Prozess.html#%E2%80%9EFaschistisches_Arschloch!%E2%80%9C, zuletzt besucht am 21.3.2013.

Charakter beschränkt werden. So erweiterte man die Vorschrift um einen Absatz 2, der eine Ausschlussklausel darstellen sollte, nach der politische Vereinigungen nicht unter den Tatbestand fallen sollten, was auch die Konsequenz aus dem Urteil des BVerfG zum Verbot der KPD bzw. aus dessen Rechtsprechung, politische Parteien gänzlich aus dem Anwendungsbereich des § 129 StGB herauszunehmen, darstellte. Weiterhin wurde in den Tatbestand die Begehungsvariante des Werbens eingefügt, um die erfolglose Unterstützung zu erfassen. Durch das Vereinsgesetz vom 5.8.1964 wurde der Entwurf der Großen Strafrechtskommission schließlich umgesetzt und die §§ 90 a, 129 a StGB in ihrer bisherigen Form gestrichen sowie § 129 StGB geändert. Grundgedanke dieser Reform war, bei Organisationsdelikten mit politischem Bezug die Strafbarkeit davon abhängig zu machen, ob es zu einem Verbot der betroffenen Vereinigung gekommen war. Eine Kriminalisierung politischer Parteien sollte dadurch verhindert werden. In der Praxis machten sich die Begrenzungsvorschriften jedoch kaum bemerkbar.

Die Begehungsvariante des Werbens erfuhr 1978 durch ein Urteil des BGH eine wesentliche Erweiterung. Hier urteilte das Gericht, dass auch die sog. Sympathiewerbung von § 129 a StGB mit umfasst werde. Hierunter fällt jede Propaganda,[747] die auf die Stärkung der Vereinigung abzielt; ein Erfolg ist jedoch nicht erforderlich. Sowohl die Tatbestandsvarianten des Werbens als auch des Unterstützens einer kriminellen Vereinigung verfügen über keine geringere Strafandrohung als die Bildung einer solchen und werden darüber hinaus von den Gerichten weit ausgelegt. Wie festgestellt, unterliegen die Änderungen oder Erweiterungen einer Strafnorm auch dem im Land und in der Gesellschaft vorherrschenden politischen Klima. Mit Beginn der kriminellen bzw. terroristischen Aktivitäten seitens der RAF wurde auch der Ruf nach einer weiteren Verschärfung des Strafrechts lauter. 1976 wurde das StGB schließlich auf Grundlage des Gesetzes zur Änderung des StGB, der StPO, des GVG, der BRAO und des StVollzG vom 18.8.1976 um § 129 a StGB erweitert, in dem die Verhaltensweisen von Mitgliedern *terroristischer* Vereinigungen kriminalisiert werden. Ziel war die Erfassung solcher krimineller Vereinigungen, „deren Gefährlichkeit dadurch gekennzeichnet ist, dass ihre Tätigkeiten auf die Begehung schwerster Delikte gerichtet sind."[748] Zwar im StGB angesiedelt, handelt es sich hier aber um eine Art „strafprozessualer Exklave" im StGB.[749] Diese Norm bildet den Anknüpfungspunkt für unterschiedliche Sonderregelungen der StPO, des StVollzG, GVG und der BRAO. Zu einer weiteren Verschärfung im Vorgehen gegen terroristische Vereinigungen kam es 1986 mit der Aufwertung der Tathandlungen des Gründens und der Teilnahme von einem Vergehen zu einem Verbrechen. Auch hier

747 Z.B. „Es lebe die RAF".

748 BT-Drucks. 7/5401, S. 4 f.

749 So bezeichnet bei *Felske*, Kriminelle und terroristische Vereinigungen, S. 449.

spielte der Druck der Öffentlichkeit eine wesentliche Rollen, nachdem es weiterhin zu terroristische Gewalttaten gekommen war. Das Gesetz wurde in einer „Atmosphäre aufgeladener politischer Gegensätze“ in höchster Eile ausgearbeitet.[750] War § 129 a StGB zunächst auf schwerwiegende Verbrechen – typische Erscheinungsformen des Terrorismus – als Bezugstaten beschränkt, so wurde diese Beschränkung mit Einfügung der Bezugstaten der §§ 315 Abs. 1, 316 b Abs. 1 und § 305 a StGB aufgehoben.

Am 30.8.2002 trat das 34. Strafrechtsänderungsgesetz vom 22.8.2002 in Kraft, was die Einfügung des § 129 b StGB zu Folge hatte. Damit wurde der Anwendungsbereich des § 129 a StGB auf ausländische terroristische Vereinigungen erweitert, wobei für Vereinigungen im Nicht-EU-Ausland Einschränkungen zu beachten sind. Die Einführung des § 129 b StGB geht auf die Gemeinsame Maßnahme des EU-Rates vom 21.12.1998 betreffend die Strafbarkeit der Beteiligung an einer kriminellen Vereinigung in den EU-Mitgliedstaaten zurück. Art 4 Abs. 1 dieser Gemeinsamen Maßnahme verpflichtet die Mitgliedstaaten dafür Sorge zu tragen, dass die Beteiligung an einer kriminellen Vereinigung in ihrem Hoheitsgebiet strafrechtlich geahndet werden kann, „unabhängig von dem Ort im Hoheitsgebiet der Mitgliedstaaten, an dem die Vereinigung ihre Operationsbasis hat oder ihre strafbare Tätigkeiten ausübt“. Der deutsche Gesetzgeber hatte hier nachzubessern, da bis dahin nach §§ 129, 129 a StGB eine Tat nur dann strafbar war, wenn die Vereinigung zumindest in Form einer Teilorganisation in Deutschland bestand.

Schließlich wurde im Rahmen dieses Strafrechtsänderungsgesetzes noch die Tatmodalität des Werbens auf das Werben um Mitglieder oder Unterstützer beschränkt sowie die Sympathiewerbung gestrichen.

---

750 *Krauß*, in: LK, § 129 a S. 387.

C. Straftatbestände zur Bekämpfung der „asociaciones ilícitas" in Spanien

Dass die Schaffung und Änderung bestimmter Strafrechtsnormen oftmals in Zusammenhang mit geschichtlichen Ereignissen steht und diese Hintergründe erforderlich sind, um die Schaffung und Änderung der jeweiligen Norm zu verstehen, hat der Teil der vorliegenden Dissertation, der sich mit dem deutschen Strafrecht befasst, bereits zum Ausdruck gebracht. Aus diesem Grund soll der spanische Teil nun mit einem kurzen Abriss der spanischen Geschichte seit Ende des spanischen Bürgerkrieges im April 1939 eingeleitet werden.

I. Überblick zur spanischen Geschichte

1. Spanien seit 1939: Diktatur und Demokratie

Bereits konsequent nach Beendigung des Bürgerkrieges in Spanien (1936-1939)[751] verfolgte das siegreich aus diesem hervorgegangene Franco-Regime seine konservative Ideologie und wendete sich gegen die Kräfte der Zweiten Republik[752], die sich für Modernisierung in Form von Liberalisierung, Sozialismus, Kommunismus und Freimaurerei einsetzten, und machte nahezu alle bislang durchgeführten Modernisierungsmaßnahmen der vergangenen Jahre rückgängig. Unter *Francisco Francos*[753] Herrschaft ging es um eine „Rückkehr zu den ureigensten Elementen des spanischen Wesens", die insbesondere unter den katholischen Königen und dem damit verbundenen Aufbruch Spaniens zu einer weltpolitischen Großmacht von Bedeutung waren. *Franco* hatte es sich zum Ziel gemacht, das Land von Entwicklungen in Europa und den westlichen Gesellschaften abzukoppeln.[754] Es sollte ein „Neuer Staat" aufgebaut werden, der auf

751 Zur Historie des spanischen Bürgerkrieges überblicksartig vgl. *Bernecker*, Spanische Geschichte, S. 150 ff.

752 Vom Ende der Ersten bis zum Scheitern der Zweiten Republik (1874-1939) siehe *Schmidt*, Kleine Geschichte Spaniens, S. 329 ff.

753 *Francisco Paulino Hermenegildo Teódulo Franco y Bahamonde Salgado Pardo*, geboren am 4.12.1892 in Ferrol/Galicien), gestorben am 20.11.1975 in Madrid; zur Entwicklung zum Diktator vgl. *Tussel*, La dictadura de Franco, S. 111 ff.

754 *Bernecker*, Spanische Geschichte, S. 177.

konservativ-katholischen Traditionen und der Ideologie der sog. *Falange*[755] gestützt sein sollte.

Was die Legitimation des franquistischen Regimes anging, so wurde diese aus dem Bürgerkrieg und dem traditionellen Katholizismus abgeleitet, demokratische Institutionen wie Gewaltenteilung oder ein allgemeines Wahlrecht wurden ebenso abgelehnt wie eine Verfassung[756].[757] Das Land wurde erneut durch einen Diktator gelenkt.[758] Diese ausgedehnte Regierungsperiode lässt sich in drei Phasen aufteilen: Die Zeit zwischen 1939 und 1959 umfasst die erste dieser drei Phasen. Diese von anhaltenden Repressionen, einem autoritären System und von sozioökonomischem Elend geprägte Zeit wird wegen der blauen Hemden der Falangisten oft als „blaue Phase" bezeichnet. Die Phase der „Technokraten" (1957/1959-1969) setzte zwanzig Jahre später ein und löste eine bis dahin weitgehend autarke Wirtschaftspolitik ab. Das Land öffnete sich u.a. dem in den 1960er Jahren aufkommenden Massentourismus. Die Jahre zwischen 1969 und 1975 gelten als die schließlich letzte Phase des Regimes, die zwar von Modernisierung insbesondere im Bildungswesen und positiver wirtschaftlicher Entwicklung geprägt war, jedoch die Politik des Franco-Regimes kaum mehr angemessen auf sämtliche Veränderungen in der spanischen Gesellschaft reagieren konnte.[759]

---

755 Die Bewegung der Falange (*el movimiento falangista*) als politische Gruppierung hatte bis 1936 nur marginale Bedeutung. Aus taktischen Gründen verfügte *Franco* die Adoption der nationalsyndikalistischen Falange: Innenpolitisch vor allem von der schwärmerischen Jugend getragen – 70% der Mitglieder waren unter 21 Jahren –, die sich durch den Krieg eine Erneuerung der spanischen Gesellschaft erhofft hatte, war die Bewegung ein nützliches Instrument zur Bekämpfung von Demokratie und Sozialismus. Bestehend aus ihrer Frauenorganisation, der Jugendfront und der Organisation für die Studierenden, die neben die Gewerkschaftsverbände traten, bildete sich die sog. *Falange Española Traditionalista y de las Juntas de Ofensiva Nacional-Sindicalista* (kurz *FET y de kis JONS*) ein gesellschaftliches Sammelbecken, zu dem 1939 ca. 650 000 "Blauhemden" gehörten. 1942 war die Anzahl der Mitglieder auf 942 000 gestiegen. *Franco* ging jedoch sehr berechnend mit der Falange um – wann immer es ihm nützlich erschien, griff er auf deren syndikalistische Rhetorik zurück, jedoch vermied er es im Gegenzug, entscheidende Ministerien, wie z.B. das der Wirtschaft oder der Finanzen mit deren Mitgliedern zu besetzen. Die konservativen Revolutionäre erreichten nie mehr als 5% der hohen Ämter im Franco-Staat. *Schmidt*, Kleine Geschichte Spaniens, S. 447-449; *Payne*, Falange, S. 143-161.

756 Es wurden im Laufe der Zeit allerdings „Grundgesetze" erlassen, welche das Regime konstitutionell untermauern sollten. In diesen dogmatischen Gesetzen waren die ideologische Grundlage sowie staatsphilosophische Bestimmungen enthalten. In staatsrechtlichen Gesetzen wurden hingegen der Einsatz grundlegender politischer Institutionen und deren Kompetenzen sowie Beziehungen zueinander geregelt; vgl. *Bernecker*, Spanische Geschichte, S. 178.

757 *Bernecker*, Spanische Geschichte, S. 177

758 Bereits von 1923 bis 1930 herrschte in Spanien eine Diktatur unter *Miguel Primo de Rivera*, der durch einen Staatsstreich an die Macht gelangte, vgl. *Bernecker*, Spanische Geschichte, S. 150 ff.

759 Arbeitskämpfe trotz des Verbots der Arbeiterkommissionen, streikende Studenten und Widerstand seitens liberaler Professoren standen auf der Tagesordnung. Von herausragender Bedeu-

2. Spanien nach *Franco*: Die „paktierte“[760] Demokratisierung (1975-1978)

Am 20.11.1975 wurde *Francos* Tod offiziell erklärt und *Juan Carlos I* schließlich am 22.11.1975 zum König Spaniens ausgerufen. Bereits vor seinem Tod hatte sich *Franco* 1969 für eine Regentschaft ausgesprochen und *Juan Carlos* als seinen Nachfolger bestimmt. Es kam zu vielen Demonstrationen, in denen die Mehrheit der Spanier auf die Durchsetzung der Demokratie drängten, was der König aufnahm, jedoch mit äußerster Vorsicht gegenüber den nach wie vor bestehenden Institutionen vorging. Stück für Stück gelang es dem König, die institutionellen Vorgaben der Franco-Diktatur auszuhöhlen und das politische Reformprojekt unter Premierminister *Suárez González* voranzutreiben. Am 15.7.1977 kam es nach 40 Jahren zu den ersten freien Wahlen, im Rahmen derer den franquistischen Kräften des Staates eine endgültige Absage erteilt wurde und auch die kommunistische Partei PCE wieder zugelassen wurde. Nächstes großes Projekt war die Schaffung einer Verfassung, für die eine Arbeitsgruppe gebildet worden war, die 1978 einen ersten, in bestimmten Aspekten am deutschen Grundgesetz orientierten Entwurf vorlegte. Dieser bezeichnete Spanien als „sozialen und demokratischen Rechtsstaat“ unter Fixierung der Grundrechte und ausdrücklichem Festhalten an der Einheit der Nation. Am 6.12.1978 wurde die Verfassung in einem Referendum mit 87% der abgegebenen Stimmen angenommen.[761] Dieser Übergang Spaniens von der franquistischen Diktatur zur Demokratie wird auch „Transition“ (*transición*) genannt und endete offiziell 1982.[762] Das in art. 1.1 der spanischen Verfassung verankerte Modell eines sozialen und demokratischen Rechtsstaates wurde schließlich auch von der spanischen Strafrechtslehre als Grundlage der begrenzenden Prinzipien, wie die Subsidiarität und *ultima ratio*, eines neuen Strafrechts betrachtet.[763]

---

tung war auch die Gründung der ETA im Jahre 1959, hervorgegangen aus einer Gruppe von Jugendlichen, die mit der Politik der bürgerlichen Baskisch-Nationalistischen Partei unzufrieden war. Einen Überblick über diese letzte Phase bietet: *Schmidt*, Kleine Geschichte Spaniens, S. 470 ff.

760 So genannt bei *Schmidt*, Kleine Geschichte Spaniens, S. 479.

761 *Woodworth*, Dirty war clean hands, S. 4; *Schmidt*, Kleine Geschichte Spaniens, S. 486.

762 Zum Begriff siehe auch *Köhler*, El movimiento sindical en España, S. 15 ff. sowie *Bernecker*, VfZ 52, 2004, S. 693 ff.

763 *Mir Puig/Alcácer Guirao*, GA 2005, 244.

II. Über das spanische Recht

Sich in eine fremde Rechtsordnung einzuarbeiten, insbesondere wenn diese einem nur teilweise bzw. in bestimmten Rechtsgebieten vertraut ist und sich diese zudem auch noch in einer fremden Sprache liest, erfordert eine starke Auseinandersetzung mit der Geschichte des gesamten Landes, mit sprachlichen Feinheiten und der gesamten (rechtshistorischen) Entwicklung des jeweiligen Landes. Was die spanische Rechtsordnung angeht, so kommt einem diese jedoch in bestimmten Punkten sehr entgegen, handelt es sich hier ebenfalls um eine solche kontinentaleuropäischen Typs, die uns aus dem deutschen Recht vertraut ist. Schwieriger würde sich die Berührung mit dem angelsächsischen Rechtskreis[764] gestalten, in dem tradierte richterliche Entscheidungen im Mittelpunkt stehen.

1. Geschriebenes Recht

Wie auch in der deutschen Rechtsordnung das Grundgesetz bildet die Spanische Verfassung (CE[765]) von 1978[766] die Grundlage allen Rechts und es gibt ein Gericht, das – wie das Bundesverfassungsgericht – „Hüter der Verfassung"[767] ist, nämlich das *Tribunal Constitucional*[768]. Bekannt aus dem deutschen Recht sind einem auch die in Kodifikationen zusammengefassten bedeutenden Rechtsgebiete – das Pendant zum Bürgerlichen Gesetzbuch (BGB) bildet der *Código Civil* (CC), das zum Strafgesetzbuch (StGB) der *Código Penal* (CP), um zwei solcher Kodifikationen zu nennen. Das Verwaltungsrecht hingegen ist in einer Fülle von verstreuten Einzelgesetzen geregelt, die sich jedoch auch, durch private Verlage zusammengestellt, als Sammlung wiederfinden lassen. Auf nächster Ebene, unterhalb der Gesetze, haben Verordnungen (*reglamentos*) und Erlasse (*decretos*) ihren Rang, die im „Boletín Oficial del Estado"[769] (BOE) abgedruckt

764 Vgl. hierzu ausführlich *von Bernstorff*, Einführung in das englische Recht, S. 69 ff.

765 Constitución Española.

766 BOE v. 29.12.1978; abrufbar unter: www.la-moncloa.es/NR/rdonlyres/79FF2885-8DFA-4348-8450-04610A9267F0/0/constitucion_ES.pdf als offizielle Seite der spanischen Regierung (La Moncla: Regierungssitz in Madrid); um sich einen Überblick über die spanische Verfassung und ihre Verwirklichung im spanischen Recht zu verschaffen, siehe *Adomeit/Frühbeck*, Einführung in das spanische Recht, S. 9 ff.

767 So genannt beispielsweise bei *von Westphalen/Bellers*, Deutsches Regierungssystem, S. 363 f.

768 Wie auch unter der website des Bundesverfassungsgerichts www.bundesverfassungsgericht.de/, gibt es auch in Spanien eine offizielle website des Tribunal Constitucional, auf der man Entscheidungen abrufen kann: www.tribunalconstitucional.es/es/Paginas/Home.aspx.

769 Abrufbar unter: www.boe.es/.

werden[770], was dem deutschen Bundesgesetzblatt entspricht. Zur genaueren Recherche hinsichtlich zu untersuchender Artikel des jeweiligen Gesetzes können, wie in Deutschland auch, Kommentare (*comentarios*) herangezogen werden. Diese sind jedoch zum Teil weitaus weniger umfassend wie solche in der deutschen Strafrechtswissenschaft. Eine der bekanntesten juristischen Zeitschriften ist „LA LEY", in der man Aufsätze seitens der Lehre, aktuelle Jurisprudenz und Bücherbeschreibungen finden kann. Online kann man diese auch täglich abrufen.[771]

2. Gedanken zur Rechtsvergleichung zwischen Deutschland und Spanien

Warum sich im Allgemeinen gerade ein Rechtsvergleich zwischen diesen beiden Länder anbietet, so kann der Grund hierfür in der ähnliche Züge aufweisenden Entwicklung beider Staaten liegen. Es handelt sich jeweils um junge Demokratien – Deutschland wird seit der Gründung der Bundesrepublik Deutschland im Jahre 1949 demokratisch regiert, nach der Wiedervereinigung am 3.10.1990 zudem auch das Gebiet der ehemaligen DDR, Spanien seit Erlass der Verfassung im Jahre 1978. Der jeweilige Regierungschef der Länder, der Bundeskanzler/in bzw. der/die *Presidente del Gobierno* geht mit seinem Kabinett aus Wahlen hervor, die ihrerseits allgemein, unmittelbar, frei, gleich und geheim sind.[772] Eine weitere Gemeinsamkeit liegt in der Parteienlandschaft: Es wird unter verschiedenen, frei gebildeten Parteien um die Mehrheit konkurriert.[773] Noch während der Franco-Diktatur wurde der auch heute noch regierende König *Juan Carlos I* eingesetzt; er ist nicht – wie der deutsche Bundespräsident – lediglich auf repräsentative Funktionen beschränkt, wie dies der Fall des Königs oder der Königin im United Kingdom ist, sondern nach art. 56.1 CE[774] bildet er das Staatsoberhaupt und hat den Oberbefehl über das Heer[775], vgl. art. 62.h CE, mit politischer Verantwortlichkeit der Regierung, so art. 97 CE.

770 *Adomeit/Frühbeck*, Einführung in das spanische Recht, S. 1 f.

771 Abrufbar unter: www.laley.es/content/Inicio.aspx.

772 Dieser Wahlgrundsatz ist verankert in Art. 38 Abs. 1 GG, und Artículo 23.1 CE.

773 Der Parteienpluralismus findet sich in Art. 21 Abs. 1 GG und in Artículo 6 CE.

774 „El Rey es el Jefe del Estado [...]."

775 Am 23.2.1981 konnte ein von einer Gruppe konservativer Militärs versuchter reaktionärer Putsch bei der Wahl des neuen Ministerpräsidenten durch den König unblutig abgewendet werden, indem er dem Militär befahl, in die Kasernen zurückzuziehen und seine Entschlossenheit zur Demokratie bekräftigte; damit war die Demokratie gerettet. Vgl. auch *Schmidt*, Kleine Geschichte Spaniens, S. 494 ff.

Zu einer Rechtsvergleichung des deutschen und spanischen Strafrechts im Besonderen lassen sich folgenden Gedanken ausführen: Setzt man sich mit Grundfragen des Strafrechts auseinander, so hat internationale Resonanz darauf eine Tradition, die sich weit zurück verfolgen lässt. Als Beispiel kann hier *Beccarias* „Dei delitti e delle pene" angeführt werden, das sich wie ein Lauffeuer in ganz Europa verbreitete.[776] Was die deutsche Strafrechtswissenschaft betrifft, so nahm diese eine führende Position in der internationalen Diskussion mit der Gründung der Internationalen Kriminalistischen Vereinigung (IKV) durch *Franz v. Liszt* ein.[777] Durch die mit der NS-Diktatur einhergehende Diskreditierung verlor die deutsche Strafrechtswissenschaft an Einfluss, doch ist es einzelnen Strafrechtswissenschaftlern zu verdanken, die Reputation der deutschen Strafrechtswissenschaft wiederherzustellen, darunter auch *Hans Welzel*. Dessen Einfluss auf Spanien und die Spanisch sprechende Welt ist von enormer Bedeutung.[778] Hieraus sowie aus dem Engagement zahlreicher spanischer Strafrechtswissenschaftler wie *Manuel Cancio Meliá*[779], *Luis Gracia Martín, Francisco Muñoz Conde* oder *Jesús-María Silva Sánchez*, um nur einige zu nennen, hat sich ein deutsch-spanischer strafrechtswissenschaftlicher Dialog entwickelt.[780] In Deutschland teilweise „abgeflaute" Diskussionen werden in Spanien wieder aufgegriffen[781] und man setzt sich mit Theorien von deutschen Strafrechtswissenschaftlern intensiv auseinander.[782] Doch nicht nur die deutsche Strafrechtswissenschaft hat die spanische Doktrin beeinflusst, auch umgekehrt fand eine „wesentliche Erweiterung, Verfeinerung und Vertiefung" der in Deutschland geführten Diskussionen durch spanische Beiträge statt.[783] Die vorliegende rechtsvergleichende Arbeit soll durch Ausführungen zum spanischen Strafrecht hinsichtlich der Strafbarkeit von kri-

776 *Schünemann*, GA 2010, 351.

777 *Bellmann*, Die Internationale Kriminalistischen Vereinigung, S. 22 ff.

778 So bei *Schünemann*, GA 2010, 351 (352).

779 So verweist *Cancio Meliá* sogar ausdrücklich auf die Anlehnung an das deutsche Strafrecht und dessen Begrifflichkeit der „Organisationsdelikte", die für das spanische Strafrecht als *„delitos de organisación"* übernommen worden ist, vgl. *Cancio Meliá/Silva Sánchez*, Delitos de organisación, S. 16.

780 Beispielhaft für diesen Dialog ist auch die Beleuchtung der Bekämpfung des Terrorismus in Deutschland in den 1970er/1980er Jahren seitens der spanischen Strafrechtswissenschaft, vgl. *Miguel Ángel Cano Paños*, RECPC 10-14 (2008).

781 So z.B. die Diskussion um das moderne Strafrecht und die Rückkehr zu einem klassischen Strafrecht durch die Frankfurter Autoren, ausführliche Auseinandersetzung bei *Silva Sánchez*, GA 2010, 307 ff. sowie *Gracia Martín*, GA 2010, 323 ff.

782 Z.B. die Grundkonzepte *Günther Jakobs* hinsichtlich des Normativismus sowie der Theorie vom Feindstrafrecht, vgl. beispielsweise *Cancio Meliá*, ZStW 117 (2005), 267 ff.; zum deutsch-spanischen Dialog insbesondere vor dem Hintergrund der internationalen Kriminalpolitik vgl. auch *Cancio Meliá*, in: FS Tiedemann, S. 1489 ff.

783 Vgl. *Schünemann*, GA 2010, 351 (356).

minellen Vereinigungen und der Gegenüberstellung beider Strafrechtssysteme in diesem Aspekt ebenso einen solchen Beitrag leisten.

III. Einführung in das spanische Strafrecht

1. Allgemeines über die spanische Strafrechtswissenschaft

Im spanischen Strafrecht wird zwischen objektivem und subjektivem Strafrecht (*derecho penal objetivo y derecho penal subjetivo*) differenziert, wobei sich ersteres auf die Rechtsordnung allgemein mit sämtlichen definierten Delikten und den damit verbundenen strafrechtlichen Konsequenzen bezieht und letzteres auf das Sanktionsbedürfnis des Staates (*ius puniendi*).[784] Wie im deutschen Recht wird diese Möglichkeit, seitens des Staates eine Strafe zu verhängen, wiederum durch das objektive Recht beschränkt, denn es gilt auch hier der Grundsatz „nullum crimen, nulla poena sine lege".[785] Was die Arten von Strafen angeht, so legt art. 32 CP fest, dass es ausschließlich die Freiheitsstrafe *(privativas de libertad*), die Strafe in Form von Beschränkungen anderer Rechte (*privativas de otros derechos*) und die Geldstrafe (*multas*) gibt. Neben den Strafen gibt es jedoch auch Maßnahmen der Sicherung (*medidas de seguridad*); diese haben nicht den Anspruch der Abgeltung der Tat, sondern es geht um die Bekämpfung der Gefährlichkeit des Rechtssubjekts und die Verhinderung künftiger Straftaten.[786] Mit dem Inkrafttreten des Código Penal von 1995 wurde das Gesetz über die Gefährlichkeit und Resozialisierung (*Ley de Peligrosidad y Rehabilitación social*) von 1970 abgeschafft und damit auch jede zuvor noch möglichen „vordeliktischen Maßnahmen" (*medidas predelictivas*).[787]

Die Ideen deutscher Strafrechtswissenschaftler haben auch ihren Einfluss auf das gesamte spanische Strafrecht und dessen Dogmatik genommen. So war beispielsweise der Strafrechtler *Luis Jiménez de Asúa*[788] ein Anhänger der Lehre *v. Liszts* und verarbeitete die Ausführungen *v. Liszts* in seinen Veröffentlichungen.

784 *Landrove Díaz*, Introducción al Derecho Penal Español, S. 17, 20.

785 *Landrove Díaz*, Introducción al Derecho Penal Español, S. 20.

786 Dieses „zweigleisige" System hat seinen Ursprung im Vorentwurf des Schweizerischen Strafgesetzbuches von *Carl Stoos* aus dem Jahr 1893.

787 *Landrove Díaz*, Introducción al Derecho Penal Español, S. 23.

788 Spanischer Jurist und Politiker (1889-1970), Professor an der Universidad Central de Madrid (heutige Universidad Complutense) und nach der Machtübernahme *Francos* Professor an der Universidad de Buenos Aires. Sein bedeutendstes Werk ist der „Tratado de Derecho Penal" in sieben Bänden; vgl. *Sáez-Capel*, Luis Jiménez de Asua, abrufbar unter www.cienciaspenales.net.

Doch mit Beginn des spanischen Bürgerkrieges erfuhr die gesamte Strafrechtswissenschaft einen herben Rückschlag – die bekanntesten Strafrechtler flohen ins Exil oder verschwanden gänzlich. Erst in den 1960er Jahren erholte sich die Strafrechtswissenschaft wieder und es galt, an ihrem Ruf bis 1936 wieder anzuknüpfen. Insbesondere die letzten Jahre gelten als besonders fruchtbar, jedoch wird auch kritisiert, man ahme ausländische Strafrechtswissenschaften nach bzw. passe sich diesen an, was besonders für deutsche Modelle gelte.[789] Gefordert wird, dass man die Entwicklungen und Beiträge aus dem Ausland zwar nicht ignoriere, jedoch das Augenmerk auf die nationale gesellschaftliche Realität mit ihren Normen richte. In den vergangenen Jahren ist das Interesse der spanischen Strafrechtler, das Strafrecht zu modernisieren, stetig gestiegen, was schließlich im Erlass eines neuen Código Penal im Jahr 1995 gipfelte. Mit eingearbeitet wurden hier wiederum deutsche strafrechtliche Erkenntnisse: Die Lehre von *Roxin* stieß auf große Zustimmung und lieferte ihren Beitrag in der Ausarbeitung des neuen spanischen Strafgesetzbuches. In der spanischen Strafrechtswissenschaft ebenfalls besonders anerkannt ist die Lehre des Strafrechtsdogmatikers *Jakobs*, der die Diskussion in Spanien, aber auch Lateinamerika beeinflusst hat.

2. Die Kodifizierung des spanischen Strafrechts

In Spaniens Rechtsgeschichte kann man auf zahlreiche Strafgesetzbücher und Reformen zurückblicken, über die hier ein kurzer Überblick[790] gegeben werden soll:

a) Der Código Penal von 1822

Durch das Parlament von Cádiz (1812) wurde eine große „Kodifikationswelle" in Gang gesetzt, wobei es schon zuvor zu Bestrebungen gekommen war, das Strafrecht zu kodifizieren.[791] Bereits unter Karl III. wurde eines der Mitglieder des Rates von Kastilien mit einer Ausarbeitung eines Auszuges aus den geltenden strafrechtlichen Bestimmungen beauftragt, um einen Vorläufer eines möglichen Strafgesetzbuches zu entwickeln. Auch das Parlament von Cádiz beschäftigte sich 1813 mit der Ausarbeitung, so dass 1814 Kommissionen damit betraut wurden. Aufgrund verschiedener politischer Entwicklungen fruchteten diese Versu-

789 *Landrove Díaz*, Introducción al Derecho Penal Español, S. 53, 54.

790 *Suárez-Mira/Judel/Piñol*, Manual de Derecho Penal. Tomo I Parte General, Tema 2 II., S. 86 ff.

791 Kurzer Überblick über die Geschichte des CP bei *Vicente Chamorro*, Algunas consideraciones sobre Delito y Sociedad, S. 51 ff.

che der Schaffung eines Código Penal jedoch nicht und es kam erst 1822[792] nach der Restauration der zuvor außer Kraft gesetzten Verfassung zur Umsetzung des ersten spanischen Strafgesetzbuches.[793] Der aus 816 Artikeln bestehende Código Penal verfolgte mittels des Einsatzes von Strafe eine Abschreckungsfunktion, was zu Folge hatte, dass die Vollstreckung der Todesstrafe, die Hinführung des Verurteilten zum Schafott, möglichst publikumswirksam inszeniert wurde. Jedoch waren auch fortschrittliche Neuerungen im Vergleich zur bisherigen Gesetzgebung zu verzeichnen, wie z.B. die Abschaffung bestimmter Straftaten (Sodomie, Hexerei etc.) oder die Achtung der Würde des Straftäters. Mit der Wiedereinsetzung des absolutistischen Regimes wurde der Código Penal jedoch wieder abgeschafft[794] und man kehrte zum zuvor geltenden Zustand zurück, sodass die Geltung des Código Penal von 1822 nur von kurzer Dauer war, womit wiederum überhaupt dessen praktische Relevanz bezweifelt werden kann.[795] Weitere Kodifikationsversuche in der Folgezeit führten zu keinem praktischen Ergebnis. Allerdings gab es bereits in diesem Strafgesetzbuch erste Vorläufer der Strafbarkeit krimineller Vereinigungen. Im vierten und siebten Titel des dritten Kapitels waren all die Strafvorschriften in Zusammenhang mit Banden (*facciones*), Vereinigungen (*confederaciones*), Versammlungen (*reuniones*) sowie mit Verbrecherbanden (*cuadrillas de malhechores*) zu finden.

Neben den Vorschriften im Strafgesetzbuch gab es auch zu dieser Zeit bereits Sondergesetze hinsichtlich bestimmter Zusammenschlüsse, wie z.B. das Gesetz vom 17.4.1821 „über das Wissen und die Vorgehensweise in Fällen von Verschwörung".[796]

aa) Cuadrilla de malhechores, arts. 338-349 CP

Hierbei handelt es sich wohl um die der kriminellen Vereinigung am nächsten stehende Vorläufernorm. Angesiedelt war diese neben den Delikten gegen den Frieden und die öffentlich Ordnung im siebten Kapitel unter der Rubrik „von den Verbrecherbanden und denjenigen, die das öffentliche Vermögen bestehlen, Post abfangen oder Rechtsgüter wie auch Leistungen des Staates oder der öffentlichen

---

792 Verkündet am 9. Juli 1822, in Kraft getreten am 1.1.1823 durch den Real Orden vom 27.9.1822.

793 *Ibán*, Introducción al Derecho Español, S. 115; *ders.* (dt. Übersetzung), Einführung in das spanische Recht, S. 139.

794 Am 1.10.1823 annulierte Fernando VII. sämtliche Akte der konstitutionellen Regierung, was wiederum den Wegfall auch des CP zur Folge hatte, vgl. *Landrove Díaz*, Introducción al Derecho Penal Español, S. 59

795 *Ibán*, Introducción al Derecho Español, S. 115; *ders.* (dt. Übersetzung), Einführung in das spanische Recht, S. 139 f. sowie *Landrove Díaz*, Introducción al Derecho Penal Español, S. 59.

796 Ley de 17 de abril de 1821 sobre „el conocimiento y modo de proceder en las causas de conspiración", vgl. *García Pablos de Molina*, Asociaciones ilícitas, S. 23 ff.

Hand beschädigen"[797]. Die Bande im Sinne der *cuadrilla* ist in art. 338 CP definiert: Es handelt sich um eine solche bei „jeder gemeinschaftlichen Versammlung oder Vereinigung von vier oder mehr Personen, um zusammen oder getrennt, aber mit dem Einverständnis aller, ein Delikt oder Delikte gegen Personen oder Besitztümer öffentlicher oder privater Art zu begehen."[798] In art. 339 CP wird ferner bestimmt, dass sich bereits derjenige strafbar macht, der der Verbrecherbande zugehörig ist; es muss nicht erst zu einer von der Bande begangenen Straftat gekommen sein.[799]

bb) Straftatbestände in Zusammenhang mit Banden (*facciones*), Vereinigungen (*confederaciones*), Versammlungen (*reuniones*)

Diese Tatbestände sind im vierten Kapitel in den arts. 315-319 CP zu finden. Auch für die Bande gilt wiederum, dass die bloße Zugehörigkeit zu dieser bereits strafbar ist. Dieses Charakteristikum wird auch in späteren Strafgesetzbüchern hinsichtlich krimineller Vereinigungen weiter bestehen. Nach art. 316 CP werden diejenigen mit Geldstrafe oder Gefängnis bestraft, die sich unter der Fahne eines religiösen Kultes zu Bruderschaften, Laienbruderschaften oder sonstigen ähnlichen Vereinigungen formieren, ohne Erlaubnis und Kenntnis seitens der Regierung. Ferner muss die jeweilige Verbindung sofort aufgelöst werden. Art. 317 CP bestraft die Individuen mit Gefängnis oder Geldstrafe, die sich gesetzeswidrig und ohne Erlaubnis des Gerichts zu einer Verbindung oder Vereinigung zum gemeinschaftlichen Wirken zusammenschließen und dabei mit ähnlichen Verbindungen korrespondieren oder öffentliche Akte durchführen. Die Strafe erhöht sich, wenn die genannten Verbindungen oder Vereinigungen sich bei einer Handlung der Stimme des Volkes oder einer öffentlichen Autorität bedienen. In art. 318 CP geht es um solche Vereinigungen (*confederaciones*), die zwar gesetzlich anerkannt sind, sich jedoch gegen eine Anordnung der Regierung oder einer Obrigkeit stellen oder die Ausführung eines Gesetzes, einer Verordnung, eines Justizaktes oder rechtlichen Amtes verhindern, suspendieren, stören oder erschweren. Diese Vereinigungen machen sich auch dann strafbar, wenn sie sich anderweitig gesetzeswidrig verhalten. Wie groß die Sorge vor den Handlungen

---

797 „*de las cuadrillas de malhechores y de los que roban los caudales públicos o interceptan correos o hacen daños en bienes o efectos pertenecientes al Estado o al común de los pueblos.*"

798 „*toda reunión o asociación de cuatro o más personas mancomunadas para cometer, juntas o seperadamente, pero de común acuerdo, algún delito o delitos contra las personas o contra las propiedades, sean públicas o particulares.*" Hierauf bezugnehmend auch *Faraldo Cabana*, Asociaciones ilícitas, pos. 2375 f.

799 „*No es necesario que los malhechores lleguen a ajecutar los delitos propuestos, incurriendo en responsabilidad por el mero „pertenecer" a la cuadrilla, por „tomar parte" en ésta.*" Vgl. *García Pablos de Molina*, Asociaciones ilícitas, S. 18.

von Geheimbünden war, zeigt auch art. 319 CP: Hier wird generalklauselartig jede geheime Zusammenkunft pönalisiert, im Rahmen derer eine widerrechtliche Handlung anzettelt, vorbereitet oder ausübt wird. Innerhalb der Norm wird zwischen solchen Mitgliedern unterschieden, die sich freiwillig und wissentlich dem Geheimbund angeschlossen haben und den Anführern, Leitern und Antreibern selbiger bzw. denjenigen, die diesen ihr Haus oder Zimmer zur Verfügung stellen. Letztere werden mit der doppelten Strafe bedacht.

b) Der Código Penal von 1848

1836 kam es zur Wiederherstellung der Verfassung von 1812.[800] Dies führte allerdings nicht auch gleichzeitig zur „Wiederbelebung" des Código Penal von 1822, jedoch wurde 1843 erneut eine Kommission berufen, die sich mit der Entwicklung bis hin zur tatsächlichen Verabschiedung eines Código Penal befassen sollte, welche im Jahre 1848[801] schließlich auch vollzogen wurde. Dieser Código Penal mit 494 Artikeln wurde von seinen Kritikern im Vergleich zu dem von 1822 als Rückschritt angesehen,[802] so dass *Antón Oneca* von diesem sagte, es sei „das erste Strafgesetzbuch von Dauer, das die schreckenerregende Gesetzgebung des alten Regimes ablöste, [und] nicht dazu diente, die Unterdrückung abzumildern, sondern zu einem guten Teil dazu beitrug, diese im Bereich des politischen noch zu verschärfen, indem die freie richterliche Entscheidungsfindung, die politischen Tätern gegenüber immer mehr Milde gezeigt hatte und dementsprechend für die Regierung gefährlich zu werden drohte, eingeschränkt wurde."[803] Durch das Dekret vom 30.6.1850 wurde der Código Penal reformiert, war dann aber bis 1870 in Kraft.[804] Dessen weitere Änderungen waren stark durch die politischen Ereignisse im Land geprägt, im Übrigen jedoch von geringer kriminalpolitischer Bedeutung.[805]

Im dritten Titel des vierten Kapitels widmen sich zwei Abschnitte den Delikten der kriminellen Vereinigung. Im ersten Abschnitt geht es um die Strafbarkeit von Geheimbünden (*sociedades secretas*), im zweiten um sonstige kriminellen Vereinigungen (*demás asociaciones ilícitas*). In art. 202 CP wird definiert, was unter Geheimbünden zu verstehen ist, nämlich „solche, deren Personen sich mit oder ohne Schwur die Verpflichtung auferlegen, den Grund ihrer Zusammen-

800 *Bernecker*, Spanische Geschichte, S. 111.
801 Verkündet am 19.3.1848, in Kraft getreten am 1.7.1848.
802 *Landrove Díaz*, Introducción al Derecho Penal Español, S. 60.
803 *Ibán*, (dt. Übersetzung), Einführung in das spanische Recht, S. 140.
804 *Suárez-Mira/Judel/Piñol*, Manual de Derecho Penal. Tomo I Parte General, Tema 2 II., S. 86.
805 *Bacigalupo*, in: Sammlung ausländischer Strafgesetzbücher in deutscher Übersetzung, S. 1 (dt. Übersetzung *Hoffmann*).

künfte oder ihre innere Organisation vor der öffentlichen Obrigkeit geheim zuhalten, oder in Absprache mit ihren Mitgliedern oder anderen Vereinigungen Zahlzeichen, Hieroglyphen oder andere geheimnisvolle Zeichen hervorrufen." Sonstige kriminelle Vereinigungen nach art. 205 im Sinne dieses Gesetzbuches sind solche, die sich ohne Genehmigung der Behörden bilden oder denen es an den ihnen auferlegten Bedingungen fehlt. Dies gilt für Vereinigungen von mehr als 20 Personen, die sich täglich oder an bestimmten Tagen treffen, um sich mit religiösen, literarischen oder sonstigen Angelegenheiten zu befassen. Art. 206 CP sieht die Auflösung dieser Vereinigungen vor sowie Geldstrafen für die Anführer bzw. diejenigen, die der Vereinigung ihre Häuser zur Verfügung stellen. Die bloßen Mitglieder bleiben straflos. Besonders auffällig erscheint hier, dass Bünde lediglich aufgrund der Tatsache, dass diese geheim waren, als kriminell eingeordnet wurden, völlig unabhängig von ihren tatsächlichen Zielen. Ähnliches gilt für die kriminellen Vereinigungen in anderem Zusammenhang: Diese unterlagen der Versuchsstrafbarkeit, wenn sie ohne Erlaubnis unabhängig von öffentlichen Obrigkeiten zu existieren versuchten, ebenfalls unabhängig davon, ob die Vereinigungen legale Ziele verfolgten.[806] Es handelt sich hierbei also um eine besonders strenge Vorgehensweise gegen bestimmte Verbindungen und Vereinigungen, welche wohl in der Angst der öffentlichen Gewalt begründet lag, Einfluss und Macht zu verlieren.

c) Der Código Penal von 1870

Die Revolution von 1868 brachte nicht nur eine neue Verfassung (1869) mit sich, sondern auch ein neues Strafgesetzbuch, das am 30.8.1870 durch ein Dekret verabschiedet wurde. Es zeichnete sich durch eine Verstärkung der politischen Gewalt und der von der Verfassung festgelegten Rechte und Prinzipien aus, was dieses Strafgesetzbuch auch wesentlich humaner machte als seine Vorgänger. Insbesondere die Fälle, in denen die Todesstrafe verhängt werden konnte, wurden reduziert und die lebenslange Freiheitsstrafe praktisch abgeschafft.[807] Was die Vorbereitung bzw. Verabredung zu einer Straftat anging, so waren nur noch die Fälle strafbar, die im Gesetz vorgesehen waren.[808]

---

806 *García Pablos de Molina*, Asociaciones ilícitas, S. 26.

807 *Ibán*, Introducción al Derecho Español, S. 116; *ders.* (dt. Übersetzung), Einführung in das spanische Recht, S. 140; *Landrove Díaz*, Introducción al Derecho Penal Español, S. 61.

808 *Landrove Díaz*, Introducción al Derecho Penal Español, S. 62.

aa) Vereinigungsstrafrecht im Código Penal von 1870

Art. 198 CP beinhaltet die Voraussetzung für die Strafbarkeit einer Vereinigung. Eine solche ist kriminell, wenn sich ihre Absichten oder Konstellation entgegen der öffentlichen Moral (*moral pública*) verhalten, so Absatz 1, oder wenn sie es sich nach Absatz 2 zum Ziel gemacht hat, eine Straftat nach diesem Gesetz zu begehen. Die damit verbundenen Strafen sind in art. 199 CP bezüglich der Gründer, Leiter und Vorsitzenden sowie in art. 200 CP für die bloße Mitgliedschaft in einer solchen Vereinigung verankert. Der Código Penal bricht im Rahmen des Vereinigungsstrafrechts mit einer langen Tradition hinsichtlich der Einordnung dieser im Gesetz. Zuvor wurden diese Delikte unter der Überschrift „Straftaten gegen die öffentliche Ordnung" geführt, im neuen Código Penal nun unter „Straftaten gegen die Verfassung". Damit wurde eine substantielle Neubestimmung dieser Tatbestände begründet: Mitglieder von Vereinigungen, die sich gegen die Grundfeste der politischen Herrschaft, nämlich die Verfassung stellen, werden damit zu politischen Straftätern.[809]

bb) Weitere Neuerungen des Tatbestands

Die Widerrechtlichkeit der Vereinigung wird am Programm dieser festgemacht; wenn sich die Ziele dieser gegen die bestehenden strafrechtlichen Gesetze oder gegen die öffentliche Moral wenden, die letztlich sämtliche geschützten Rechtsgüter mit umfasst.[810] Eine sich dieser Moral entgegenstellende Vereinigung wird zu einer kriminellen. Sich am bloßen Ziel der Vereinigung zu orientieren ist eine grundlegende Neuerung, die keine Vorläufer in den bisherigen Strafgesetzbüchern hatte. Der neue Código Penal von 1870 vereinheitlicht und vereinfacht den Umgang mit kriminellen Vereinigungen, wie z.B. durch die Abschaffung der Unterscheidung zwischen „Geheimbund" und „sonstiger krimineller Vereinigung", wie es noch im Código Penal von 1848/1850 der Fall war. Der Begriff der Vereinigung ist weit zu verstehen; es kommt auf eine Vereinigung an, die „de facto" besteht, unabhängig von einer juristischen Form, die möglicherweise erwartet werden könnte. Damit wurden sämtliche formale Voraussetzungen abgeschafft, die noch in art. 205 CP von 1848/1850 existierten.[811] Dennoch kam es bis 1928 zu weiteren Sondergesetzen[812] für Vereinigungen, wohl aufgrund neuer

809 So auch *García Pablos de Molina*, Asociaciones ilícitas, S. 28.

810 *García Pablos de Molina*, Asociaciones ilícitas, S. 33.

811 *García Pablos de Molina*, Asociaciones ilícitas, S. 35 f.

812 Z.B. Ley de 10 de julio de 1874; Ley de 2 de septiembre de 1896, welches beispielsweise die Regierung ermächtigte, anarchistische Zentren zu verbieten; R.D. de 18 de septiembre de 1923, worin die Strafbarkeit „separatistischer" Vereinigungen geregelt war.

Erscheinungsformen in der Gesellschaft, wie z.B. anarchistischen oder terroristischen Vereinigungen.

d) Der Código Penal von 1928 und 1932

Der Código Penal von 1928[813] mit 858 Artikeln, welcher keinem der seinerzeit in Europa bekannten Modelle entsprach,[814] war nur von kurzer Dauer: Ab dem Jahre 1931, also mit Einsetzung der Zweiten Republik, wurde zunächst das Strafgesetzbuch von 1870 wieder eingeführt, bis schließlich 1932[815] das neue republikanische Strafgesetzbuch in Kraft trat. Hierbei kam es u.a. zu folgenden Neuerungen: Ehebruch und wilde Ehe wurden als Straftatbestände abgeschafft; Wucher, Beschädigung von für das Gemeinwohl bedeutungsvollen Sachen etc. wurden neu eingeführt.

aa) Kriminelle Vereinigungen im Código Penal von 1928

Im Vergleich zum vorherigen Strafgesetzbuch enthält der Código Penal von 1928 keine eigene bzw. genuine Vertatbestandlichung des Delikts der Bildung einer kriminellen Vereinigung. Art. 268 CP verweist auf ein Sondergesetz, in dem solche Delikte enummerativ aufgelistet sind, die von „Privatleuten in Zusammenhang mit der Ausübung der durch die Verfassung anerkannten Rechte und Pflichten begangen werden."[816] Provisorisch waren die arts. 198 ff. des CP von 1870 in Kraft, ergänzend zu den Ausführungen in art. 856 CP, wo es heißt: Bis die neue Verfassung und die Sondergesetze erlassen und in Kraft getreten sind, auf die sich die arts. 263, 264, 268 und 269 des gegenwärtigen Strafgesetzbuches beziehen, bleiben die arts. 156, 167-174, 176, 181-203 sowie arts. 204-235 des nun aufgehobenen Strafgesetzbuches mit den entsprechenden Modifikationen in Kraft." Nachdem es aber zu keinem Erlass neuer Gesetze kam, blieb es bei dem Provisorium, was allerdings nicht die Rückkehr zum liberalen Strafgesetzbuch bedeutete, sondern die einfache Folge der Improvisation, legislativen Ungeduld und defiziös angewandten Gesetzestechnik zu dieser Zeit war.[817] Schließlich wieder generalklauselartig wie im Código Penal von 1850 für strafbar erklärt wurden in art. 36 CP sämtliche Arten von Verschwörung.

813 Verkündet durch das Real Decreto-ley vom 8.9.1928, in Kraft getreten am 1.1.1929.

814 *Bacigalupo*, Sammlung ausländischer Strafgesetzbücher in deutscher Übersetzung, S. 1 (dt. Übersetzung *Hoffmann*).

815 In Kraft getreten am 1.12.1932.

816 „[...] cometidos por los particulares con ocasión del ejercicio de los derechos y deberes reconocidos por la Constitución."Vgl. *García Pablos de Molina*, Asociaciones ilícitas, S. 39.

817 So *García Pablos de Molina*, Asociaciones ilícitas, S. 39.

bb) Kriminelle Vereinigungen im Código Penal von 1932

Das Strafgesetzbuch von 1932[818] kann als gänzliche Rückkehr zum System des Código Penal von 1870 betrachtet werden.[819] Die jeweiligen Überschriften wurden übernommen, wobei die Straftatbestände in Zusammenhang mit kriminellen Vereinigungen in den arts. 185 ff. CP zu finden sind. Letztlich überarbeitet wurden nur die damit verbundenen Geldstrafen – sah der Código Penal von 1870 noch Strafen von 125 bis 1.250 Peseten vor, so sind es im Código Penal von 1932 bereits 250 bis 2.500 Peseten. Verschwörung als Straftatbestand soll es nur noch in den vom Gesetz ausdrücklich bestimmten Fällen geben, was die Aufgabe der Generalklausel bedeutete. Was die Folgen der Pönalisierung krimineller Vereinigungen angeht, also deren Verbot und Auflösung, so wurden Gesetze außerhalb des Código Penal geschaffen, wie z.B. im Vereinigungsgesetz (*Ley de Asociación*) oder in Sondergesetzen. In diesem Zusammenhang sei das Sondergesetz vom 24.8.1932 erwähnt, das sich auf art. 44 des Grundgesetzes (*Ley Fundamental*) bezieht. In diesem Sondergesetz geht es u.a. um die Enteignung derjenigen natürlichen oder juristischen Personen, die sich an einem Komplott gegen die Regierung beteiligen. Weiterhin sei auf zwei Gesetze aus dem Jahr 1934 verwiesen, worin der Terrorismus pönalisiert wird. Nach dem Gesetz vom 11. Oktober 1934 werden all diejenigen bestraft, die an einer verbotenen Vereinigung teilnehmen, wobei keine weitere strafrechtliche Abstufung durchgeführt wird.[820] Eine bekannte politische Gruppierung zu dieser Zeit, die schließlich für illegal erklärt wurde, war die *Asociación Falange Española.*

e) Der Código Penal von 1944 (1944-1973)

An den bisherigen Ausführungen lässt sich erneut feststellen, dass jede Veränderung des politischen Systems, bei dem u.a. eine neue Verfassung[821] verabschiedet wurde, automatisch mit dem Versuch einher ging, auch ein neues Strafgesetzbuch zu erlassen. Brachte doch jede Verfassungsänderung grundlegende Änderungen juristischer und politischer Postulate. Wenn die Werte und Prinzipien einer Gesellschaft sich ändern, so muss sich das Strafgesetzbuch mit diesen Veränderungen mit entwickeln, schützt es doch gerade diese als Grundsteine des sozialen

818 Ausführlich zur politischen Situation, vgl. *Schmidt*, Kleine Geschichte Spaniens, S. 400 ff., der die Zeit zwischen 1931 bis 1936 als die „Friedensjahre der Zweiten Republik" bezeichnet.

819 *García Pablos de Molina*, Asociaciones ilícitas, S. 40.

820 *García Pablos de Molina*, Asociaciones ilícitas, S. 41.

821 Ausführliche Darstellungen der jeweiligen spanischen Verfassungen bei *Peña González*, Historia Política del Constitucionalismo Español.

Miteinanders.[822] So auch nach dem Niedergang der Zweiten Republik mit dem Ende des Bürgerkrieges: Es wurde eine Reihe strafrechtlicher Reformen durchgeführt, im Zuge derer beispielsweise Ehebruch und wilde Ehe als Straftaten wieder eingeführt wurden. Insgesamt wurde das Augenmerk aber auf die Sicherung des Staates als Institution gelenkt und in diesem Bereich die meisten Änderungen durchgeführt: Man verstärkte die Verfolgung der Delikte gegen die innere und äußere Sicherheit des Staates als Folge der Bürgerkriegsjahre, wobei insbesondere die Fälle des Bestehens einer kriminellen Vereinigung bzw. illegaler Propaganda überarbeitet wurden.[823] Nach art. 172 CP galten solche Vereinigungen als unerlaubt, deren Zweck oder nähere Umstände der öffentlichen Sittlichkeit widersprachen, die die Begehung eines Verbrechens zum Zwecke hatten, die von der zuständigen Behörde verboten wurden sowie diejenigen, die gegründet wurden, ohne den gesetzlichen Erfordernissen auf dem Amtsweg genügt zu haben. Zu diesen unerlaubten Vereinigungen gehörten u.a. solche Gruppen, die „innerhalb oder außerhalb des Staatsgebiets" gegründet wurden, „um auf irgendeine Weise die Einigkeit der spanischen Nation anzugreifen oder separatistische Tätigkeiten anzuregen oder zu verbreiten" und „politische Vereinigungen, Organisationen, Parteien und sonstige für ungesetzlich erklärte Körperschaften sowie irgendwelche anderen mit ähnlichen Tendenzen", vgl. art. 173 Nr. 2 und 3[824].[825] Ihre Mitglieder wurden mit Geldstrafe und mit Gefängnis (sechs Monate bis sechs Jahre, art. 30 CP) bzw. strenger Haft (sechs Jahre bis zwölf Jahre, art. 30 CP) bestraft. Bis es jedoch schließlich zu einer grundlegenden Reform[826] – der großen Strafrechtsreform von 1995 – kam, die ein unumgängliches Bedürfnis darstellte,[827] war es freilich noch ein längerer Weg. Nach Erlass der neuen Verfassung 1975 wurden bis 1993 mindestens drei – allerdings unvollständige – Gesetzesvorhaben eingeleitet, die jedoch nie über dieses Stadium hinausgingen.

822 *Rodríguez Ramos/Colina Oquendo*, Código Penal Comentado, S.29.

823 *Landrove Díaz*, Introducción al Derecho Penal Español, S. 66.

824 In diesem Absatz wurde nicht von „geheimen Vereinigungen" gesprochen (*asociaciones secretas*), sondern von „verborgenen Vereinigungen" (*asociaciones clandestinas*) im Sinne von schwarzen Vereinigungen, da man der Ansicht war, das Wort *„secretas"* beinhalte nicht notwendigerweise die Bedeutung der Illegalität. Vgl. *Faraldo Cabana*, Asociaciones ilícitas, pos. 2826.

825 Deutsche Übersetzung in *Quintano Ripollés*, Das spanische Strafgesetzbuch.

826 Die offizielle Bezeichnung dieses Strafgesetzbuchs war „umgearbeitetes und verbessertes Strafgesetzbuch von 1944" und gründete sich auf den CP von 1870; vgl. *Quintano Ripollés*, Das spanische Strafgesetzbuch, Einleitung S. XI.

827 *Rodríguez Ramos/Colina Oquendo*, Código Penal Comentado, S. 29; *Ibán*, Introducción al Derecho Español, S. 116; *ders.* (dt. Übersetzung), Einführung in das spanische Recht, S. 140 f.

f) Die Strafrechtsreform von 1995

Der Código Penal von 1995[828] ist das Ergebnis einer langen Reformbewegung, die mit der spanischen Verfassung von 1978 in Gang gesetzt wurde, um das geltende Strafrecht den neuen verfassungsrechtlichen Konzeptionen anzupassen. Das noch aus der Zeit des Franco-Regimes herrührende Strafgesetzbuch von 1973 wurde hierdurch abgelöst. Bereits 1983 war dies jedoch zumindest partiell durch das Organgesetz 8/1983 *(Ley Urgente y Parcial de Reforma del Código Penal)* in wichtigen Bereichen abgeändert worden.[829] Dreh- und Angelpunkt der großen Strafrechtsreform war natürlich die positive Anpassung des neuen Código Penal an die verfassungsrechtlich verankerten Werte,[830] die den Grundstein für eine neu zu schaffende strafrechtliche Grundordnung darstellten. Der neue Gesetzestext, so *Landrove Díaz*, sollte das letzte Dokument einer Korrektur, sensiblen Anpassung und nochmaliger Ausfertigung sein, um ein für alle mal ein Gesetzeswerk zu erarbeiten, das den Bedürfnissen des Landes und dessen kriminalpolitischen Zielsetzungen entsprach.[831]

Bis zu diesem Zeitpunkt hatte sich Spanien von den europäischen Reformbewegungen des Strafrechts nicht weiter beeinflussen lassen.[832] In inhaltlicher Hinsicht kann jedoch nicht abgestritten werden, dass Neuerungen, wie das Tagessatzsystem für Geldstrafen, Wochenendarrest oder die gemeinnützige Arbeit sowie die Regelungen zum Irrtum oder teilweise auch die Regelungen der Teilnahme einen gewissen Einfluss der deutschen Reform von 1975 aufzeigen.[833] Ferner enthält der spanische Código Penal von 1995 wichtige Neuerungen, was

---

828 Organgesetz 10/1995 vom 23.11., abrufbar unter: http://noticias.juridicas.com/base_datos/Penal/lo10-1995.l2t21.html#a515, zuletzt besucht am 21.3.2013.

829 Vgl. www.mpicc.de/ww/de/pub/forschung/publikationen/uebersetzungen/g111.htm, zuletzt besucht am 21.3.2013.

830 *Rodríguez Ramos/Colina Oquendo*, Código Penal Comentado, S.29; *Bacigalupo*, in: Sammlung ausländischer Strafgesetzbücher in deutscher Übersetzung, S. 1 (dt. Übersetzung *Hoffmann*).

831 *Landrove Díaz*, Introducción al Derecho Penal Español, S. 70.

832 Die Entwürfe von *Carl Stoss* für die Schweiz (1893/94), die schließlich zum schweizerischen Strafgesetzbuch von 1937 führten, die Reform von *Rocco* in Italien, die in das italienische Strafgesetzbuch von 1930 mündete und zumindest theoretischen Einfluss auf die spanische Strafrechtsliteratur hatte, das griechische Strafgesetzbuch von 1950 sowie die Strafrechtsreformen in Deutschland (1975), Österreich (1975) und Portugal (1982), die alle zu deutenden kriminalpolitischen Neuerungen führten, hatten keinen entscheidenden Einfluss auf die zwei Reformen des spanischen Strafrechts, die als „echte" Reformen gewertet werden können: 1928 und 1995; vgl. *Bacigalupo*, Sammlung ausländischer Strafgesetzbücher in deutscher Übersetzung, S. 1 (dt. Übersetzung *Hoffmann*).

833 *Bacigalupo*, Sammlung ausländischer Strafgesetzbücher in deutscher Übersetzung, S. 2 (dt. Übersetzung *Hoffmann*).

die Definition einer kriminellen Vereinigung angeht. Der Katalog wurde mit der Einbindung bewaffneter Banden, terroristischer Organisationen oder Gruppen erweitert.

IV. Der Código Penal

1. Allgemeines und Aufbau des Código Penal

Der Código Penal von 1995 besteht aus 639 Artikeln, drei Zusatzbestimmungen sowie zwölf wichtigen Übergangsregelungen, wobei die Letzte der Übergangsregelungen durch das Verfassungsgesetz (Ley Orgánica[834]) 5/2000 bzgl. der strafrechtlichen Verantwortlichkeit von Jugendlichen ersetzt wurde.

Das Gesetzeswerk unterteilt sich in einen einleitenden Titel (*Título Preliminar*) „Strafrechtliche Garantien und Anwendung des Strafgesetzbuches" (*de las Garantías penales y de la aplicación de la Ley Penal*) in arts. 1-9 CP und drei Bücher. Das erste Buch mit dem Titel „Allgemeine Bestimmungen über Straftaten und Übertretungen, verantwortliche Personen, Strafen, Maßregeln der Sicherung und sonstige Folgen der Strafbaren Handlung"[835] (*Disposiciones Generales sobre los delitos y las faltas, las personas responsables, las penas, medidas de seguridad y demás consecuencias de la infracción penal*), enthält sieben Titel, die wiederum jeweils in Kapitel und Abschnitte unterteilt sind. Diese sieben Titel widmen sich in arts. 10-26 CP strafbaren Handlungen (*de la infracción penal*), in arts. 27-31 CP den „Straftaten und Übertretungen strafrechtlich verantwortlicher Personen" (*de las personas criminalmente responsables de los delitos y faltas*), in arts. 32-95 CP den Strafen (*de las penas*), in arts. 95-108 CP den „Maßregeln der Sicherung" (*de las medidas de seguridad*) und im fünften Titel (arts. 109-126 CP) der „von Straftaten und Übertretungen abgeleiteten zivilrechtliche Haftung und Prozesskosten"[836] (*de la responsabilidad civil derivada de los delitos y faltas y de las costas procesales*). Der sechste Titel hat in arts. 127-129 CP die „Nebenfolgen" (*de las consecuencias accesorias*) und der siebte Titel in arts. 130-137

---

834 Verfassungs- bzw. Organgesetze sind solche Gesetze, die sich auf die Entwicklung von Grundrechten (*derechos fundamentales*) und die öffentlichen Freiheiten (*libertades públicas*) beziehen, solche, die die Autonomiestatuten und das allgemeine Wahlsystem billigen sowie die übrigen Gesetze, die in der Verfassung (*Constitución Española*, CE) vorgesehen sind. Die Billigung, Änderung oder Aufhebung der Organgesetze erfordert die absolute Mehrheit des Kongresses bei einer endgültigen Abstimmung über den Gesamtentwurf; im Folgenden LO (offizielle Abkürzung) genannt.

835 *Hoffmann/Cancio Melía/Bacigalupo*, Das spanische Strafgesetzbuch, Código Penal, S. V.

836 *Hoffmann/Cancio Melía/Bacigalupo*, Das spanische Strafgesetzbuch, Código Penal, S. VI.

CP das „Erlöschen der strafrechtlichen Verantwortlichkeit und seine Folgen" (*de la extinción de la responsabilidad criminal y sus efectos*) zum Inhalt.[837] Das zweite Buch, das sich mit „Straftaten und ihren Strafen" (*delitos y sus penas*) beschäftigt, besteht aus 24 Titeln. Relevant für diesen Teil der Dissertation ist der 21. Titel „Straftaten gegen die Verfassung" (*delitos contra la Constitucion*), der aus sechs Abschnitten besteht, wobei gleich der erste Abschnitt „Straftaten, die in Zusammenhang mit der Ausübung der durch die Verfassung garantierten Grund- und Freiheitsrechte begangen werden" (*de los delitos cometidos con ocasión del ejercicio de los derechos fundamentales y de las libertades públicas garantizados por la Constitución*) u.a. art. 515 CP, der die Strafbarkeit krimineller Vereinigungen zum Gegenstand hat, beinhaltet. Ferner kommt dem 2. Abschnitt des 22. Titels „Straftaten gegen die öffentliche Ordnung" (*delitos contra el orden público*) besondere Bedeutung im Rahmen dieser Arbeit zu: den Straftaten des Terrorismus (*de los delitos de terrorismo*), arts. 571-580 CP. Das dritte Buch „Übertretungen[838] und ihre Strafen" (*faltas y sus penas*) strukturiert sich in fünf Titel, nämlich Übertretungen „gegen Personen" (*contra las personas*), „gegen das Vermögen" (*contra el patrimonio*), „gegen die Interessen der Allgemeinheit" (*contra los intereses generales*) und „gegen die öffentliche Ordnung" (*contra el orden público*) sowie „Gemeinsame Bestimmungen" (*disposiciones comunes*) für Übertretungen. Die Tatbestände sind in arts. 617-639 CP zu finden.[839]

2. Die Reform des Código Penal von 2003

2003 kam es zu einer weiteren großen Reform des spanischen Strafrechts, die jedoch auf den Namen des Código Penal, „Código Penal de 1995", keinen Einfluss hatte.[840] Rund 30% der Normen wurden im Rahmen dieser Reform modifiziert und sämtliche Inkorrektheiten, Widersprüchlichkeiten und legislative Unzuläng-

837 *Suárez-Mira/Judel/Piñol*, Manual de Derecho Penal. Tomo I Parte General, Tema 2 II., S. 93.

838 Als Übertretung wird in Spanien eine solche strafrechtlich relevante Handlung angesehen, deren Schwere unterhalb der eines Vergehens oder Verbrechens anzusiedeln ist, vgl. art. 13 CP. Es sind hier die gleichen Voraussetzungen zu erfüllen, wie bei einem Delikt, also Tatbestandsmäßigkeit, Rechtswidrigkeit und Schuld. Lediglich bei der Strafe kommt es zu veränderten Maßstäben, wie der Verhängung von Geld- anstelle der Freiheitsstrafe.
Art. 13.3 CP sieht vor, dass Übertretungen Taten sind, die das Gesetz mit leichter Strafe bedroht. Nach art. 15.2 werden diese nur bestraft, wenn sie vollendet wurden, mit Ausnahme versuchter Übertretungen gegen Personen oder das Vermögen.

839 *Suárez-Mira/Judel/Piñol*, Manual de Derecho Penal. Tomo I Parte General, Tema 2 II., S. 95.

840 Organgesetz 15/2003 vom 25.11., abrufbar unter: http://noticias.juridicas.com/base_datos/Penal/lo15-2003.html, zuletzt besucht am 21.3.2013.

lichkeiten des Código Penal von 1995 zu revidieren versucht.[841] Dies zeigt auch, dass es sich um eine besonders weitläufige Reform gehandelt hat; insgesamt gab es fünf verschiedene Organgesetze im Jahr 2003 das Strafrecht betreffend.[842] Im Allgemeinen Teil des spanischen Strafgesetzbuches stehen die rechtlichen Folgen der Straftat im Mittelpunkt der Reformen, d.h. die Strafarten und Strafzumessung sowie Strafvollstreckung und Vollzugsformen. Wenngleich es nicht möglich wäre, das kriminalpolitische Bestreben des Gesetzgebers von 2003 auf einen einzigen Leitsatz zu reduzieren, bestehen kaum Zweifel daran, dass dieses Vorhaben von der überaus strittigen Prämisse dominiert wird, dass bei größerer strafrechtlicher Repression größere präventive Effizienz zu erreichen ist. Die Notwendigkeit der Reformen der Strafzumessung und -vollstreckung wurde, so die Begründung zum Gesetz 7/2003 vom 30.6.2003, durch das Bestreben motiviert, „effizienter im Kampf gegen die Kriminalität vorzugehen" und zu vermeiden, dass gegenüber den schwerwiegendsten Formen der Kriminalität, wie Straftaten im Bereich des Terrorismus oder der organisierten Kriminalität, die auf der Resozialisierung beruhenden Mechanismen – wie Lockerung im Strafvollzug oder eine flexiblere Strafzumessung und -vollstreckung – „zu bloßen Instrumenten im Dienste der Terroristen und Schwerstverbrecher werden, um ein (zur Resozialisierung) eindeutig unterschiedliches Ziel zu erreichen."[843] Die Folgen einer solchen Zielsetzung sind evident: Es kommt zu einer allgemeine Verschärfung der Ausübung des subjektiven Rechts sowie zu einer Ausuferung der strafrechtlichen Repressionen gegenüber dem verfassungsmäßig verankerten Resozialisierungsgebot (art. 25.2 CE). So ist beispielsweise die Ausweitung der Dauer der Freiheitsstrafe, was ihr Höchst- wie ihr Mindestmaß anbelangt, hervorzuheben.[844]

Als weitreichend und extensiv ist auch die im Besonderen Teil vorgenommene Reform zu bezeichnen. Sie wurde sowohl durch die kriminalpolitische Initiative des spanischen Gesetzgebers als auch durch die notwendige Angleichung der spanischen Gesetzgebung an die europäischen Vorgaben veranlasst.[845] Was die Reform des Tatbestands der kriminellen Vereinigung betrifft, so ist das Organgesetz 11/2003 vom 29.9.2003 von besonderer Bedeutung, wo es um die Sicherheit der Bürger, häusliche Gewalt und die soziale Integration von Ausländern geht.[846] Ziel der Reform ist die Verbesserung des Schutzes der Rechte der Bürger

841 *Polaino Navarrete*, La Reforma Penal Española de 2003, S. 13.

842 Einen Überblick über diese gibt es bei *Polaino Navarrete*, La Reforma Penal Española de 2003, S. 14.

843 So kritisch *Mir Puig/Alcácer Guirao*, GA 2005, 244 (245).

844 *Mir Puig/Alcácer Guirao*, GA 2005, 244 (245).

845 *Mir Puig/Alcácer Guirao*, GA 2005, 244 (250).

846 LO 11/2003, de 29 de septiembre, de medidas concretas en materia de seguridad ciudadana, violencia doméstica e integración social de los extranjeros.

insbesondere vor dem Hintergrund der steigenden Straffälligkeit.[847] Art. 515 CP wurde in seinem ersten Absatz erweitert: Wo es zuvor noch hieß, dass diejenigen bestraft werden, „die das Ziel haben, eine Straftat zu begehen oder, nachdem sie [die Vereinigungen] gebildet wurden, deren Begehung veranlassen", wurde hinzugefügt, „wie auch diejenigen, die es sich zum Ziel gemacht haben, ein organisiertes und koordiniertes Vergehen wiederholt zu begehen oder dessen Begehung vorhaben."[848] Damit wurde die Strafbarkeit auch auf die Begehung von (organisierten und koordinierten) Vergehen erweitert.

V. Bekämpfung der „asociaciones ilícitas" – zur Historie der asociaciones ilícitas in Spanien

Ist die Norm zur Bekämpfung krimineller Vereinigungen heute gerade im Einsatz gegen den Kampf gegen das organisierte Verbrechen von besonderer Relevanz, so ist dies in der Vergangenheit nicht immer so gewesen: Insbesondere zu Zeiten der Franco-Diktatur wurde die Norm zum Instrument im Kampf gegen politisch Abtrünnige, um deren Verhalten zu kriminalisieren.[849] Es ging um die Schaffung eines Systems mittels Sondergesetzen zur physischen und geistigen Vernichtung von politischen Rivalen, ein Modell, welches auf körperlicher und wirtschaftlicher Unterdrückung sowie Demütigung mutmaßlicher Rechtsbrecher basierte.[850] So beinhaltete das Strafgesetzbuch von 1944 neben kriminellen Vereinigungen auch „politische Parteien und andere Vereinigungen, die widerrechtlich gegründet wurden."[851]

Grundsätzlich lässt sich sagen, dass es sich bei der franquistischen Diktatur um ein Regime der (politischen) Unterdrückung handelte.[852] Zu Beginn seiner Herrschaft bediente sich *Franco* dem *Código de Justicia Militar*, also dem Militärstrafgesetz und der damit verbundenen militärischen Rechtsprechung. 1944 wurde schließlich eine neue Strafgesetzregelung getroffen, die sich allerdings kaum vom Gesetz für die Sicherheit des Staates, dem *Ley de Seguridad del Estado* von 1941 unterschied, auf das noch näher eingegangen wird.[853]

---

847 *Polaino Navarrete*, La Reforma Penal Española de 2003, S. 41.

848 Vgl. auch *Jaén Vallejo*, Las Reformas del Código Penal, Revista Electrónica de Ciencia Penal y Criminología, S. 5, abrufbar unter: http://criminet.ugr.es/recpc/06/recpc06-r2.pdf, zuletzt besucht am 21.3.2013.

849 *Conde-Pumpido Ferreiro*, in: Bosch, Código Penal Comentado, Tomo II, art. 515, S. 1485.

850 *Portilla Contreras*, in: Derecho, Memoria histórica y Dictaduras, S. 328.

851 [...] partidos políticos y demás entidades declaradas fuera de la Ley.

852 Zahlendiagramme, die die Unterdrückung einzelner Berufsfelder umfassen, sind zu finden bei *Sabín*, Prisión y muerte, S. 18 f., 59, 276.

853 *Portilla Contreras*, in: Franquismus und Salazarismus, S. 118.

1. Zur Zeit der Franco-Diktatur bis zur „transición"

a) Die Bekämpfung des Kommunismus

aa) Die Kommunistische Partei Spaniens nach dem Bürgerkrieg

Die republikanische Niederlage traf die spanischen Kommunisten mit voller Härte. Die Führer der Kommunistischen Partei Spaniens (*Partido Comunista de España* – PCE)[854], die als leninistische Kampfpartei ihre Stärke aus der Organisation gezogen hatte, verließen die Republik mit nur einer Parole: „Rette sich, wer kann!"[855] Für die geflohenen Kommunisten begannen die langen Jahre des Exils, wer das Land nicht verlassen hatte, den erwarteten Verhaftungen, Folter und Hinrichtungen. Die PCE war im Frühjahr 1939 nahezu am Ende: Im besiegten republikanischen Spanien waren ihre Organisationen zerschlagen, die Mitglieder und Sympathisanten ins Exil[856] geflüchtet, in Gefängnissen, Lagern oder tot. Das neue Regime hatte das Parteivermögen konfisziert, so dass auch keine weiteren finanziellen Mittel mehr zu Verfügung standen. Doch trotz der prekären Lage galt für Kommunisten und ihr Selbstverständnis seit jeher, dass es zwar ein Zurückweichen geben mag, niemals jedoch eine Niederlage. So versuchte man, sich schon sofort nach dem Desaster der Niederlage zu rekonstituieren. Diese Bemühungen nach 1939 bestanden insbesondere im Hinblick auf Organisation, Politik und Strategie.[857] Mit Rückschlägen verbunden gab es schon Mitte der 1940er Jahre wieder eine mehr oder weniger kontinuierliche Parteiorganisation. Neben der eigenen Rekonstruktion war die die PCE auch am Aufbau von zahlreichen Guerilla-Einheiten beteiligt, an denen sich 1945 auch viele der spanischen Verbände aus der *Résistance* beteiligten.

---

854 Zur Geschichte der Kommunisten in Spanien bzw. der Gründung und Tätigkeiten der PCE vgl. *Baumer*, Kommunismus in Spanien, S. 32 ff.; Zur Ideologie und Programmatik vgl. *Mujal-Léon*, Comunism and Political Change, S. 76 ff.

855 *Baumer*, Kommunismus in Spanien, S. 96.

856 So z.B. nach Frankreich, Amerika oder in die Sowjetunion, vgl. *Mujal-Léon*, Comunism and Political Change, S. 14. Denjenigen, die nach Frankreich hatten flüchten können, blieb nur ein Jahr später beim Einmarsch der Deutschen keine Wahl – um nicht in ein deutsches Konzentrationslager gebracht zu werden, mussten sie nach Südamerika oder Algerien fliehen oder am Widerstand in Frankreich teilnehmen, vgl. *Valdueza*, Die spanische Gewerkschaftsbewegung, S. 37.

857 *Baumer*, Kommunismus in Spanien, S. 97.

bb) Repression der Kommunisten in der ersten Phase des Franquismus

Zwar gelang es den Kommunisten, auch nach dem Bürgerkrieg in Spanien zu überleben; die Bilanz der ersten Jahre des Kampfes gegen das franquistische System fiel jedoch ernüchternd aus.[858] *Franco* hatte den *cruzada nacional*, den nationalen Kreuzzug gegen den Bolschewismus, am 1.4.1939 siegreich zu Ende geführt und es sollte ein „neuer Staat" aufgebaut werden. Die Repression sämtlicher Gegner des neuen Regimes wurde Stück für Stück durch verschiedene Gesetze und Bestimmungen institutionalisiert. Noch vor dem Sieg wurde im Januar 1939 ein Gesetz über politische Verantwortlichkeit erlassen (*Ley de Responsabilidades Políticas*),[859] das zur wichtigsten „pseudolegalen" Grundlage für Unterdrückung nach dem Sieg wurde. Mittels dieses Gesetzes sollten die politischen Fehler derer geahndet werden, „die durch Tat oder schwere Unterlassung dazu beigetragen haben, den roten Umsturz herbeizuführen oder aufrechtzuerhalten."[860] Das Gesetz trat rückwirkend zum 1.10.1934 in Kraft und aufgrund seines wenig bestimmten Wortlauts war es möglich, nahezu jedes Verhalten darunter zu subsumieren. Sämtliche politischen Gegner, die unter dieses Gesetz fielen, verloren Rechte jeglicher Art und erfuhren den Verlust allen Vermögens.[861] Weiterhin wurde ein neuer strafrechtlicher Bereich „Delikte der Rebellion, des Aufruhrs, des Widerstandes und Ungehorsams gegenüber den Autoritäten" einer ebenso neu geschaffenen Kriegsgerichtsbarkeit unterstellt.[862] Die meisten Todesstrafen wurden von Militärgerichten ausgesprochen, während die Armee die Erschießungskommandos ausführte.[863] Die Prozesse vor diesen Tribunalen entbehrten jeglicher Rechtsstaatlichkeit – die Angeklagten wurden in Massenverfahren abgeurteilt, ohne von Richtern gehört zu werden.[864] Auch Mitglieder der *Falange* „unterstützen" die

858 *Baumer*, Kommunismus in Spanien, S. 98.

859 *Ruíz*, Franco's Justice, S. 5.

860 *Broué/Término*, Revolution und Krieg in Spanien, S. 561, *Casanova*, in: Morir, matar, sobrevivir, S. 21.

861 „[...] la pérdida absoluta de sus derechos de toda clase y la pérdida total de sus bienes [...].", vgl. *Casanova*, in: Morir, matar, sobrevivir, S. 22.

862 *Broué/Término*, Revolution und Krieg in Spanien, S. 560. Der Consejo Supremo de Justicia Militar befand als höchste Instanz über die Urteile von Militärgerichten, insbesondere hinsichtlich Urteilen in Zusammenhang mit militärischer Rebellion. Im Jahr 1942 kam es zu 150 Urteilen, 1943 zu 200. Von Militätribunalen wurden in den Nachkriegsjahren ca. 22.000 Spanier wegen militärischer Rebellion oder Beihilfe hierzu verurteilt. Vgl. *Ballbé*, Orden público y militarismo, S. 404 f.

863 Neben der Todesstrafe gab es auch die Verurteilung zur Zwangsarbeit (Redención de Penas por el Trabajo). Die Häftlinge sollten mit der Arbeit ihre Schuld „ausgleichen" („[...] ‚redeem' their crimes by forced labour [...]"), vgl. *Ruíz*, Franco's Justice, S. 5; *Sabín*, Prisión y muerte, S. 164 ff.

864 *Heine*, La oposición política al franquismo, S. 44.

Arbeit der Gerichte; so wurden vermeintliche oder tatsächliche „*rojos*" („Rote") ohne weitere Umstände erschossen.[865] 1942 wurden die Eingriffsmöglichkeiten der Tribunale mittels des Gesetzes über politische Verantwortlichkeit gemindert, bis es im April 1945 zu dessen Abschaffung kam.[866]

cc) Entwicklung in den 1950er Jahren

Durch die neue Konstellation der Weltpolitik änderte sich die Situation Spaniens insbesondere in außenpolitischer Hinsicht grundlegend. War das Land zuvor noch international isoliert worden, wurde das Land mit dem sich abzeichnenden Kalten Krieg in „doppelter Hinsicht" interessant:[867] Zum einen erreichte die iberische Halbinsel aufgrund ihrer geographischen Lage besondere Bedeutung, zum anderen war der rigorose Antikommunist *Franco* plötzlich ein wertvoller Verbündeter im Kampf gegen den Bolschewismus.[868] Aber auch tiefgreifende Veränderungen innerhalb Spaniens wie z.B. wirtschaftliche Modernisierung, Verschiebungen in der Sozialstruktur und ein begrenzter politischer Handlungsspielraum erfassten die Gesellschaft. Die Kommunistische Partei erkannte nach dem Scheitern des Guerilla-Kampfes, der innen- und außenpolitischen Konsolidierung des Franco-Regimes sowie den immensen Schwierigkeiten beim Aufbau einer Opposition im Inneren, dass sie zur Durchsetzung ihres Ziels, nämlich der Zerschlagung des Regimes der Sieger, andere Mittel anwenden musste, nämlich solche der Legalität. 1956 kam es zu einer Erklärung seitens der PCE, die einen Wechsel ihrer Strategie ankündigte – ein Wechsel von einer militanten Linkspolitik hin zu einer moderaten, schon während des Bürgerkriegs erfolgreichen Politik.[869] Mit einer breiten, klassenübergreifenden Allianz wollte man die Dik-

---

865 *Baumer*, Kommunismus in Spanien, S. 103.

866 *Ruíz*, Franco's Justice, S. 25 bzw. ausführlich S. 131 ff.

867 *Baumer*, Kommunismus in Spanien, S. 124; zur Außenpolitik des franquistischen Regimes vgl. *Viñas*, Guerra, Dinero, Dictadura, S.288 ff.

868 *Valdueza*, Die spanische Gewerkschaftsbewegung, S. 37; so äußerte sich *Franco* am 28.5.1962 beispielsweise wie folgt: „Wir bilden den wichtigsten Schlüssel des westlichen politischen Widerstandes, wir sind das Land [...] wo der Kommunismus zum ersten Mal besiegt worden ist [...]. Wir sind das gewaltigste Bollwerk des gesamten Westens."
„Constituimos el punto clave más importante de la resistencia política occidental, somos el país donde [...] el comunismo ha sido por primera vez derrotado [...]. Somos el baluarte más firme de todo Occidente. Zitat nachzulesen in *Viñas*, Guerra, Dinero, Dictadura, S.288.

869 Im Konzept der *reconciliación nacional* (nationale Versöhnung) heißt es: „Die Kommunistische Partei Spaniens erklärt feierlich ihre Bereitschaft, ohne Vorbehalte zur nationalen Versöhnung aller Spanier beizutragen und daran mitzuwirken, die durch den Bürgerkrieg entstandene und von General *Franco* aufrechterhaltene Spaltung zu beenden [...]. In allen sozialen Schichten unseres Landes existiert der Wunsch nach Beendigung der künstlichen Teilung der Spanier in „Rote" und „Nationale", um sich fortan als Bürger Spaniens zu fühlen, und so, mit

tatur friedlich überwinden. Eine maßgebliche Rolle spielte die PCE schließlich bei der Formierung der Arbeiterkommissionen (*Confederación Sindical de Comisiones Obreras – CC.OO.*), was der Partei zur dominanten politischen Kraft innerhalb des „politischen Proletariats" verhalf.[870]

dd) Formierung einer neuen Arbeiterbewegung

Ende der 1950er Jahre kam es zum sog. Stabilisierungsplan (*Plan de Estabilización*)[871], mit dem eine grundlegende Neuordnung der wirtschaftspolitischen Rahmenbedingungen einsetzte. Dieser hatte jedoch auch Auswirkungen auf die soziale und politische Sphäre, was den Arbeiterbewegungen zugute kommen sollte. Diese entwickelten sich zu soziopolitischen Bewegungen, die nicht mehr nur für ökonomische Ziele eintraten, sondern auch politische Forderungen stellten. Die anfangs noch geduldeten CC.OO. wurden mehr und mehr als Bedrohung des Regimes erkannt, was ihr Verbot im Jahre 1967 zur Folge hatte.

Neben den Arbeiterkommissionen formierten sich jedoch auch zahlreiche illegale Oppositionsgewerkschaften,[872] wie z.B. die *Alianza Sindical Obrera*[873] (ASO, Arbeiter-Gewerkschaftsallianz) oder die *Hermandad Obrera de Acción Católica*[874] (HOAC, katholischer Arbeiterverband), die teilweise geduldet wurden, jedoch auch mit Verhaftungen zu rechnen hatten. Eine besondere Rolle kommt der *Frente de Liberación Popular* (FLP, Volksbefreiungsfront oder auch „Felipe" genannt) zu, die Ende der 1950er Jahre von radikalen, jungen, katholischen Intellektuellen in Madrid gegründet wurde.[875] In ihrer programmatischen Erklärung heißt es u.a.: „Wir gehen davon aus, dass es in Spanien objektiv eine revolutionäre Situation gibt und dass die traditionellen Parteien sie nicht ausnutzen wollen oder können. Unsere Aufgabe besteht darin, sie abzulösen und von

---

respektierten Rechten, garantierter körperlicher Unversehrtheit und persönlicher Freiheit, Anstrengungen und Kenntnisse zum Gemeinwohl Spaniens beisteuern zu können."
„El Partido Comunista de España declara solmene estar dispuesto a contribuir sin reservas a la reconciliación nacional de los españoles, a terminar con la división abierta por la guerra civil y mantenida por el general Franco [...] Existe en todas las capas sociales de nuestro país el deseo d terminar con la artificiosa división de los españoles en ‚rojos' y ‚nacionales', para sentirse ciudadanos de España, respetados en sus derechos, garantizados en su vida y libertad, aportando al acervo nacional esfuerzo y sus conocimientos.", so bei *Baumer*, Kommunismus in Spanien, S. 128.

870 *Baumer*, Kommunismus in Spanien, S. 144.

871 *Casanova*, in: Morir, matar, sobrevivir, S. 16.

872 *Valdueza*, Die spanische Gewerkschaftsbewegung, S. 65 ff.

873 *Valdueza*, Die spanische Gewerkschaftsbewegung, S. 66.

874 *Valdueza*, Die spanische Gewerkschaftsbewegung, S. 72; vgl. auch www.cervantesvirtual.com/servlet/SirveObras/01338364299793169422680/007784_1.pdf, zuletzt besucht am 22.3.2013.

875 *Valdueza*, Die spanische Gewerkschaftsbewegung, S. 73.

heute an in der vom Franquismus aufgezwungenen Klandestinität die Schritte zu unserem Ziel einzuleiten: Die sozialistische Revolution, d.h. die Machteroberung durch die Arbeiter."[876] Auch die FLP war davon überzeugt, das Franco-Regime befände sich in einem voranschreitenden „Zersetzungsprozess" und könne sich nicht aus eigener Kraft regenerieren. Bevor sich diese neue und junge Bewegung von ihren im tatsächlichen Entstehungsprozess gemachten Fehlern überhaupt erholen konnte, wurde sie durch Verhaftungen und Prozesse de facto ausgeschaltet. Sie wurde nach der Streikwelle im Jahre 1962 für diese verantwortlich gemacht. Die führenden Mitglieder wurden verhaftete und anstelle des Regimes „zersetzte" sich die FLP.[877]

b) Die Bekämpfung der Freimaurerei (la Masonería)

Als weiterer „Erzfeind" des franquistischen Regimes galten neben den Kommunisten auch die Freimauer.[878] Freimaurer wurden für den Untergang des spanischen Machtapparates mit all seinen Kolonien verantwortlich gemacht, ebenso wie für verlorene Kriege im 19. Jahrhunderts. In den 1890er Jahren kam es zu Hetzkampagnen, hervorgerufen durch die katholische Kirche oder die Anti-Freimaurer-Union. Auch wurde die Freimaurerei immer wieder mit dem Judentum in Verbindung gebracht und man sprach in den 1930er Jahren sogar von einer „jüdisch-freimaurerisch-kommunistischen" Verschwörung.[879] Zur Bekämpfung des Geheimbundes der Freimaurerei sowie des Kommunismus wurde zur Zeit der Franco-Diktatur sogar ein eigenes Gericht anberaumt[880], das sog. *Tribunal Especial de Represión de la Masonería y el Comunismo (TERMC)*, also ein Sondergericht zur Repression der Freimaurerei und des Kommunismus. Es war das erste strafrechtliche Sondergericht nach der Machtübernahme *Francos*;[881]

876 So bei *Valdueza*, Die spanische Gewerkschaftsbewegung, S. 73.

877 *Valdueza*, Die spanische Gewerkschaftsbewegung, S. 74.

878 Im April 1931 gab es ca. 5.000 Freimaurer in Spanien, verteilt auf 167 Logen, vgl. *Ferrer Benimeli*, Masonería española II, S. 103. Man kann hier also kaum von einer Massenbewegung sprechen.

879 *Ruíz*, Franco's Justice, S. 195.

880 *Ferrer Benimeli*, La Massoneria in Spagna, S. 104.

881 Grundsätzlich lässt sich sagen, dass zwischen 1939 und 1945 sämtliche Prozesse – auch gegen Bürger und sonstige Gegner des Regimes – von „Sondergerichten" durchgeführt wurden, meist militärischer Natur, deren Verhandlungen als pure juristische Farce bezeichnet werden („*meras farsas jurídicas*"), bei denen es keiner Beweise bedurfte und angeklagte Kommunisten als Tiere („*animales*") bezeichnet wurden, vgl. *Casanova*, in: Morir, matar, sobrevivir, S. 20 f. bzw. *Ruíz*, Franco's Justice, S. 4 ff., wo es heißt […] military courts were the central feature of Francoist justice" und „Military justice was the primary legal mechanism for the punishment of civil war ‚criminality' in the post war period." (S. 4).

besondere Wichtigkeit erlangte das Gericht in den Jahren zwischen 1941 und 1958.[882]

Als erstes „legales“ Instrument gegen die Freimaurerei gab es jedoch einen Erlass aus dem Jahr 1936, wonach sich Freimaurer wegen des Tatbestandes der Rebellion, also einem geplanten Aufstand gegen die franquistische Herrschaft zur Wiedereinführung einer Republik,[883] strafbar machten. Dieser Erlass war somit das erstes Mittel zu deren Unterdrückung, noch bevor das Sondergericht TERMC eingerichtet und das Gesetz vom 1.3.1940 gegen die Freimaurerei und den Kommunismus erlassen wurde.[884] Man war von Anfang an darum bemüht, den direkten Zusammenhang zwischen der Freimaurerei und einer Rebellion gegen den Staat öffentlich herzustellen; so wurde beispielsweise am 30.4.1937 ein vom Kriegsgericht (*Consejo de Guerra*) in Malaga verfasstes Dekret veröffentlicht, in dem 21 einer Loge angehörigen Freimaurer wegen Rebellion gegen den Staat zum Tode verurteilt wurden. In einem Dekret vom November desselben Jahres hieß es weiter, die Logen würden intensiv im spanischen Leben in Erscheinung treten und dabei immer gegen die nationale Integrität sowie das moralische und traditionelle Fundament der spanischen Gesellschaft arbeiten.[885] Am 21.12.1938 beschloss *Franco* die Zerstörung aller freimaurerischen Symbole, die sich offensiv gegen die Kirche richteten. So wurden die Freimaurer Stück für Stück durch Kriegstribunale, Dekrete oder Gesetze als kriminelle Vereinigung degradiert und verfolgt.[886] Man beschlagnahmte Dokumente, die den angeblichen Beweis beinhalteten, es gäbe 80.000 Freimaurer in Spanien, denen der Prozess gemacht werden müsse; tatsächlich gab es um 1936 nicht mehr als 5.000.[887] Als *Franco* dem damaligen Anwärter auf die spanische Krone *Juan de Borbón* 1943 erklärte, warum es nicht zu einer Wiederherstellung der Monarchie kommen würde, tat er dies mit der Begründung, nur durch die bourbonische Monarchie sei es überhaupt zum Aufleben der Freimaurer im Spanien des 18. Jahrhunderts gekommen und somit schließlich zum Fall der Monarchie, zur Proklamation der Republik 1931, zum Marxismus und Kommunismus und zur Revolte der Masse.[888]

---

882 *Portilla Contreras*, in: Derecho, Memoria histórica y Dictaduras, S. 327.
883 *Portilla Contreras*, in: Derecho, Memoria histórica y Dictaduras, S. 330.
884 *Portilla Contreras*, in: Derecho, Memoria histórica y Dictaduras, S. 329.
885 *Portilla Contreras*, in: Derecho, Memoria histórica y Dictaduras, S. 330.
886 *Portilla Contreras*, in: Derecho, Memoria histórica y Dictaduras, S. 331.
887 *Ruíz*, Franco's Justice, S. 7.
888 *Ruíz*, Franco's Justice, S. 6.

c) Das Gesetz vom 1. März 1940 gegen die Freimaurerei und den Kommunismus

Schon im Prolog des Gesetzes wird klar, wie sehr das Franco-Regime davon besessen war, insbesondere die Freimaurerei für alle im Staat vorgefallene Missstände und Debakel verantwortlich zu machen. Darin heißt es u.a. wie folgt[889]: „Im Verlust des spanischen kolonialen Imperiums, im blutigen Unabhängigkeitskrieg, in den Bürgerkriegen, die Spanien im vergangenen Jahrhundert zerstört haben sowie in den Umstürzen, die den Fall der konstitutionellen Monarchie beschleunigten und den Weg zur Diktatur untergruben, genauso wie in den zahlreichen Staatsverbrechen, entdeckt man immer das Zusammenwirken der Freimaurerei und der anarchistischen Kräften[890], angestachelt durch versteckte internationale Triebfedern.“[891] Mittels dieser Propaganda gegen Freimaurer sollte auch – sofern überhaupt notwendig – der Erlass eines neues Gesetzes zur Bekämpfung der Freimaurerei erklärt werden. Von dieser Bewegung gehe eine sol-

889 Freie Übersetzung der Verfasserin.

890 Insbesondere am Ende der politischen Herrschaft *Primo de Riveras* und aufgrund der sich im krisengebeutelten Volk weiter ausbreitenden Unzufriedenheit, die sich auch gegen König *Alfonso XIII.* richtete, kam es immer wieder zu Straßenschlachten, Unruhen und Aufständen durch Anarchisten bis hin zu Morden durch extremistischen Gruppierungen untereinander. 1926 schlossen sich verschiedene republikanische Gruppen zur Republikanischen Allianz (*Alianza Republicana*) zusammen; eine erste Konspiration (*Sanjuanda*, 1926) scheiterte jedoch an der ideologischen Heterogenität der Beteiligten. Auch ein Umsturzversuch im Jahr 1929 mit dem Ziel der Absetzung des Königs scheiterte. *Vgl.* hierzu auch *Schmidt*, Kleine Geschichte Spaniens, S. 395 ff.
Doch was die Geschichte der Bewegung der Anarchisten in Spanien angeht, so beginnt diese weitaus früher. Zu Beginn des 20. Jahrhunderts waren sich die meisten spanischen Anarchisten einig, dass es eine national agierende Organisation geben müsse, um mehr Energie in die Bewegung zu bringen. Diese Organisation, die *Confederación Nacional de Trabajo* (CNT), wurde im Oktober 1910 gegründet und eine Resolution verabschiedet, die den Zweck der CNT mit der wirtschaftlichen „*Emanzipation der gesamten Arbeiterklasse durch die revolutionäre Enteignung des Kleinbürgertums* [...]“ festlegte. Unter *Primo de Rivera* begannen viele der CNT-Führer moderatere Ansichten zu übernehmen, was 1927 zur Gründung der Federación Anarquista Ibérica (FAI) führte, um diese Tendenz zu bekämpfen. Deren Organisation basierte auf autonomen Affinitätsgruppen, also solchen Aktivisten, die direkt gemeinsame Aktionen durchführten. Ausführlich zur FAI vgl. *Christie*, We, the anarchists!, S. 17 ff. Zur CNT und anderen republikanischen Organisationen siehe *Bernecker*, Anarchismus und Bürgerkrieg, S. 20 ff.

891 „*En la pérdida del imperio colonial español, en la cruenta guerra de la Independencia, en las guerras civiles que asolaron a España durante el pasado siglo, y en las perturbaciones que acelaron la caída de la Monarquía constitucional y minaron la etapa de la Dictuadura, asi como en los numerosos crímenes de Estado, se descubre siempre la acción conjunta de la masonería y de las fuerzas anarquizantes movidas a su vez por ocultos resortes internacionales. [...]*“.

che permanente Gefahr für das franquistische Regime aus, dass die Möglichkeit der Bestrafung für im Krieg begangene Taten auf Grundlage des Gesetzes über politische Verantwortlichkeit nicht ausreiche und ein Sondergesetz erforderlich mache.[892] Was den Inhalt des Gesetzes bzw. der einzelnen Normen angeht,[893] so waren diese vom Fehlen sämtlicher strafrechtlicher und strafprozessualer Prinzipien geprägt. Das Legalitätsprinzip wurde komplett ignoriert und die wesentlichen Adressaten des Gesetzes blieben undefiniert, was bedeutet, dass zwar von Freimaurerei, Kommunismus und verbrecherischen Vereinigungen („*sociedades delictivas*") die Rede war, doch das Auslassen ihrer näheren Definition die Regierung dazu ermächtigte, Vereinigungen unter dieses Gesetz fallen zu lassen, die sie als solche betrachtete.[894] Damit lief das Gesetz mehr oder weniger auf eine „Blanko-Vorschrift" hinaus. Vorbereitungshandlungen, worunter jegliche Propaganda, Kritik an Religion und Vaterland seitens der Kommunisten oder Freimaurer fiel, wurden mit der gleiche Strafe bedacht wie vollendete Delikte. Auch das Rückwirkungsverbot hinsichtlich einer strafrechtlichen Norm galt nicht, denn es wurden sämtliche Mitgliedschaften bestraft, auch die, die noch vor Inkrafttreten des Gesetzes vollzogen wurden.[895] Nach Inkrafttreten des Gesetzes wurde das TERMC gegründet;[896] dieses erlaubte keine anwaltliche Anwesenheit bzw. Unterstützung des Verdächtigen und es wurden hanebüchene Theorien beim Auftreten vor diesem Gericht entwickelt.[897] So wurde beispielsweise behauptet, zwischen Kommunisten, Freimaurern und Juden bestünde eine enge Verbindung.[898] Auch das Gericht verzichtete bei seiner Arbeit in seiner ersten Phase auf jedwede prozessualen Prinzipien, rechtliche Garantien wie das Recht zu schweigen oder eine Gerichtsverfassung. In einem Bericht vom 31.12.1941 heißt es, 109 Freimaurer seien ohne anwaltlichen Beistand auf sich gestellt und „sofort verurteilt" worden.[899] Was die Bestrafung der Angeklagten betrifft, so konnten diese

892 *Ruíz*, Franco's Justice, S. 193 unter Berufung auf die Madrider Tageszeitung *Ya* vom 25.2.1940. Auch in anderen europäischen Ländern ergriff man Maßnahmen zur Bekämpfung der Freimaurerei. Das faschistische Italien verbot die Freimaurer unter *Mussolini* bereits 1925, *Hitler* bezeichnet das Freimaurertum als „ausgezeichnetes Mittel" der Juden, um internationalen Einfluss zu gewinnen und verbot es nach seiner Machtergreifung 1933. Zwei Jahre später folgte der portugiesische Diktator *Salazar* und kriminalisierte die Zugehörigkeit zur Freimaurerei und zog deren Vermögen ein, vgl. *Oliveira Marques*, A Maçonaria portuguesa e o estado novo, S. 59.

893 Zum Inhalt des Gesetzes vgl. auch *Ballbé*, Orden público y militarismo, S. 411 ff.

894 *Portilla Contreras*, in: Derecho, Memoria histórica y Dictaduras, S. 339.

895 *Portilla Contreras*, in: Derecho, Memoria histórica y Dictaduras, S. 339, 343.

896 Das Gericht nahm seine Arbeit am 5.5.1941 auf, nachdem sämtliche Sonderrichter berufen worden waren.

897 *Portilla Contreras*, in: Derecho, Memoria histórica y Dictaduras, S. 340.

898 *Ruíz*, Franco's Justice, S. 6.

899 *Portilla Contreras*, in: Derecho, Memoria histórica y Dictaduras, S. 341 unter Hinweis auf Memoria del TERMC de 1.° de abril de 1941.

zum Tode oder zu Gefängnisstrafen verurteilt werden, oftmals in Verbindung mit wirtschaftlichen Ausgleichszahlungen für den im Krieg entstandenen Schaden, den die Angeklagten doch zu verantworten hatten.[900] Die Mitgliedschaft in einer freimaurerischen oder kommunistischen Vereinigung konnte mit bis zu 30 Jahren Haft bestraft werden.[901] Besonders wichtig erschien es den Verantwortlichen, Exempel zu statuieren, was dazu führte, die Urteile gegen Freimaurer in Zeitungen abzudrucken, u.a. mit dem Argument, im Gegensatz zu den Freimaurern hätte die Staatsanwaltschaft nichts zu verstecken.[902] 1943 kam es zu einer weiteren Bestimmung, die vorsah, in jedem militärischen Gebiet ein spezielles Gericht zu etablieren, das Ermittlungen in Zusammenhang mit Taten in diesem Bereich, nämlich den des Kommunismus und der Freimaurerei führen sollte.[903]

d) Die Rolle der Kirche im Franquismus

Neben dem franquistischen Militär wurde auch durch die katholische Kirche ein „Kreuzzug" gegen Kommunisten geführt, um die Religion zu schützen. So wurde dieser in den Gefängnissen von Geistlichen vollzogen, um die „Anti-Spanier" wieder zu bekehren; es wurde gefordert, die Verurteilten müssten am Abend vor ihrer Exekution Buße tun.[904] Ähnlich ging man auch bei Freimaurern vor – vor ihrem Prozess konnten sie ein entsprechendes Dokument unterschreiben, in dem sie sich zur katholischen Kirche bekannten, in der Hoffnung auf ein milderes Urteil.

Grundsätzlich lässt sich sagen, dass die Kirche nach der Armee, Bürokratie und *Francos* Nationaler Bewegung die vierte Institution war, die parteiähnliche Aufgaben im neuen Staat übernommen hatte. Bereits zuvor wurde in Predigten und Hirtenbriefen die Republik „abgekanzelt".[905] Die Kirche war es schließlich auch, die dem neuen Staat unter *Franco* mit ihrer Ideologie und den Würdenträgern „Weihe und Gewalt" verlieh; deren Vertreter hatten ihren festen Platz und Stimme in allen staatstragenden Institutionen, wie z.B. den franquistischen *Cortes.*

900 *Ruíz*, Franco's Justice, S. 5.

901 *Ruíz*, Franco's Justice, S. 192.

902 *Portilla Contreras*, in: Derecho, Memoria histórica y Dictaduras, S. 342.

903 [...] *que crea „en cada región militar un juzgado especial para la investigación de los delitos de esta naturaleza" (masonería y comunismo)* [...], vgl. *Ballbé*, Orden público y militarismo, S. 411.

904 *Ruíz*, Franco's Justice, S. 7; *Sabín*, Prisión y muerte, S. 113 ff.

905 *Franz*, Der Frankismus, S. 235.

e) Die Rolle der Parteien während der Diktatur Francos

In der Zeit des franquistischen Regimes herrschte ein Einparteiensystem, in dem die einzig legale Partei die der *Falange* war, also des *Movimiento Nacional*. Nachdem der Begriff der Partei an sich in der Terminologie der diktatorischen Bewegung nicht existiert, wird die *Falange* auch nicht als solche, sondern als „politische Einheit" bezeichnet.[906] Durch den Erlass repressiver Rechtsnormen wurde das Aufkommen bzw. Bestehen sonstiger politischer Parteien unmöglich gemacht, was auch ein Dekret vom 13.9.1936 zeigt, durch das alle Parteien und Organisationen für ungesetzlich erklärt wurden, die in der *Frente Popular* (Volksfront) inkorporiert waren. Damit sowie aufgrund des Gesetzes zur Unterdrückung der Freimaurerei und des Kommunismus war das Schicksal linker Parteien besiegelt. Was die Existenz rechts orientierter politischer Parteien angeht, so wurde diese durch das Vereinigungsdekret vom 19.4.1937 vernichtet. Alle nicht der *Falange* angehörigen Parteien wurden aufgelöst und ihr weiteres Wirken auf Grundlage der entsprechenden Norm des CP pönalisiert.[907] Ab 1969 wurde das Vorgehen gegen rechte Parteien zunehmend gemäßigter.

f) Entwicklung in den 1960er und 1970er Jahren

Gegen Ende der 1950er Jahre bzw. zu Beginn der 1960er Jahren formierten sich mehr und mehr Gruppen, wie z. B. Guerrilla-Gruppierungen oder andere politisch Oppositionelle, die sich die Bekämpfung der franquistischen Diktatur zum Ziel gesetzt hatten. *Franco* ging gegen diese mit besonderer Härte vor und es wurde ein neues Dekret erlassen, um seinerseits diese „terroristischen Gruppen" zu bekämpfen.[908] Dieses Dekret vom 21.9.1960, das sich gegen militärische Rebellion, Banditentum und Terrorismus sowie die Erscheinung von terroristischen Organisationen richtete,[909] sollte als effektives Instrument gegen diese Phänomene eingesetzt werden. Auch in diesem Fall oblag die Jurisdiktion wieder dem Militär; dieser starke Einfluss des Militärs auf die Jurisdiktion rückte ebenfalls mehr und mehr in das Zentrum der Kritik, so dass am 2.12.1963 ein Gesetz erlassen wurde, was die Schaffung eines „öffentlichen" Gerichts vorsah.[910] Mit dem Einsatz dieses Gerichts setzte eine Welle der Liberalisierung innerhalb der Politik

906 *Voscherau*, Parteiverbote, S. 80.

907 *Voscherau*, Parteiverbote, S. 81.

908 Letztlich galten alle politischen Gegner *Francos* als Terroristen, vgl. *Oehmichen*, Terrorism and Anti-Terror Legislation, S. 188.

909 Decreto 17/94 de 21 de septiembre sobre rebelión militar, bandidaje y terrorismo y la aparación de las organisaciones terroristas.

910 *Oehmichen*, Terrorism and Anti-Terror Legislation, S. 189.

Francos ein. So wurden unterschiedliche Regelungen erlassen, die u.a. die Freiheit der Presse sowie die Vereinigungsfreiheit vorsahen. Ein Rückschlag für die neu gewonnen Freiheiten war jedoch am 2.8.1968 zu verzeichnen, als es zu einem Anschlag der ETA auf die Polizei in San Sebastián kam, woraufhin ein Dekret erlassen wurde, dass die Zuständigkeiten der Jurisdiktion nun wieder beim Militär lagen.[911] Zu Beginn der 1970er Jahre wurden die Terrorismusgesetze reformiert und „doppelt" kriminalisiert: Diese hatten fortan ihre Ausführungen sowohl im Código Penal, als auch im Militärstrafgesetzbuch.[912] Diese Zeit zeichnet sich auch durch besondere Gewaltbereitschaft der Regime-Gegner aus, es kam zu zahlreichen gewalttätigen Aktionen, Demonstrationen und terroristischen Anschlägen, insbesondere durch die ETA, wie die Ermordung des Präsidenten der franquistischen Regierung *Carrero Blanco* am 20.12.1973.[913] Das letzte Anti-Terror-Gesetz vor *Francos* Tod wurde schließlich am 26.8.1975[914] erlassen.

2. Nach der „transición"

Am 20.11.1975 wurde der Tod *Francos* vermeldet und Juan Carlos zum Staatsoberhaupt gemacht, was das Einsetzen der „transición" zu Folge hatte. 40 Jahre nachdem *Franco* die Eigenständigkeit der spanischen Regionen abgeschafft hatte, wurde die Existenz der 17 autonomen Regionen (*Comunidades Autónomas*) durch die Verfassung festgelegt. Doch dies stieß nicht in allen Regionen auf Zustimmung; insbesondere im Baskenland[915] war man nicht bereit, die Neuorientierung Madrids, die als Form „kastilischer Hegemonie" empfunden wurde, anzuerkennen.[916] Eine nach wie vor stark mit franquistischen Zügen durchsetzte Polizei heizte die Stimmung im Baskenland zunehmend an, worauf die ETA (*Euskadi Ta Askatasuna*), Baskenland und Freiheit, die mit Waffengewalt für die Autonomie des Baskenlandes kämpft, mit Anschlägen antwortete. Auf ETA-Anschläge gegen Ordnungskräfte wiederum reagierte man beim Verhör der Gefangenen mit Folter, woraufhin sich die Basken mehr und mehr gegen den spanischen Zentralstaat solidarisierten.[917] Spanien sieht sich seither einer linksextre-

---

911 *Oehmichen*, Terrorism and Anti-Terror Legislation, S. 190.

912 Ley 42/1971 sowie Ley 44/1971.

913 *Oehmichen*, Terrorism and Anti-Terror Legislation, S. 190; *Cancio Meliá*, in: Transformation von Diktaturen, S. 85.

914 Decreto 10/1975.

915 Schon beim Referendum hinsichtlich der Verfassung bildeten die baskischen „Nein"-Stimmen ein Drittel der gesamten Ablehnung, vgl. *Woodworth*, Dirty war clean hands, S. 4.

916 *Schmidt*, Kleine Geschichte Spaniens, S. 488.

917 Ausführlich zur Geschichte der ETA und ihren Zielen *Stelzer*, Terrorismus und Strafrecht in Spanien, S. 27 ff.

men Separatistenorganisation gegenüber, die den Tatbestand der terroristischen Organisation erfüllt, die mit Waffengewalt die verfassungsmäßige Ordnung umzustürzen versucht.[918] 2006 machte die ETA erneut von sich reden, als sie zu einem einseitigen unbegrenzten Waffenstillstand aufrief und der spanischen Regierung Gespräche über die Zukunft des Baskenlandes anbot. Doch diese führten nicht zu dem von der ETA gewünschten Ergebnis und sie drohte im August 2006 erneut mit Anschlägen bzw. gewaltsamen Aktionen. Schließlich beendete die terroristische Vereinigung den Waffenstillstand, indem sie am 30.12.2006 einen Bombenanschlag auf ein Parkhaus am Flughafen Barajas in Madrid verübte, bei dem zwei Menschen getötet wurden. Daraufhin brach die Regierung sämtliche Gespräche ab und rief erneut zu einem Bündnis aller Parteien gegen die ETA auf.[919] Bis 2010 kam es zu weiteren Anschlägen seitens der ETA mit zahlreichen Verletzen und Todesopfern.[920] Es folgten 2010 und 2011 mehrere Erklärungen zu einem Waffenstillstand. Am 20.10.2011 verkündete die ETA die „definitive Beendigung ihrer bewaffneten Aktivitäten".[921] Eine Beurteilung hinsichtlich der Ernsthaftigkeit dieser Ankündigung kann an dieser Stelle nicht getroffen werden.

Als Gegenspieler der ETA galten die sog. GAL, „Grupos Antiterroristas de Liberación" (*Antiterroristische Gruppen der Befreiung*), deren einziges Ziel es war, die ETA durch Terror zu bekämpfen.[922] Ihre Aktivitäten bewegten sich im Zeitraum zwischen 1983 und 1986 und obwohl sie sich als Antiterroreinheit sahen, agierten sie selbst mit Mitteln des Terrorismus wie Sprengstoff und Feuerwaffen. Mitglieder waren u.a. junge Rechtsextreme, spanische Polizisten und Polizeispitzel, wie auch Franzosen und Portugiesen. Ihnen werden ca. 28 Morde an mutmaßlichen ETA-Mitgliedern bzw. Sympathisanten zur Last gelegt, von denen aber ca. ein Drittel nachweislich keine Beziehung zur ETA hatte. Die heterogene Zusammensetzung der terroristischen Vereinigung GAL könnte ein Indiz für derartige Falschbeurteilungen sein.[923]

---

918 *Lamarca Pérez*, 41/2007 [LA LEY 2792/2007]; zur Entwicklung der ETA vgl. auch *Cancio Meliá*, in: Transformati-on von Diktaturen, S. 83 ff.

919 *Glaab*, Medien und Terrorismus, S. 17.

920 So bekannte sich die ETA in einem Schreiben vom 9.8.2009 zu dem Attentat auf Mallorca, bei dem am 30.7.2009 durch die Explosion einer Bombe zwei Polizisten getötet wurden. Vgl. www.welt.de/politik/ausland/article4285649/Eta-bekennt-sich-zu-Anschlag-auf-Mallorca.html, zuletzt besucht am 21.3.2013.

921 „ETA ha decidido el cese definitivo de su actividad armada". Volltext abrufbar unter: http://politica.elpais.com/politica/2011/10/20/actualidad/1319131779_738058.html, zuletzt besucht am 21.3.2013.

922 Vgl. *Stelzer*, Terrorismus und Strafrecht in Spanien, S. 88 ff.

923 *Stelzer*, Terrorismus und Strafrecht in Spanien, S. 88.

VI. Straftatbestände zur Bekämpfung krimineller Vereinigungen im spanischen Strafrecht

1. Strafrechtsreform durch Organgesetz vom 22.6.2010

Die durch Organgesetz vom 22.6.2010[924] am 23.12.2010 in Kraft getretene spanische Strafrechtsreform betrifft u.a. auch die im Código Penal verankerten Terrorismusdelikte. Im Rahmen dieser Strafrechtsreform ist es zu einer Umordnung der Terrorismusdelikte gekommen.[925] Waren diese zuvor zwar hauptsächlich in den arts. 571 ff. CP geregelt, so wurde jedoch auch innerhalb anderer Normen des CP auf diese Bezug genommen, wie in art. 515.2 a.F. und 516 CP a.F. Auf die Ordnung vor der Reform wird im Folgenden noch genauer einzugehen sein. Diese Trennung der Terrorismusdelikte ist nun aufgehoben worden. Sämtliche Segmente hinsichtlich terroristischer Straftaten befinden sich nunmehr in Kapitel VII des CP, das terroristische Organisationen und Gruppen sowie die Terrorismusstraftaten zum Inhalt hat und sich seinerseits im Titel XXII *Delikte gegen die öffentliche Ordnung* befindet. An dieser Neuordnung wird kritisiert, man habe die Gelegenheit im Rahmen der Strafrechtsreform ungenutzt gelassen, die Terrorismusdelikte sowie sämtliche Organisationsdelikte bestimmungsgemäß dort zu platzieren, wo Straftaten gegen die Verfassung geregelt sind.[926] Letztlich werde mittels dieser Straftaten die Staatsgewalt als Monopol in Frage gestellt, sie werden dazu benutzt, die verfassungsmäßige Ordnung zu unterlaufen. Systematisch sei der Platz der Terrorismus- und Organisationsdelikte daher bei den Straftaten gegen die Verfassung anzusiedeln.[927] Die Neuordnung wird auch dahingehend kritisiert, sie unterstreiche einmal mehr den Ausnahmecharakter der Terrorismusdelikte. Beispielhaft wird das Mitglied einer kriminellen Organisation angeführt, das mit Drogen handelt und über die Norm hinsichtlich krimineller Organisationen zu fassen ist. Im Fall des Terrorismus sei diese Norm jedoch an anderer Stelle platziert.[928]

Im Folgenden wird an den einschlägigen Stellen auf die Rechtslage vor der Strafrechtsreform eingegangen werden, jedoch mit Hinweisen und kurzen Ausführungen zur neuen Rechtslage.

---

924 Ley Orgánica A 5/2010, de 22 de junio (LA LEY 13038/2010).

925 Vgl. *Juanes Peces*, Reforma del Código Penal, S. 52.

926 *Cancio Meliá*, in: Comentarios a la Reforma Penal de 2010, S. 524 f.

927 *Cancio Meliá*, in: Comentarios a la Reforma Penal de 2010, S. 525.

928 *Cancio Meliá*, in: Comentarios a la Reforma Penal de 2010, S. 525.

2. Grundnorm: art. 515 CP

a) Allgemeine Betrachtungen

In art. 22 Abs. 1 der spanischen Verfassung ist das Grundrecht der Vereinigungsfreiheit verankert. In Absatz 2 dieses Artikels werden jedoch solche Vereinigungen als illegal angesehen, die deliktische Ziele verfolgen oder unerlaubte Mittel einsetzen.[929] Im fünften Absatz dieser Vorschrift geht es um das Verbot von Geheimbünden und Vereinigungen mit paramilitärischem Charakter. Die Verfassung überlässt es dem Strafgesetzgeber zu bestimmen, unter welchen Voraussetzungen eine Vereinigung zu einer kriminellen wird, jedoch mit der Einschränkung von Geheimbünden und paramiliärischen Vereinigungen, die in jedem Fall durch art. 22.5 CE verboten werden.[930] Aufgrund dieser Prämisse mussten im Strafrecht bestimmte Straftatbestände geschaffen werden, welche im geltenden Código Penal von 1995 zu finden sind: In arts. 515-521 CP ist der Missbrauch des Vereinigungsrechts pönalisiert. Im Código Penal von 1973 war dieser Tatbestand noch in art. 173 CP zu finden.[931]

Im Unterschied zum deutschen Strafrecht sind im Tatbestand des art. 515 CP, sozusagen der Grundnorm des Vereinigungsstrafrechts, nicht bereits die verschiedenen Begehungsweisen zu finden. Erst in den arts. 517, 518 und 519 CP wird festgelegt, welches die in Verbindung mit kriminellen Vereinigungen strafbaren Verhaltensweisen sind und wie diese zu bestrafen sind. Im Jahr 2000 wurde art. 515 CP um einen sechsten Absatz erweitert, der solche Vereinigungen pönalisiert, die den illegalen Menschenhandel fördern.[932] Diese Erweiterung wurde jedoch als überflüssig und unnütz klassifiziert,[933] wurde doch durch selbiges Organgesetz genau die Strafbarkeit solcher Vereinigungen eingeführt, vgl. art. 318 bis CP[934]. Daher wurde mangels Notwendigkeit art. 515.6 CP mit dem Organgesetz 15/2003 wieder aufgehoben.[935]

---

929 *Tamarit Sumalla*, in: Thomson Aranzadi, Comentarios al Código Penal, art. 515, S. 954; *Pérez Granados*, in: Bosch, Comentarios al Código Penal, art. 515, S. 3403; *Faraldo Cabana*, Asociaciones ilícitas, pos. 2873, 2895.

930 *Tamarit Sumalla*, in: Thomson Aranzadi, Comentarios al Código Penal, art. 515, S. 954; *Pérez Granados*, in: Bosch, Comentarios al Código Penal, art. 515, S. 3403; *Conde-Pumpido Ferreiro*, in: Bosch, Código Penal Comentado, Tomo II, art. 515, S. 1485.

931 *Córdoba Roda/Arán Garcia*, in: Comentarios al Código Penal, Parte Especial, Tomo II, art. 515, S. 2442; *Cano Paños*, Die strafrechtliche Behandlung des Terrorismus im spanischen StGB von 1995, S. 23.

932 Eingefügt durch das Organgesetz 4/2000 vom 11.1.2000 über die Rechte und Freiheiten von Ausländern in Spanien und ihre soziale Integration.

933 *Muñoz Conde*, in: Tirant lo Blanch, Derecho Penal, Parte Especial, art. 515, S. 821; *Conde-Pumpido Ferreiro*, in: Bosch, Código Penal Comentado, Tomo II, art. 515, S. 1488.

934 Zu finden im Titel XV bis Straftaten gegen die Rechte ausländischer Staatsbürger.

935 *Conde-Pumpido Ferreiro*, in: Bosch, Código Penal Comentado, Tomo II, art. 515, S. 1488.

Der Tatbestand zeigt wie nahezu kein anderer die gesetzgeberische Unbeständigkeit in Bezug auf kriminelle Vereinigungen auf. Bis 2004 wurde die Vorschrift seit Inkrafttreten des Código Penal von 1995 drei verschiedenen Reformen unterzogen, oftmals – wie kritisiert wird – durch übereiltes Handeln seitens des Gesetzgebers. Es wird kritisiert, dass mangels einer klaren Kriminalpolitik schlicht aus der Improvisation heraus Gesetze erlassen werden.[936] Dass die Norm jedoch ihre kriminalpolitische Berechtigung hat, zeigt sich gerade in der besonderen Gefährlichkeit krimineller Vereinigungen, insbesondere bei solchen terroristischer oder mafiöser Natur, wie sie oft hinter Drogen-, Waffen- oder Menschenhandel stehen.[937] Diese besondere Gefährlichkeit – im Gegensatz zu der eines Einzeltäters – ist folgenden Faktoren zuzuschreiben: Das Gruppengefüge lässt die Hemmschwelle in Hinblick auf die Begehung von Straftaten sinken. Des Weiteren sorgt die Organisation für die Infrastruktur zur Begehung besonders komplexer und damit auch schwererer Straftaten. Schließlich bringt die Organisation aufgrund des spezifischen Gefüges Strukturen mit sich, aus denen sich auch vermehrt die Möglichkeit faktischer Straflosigkeit ergeben kann, oftmals auch durch ihren Einfluss auf die Dienststellen oder Amtsträger, die mit der strafrechtlichen Aufklärung betraut sind.[938] Die ausgeklügelten logistischen Strukturen einer kriminellen Organisation erschweren es ungemein, deren deliktische Aktivitäten aufzudecken, weswegen es umso wichtiger ist, über die strafrechtlichen Mittel zu verfügen, damit die Organisation an sich und ihre Struktur im Vordergrund steht und weniger die konkreten Taten, die sie begeht.

Was die Voraussetzungen insgesamt angeht, so ist zu beachten, dass der Tatbestand des art. 515 CP einer restriktiven Auslegung bedarf;[939] zu lesen ist dieser immer auch mit der verfassungsmäßigen Vorschrift in art. 55.2 CE[940] sowie vor dem Hintergrund, dass das Wesen der Vereinigung dazu geeignet sein muss, Schrecken in der Gesellschaft und ein Zerwürfnis der Gemeinschaft auszulösen sowie einen Angriff auf das gemeinsame Miteinander in der demokratischen Werteordnung darzustellen.[941] Jede weitergehende Auslegung würde der verfassungsmäßigen Grundlage entbehren.

---

936 *Córdoba Roda/Arán Garcia*, in: Comentarios al Código Penal, Parte Especial, Tomo II, art. 515, S. 2443.

937 *Conde-Pumpido Ferreiro*, in: Bosch, Código Penal Comentado, Tomo II, art. 515, S. 1487.

938 *Conde-Pumpido Ferreiro*, in: Bosch, Código Penal Comentado, Tomo II, art. 515, S. 1487.

939 „[...] en la jurisprudencia se observa una interpretación restrictiva del concepto [...]", so bei *Faraldo Cabana*, Asociaciones ilícitas, pos. 2178.

940 Übersetzung des spanischen Verfassungstextes: Boletín Oficial del Estado, abrufbar unter: www.boe.es/aeboe/consultas/enlaces/documentos/ConstitucionALEMAN.pdf.

941 *Granados Pérez*, in: Comentarios al Código Penal, art. 515, S. 3404.

b) Geschütztes Rechtsgut

Was das von art. 515 CP geschützte Rechtsgut betrifft, so besteht Uneinigkeit. Nach einem Urteil[942] des Obersten Gerichtshofs (*Tribunal Supremo*) besteht das geschützte Rechtsgut im Grundrecht auf Vereinigung als verfassungsrechtliche Garantie, verankert in art. 22.1 CE[943]. Andere Meinungen sowie ein Teil der Lehre sehen die öffentliche Ordnung als Schutzgut, insbesondere den Staat an sich bzw. seine führende Rolle und Macht gegenüber jeglicher Organisation, die gegenteilige Ziele verfolgt sowie die Grund- und Freiheitsrechte, die die Verfassung proklamiert.[944] Jedenfalls unterscheidet sich dieses Rechtsgut von demjenigen, das durch die begangene Straftat – zu deren Begehung die kriminelle Vereinigung sich zusammengeschlossen hat – verletzt wurde;[945] letzteres wird jedoch von einer dritten Ansicht, allerdings einer Mindermeinung, als zu schützendes Rechtsgut angesehen. Diese geht damit von einem präventiven Charakter der Norm aus.[946] Folgt man der wohl herrschenden Ansicht, dass das geschützte Rechtsgut im Wesentlichen die ungehinderte Ausübung des in der Verfassung garantierten Vereinigungsrechts darstellt, so stellen die in art. 515 CP aufgeführten Varianten unerlaubte – folglich strafbare – Verletzungen dieses Grundrechts dar.[947]

942 STS 234/2001, de 3 de mayo.

943 „*Se reconoce el derecho de asociación*".

944 *Granados Pérez*, in: Comentarios al Código Penal, art. 515, S. 3403: „*Así en la STS 234/2001* […] *el bien jurídico protegido es el derecho de asociación como garantía constitucional, según un sector doctrinal, o segun otro, el orden público y en particular la propia institución estatal, su hegemoná y poder* […]."; *Conde-Pumpido Ferreiro*, in: Bosch, Código Penal Comentado, Tomo II, art. 515, S. 1489; *Tamarit Sumalla*, in: Thomson Aranzadi, Comentarios al Código Penal, art. 515, S. 956.

945 *Granados Pérez*, in: Comentarios al Código Penal, art. 515, S. 3403; *Conde-Pumpido Ferreiro*, in: Bosch, Código Penal Comentado, Tomo II, art. 515, S. 1489.

946 Zum Verständnis angeführt bei *Conde-Pumpido Ferreiro*, in: Bosch, Código Penal Comentado, Tomo II, art. 515, S. 1486.

947 *Cano Paños*, Die strafrechtliche Behandlung des Terrorismus im spanischen StGB von 1995, S. 24.

3. Voraussetzungen der kriminellen Vereinigung im Código Penal

a) Vereinigung (*asociación*)

Unter einer Vereinigungen versteht man den Zusammenschluss von mehreren Personen zur Verfolgung von bestimmten Zielen.[948] Nicht näher im Gesetzestext beschrieben ist, um wie viele Personen es sich bei diesem Zusammenschluss handeln muss. Die Lehre sieht das Vorhandensein von mindestens drei Personen als erforderlich für die Existenz einer Vereinigung an, die ihrerseits organisiert und von gewisser Dauer sein muss.[949] Die Rechtsprechung lässt das Vorhandensein von zumindest zwei Personen ausreichen.[950] Diese Vereinigung wird zu einer kriminellen, wenn es sich bei der Verfolgung ihrer Ziele um Straftaten handelt und Mittel der Gewalt eingesetzt werden.[951] Nicht ausreichend ist also, dass die Vereinigung zwar formal besteht und sich quasi selber als kriminell erklärt hat, aber darüber hinaus noch kein kriminelles Ziel festgelegt ist.

Was die Struktur der Vereinigung betrifft, so muss diese organisiert sowie hierarchisch strukturiert sein, um hierbei die Funktion der einzelnen Mitglieder näher zu bestimmen. Schließlich muss die Vereinigung eigenständig und unabhängig von der Straftat bzw. den Straftaten bestehen, deren Begehung sie sich zum Ziel gesetzt hat, was wiederum bedeutet, dass der Tatbestand der kriminellen Vereinigung in Konkurrenz zu den Tatbeständen der geplanten bzw. begangenen Straftaten steht.[952] Vorbereitungsakte werden unter den entsprechenden Tatbestand subsumiert, sobald mit dessen Ausführung begonnen wird.[953]

b) Vereinigungsabrede

Weiteres Merkmal ist das Bestehen eines Einverständnisses unter den Mitgliedern, also einer Vereinigungsabrede, die auch auf eine bestimmter Dauer der Vereinigung gerichtet sein muss.[954] Im Urteil des Tribunal Supremo vom 3.5.2001[955]

---

948 *Muñoz Conde*, in: Tirant lo Blanch, Derecho Penal, Parte Especial, art. 515, S. 820; *Pérez Granados*, in: Bosch, Comentarios al Código Penal, art. 515, S. 3403.

949 *Tamarit Sumalla*, in: Thomson Aranzadi, Comentarios al Código Penal, art. 515, S. 954.

950 Vgl. z.B. SSTS vom 8.10.1979 sowie vom 12.3.1992.

951 *Muñoz Conde*, in: Tirant lo Blanch, Derecho Penal, Parte Especial, art. 515, S. 820.

952 *Muñoz Conde*, in: Tirant lo Blanch, Derecho Penal, Parte Especial, art. 515, S. 820.

953 *Córdoba Roda/Arán Garcia*, in: Comentarios al Código Penal, Parte Especial, Tomo II, art. 515, S. 2444.

954 *Muñoz Conde*, in: Tirant lo Blanch, Derecho Penal, Parte Especial, art. 515, S. 820.

955 STS 234/2001.

heißt es dazu, dass die Übereinkunft zum Zusammenschluss von dauerhafter und nicht lediglich vorübergehender Natur sein muss.[956] Inhaltlich muss Einigkeit darüber bestehen, dass das Ziel der Vereinigung im Falle des art. 515.1 1. Halbsatz CP die Begehung von Straftaten ist, was einer gewissen Bestimmung der kriminellen Aktivität entspricht, ohne aber dabei schon eine genaue Festlegung der einzelnen Taten in Bezug auf Zeit und Ort zu treffen.[957] Was die Übereinkunft zum Zusammenschluss angeht, so ist nicht von Belang, wie die Mitglieder zu dieser gekommen sind; keine Rolle spielt dabei auch, ob es Initiatoren gab oder die Person sich lediglich einer bestehenden Übereinkunft angeschlossen hat. Das Unrecht, das eine Vereinigung zu einer kriminellen macht, leitet sich aus den deliktischen Zielen oder den eingesetzten Gewaltmitteln ab, die die Vereinigung zur Verfolgung ihrer unerlaubten Ziele einsetzt. Dies wird gerade auch in Abs. 1 und 2 (zum Teil auch in Abs. 3) des art. 515 CP zum Ausdruck gebracht wie auch schon in art. 22.2 CE: Es sind die deliktischen Ziele und die gewalttätigen bzw. kriminellen Mittel, die eine Vereinigung zu einer kriminellen und damit unerlaubten machen. In Abs. 4 hinzugefügt werden Organisationen mit paramilitärischem Charakter.

Schließlich ist noch anzumerken, dass der Tatbestand nicht erst durch Begehung der zuvor geplanten Taten verwirklicht wird, sondern bereits mit dem Zusammenschluss aufgrund einer deliktischen Zielsetzung, die in der Vereinigungsabrede verankert ist.[958] Es reicht ferner bereits die bloße Zugehörigkeit des Mitglieds zu einer in art. 515 CP aufgelisteten kriminellen Vereinigung; es muss dabei nicht zu einer tatsächlichen strafbaren Handlung kommen. Damit ist diese Norm als Gefährdungsdelikt einzuordnen und der Strafrechtsschutz zur Prävention der jeweiligen Tatbegehung vorverlagert.[959]

---

956 „*lejos de lo meramente esporádico*", also „weit von einem bloß sporadischen [Zusammenschluss] entfernt"; vgl. auch *Conde-Pumpido Ferreiro*, in: Bosch, Código Penal Comentado, Tomo II, art. 515, S. 1486.

957 *Granados Pérez*, in: Bosch, Comentarios al Código Penal, art. 515, S. 3403; *Muñoz Conde*, in: Tirant lo Blanch, Derecho Penal, Parte Especial, art. 515, S. 820; vgl. auch *Faraldo Cabana*, Asociaciones ilícitas, pos. 2895, die von art. 515.1 CP als Generalklausel spricht: „[...] el art. 515 CP recoge una cláusula general en su núm. 1[...]" .

958 So STS vom 28.10.1997; zu einer Übersicht zu den einzelnen Voraussetzung der kriminellen Vereinigung vgl. auch *Conde-Pumpido Ferreiro*, in: Bosch, Código Penal Comentado, Tomo II, art. 515, S. 1489; *Granados Pérez*, in: Bosch, Comentarios al Código Penal, art. 515, S. 3403.

959 *Cano Paños*, Die strafrechtliche Behandlung des Terrorismus im spanischen StGB von 1995, S. 24; *Choclán Montalvo*, La Organisación Criminal, S. 31

4. Abgrenzung zu art. 17 CP: Verabredung zu einer Straftat

In art. 17 CP ist die Strafbarkeit der Verabredung zu einer Straftat geregelt. Fraglich ist, in welchem Verhältnis die Vorbereitungshandlungen, wie auch die Verabredung zur Begehung einer Straftat im Rahmen des art. 515 CP, zu art. 17 CP stehen.[960] Trotz struktureller Ähnlichkeit kann unter Heranziehung von drei Kriterien[961] eine Abgrenzung getroffen werden.

a) Anforderungen an eine kriminelle Vereinigung

Zunächst können die generellen Anforderungen an eine kriminelle Vereinigung als Abgrenzungskriterien zu einer bloßen Verabredung einer Straftat herangezogen werden, insbesondere das Bestehen eines Einverständnisses von bestimmter Dauer unter den Mitgliedern, was als wesentliches Unterscheidungsmerkmal anzusehen ist.[962] Auch das Merkmal der Vereinigungsabrede zur Begehung im Einzelnen noch nicht näher bestimmten Taten kann als Unterscheidungskriterium wirken: Bei der Verabredung zu einer Straftat ist diese im Gegensatz zur bloßen Abrede hinsichtlich einer solchen bereits konkretisiert.

b) Geschütztes Rechtsgut

Während es bei der Verabredung zu einer Straftat um einen Vorbereitungsakt geht, der darauf abzielt, eine Straftat zu begehen, ist bei der kriminellen Vereini-

---

960 Grundsätzlich stellt das *deutsche* Strafrecht die Vorbereitung und erst recht das bloße Vorhaben einer Straftat nicht unter Strafe. In der Regel beginnt das strafrechtliche relevante Verhalten frühestens, wenn die Tat das Versuchsstadium erreicht (§§ 22 f. StGB). Über die ausnahmsweise Ausdehnung der Strafbarkeit in das Vorbereitungsstadium bei einzelnen Delikten (z.B. 149 StGB) hinaus kennt das StGB in § 30 StGB aber auch eine allgemeine Regel zur Pönalisierung von Vorbereitungshandlungen. Bestimmte Formen erfolgloser Beteiligung bedroht § 30 StGB unter der Voraussetzung mit Strafe, dass sich die Beteiligungshandlungen auf Verbrechen beziehen. § 30 StGB ist indes subsidiär, wenn die ins Auge gefasste (Haupt-)Tat versucht oder vollendet wird. Deshalb ist die versuchte Anstiftung gegenüber der Anstiftung zum Versuch sowie die Verabredung nach Abs. 2 gegenüber der vollendeten oder versuchten Tat subsidiär. Vgl. *Heine*, in: Schönke/Schröder, § 30 Rn. 1, 3, 37; *Lackner/Kühl*, § 30 Rn. 1 f., 10.

961 *Córdoba Roda/Arán Garcia*, in: Comentarios al Código Penal, Parte Especial, Tomo II, art. 515, S. 2443.

962 Dahingehend auch STS vom 17.1.1986; *Córdoba Roda/Arán Garcia*, in: Comentarios al Código Penal, Parte Especial, Tomo II, art. 515, S. 2444; *Conde-Pumpido Ferreiro*, in: Bosch, Código Penal Comentado, Tomo II, art. 515, S. 1489; *Muñoz Conde*, in: Tirant lo Blanch, Derecho Penal, Parte Especial, art. 515, S. 820.

gung ein eigenständiges Rechtsgut geschützt, sei es das Vereinigungsrecht als verfassungsrechtliche Garantie, die dem Staat obliegt,[963] oder sei es die Sicherheit des demokratischen Rechtsstaates mit seinen Grund- und Freiheitsrechten, die die Verfassung proklamiert bzw. garantiert. So führt es auch der oberste Gerichtshof aus: Zum einen ist das Rechtsgut zu sehen, welches durch das Delikt der kriminellen Vereinigung an sich geschützt wird, zum anderen dasjenige Rechtsgut, das durch den sich daran anschließenden Tatbestand der begangenen Tat geschützt wird. So habe der Tatbestand der kriminellen Vereinigung eine eigene materiellrechtliche Bedeutung, welche in einem einzelnen zu schützenden Rechtsgut liegt. Dies geht auch aus der Tatsache hervor, dass die strafrechtliche Relevanz um den Tatbestand der kriminellen Vereinigung noch vor der Gefährdung der geschützten Rechtsgüter der nachfolgenden Tat als Delikt in Erscheinung tritt.[964]

c) Abgrenzung zu art. 519 CP

Als drittes Abgrenzungskriterium kann art. 519 CP[965] herangezogen werden. Hier zeigt sich wieder die Eigenständigkeit des Tatbestandes der kriminellen Vereinigung dahingehend, dass in art. 519 CP ausdrücklich die Bestrafung der Vorbereitungshandlungen im Rahmen einer solchen Vereinigung vertypisiert werden.[966]

5. Einzelne Bestimmungen innerhalb des art. 515 CP

Durch das Organgesetz 5/2010 vom 22.6.2010, das am 23.12.2010 in Kraft getreten ist,[967] kam es zu einer Reform des Código Penal und damit zu mehreren Änderungen und Neuerungen innerhalb der Tatbestände der kriminellen Vereinigung sowie der Terrorismusdelikte. Im Folgenden wird nun auf die einzelnen Absätze des art. 515 CP eingegangen werden. Dabei werden die durch die Strafrechtsreform bewirkten konkreten Veränderung des Tatbestandes unter Heranziehung der bis zum 23.12.2010 bestehenden Rechtslage beleuchtet.

---

963 So STS vom 10.4.2003.

964 STS vom 10.4.2003.

965 Zu art. 519 CP explizit vgl. Gliederungsebene C. VI. 5. h) dieser Arbeit.

966 *Córdoba Roda/Arán Garcia*, in: Comentarios al Código Penal, Parte Especial, Tomo II, art. 515, S. 2445.

967 BOE Nr. 152, vom 23.6.2010, S. 54823

a) Kriminelle Vereinigungen nach art. 515.1 CP

aa) Inhaltliche Annäherung

In diesem ersten Absatz ist seit dem Organgesetz vom 25.11.2003 zwischen drei Arten von Vereinigungen zu unterscheiden. Die ursprünglichste Vereinigung, die unter diesen Tatbestand fällt, ist die, die von Anfang an die Begehung von Straftaten zum Ziel hat. Sodann ist die Vereinigung zu nennen, die sich zunächst zulässig formiert und legitime Ziele verfolgt, sich jedoch zu einem späteren Zeitpunkt die Begehung einer Straftat zum Ziel macht.[968] Eine solche zu begehen, ist in beiden Fällen die Absicht der kriminellen Vereinigung und eine ihrer möglichen Konsequenzen nach dem Zusammenschluss. Was die Voraussetzung der Straftat angeht, so hat sich eine Lehre manifestiert, die eine restriktive Lesart des Terminus vorsieht: Ausgenommen seien davon alle Vergehen, was mit dem Verhältnismäßigkeitsgrundsatz belegt wird, insbesondere vor dem Hintergrund, dass Verfassung und Strafgesetzbuch in Einklang gebracht werden sollten und die Verfassung sich ebenfalls auf solche kriminellen Vereinigung bezieht, die als Ziel die Begehung schwerer Taten haben bzw. Mittel verwenden, die als Delikt einzuordnen sind. Ferner wird argumentiert, dass es bereits aus logischen Gründen, insbesondere vor dem Hintergrund der gesamten Organisationsstruktur, einer kriminellen Vereinigung nicht darum gehen könne, lediglich Vergehen zu verüben.[969] 2003 wurde schließlich noch die dritte Variante der kriminelle Vereinigung in den Tatbestand aufgenommen. Dabei handelt es sich um eine Vereinigung, die es zum Ziel hat, Vergehen (*faltas*) in organisierter, koordinierter und sich wiederholender Art zu begehen oder herbeizuführen.[970] Diese Erweiterung zeigt, dass der Gesetzgeber eine Abgrenzung solcher kriminellen Vereinigungen schaffen wollte, die als Ziel die Begehung dieser Art von Delikten haben. An der Erweiterung kritisiert wurde jedoch, dass hierdurch keine Neuerungen hinsichtlich des Gesamtkonzepts der Norm beigetragen würde.[971] Letztlich seien auch hier die Voraussetzungen, die eine kriminelle Vereinigung begründen, er-

968 Vgl. auch STS vom 28.10.1997, dem „Fall Filesa", in welchem das Oberste Gericht zwischen Vereinigungen „ab initio" und solchen, die ihre kriminelle Absicht erst zu einem späteren Zeitpunkt bestimmen, unterscheidet; konkret ging es um die illegale Finanzierung einer politischen Partei; *Tamarit Sumalla*, in: Thomson Aranzadi, Comentarios al Código Penal, art. 515, S. 955; *Córdoba Roda/Arán Garcia*, in: Comentarios al Código Penal, Parte Especial, Tomo II, art. 515, S. 2445; a.A. *Quintero Olivares*, Delincuencia organizada, S. 177 ff., der die Streichung des art. 515.1 CP vorschlägt, da die darin genannten Voraussetzungen bereits an anderen Stellen des CP vorgesehen seien, so auch generell in art. 515 CP.

969 *Tamarit Sumalla*, in: Thomson Aranzadi, Comentarios al Código Penal, art. 515, S. 955.

970 Betrachtungen zur Reform bei *Jiménez Díaz*, Seguridad ciudadana, S. 146 ff.

971 *Polaino Navarrete*, La Reforma Penal Española de 2003, S. 45f.

forderlich, und so könne als einziger Unterschied nur der Plural in Bezug auf die „Vergehen" („*faltas*") im Unterschied zum Singular des vorher genannten „ein Delikt begehen" („*cometer un delito*") gesehen werden. Im Falle der ersten beiden Varianten reiche also demnach bereits die einmalige Begehung einer Straftat für eine Vereinigung aus, um als kriminell eingestuft zu werden, wobei im dritten Fall die Wiederholung der Tat erforderlich wäre.[972] Diese Unterscheidung erscheine jedoch befremdlich, denn nach der zitierten Entscheidung des Obersten Gerichts[973] muss eine solche Vereinigung von gewisser Dauer sein, also kein sporadischer Zusammenschluss, wozu dann auch die Begehung mehrerer Straftaten gehört. Weiterhin wird diese Kritik auf die Regeln zur Bestrafung einer kriminellen Vereinigung gestützt. Einerseits wolle der Gesetzgeber eine Abgrenzung schaffen, zum anderen vollziehe er diese nicht in den Bestimmungen zur Strafbarkeit (vgl. art. 517 CP); beide Verhaltensweisen werden hier gleichgesetzt. Dies habe zum einen Zweifel hinsichtlich des Grundsatzes der Verhältnismäßigkeit zur Folge, könne die Begehung eines Deliktes durch die Vereinigung nicht der Begehung eines Verbrechens durch diese gleichgestellt werden. Zum anderen ergeben sich verfassungsrechtliche Bedenken. Es wird von Kritikern nochmals auf die Notwendigkeit der Verfassungsmäßigkeit der Norm hingewiesen: In art. 22.2 und art. 22.5 CE seien eindeutig solche Vereinigungen gemeint, die die Absicht haben, ein „*delito*" zu verfolgen, „*faltas*" würden darin nicht erwähnt. Nachdem diese Regelung abschließend sei, stellt sich die Frage, in wie weit die Erweiterung des Tatbestandes des art. 515.1 CP mit dieser Norm verfassungsrechtlich vereinbar sei.[974]

bb) Kritik am Tatbestand

Quintero Olivares spricht sich für die Aufhebung der Generalisierung des Tatbestandes aus, also der zu weit gefassten Subsumtionsmöglichkeiten bezüglich der Begehung eines Delikts durch die kriminelle Vereinigung, die in art. 515.1 CP verankert ist. Er begründet dies mit der dadurch bewirkten exzessiven Ausweitung des Tatbestandes und mit dem Argument, die strafwürdigen Verhaltensweisen seien bereits in den anderen Absätzen des art. 515 CP sowie weiteren Normen innerhalb des Código Penal geregelt.[975] Dieser Ansicht wird aber wie-

---

972 *Córdoba Roda/Arán Garcia*, in: Comentarios al Código Penal, Parte Especial, Tomo II, art. 515, S. 2446.

973 STS vom 17.1.1986.

974 *Córdoba Roda/Arán Garcia*, in: Comentarios al Código Penal, Parte Especial, Tomo II, art. 515, S. 2447.

975 *Quintero Olivares*, Delincuencia organizada, S. 177 ff.; vgl. auch STS vom 28.10.1997 im Fall *Filesa*; von der Generalklauselartigkeit des Tatbestandes spricht auch *Faraldo Cabana*, Asociaciones ilícitas, pos. 2930.

derum entgegengehalten, dass genau diese Ausweitung und damit die Autonomie des Tatbestandes seine Berechtigung deswegen habe, weil Mitglieder auch dann bestraft werden können, wenn es keine konkrete Zuordnung bei der Begehung eines bestimmten Delikts gibt. Als Beispiel wird hier die terroristische Vereinigung genannt, innerhalb derer es nicht immer möglich ist, den einzelnen Mitgliedern die jeweilige Tat zuzurechnen, die aber aufgrund von art. 515 CP schon allein wegen ihrer Zugehörigkeit zu dieser Vereinigung bestraft werden können.[976] Zwar sei eine restriktive Auslegung des Tatbestandes grundsätzlich richtig, was jedoch zumindest durch die unterschiedliche Behandlung von bewaffneten Banden, terroristischen Organisationen und Gruppen im Código Penal der Fall sei. Eine grundsätzlich restriktive Auslegung sei wiederum jedoch nicht die vom Gesetzgeber verfolgte Linie; dieser stehe für eine generell weite Auslegung des Tatbestandes, was nicht zuletzt die Erweiterung des Tatbestandes durch das Organgesetz vom 29.9.2003 gezeigt habe.

Mit dieser Linie konform gehen auch die Neuerungen innerhalb der Tatbestände der kriminellen sowie terroristischen Vereinigung des Código Penal durch die aktuelle Strafrechtsreform.

b) Bewaffnete Banden, terroristische Organisationen oder Gruppierungen nach art. 515.2 CP a.F.

Der Absatz 2 des art. 515 CP wurde durch das Organgesetz 5/2010 ersatzlos gestrichen und dadurch die Figur der bewaffneten Bande abgeschafft. Der Grund hierfür war u.a. der über Jahre andauernde Streit, ob es sich bei einer bewaffneten Bande um eine solche terroristischer Natur handeln sollte oder nicht.[977]

Auch wenn diese Begehungsform der „bewaffneten Bande“ aus dem Código Penal gestrichen wurde, so wird die Problematik der früheren Berechtigung dieser Erscheinungsform weiterhin in den Aufsätzen und Abhandlungen zur spanischen Strafrechtsreform behandelt.[978] Aus diesem Grund wird auch trotz der Abschaffung dieses Phänomens im Folgenden auf diese Erscheinungsform eingegangen. Der Gesetzgeber wollte dabei früher Problemen bei der Interpretation und Abgrenzung von bewaffneten Banden gegenüber terroristischen Gruppen oder Organisationen entgegentreten.[979] Um diese frühere Problematik und die

976 *Muñoz Conde*, in: Tirant lo Blanch, Derecho Penal, Parte Especial, art. 515, S. 822.

977 Befürwortend bspw. *Fernández García*, in: Delitos contra el orden público, S.339.

978 Vgl. hierzu *Cano Paños*, LA LEY16987/2011; *Llobet Anglí*, in: Memento Experto, S. 590 f.; *Cancio Meliá*, De los delitos de terrorismo, S. 154 ff.; *Faraldo Cabana*, Asociaciones ilícitas, pos. 2401 ff.

979 So führt *Cano Paños* hierzu aus, die neue Verortung dieses Delikts sei auf die Intention des Gesetzgebers zurückzuführen, alle Verhaltensweisen, die mit Terrorismus in Zusammenhang stehen, systematisch zusammenzuführen. Zudem habe es Probleme bei der Zusammenarbeit

darauf hin erlassene Neuordnung rechtfertigen zu können, ist die Auseinandersetzung mit der „bewaffneten Bande" auch weiterhin relevant.

aa) Allgemeines zu 515.2 CP a.F.

In diesem Absatz wurde nochmals zwischen verschiedenen Varianten unterschieden, nämlich der bewaffneten Bande sowie terroristischen Organisationen oder Gruppen. Dies bedeutet wiederum, dass die kriminelle Vereinigung, die zwar die gleiche Zielsetzung hat wie die weiteren genannten Typen von Zusammenschlüssen, dennoch vom Gesetzgeber anders behandelt wurde. Was die bewaffnete Bande angeht, so mussten hier bestimmte Merkmale zusammenkommen, die eng mit den für die kriminelle Vereinigung geltenden verknüpft sein mussten, allerdings mit der Besonderheit, dass Erstere über Waffen oder Sprengkörper verfügten und ihre Aktivität von dem Ziel bestimmt wurde, die verfassungsmäßige Ordnung zu unterlaufen oder den öffentlichen Frieden stark zu beeinträchtigen.[980]

Insgesamt wurde dieser Absatz bezüglich der terroristischen Organisationen als ein Erfolg hinsichtlich der Bekämpfung von terroristischen Straftaten innerhalb der gemeinen Erscheinungsformen solcher Gruppen angesehen: Es wurde von einer „Normalisierung" hinsichtlich der Behandlung solcher Vereinigungen gesprochen, da sie so keine „Sonderrolle" mehr eingenommen hätten.[981] Dennoch hat sich der spanische Gesetzgeber für die Abschaffung dieser Begehungsform „zu Gunsten" der terroristischen Gruppen oder Organisationen entschieden, um eine klarere Struktur bei der Behandlung bzw. Abgrenzung krimineller Vereinigungen gegenüber terroristischen Gruppen oder Organisationen vorzugeben.

---

auf internationaler Ebene gegeben aufgrund der doppelten Inkrimination durch die Einordnung als terroristische Organisation und krimineller Vereinigung. Vgl. *Cano Paños*, LA LEY16987/2011.

980 Vgl. STS vom 29.7.1998, in welchem das Oberste Gericht im Fall „Segundo Marey" den Charakter der bewaffneten Bande mangels Stabilität innerhalb der Gruppe verneint hat und mangels verfügbarer, jedoch benötigter Bewaffnung; *Córdoba Roda/Arán Garcia*, in: Comentarios al Código Penal, Parte Especial, Tomo II, art. 515, S. 2448; hierauf bezugnehmend auch *Faraldo Cabana*, Asociaciones ilícitas, pos. 2432 f.

981 *Tamarit Sumalla*, in: Thomson Aranzadi, Comentarios al Código Penal, art. 515, S. 957.

bb) Objektiver Tatbestand (elemento objetivo) der bewaffneten Banden

Folgende Voraussetzungen[982] waren Teil des objektiven Tatbestands:

1. Das tatsächliche Bestehen einer Bande, also ein dauernder oder gefestigter Zusammenschluss von mehreren Individuen, deren Zielsetzung es war, Straftaten zu begehen.

2. Die Bande musste ferner bewaffnet sein, was bedeutet, dass sie bei ihrem Vorgehen verbotene Bewaffnung einsetzte, wobei darunter Feuerwaffen jeglichen Typs, Bomben, die manuell eingesetzt werden (z.B. Handgranaten und Molotow-Cocktails), Granaten, Sprengstoff und andere derartige Instrumente zu verstehen waren.

3. Schließlich musste die Bande wegen des Gebrauchs der Waffen, die sie besaß, oder wegen der Art der Delikte, die begangen werden sollten, Unsicherheit von derartiger Intensität verbreiten, dass dies eine Hemmung der Ausübung von einzelnen Grundrechten des täglichen und gewöhnlichen bürgerlichen Zusammenlebens bewirkte, was seinerseits eine unentbehrliche Voraussetzungen der öffentlichen Ordnung und des gesellschaftlichen Friedens ausmachte (art. 10 CE); Ziel war die Verbreitung von Angst und die Verunsicherung von Gruppierungen oder der Allgemeinheit. Das Vorhandensein einer Organisationsstruktur war das geeignete Merkmal, um eine Gruppe oder bewaffnete Bande als solche zu charakterisieren, um diese von einer Bande oder einfachen provisorischen oder gelegentlich zusammenkommenden Vereinigung bzw. von mittäterschaftlichen Erscheinungen (*figuras de codelincuencia*) zu unterscheiden.

cc) Subjektiver Tatbestand (elemento subjetivo) der bewaffneten Banden

Als spezielles subjektives Tatbestandsmerkmal musste es sich die Organisation zum Ziel gesetzt haben, die erwähnte kollektive Unsicherheit oder Furcht zu verbreiten, sei es um die verfassungsmäßige Ordnung zu untergraben oder, ohne einen solchen Umsturz, den öffentlichen Frieden erheblich zu beeinträchtigen (art. 571 CP).[983]

„Um bewaffnete Banden handelt es sich sowohl bei solchen Zusammenschlüssen, die die geltende Ordnung versuchen zu unterlaufen, also das bestehende Rechtssystem, den Sozial- und Rechtsstaat, verankert in art. 1 der Verfassung,

---

982 12 de junio de 1989, 338/1992, de 12 de marzo [LA LEY 2333-JF/0000], 2/1998, de 29 de julio [LA LEY 7880/1998] und 1541/2004, de 30 de diciembre [LA LEY 491/2005]; *Colina Oquendo*, in: *Rodríguez Ramos/Colina Oquendo*, Código Penal Comentado, art. 515, S. 1028.

983 27 de mayo de 1988 [LA LEY 1752-2/1988]; *Colina Oquendo*, in: *Rodríguez Ramos/Colina Oquendo*, Código Penal Comentado, art. 515, S. 1028; vgl. auch *Faraldo Cabana*, Asociaciones ilícitas, pos. 2450, die dieses subjektive Element als das Hauptunterscheidungskriterium gegenüber den anderen (kriminellen) Vereinigungen sieht.

wie auch solche, die es sich zum Ziel gemacht haben, die bestehende Demokratie zu bekräftigen, indem sie gegen solche Organisationen kämpfen, die beabsichtigen diese [Demokratie] zu beenden. Sie haben die erwähnte heftige Störung des öffentlichen Friedens zum unmittelbaren Zweck, durchsetzbar durch Verwendung der Bewaffnung, die ihnen zu eigen ist oder durch die bestimmte Art der Straftaten, die sie begehen, die zu einer Alarmierung aller führen. Sie sind fähig, durch ihre Präsenz die Normalität des bürgerlichen Zusammenlebens zu beeinträchtigen; ohne diese [Normalität] können die eigenen Grundrechte, die in unserem Verfassungsrecht verankert sind, nicht ausgeübt werden: Dies stellt letztlich auch einen Angriff auf unser verfassungsrechtliche Grundordnung dar.“[984]

dd) Strafrahmen

Was die Bestrafung der in art. 515.2 CP a.F. vorgesehenen Zusammenschlüsse anging, war diese in art. 516 CP a.F. geregelt. Art. 516 CP a.F. bezog sich explizit auf art. 515.2 CP a.F., also bewaffnete Banden, terroristische Organisationen oder Gruppen.

1) Objektiver Tatbestand

Der Tatbestand bzw. die Zugehörigkeit zu einer bewaffneten Bande, terroristischen Organisation oder Gruppe erforderte offensichtlich gerade das Bestehen einer solchen. Dies setzte das Vorhandensein einer Personenmehrheit, eines organisatorischen Zusammenwirkens und einer gewissen Hierarchie bzw. eines Überordnungsverhältnisses (Werber, Anführer, bloße Mitglieder) voraus. Diese Organisation musste den Zweck der Verwirklichung von Gewalttaten gegen Personen oder Sachen verfolgen, um die verfassungsrechtliche und demokratische Grundordnung zu pervertieren (politische Zwecksetzung mit kriminellen Mitteln). Sie musste ferner über eine vielschichtige Struktur verfügen; ihre Zusammensetzung im Einzelnen konnte facettenreich sein und in unterschiedlichen Handlungen bestehen (diese konnten informationeller, ausführender oder operativer Natur sein), um ihre Ziele zu verfolgen.[985] Einer der Bestandteile der Organisation konnte die wahllose Begehung von Straftaten sein, mit dem Zweck „sozialen Zwang“ zur Durchsetzung ihrer Endziele auszuüben.[986]

---

984 Freie Übersetzung des Zitats durch die Verfasserin, aus: *Rodríguez Ramos/Colina Oquendo*, Código Penal Comentado, art. 515, S. 1029; 2/1998, de 29 de julio [LA LEY 7880/1998].

985 *Colina Oquendo*, in: *Rodríguez Ramos/Colina Oquendo*, Código Penal Comentado, art. 516, S. 1029.

986 19 de noviembre de 1985 [LA LEY 66975-NS/0000]; 27 de mayo de 1988 [LA LEY 1752-2/1988]; 25 de enero de 1993 [LA LEY 2661-5/1993] y 1127/2002 de 17 de junio [LA LEY 382/2003]; *Colina Oquendo*, in: *Rodríguez Ramos/Colina Oquendo*, Código Penal Comentado, art. 516, S. 1029.

2) Vollendung (consumación)

Es handelte sich bei der Zugehörigkeit zu einer bewaffneten Bande, terroristischen Organisation oder Gruppe um eine Art von Delikt, welches schon durch die bloße Zugehörigkeit zu den genannten Gruppierungen verwirklicht wurde, ohne dass es zu einer bestimmten Tat gekommen sein musste. Ferner mussten Beteiligungshandlungen nicht Teil der Straftat sein, die die Gruppe sich zum Ziel gemacht hat.[987] Es handelte sich bei art. 516 CP um ein Vorsatzdelikt – zum subjektiven Element sogleich –, mit dem Charakter eines Dauerdelikts, d.h. es wurde ein rechtswidriger Zustand geschaffen, dessen Aufgabe bzw. Aussetzung von der Existenz der bewaffneten Bande, terroristischen Organisation oder Gruppe abhing.

3) Subjektiver Tatbestand

Als subjektives Element erforderlich war der mehr oder weniger permanente Zugehörigkeitswille zur Organisation, was bedeutete, dass dieser Wille nicht nur episodischer Natur sein durfte; erforderlich war vielmehr, sich den Zielen der Organisation gegenüber zu verpflichten und an der Verwirklichung dieser teilnehmen zu wollen. Ferner wurde vorausgesetzt, dass die Ergebnisse der Handlungen gebilligt wurden, sie also gewollt waren und eine Zusammenarbeit derartiger Natur beabsichtigt wurde, dass die Ziele, die die Gruppe verfolgte, aufgrund der Mitgliedschaft zu dieser unterstützt wurden.[988]

4) Strafen im Einzelnen

Damit behandelte der Código Penal diese Vereinigungen anders und bestrafte ihre Mitglieder härter als die sonstigen krimineller Vereinigungen oder Banden. Innerhalb des art. 516 CP a.F. wurde zwischen den unterschiedlichen Akteuren einer solchen Vereinigung in Absatz 1 und Absatz 2 differenziert. In art. 516.1 a.F. CP ging es um die *promotores* und *directores* der genannten Gruppen, also die Initiatoren und Anführer. Diese wurden nach art. 516.1 a.F. CP mit Gefängnis von acht bis vierzehn Jahren bestraft sowie mit einer besonderen Untauglichkeitserklärung hinsichtlich öffentlicher Anstellungen oder Ämter für die Dauer von acht bis fünfzehn Jahren. Mitglieder der genannten Organisationen wurden nach art. 516.2 CP a.F. bestraft. Zu beachten war hierbei, dass es sich – im Gegen-

---

987 *Colina Oquendo*, in: *Rodríguez Ramos/Colina Oquendo*, Código Penal Comentado, art. 516, S. 1030.

988 27 de mayo de 1988 [LA LEY 1752-2/1988] y 1127/2002 de 17 de junio [LA LEY 382/2003]; *Colina Oquendo*, in: *Rodríguez Ramos/Colina Oquendo*, Código Penal Comentado, art. 516, S. 1030.

satz zu den anderen Organisationen im Rahmen des art. 515 CP – sowohl um aktive als auch um passive, also bloße Angehörige, Mitglieder handelte; in den anderen Fällen werden nur aktive Mitglieder bestraft, nicht die schlichten Zugehörige.[989] Art. 516.2 CP a.F. sah Gefängnisstrafen zwischen sechs und zwölf Jahren vor sowie ebenfalls die besondere Untauglichkeitserklärung hinsichtlich öffentlicher Anstellungen und Ämter, in diesem Fall für die Dauer von sechs bis zu vierzehn Jahren.[990] Die in art. 516 CP a.F. vorgesehenen Strafzumessungsregeln machten deutlich, dass diese Norm i.V.m. art. 515.2 CP a.F. weitgehend einen besonders schweren Fall von kriminellen Vereinigungen regelte. Noch deutlicher wird dies im Vergleich zu den in art. 17 CP vorgesehen Strafen.

Art. 516 CP a.F. wurde im Wege der Strafrechtsreform zum Teil in den jetzigen art. 576.1 und 2 CP überführt, worauf jedoch an späterer Stelle noch eingegangen werden wird.

5) Beteiligungsformen und Unterschiede zu anderen Figuren

Zum Initiator oder Anführer einer bewaffnete Bande machte sich derjenige, der als Verantwortlicher des ideologischen Diskurses handelte und wer zur „Führungsriege" der terroristischen Gruppe gehörte, indem er, gerade weil er zum ideologischen und politischen Entscheidungsapparat gehörte, eine Tätigkeit von ganz besonderer Wichtigkeit für die Gruppe ausführte. Diese wurden auch härter bestraft, als bloße Mitglieder, was im folgenden Abschnitt noch erörtert wird. Mitglieder der genannten Gruppen konnten solche sein, die sich aktiv an der Tatplanung bzw. -ausführung beteiligten sowie Personen, die lediglich eine passive Rolle innehatten.[991] Diejenigen, die nicht zur Organisation gehörten, sondern sporadisch mitwirkten, begingen eine Straftat nach art. 575 a.F.[992] Wenn sie

989 *Cano Paños*, Die strafrechtliche Behandlung des Terrorismus im spanischen StGB von 1995, S. 26 f.

990 *Muñoz Conde*, in: Tirant lo Blanch, Derecho Penal, Parte Especial, art. 515, S. 823.

991 *Cano Paños*, Die strafrechtliche Behandlung des Terrorismus im spanischen StGB von 1995, S. 26.

992 Nach art. 576.1 CP wurde mit Gefängnis von fünf bis zu zehn Jahren und Geldstrafe von 18 bis zu 24 Monaten bestraft, wer eine Mitwirkungshandlung zu den Tätigkeiten oder Zielen einer bewaffneten Bande, terroristischen Organisation oder Gruppe ausführte, darum ersuchte oder sie erleichterte. In art. 576.2 CP wurden diese Handlungen näher umschrieben: Mitwirkungshandlungen sind danach die Information über oder die Überwachung von Personen, Gütern oder Anlagen; die Errichtung, Herrichtung, Überlassung oder Verwendung von Unterkünften oder Lagern; das Verbergen oder die Verbringung von Personen, die mit den bewaffnete Banden, terroristischen Organisationen oder Gruppen in Verbindung stehen; das Organisieren von Ausbildungsübungen oder die Teilnahme daran und allgemein jede andere entsprechende Form der finanziellen oder andersartigen Mitwirkung bei, Hilfe zu oder Vermittlung von Tätigkeiten der genannten bewaffneten Banden, terroristischen Organisationen oder Gruppen. Gefährdete die in diesem Absatz erwähnte Information über oder die Überwachung von Personen deren

jedoch diese Taten als Mitglieder der Organisation begingen, wurden sie nach art. 516 CP a.F. bestraft, unabhängig davon, ob diese Taten per se anderes strafrechtlich relevantes Unrecht darstellten oder nicht. Die Einbindung in eine oder die Zughörigkeit zu einer bewaffneten Bande setzte eine Leistung derartiger Form voraus, dass diese den Zwecken der Bande zugute kam, sei es im Bereich der Gesinnung der Bande, im wirtschaftlichen oder logistischen Bereich oder dem der Versorgung, oder sei es schließlich die Ausführung von Taten höherer strafrechtlicher Intensität als den in art. 576 CP vorgesehenen Verhaltensweisen mit geringerer strafrechtlicher Verantwortung.[993]

ee) Ergänzung zu bewaffneten Banden, terroristischen Organisationen und Gruppen: Art. 571 CP a.F.

Durch die Streichung der Figur der bewaffneten Banden wurde folglich auch der Tatbestand des art. 571 CP verändert, der im zweiten Abschnitt des Titel XXII „Straftaten gegen die öffentliche Ordnung“ unter dem Untertitel „Terroristische Organisationen und Gruppen“ steht. Aufgrund der durch das Organgesetz 5/2010 neu geschaffenen Systematik innerhalb der Terrorismusdelikte des Código Penal wird auf die neue Fassung des art. 571 CP an späterer Stelle einzugehen sein. Vor Inkrafttreten der Strafrechtsreform jedoch wurden danach diejenigen bestraft, die, wenn sie bewaffneten Banden, terroristischen Organisationen oder Gruppen angehörten, in deren Dienst handelten oder mit ihnen zusammenarbeiteten, das Ziel hatten, die verfassungsmäßige Ordnung umzustürzen oder den öffentlichen Frieden schwer zu stören, indem sie die in arts. 346 und 351 CP aufgeführten Straftaten der Verwüstung oder Brandstiftung begingen.

c) Die Verwendung gewaltsamer Mittel, Veränderung oder Kontrolle der Persönlichkeit nach art. 515.3 CP

Von der aktuellen Strafrechtsreform hingegen unberührt geblieben ist art. 515.3 CP.

Leben, körperliche Unversehrtheit, Freiheit oder Vermögen, war die in art. 576.1 CP angedrohte Strafe aus der oberen Hälfte zu verhängen. Verwirklichte sich die genannte Gefahr, war die Tat, je nach Fall, als Mittäterschaft oder Beihilfe zu bestrafen.

993 1346/2001, de 28 de junio [LA LEY 1159/2002]; *Colina Oquendo*, in: *Rodríguez Ramos/Colina Oquendo*, Código Penal Comentado, art. 516, S. 1031.

aa) Allgemeines zum Tatbestand

In dieser Tatbestandsvariante werden solche Vereinigungen als kriminell eingestuft, die zwar ein legales Ziel haben, aber zu gewaltsamen Mitteln greifen, und solche, die zur Erreichung des Ziels Mittel zur Veränderung oder Kontrolle der Persönlichkeit anwenden. Diskutiert wird bei dem Merkmal der Verwendung gewaltsamer Mittel, ob diese bereits zum programmatischen Inhalt der Vereinigung gehören müssen oder als Identitätsmerkmal dienen sollen. Überzeugender klingt wohl letztere Variante, wäre es doch realitätsfern, die Verwendung solcher Mittel zur Durchsetzung ihrer Ziele programmatisch festzuhalten.[994] Begründet wird diese Interpretation damit, dass Anwendung von Gewalt zum typischen Erscheinungsbild von kriminellen Vereinigungen gehört und unabhängig sein muss von Verhaltensweisen einzelner Mitglieder. Als Beispiel zur Verdeutlichung werden als Verein organisierte Gruppen genannt, die mit der Mehrzahl der spanischen Elitesport-Clubs verbunden sind. Diese Vereine werden wiederum durch die Sport-Clubs unterstützt und selbstverständlich erwähnen sie nirgendwo die Verwendung von Gewalt zur Durchsetzung ihres legitimen Ziels, nämlich die Unterstützung ihres Sport-Clubs. In der Praxis geschieht aber genau dies: Es wird undifferenziert und willkürlich Gewalt gegen die Mitglieder gegnerischer Mannschaften und Fan-Clubs verübt und damit der Verein mit einem Identitätsmerkmal versehen – der Anwendung von Gewalt.[995]

Die Veränderung oder Kontrolle der Persönlichkeit als weitere Tatbestandsvariante ist hoch komplex und eng verbunden mit der Problematik zerstörerischer Sekten. Es geht also um Vereinigungen, die mittels Persönlichkeitskontrolle ihre Ziele zu erreichen versuchen. Dieser Bereich des Strafrechts ist sowohl in der Lehre[996] als auch in der Rechtsprechung[997] intensiv diskutiert worden, wobei insbesondere die Lehre die Norm in Konflikt mit verfassungsrechtlich verankerten Grund- und Freiheitsrechten sieht, wie z.B. der Religions- und Glaubensfreiheit, dem Vereinigungsrecht sowie dem Recht der freien Lehre. Jedoch findet sich die Grenze in der verfassungsrechtlichen Regulation des Vereinigungsrechts wieder und setzt bei der Verwendung der genannten Mittel, um die Ziele durchzusetzen, ein. Zur Erreichung der Ziele werden Straftaten gegen die Mitglieder begangen,

---

994 So *Tamarit Sumalla*, in: Comentarios a la Parte Especial del Derecho penal, art. 515, S. 2031; *Córdoba Roda/Arán Garcia*, in: Comentarios al Código Penal, Parte Especial, Tomo II, art. 515, S. 2449.

995 Vgl. *Córdoba Roda/Arán Garcia*, in: Comentarios al Código Penal, Parte Especial, Tomo II, art. 515, S. 2449.

996 Hierzu beispielsweise *Maqueda Abreu*, Sectas y Derecho penal, S. 30 ff.; *Muñoz Conde*, in: Tirant lo Blanch, Derecho Penal, Parte Especial, art. 515, S. 821; *Tamarit Sumalla*, in: Thomson Aranzadi, Comentarios al Código Penal, art. 515, S. 957.

997 SSTS vom 23.3.1993 sowie vom 30.10.1994.

was solche gegen die körperliche Unversehrtheit wie auch Nötigung, Bedrohung oder Delikte im Zusammenhang mit der sexuellen Selbstbestimmung sein können.[998] Dabei ist jedoch auch die Problematik zu erwähnen, dass solche Vereinigungen zur Erreichung ihrer Ziele zu Mitteln greifen können, die zwar effizient sind, jedoch allenfalls ein Vergehen darstellen. Allerdings muss immer ein Ausgleich im Rahmen der praktischen Konkordanz bei einem möglichen Eingriff in ein Grundrecht und der Anwendung von art. 515.3 CP gefunden werden und der Tatbestand so angewendet werden, dass es sich – wie auch durch art. 22.2 CE vorgesehen – um Delikte mit Verbrechenscharakter handelt.[999] So werden (religiöse) Zusammenschlüsse dann zu kriminellen Vereinigungen, wenn sie beispielsweise „im Namen der kosmischen Liebe“ die Prostitution Minderjähriger fördern oder im Namen von Gott, Allah oder einem anderen Gott der monotheistischen Weltanschauung Praktiken, die die Freiheitsrechte oder Gesundheit von Menschen verletzten, veranlassen bzw. vollziehen, wie beispielsweise Kastration oder Genitalverstümmelung.[1000]

d) Paramilitärische Organisationen nach art. 515.4 CP

Auch hinsichtlich der strafrechtlichen Verantwortlichkeit paramilitärischer Organisationen nach art. 515.4 CP haben sich seit Inkrafttreten der Strafrechtsreform am 23.12.2010 keine Neuerungen ergeben.

aa) Objektives Element

Bei paramilitärischen Organisationen handelt es sich um solche, die organisierte Strukturen annehmen, sich Gewohnheiten sowie Merkmale externer (staatlicher) militärischer Organisationen zu eigen machen und dabei das Monopol des Staates in seiner Gewaltausübung verletzen.[1001]

bb) Tatbestand und subjektives Element

Art. 515.4 CP bildet die Konsequenz von art. 22.5 CE, wo paramilitärische Organisationen zusammen mit Geheimverbänden als illegal erklärt werden. Zweifelsohne darf man Organisationen nicht schlichtweg lediglich aufgrund der

---

998 *Córdoba Roda/Arán Garcia*, in: Comentarios al Código Penal, Parte Especial, Tomo II, art. 515, S. 2450.

999 Auf dieses Problem hinweisend *Tamarit Sumalla*, in: Thomson Aranzadi, Comentarios al Código Penal, art. 515, S. 957.

1000 So auch in STC 260 vom 3.10.1994.

1001 *Tamarit Sumalla*, in: Thomson Aranzadi, Comentarios al Código Penal, art. 515, S. 959.

Tatsache als illegal einordnen, dass in dieser Uniformen und militärische Erkennungszeichen getragen werden und die Mitglieder einer eisernen Disziplin unterworfen sind, sondern die Illegalität dieser Organisationen von ihren deliktischen Absichten (subjektives Element) herrührt, die meist verfassungsfeindlicher Natur sind.[1002] Um diese Vereinigungen bzw. Organisationen zu verbieten, bedarf es – im Gegensatz zu den in Abs. 1 und 2 genannten Vereinigungen – keines Rückgriffes auf strafrechtliche Normen; dies lässt sich auf dem Verwaltungsrechtsweg erreichen.[1003] Ihre Berechtigung erhält diese Norm offenkundig durch die Daseinsberechtigung des Macht- und Gewaltmonopols des Staates an sich.[1004]

cc) Vereinigungen, die Diskriminierung, Hass oder Gewalt fördern, art. 515.5 CP

Ebenfalls keiner Änderung unterworfen wurde schließlich der fünfte Absatz des Tatbestands der kriminellen Vereinigung. Dieser Absatz weist Parallelen zu den Vorschriften in arts. 510 ff. CP[1005] auf, weswegen die mit diesen Normen verbundenen Schwierigkeiten auch an dieser Stelle gelten. Zum einen handelt es sich bei Hass um einen irrationalen menschlichen Gefühlsausdruck, in diesem Zusammenhang also ein Gefühl von irrationaler Verachtung sowie Ablehnung gegenüber bestimmten Gruppierungen in Form von Rassismus, Antisemitismus oder aus sonstigen ideologischen Gründen. Gerade diese Einstellung kann im Einzelfall zu Problemen bei der Nachweisbarkeit führen, insbesondere wenn keine spezifischen und dahingehend konkreten Taten erfolgen. Weiterhin stellt sich auch hier wieder die Frage, ob der Tatbestand in seinem ganzen Ausmaß noch von der verfassungsrechtlichen Ermächtigung des art. 22 CE gedeckt ist.[1006] Schließlich kann generell noch über die Berechtigung dieses Absatzes diskutiert werden, insbesondere im Hinblick auf die Existenz von art. 510 CP, wonach diejenigen Personen bestraft werden, die aus rassistischen, antisemitischen oder anderen Gründen, die sich auf die Weltanschauung, die Religion oder Überzeugung, die familiäre Situation, die Zugehörigkeit ihrer Mitglieder zu einer Ethnie oder Rasse, ihre nationale Herkunft, ihr Geschlecht, ihre sexuelle Einstellung, Krankheit oder Behinderung beziehen, zur Diskriminierung, Hass oder Gewalt gegen Gruppen oder Vereinigungen aufrufen. Die Existenz dieser Norm könnte

---

1002 *Muñoz Conde*, in: Tirant lo Blanch, Derecho Penal, Parte Especial, art. 515, S. 820 f.

1003 *Muñoz Conde*, in: Tirant lo Blanch, Derecho Penal, Parte Especial, art. 515, S. 821.

1004 *Tamarit Sumalla*, in: Thomson Aranzadi, Comentarios al Código Penal, art. 515, S. 959.

1005 Diese Normen befinden sich im 1. Abschnitt „Straftaten, die im Zusammenhang mit der Ausübung der durch die Verfassung garantierten Grund- und Freiheitsrechte begangen werden" (arts. 510-521 CP) des Kapitel IV, welches wiederum zum Titel XXI gehört, also den Straftaten gegen die Verfassung.

1006 Mit beiden Kritikpunkten übereinstimmend vgl. *Tamarit Sumalla*, in: Thomson Aranzadi, Comentarios al Código Penal, art. 515, S. 960.

das Erfordernis des Absatz 5 durchaus in Frage stellen, erscheint art. 510 CP doch bereits als umfassende und weitreichende Norm, welche detailliert strafbare Verhaltensweisen aufzählt, die durch art. 515.5 CP weder erweitert noch ergänzt werden.

e) Art. 517

aa) Strafe nach art. 517 CP

Art. 517 CP bezieht sich auf die übrigen Absätze des art. 515 CP, also art. 515.1 und art. 515.3 – 515.5 CP. In diesen Fällen werden die Strafen wie folgt verhängt: Nach art. 517.1 CP werden die Gründer, Leiter und Vorsitzenden der Vereinigungen mit Gefängnis von zwei bis zu vier Jahren, Geldstrafe von zwölf bis zu 24 Monaten[1007] und der besonderen Untauglichkeitserklärung für öffentliche Anstellungen oder Ämter für die Dauer von sechs bis zu zwölf Jahren bestraft. Gegen die aktiven Mitglieder wird mit Gefängnis von einem Jahr bis zu drei Jahren und Geldstrafe von zwölf bis zu 24 Monaten vorgegangen (vgl. art. 517.2 CP).

bb) Objektive Elemente

Die Gründer sind diejenigen, die die Vereinigung initiiert haben, sozusagen deren „Urheber". Um Anführer zu sein – eine weitere Form, sich an einer Vereinigung zu beteiligen – erfordert es eine aktivere Teilnahme als diejenige der sonstigen Mitglieder, da diese Stellung beinhaltet, die Vereinigung zu führen, zu leiten oder deren Tätigkeiten zu bestimmen. Schließlich ist noch auf die Stellung des obersten Anführer (*los presidentes*) einzugehen: Diese haben die oberste Funktion bzw. das höchste Amt innerhalb der Vereinigung inne.

Diese drei Beteiligungsformen können in ein und derselben Person vereint sein, was jedoch eher ungewöhnlich ist, zumindest was die übliche Führungsstruktur angeht. Die aktiven Mitglieder sind diejenigen, die über die Mitgliedschaft und Eingliederung hinaus bestimmte Tätigkeiten zugunsten der Vereinigung ausgeführt haben, also Aktivitäten, die zusätzlich zur besagten Eingliederung in die Vereinigung stattfinden. Sie haben einen anderen Stellenwert, einen vergleichs-

1007 Der Código Penal sieht – wie das StGB – die Geldstrafe nach Tagen und Tagessätzen vor, vgl. art. 50.2 CP (*sistema de días-multa*). Nach art. 50.3 CP beträgt das Minimum der Geldstrafe eine Ausdehnung auf 10 Tage, das Maximum liegt bei zwei Jahren, für juristische Personen bei fünf Jahren. Der einzelne Tagessatz hat nach art. 50.4 CP wiederum ein Minimum von zwei Euro sowie ein Maximum von 400 Euro. Bei juristischen Personen liegt dieser bei einem Minimum von 30 Euro, das Maximum bei 5.000 Euro. Wird die Geldstrafe – wie bei art. 517 CP – in Monaten festgelegt, so gilt nach art. 50.4 CP die Umrechnung eines Monats in 30 Tage.

weise höheren zu den einfachen passiven Mitgliedern oder bloßen Zugehörigen, deren Teilnahme ungeahndet bleibt; hierbei ergeben sich qualitative und quantitative Unterschiede gegenüber der Führungsriege.[1008]

f) Art. 518 CP

aa) Bestrafung nach art. 518 CP

Nach art. 518 CP werden diejenigen bestraft, die mit ihrer finanziellen oder einer anderen, in jedem Fall relevanten Art der Unterstützung die Gründung der Organisation oder Tätigkeit der von art. 515.1 und 3 bis 5 CP erfassten Vereinigungen fördern. Diese Handlung wird mit Gefängnisstrafe von einem Jahr bis zu drei Jahren, Geldstrafe von zwölf bis zu 24 Monaten und der Untauglichkeitserklärung für öffentliche Anstellungen oder Ämter für die Dauer von einem Jahr bis zu vier Jahren bestraft.

bb) Objektive Elemente

Auch wenn diese Norm die Kooperation mit einer kriminellen Vereinigung als eigenständigen Tatbestand einstuft, so bleibt es jedoch bei einer Teilnahmeform, die nur unter der Voraussetzung bestraft wird, dass keine anderen Formen der strafbaren Teilnahme vorliegen.[1009] Konsequenterweise gelten hier auch nicht die allgemeinen Regeln zur Teilnahme nach spanischem Recht.[1010] Unter Kooperation bzw. Zusammenarbeit versteht man wirtschaftliche Unterstützung wie auch jegliche andere relevante materielle Begünstigung, wie z.B. die Bereitstellung eines Ortes, an dem Versammlungen abgehalten werden können, das Verstecken eines Mitgliedes etc.[1011] Die Lehre hat die Tatbestandsmäßigkeit für die Fälle der bloßen Zahlung von Beiträgen seitens eines Mitglieds insbesondere mit Verweis auf art. 517.2 CP verneint mit der Begründung, dass nur aktive Mitglieder bestraft werden. Bei einer etwaigen Kooperation muss es sich um eine in jedem Fall bedeutsame handeln, was bei der bloßen Zahlung von Beiträgen nicht bejaht werden kann.[1012] Nicht umfasst von diesem Tatbestand ist die Kooperation mit bewaffneten Banden oder terroristischen Organisationen;

1008 1/1997, de 28 de octubre [LA LEY 1181/1997]; *Colina Oquendo*, in: *Rodríguez Ramos/Colina Oquendo*, Código Penal Comentado, art. 517, S. 1031.

1009 *Muñoz Conde*, in: Tirant lo Blanch, Derecho Penal, Parte Especial, art. 518, S. 824.

1010 *Granados Pérez*, in: Bosch, Comentarios al Código Penal, art. 518, S. 3413.

1011 *Conde-Pumpido Ferreiro*, in: Bosch, Código Penal Comentado, Tomo II, art. 518, S. 1491; *Muñoz Conde*, in: Tirant lo Blanch, Derecho Penal, Parte Especial, art. 518, S. 824.

1012 *Tamarit Sumalla*, in: Thomson Aranzadi, Comentarios al Código Penal, art. 518, S. 964.

diese Handlung ist autonom in art. 576 CP geregelt und mit schwerwiegenderen Strafen bedacht.[1013]

g) Aufforderung, Verabredung und Vorschlag nach art. 519 CP

aa) Strafbarkeit

Nach art. 519 CP gilt Folgendes: Die Aufforderung, die Verabredung und der Vorschlag zur Begehung der Straftat der widerrechtlichen Vereinigung werden mit der um einen Grad oder zwei Grade niedrigeren Strafe bestraft als der, die den in den vorhergehenden Artikeln jeweils aufgeführten Taten entspricht. Hier im Tatbestand mit eingeschlossen sind im Gegensatz zu den vorherigen Normen bewaffnete Banden und terroristische Organisationen. Dennoch ist dabei zu beachten, dass die Kriminalisierung der in art. 578 CP vorgesehenen Vorbereitungshandlungen terroristischer Straftaten eine „Doppelung" bewirkt; so sind in der Praxis viele Annahmen von Vorbereitungshandlungen der kriminellen Vereinigung ihrerseits auch indirekt terroristische Straftaten.[1014] In diesen Fällen wird nach art. 8.4 CP die Norm angewendet, die die höhere Strafe vorsieht.

bb) Objektive Elemente

Eine Verabredung besteht, wenn sich zwei oder mehrere Personen absprechen, eine Straftat zu begehen und sich dazu entscheiden, diese auch tatsächlich auszuführen. Ein Vorschlag besteht dann, wenn derjenige, der sich dazu entschieden hat, eine Straftat auszuführen, andere Personen dazu einlädt bzw. ihnen vorschlägt, die Tat mit ihm auszuführen. Beide Tatbestandsvarianten, die Verabredung und der Vorschlag sind jedoch nur in den vom Gesetz speziell festgelegten Fällen strafbar.[1015] Von einer Aufforderung hingegen spricht man, wenn direkt zur Begehung einer Straftat aufgerufen wird, sei es durch Printmedien, Hörfunk oder einem Medium mit ähnlicher Wirkung, welches die Werbung vereinfacht, oder schließlich auch vor einer Menschenmenge.[1016] Auch hier gilt: Eine Bestrafung erfolgt ausschließlich in den vom Gesetz vorgesehen Fällen. Für den Fall, dass der Aufforderung tatsächlich die Begehung eines Delikts folgt, so wird erstere als Anstiftung gewertet und nach diesen Regeln bestraft.

1013 *Granados Pérez*, in: Bosch, Comentarios al Código Penal, art. 518, S. 3413.
1014 *Tamarit Sumalla*, in: Thomson Aranzadi, Comentarios al Código Penal, art. 519, S. 965.
1015 *Conde-Pumpido Ferreiro*, in: Bosch, Código Penal Comentado, Tomo II, art. 519, S. 1492.
1016 *Conde-Pumpido Ferreiro*, in: Bosch, Código Penal Comentado, Tomo II, art. 519, S. 1492.

6. Nebenfolgen

Nach art. 520 CP ordnen die Gerichte in den von art. 515 CP vorgesehen Fällen die Auflösung der widerrechtlichen Vereinigung und gegebenenfalls eine andere Nebenfolge des art. 129 CP an. Ist bei der Straftat der widerrechtlichen Vereinigung derjenige, der die Tat begangen hat, Amtsträger, dessen Vertreter oder ein Beamter, wird gegen ihn zusätzlich zu den angedrohten Strafen die absolute Untauglichkeitserklärung hinsichtlich ihres Amtes für die Dauer von zehn bis zu fünfzehn Jahren ausgesprochen, vgl. art. 521 CP. Die Auflösung liegt nicht im Ermessen der Spruchkammer, sondern folgt als notwendige Konsequenz der Feststellung der Existenz einer kriminellen Vereinigung nach den arts. 515 ff. CP.[1017]

Im Einzelnen zieht die Feststellung einer kriminellen Vereinigung folgende Nebenfolgen nach art. 129 CP nach sich: Es kann die vorübergehende oder endgültige Schließung von Unternehmen, deren Betriebsgebäuden oder Niederlassungen veranlasst werden. Die vorübergehende Schließung darf jedoch nicht den Zeitraum von fünf Jahren übersteigen. Des Weiteren und wie schon aus dem Tatbestand ersichtlich, kann eine Gesellschaft, Vereinigung oder Stiftung aufgelöst werden. Es kann auch angeordnet werden, dass sämtliche Aktivitäten der Gesellschaft, des Unternehmens, der Stiftung oder Vereinigung für einen Zeitraum, der nicht länger als fünf Jahre betragen darf, eingestellt werden müssen. Es besteht ferner die Möglichkeit, die Ausführung sämtlicher zukünftiger Aktivitäten zu verbieten, ebenso wie wirtschaftliche Betätigungen oder sonstige Geschäfte der Natur, wie sie die Begehung des Delikts begünstigt oder dieses verdeckt hat. Ein solches Verbot kann absolut oder temporär sein; für Letzteres gilt wieder der maximale Zeitraum von fünf Jahren. Wenn es um ein Unternehmen geht, so kann auch für den angeordneten Zeitraum, jedoch für nicht länger als fünf Jahre, in dessen Arbeitsablauf eingegriffen werden, um die Rechte der Arbeitnehmer und der Gläubiger sicherzustellen.[1018] Die obligatorische Auflösung der Vereinigung geht jedoch nicht automatisch mit dem Urteilsspruch einher; vielmehr muss diese explizit im Urteil ausgesprochen werden. Im Gegensatz dazu sind alle anderen nachfolgenden Konsequenzen fakultativer Natur.[1019]

1017 *Granados Pérez*, in: Bosch, Comentarios al Código Penal, art. 520, S. 3414, *Tamarit Sumalla*, in: Thomson Aranzadi, Comentarios al Código Penal, art. 520, S. 965.

1018 *Conde-Pumpido Ferreiro*, in: Bosch, Código Penal Comentado, Tomo II, art. 520, S. 1492 f.

1019 *Tamarit Sumalla*, in: Thomson Aranzadi, Comentarios al Código Penal, art. 520, S. 966.

7. Kriminelle Organisationen im CP

Gänzlich neu eingeführt durch das Organgesetz 5/2010 wurden die arts. 570bis – 570quáter CP. Die drei Normen sind in Kapitel VI des Titels XXII „Delikte gegen die öffentliche Ordnung" unter der Überschrift „kriminelle Organisationen und Gruppen" (*de las organizaciones y grupos criminales*) zu finden. Mit diesem Konzept will der spanische Gesetzgeber effektiver gegen das Phänomen der organisierten Kriminalität vorgehen.[1020] Es ist zwischen zwei Richtungen organisierter Kriminalität zu unterscheiden: Zum einen die wirtschaftlich motivierte organisierte Kriminalität (wie z.B. Drogen-, Menschen-, Waffenhandel), zum anderen die politisch motivierte organisierte Kriminalität und der Terrorismus.[1021] Art. 570bis CP beinhaltet den neuen Straftatbestand der kriminellen Organisation (*organización criminal*), in art. 570ter CP ist die Strafbarkeit krimineller Gruppen normiert und in art. 570quárter finden sich sämtliche Nebenfolgen[1022] hinsichtlich einer Strafbarkeit nach den vorangegangen Tatbeständen.

a) Kriminelle Organisation, art. 570bis CP

Als kriminelle Organisation im Sinne des Absatz 1 dieser Vorschrift wird ein Zusammenschluss von drei oder mehreren Personen[1023] verstanden, wobei dieser entweder nicht nur von vorübergehender Natur sein darf oder von unbestimmter Zeit sein muss.[1024] Hinsichtlich dieses Zusammenschlusses muss eine Vereinbarung unter den Mitgliedern bestehen über die Koordination von Aufgaben und Funktionen mit dem Ziel, Straftaten zu begehen.[1025] Die Voraussetzungen für das Vorliegen einer kriminellen Organisation beinhaltet letztlich

1020 *Corcoy Bidasolo/Mir Puig*, in: Comentarios al Código Penal: Reforma 5/2010, S. 1113; *Cancio Meliá*, in: Estudios sobre las reformas del Código Penal, S. 654.

1021 *Cancio Meliá*, in: Estudios sobre las reformas del Código Penal, S. 645; vgl. auch *Pifarré de Moner*, in: Organisierte Kriminalität als transnationales Phänomen, S. 63.

1022 Absatz 1 des art. 570quárter CP sieht die Auflösung der kriminellen Organisationen und Gruppen durch die Gerichte vor, in Absatz 2 kann neben den Strafen der vorangegangen *artículos* auch die spezielle Aberkennung sämtlicher wirtschaftlicher und juristischer Tätigkeiten sowie Fähigkeiten stattfinden, die im Zusammenhang mit der kriminellen Organisation oder Gruppe stehen. Absatz 4 enthält schließlich eine Strafmilderungsvorschrift für solche Fälle, in denen ein Verantwortlicher nach den vorangegangen *artículos* freiwillig die deliktische Tätigkeit aufgibt und aktiv mit den Ermittlungsbehörden zusammenarbeitet.

1023 „[...] *más que dos* [...]", also mehr als zwei.

1024 „[...] *carácter estable o por tiempo indefinido* [...]".

1025 *Corcoy Bidasolo/Mir Puig*, in: Comentarios al Código Penal: Reforma 5/2010, S. 1114.

eine vollständige Übereinstimmungen mit denen der kriminellen Vereinigung aus art. 515.1 CP.[1026]

Sanktioniert werden die Verhaltensweisen der Unterstützung (*promoción*), der Gründung (*constitución*), der Organisation (*organización*), der Koordination (*coordinación*) und Führung (*dirección*) der kriminellen Organisation mit Gefängnis von vier bis acht Jahren, wenn das Ziel der Organisation die Begehung schwerer Straftaten (art. 13.1 CP) ist; in den übrigen Fällen mit Gefängnis von drei bis zu sechs Jahren. Aktive und passive Teilnehmer oder solche, die wirtschaftlich mit der kriminellen Organisation zusammenarbeiten,[1027] werden mit Gefängnis von zwei bis zu fünf Jahren bestraft, wobei hier der Tatbestand eine restriktive Auslegung anordnet: Die Beiträge der genannten Teilnehmer müssen für die den kriminellen Charakter der Organisation zweckmäßig sein. Alle übrigen Verhaltensweisen[1028] werden mit einem bis zu drei Jahren Gefängnis bestraft.[1029]

Absatz 2 beinhaltet einen erhöhten Strafrahmen für die darin genannten drei Qualifikationen, durch die sich eine erhöhte Rechtsgutsgefährdung ergibt. Dies gilt für die kriminellen Organisationen, bei der sich eine hohe Zahl von Personen zusammenschließt, die über Waffen oder gefährliches Werkzeug und die über fortschrittliche technische Kommunikations- und Transportmittel verfügt, die die Verfolgung der kriminellen Ziele vereinfacht.[1030]

Eine schließlich nochmalige Erhöhung des Strafrahmens sieht die Qualifikation in Absatz 3 vor: Dies gilt insbesondere für solche Taten seitens der Mitglieder der kriminellen Organisation, die sich gegen das Leben oder die Freiheit von Menschen richten. Letztlich handelt es sich hier um eine „doppelte" Qualifikation vor dem Hintergrund, dass Absatz 1 bereits eine erhöhte Strafe für besonders schwere Begehungsformen vorsieht.

Neben den identischen Voraussetzungen für das Vorliegen einer kriminellen Organisation nach art. 570bis CP gegenüber art. 515.1 CP handelt es sich bei der neu geschaffenen Norm auch um einen besonders umfangreich gefassten Straftatbestand, der sämtliche Verhaltensweisen von Mitglieder oder Teilnehmern einer solchen kriminellen Organisation erfasst. Es ist kein Vorgehen denkbar, das sich nicht unter diese Norm subsumieren lässt. Damit bleibt abzuwarten, inwieweit art. 515.1 CP noch eine praktische Anwendung findet bzw. welche

1026 *Corcoy Bidasolo/Mir Puig*, in: Comentarios al Código Penal: Reforma 5/2010, S. 1114; in diesem Sinne auch *Faraldo Cabana*, Asociaciones ilícitas, pos. 2235 f., die sogar von einer synonymen Bedeutung ausgeht.

1027 Dabei handelt es sich um strafrechtlich relevante Verhaltensweisen ohne führende Position, vgl. *Cancio Meliá*, in: Estudios sobre las reformas del Código Penal, S. 647.

1028 „[...] en los demás casos."

1029 *Corcoy Bidasolo/Mir Puig*, in: Comentarios al Código Penal: Reforma 5/2010, S. 1115.

1030 *Corcoy Bidasolo/Mir Puig*, in: Comentarios al Código Penal: Reforma 5/2010, S. 1115; kritisch hierzu *Cancio Meliá*, in: Estudios sobre las reformas del Código Penal, S. 651.

Gefahren eine mögliche „Konsumtion“ des art. 515.1 CP durch art. 570bis CP birgt.[1031]

b) Kriminelle Gruppen, art. 570ter CP

Im Gegensatz zur kriminellen Organisation ist bei einer kriminellen Gruppe kein Zusammenschluss von gewisser Dauer erforderlich, ebenso wenig wie eine gewisse Organisationsstruktur; gemeinsam ist beiden Organisationen lediglich die Mindestanzahl von drei Personen.[1032] Dies wird in Absatz 1 der Norm auch ausdrücklich klargestellt.[1033] Es handelt sich hier um einen Tatbestand, unter den solche kriminelle Gruppen fallen sollen, die sich gerade nicht durch eine besonders komplexe Struktur auszeichnen.[1034] Strafbare Verhaltensweise sind hier die Gründung (*constitución*), die Finanzierung (*financiación*) und die Integration (*integración*) einer kriminellen Gruppe. Es wird auf Absatz 3 des art. 570bis CP Bezug genommen; hier werden bereits genannten strafbaren Handlungen mit Freiheitsstrafe von zwei bis zu vier Jahren geahndet, wenn es sich um schwere Taten handelt. Andernfalls liegt der Strafrahmen zwischen einem und bis zu drei Jahren Freiheitsstrafe. Fälle leichter Vergehen werden mit Gefängnis von sechs Monaten bis zu zwei Jahren bestraft. Die Qualifikation in Absatz 2 entspricht dem der in Absatz 2 von art. 570bis CP.[1035]

8. Terroristische Vereinigungen im CP

Auch in Spanien hat sich das Phänomen des Terrorismus in den vergangenen Jahrzehnten immer weiter entwickelt und ist in verschiedenen Dimensionen aufgetreten. Zunächst ist an die terroristischen Akte der ETA zu denken, die im Jahre 1959 gegründet wurde und deren Anschläge bis dato über 800 Todesopfer gefordert haben. Doch nicht nur dieser baskisch-nationalistische Terrorismus spielt in Spanien eine bedeutende Rolle; seit den Anschlägen vom 11.4.2004 auf Nahverkehrszüge im Bahnhof Atocha, bei dem 191 Menschen starben, ist auch

---

1031 So auch *Corcoy Bidasolo/Mir Puig*, in: Comentarios al Código Penal: Reforma 5/2010, S. 1113; vgl. *Cancio Meliá*, in: Estudios sobre las reformas del Código Penal, S. 654 f., der keinen Raum mehr für die Strafbarkeit einer kriminellen Vereinigung neben den Delikten der organisierten Kriminalität sieht.

1032 *Corcoy Bidasolo/Mir Puig*, in: Comentarios al Código Penal: Reforma 5/2010, S. 1116; *Faraldo Cabana*, Asociaciones ilícitas, pos. 2498.

1033 „[...] sin reunir alguna o algunas de las características de la organización criminal definida en el artículo anterior [...]“.

1034 *Faraldo Cabana*, Asociaciones ilícitas, pos. 2508.

1035 *Corcoy Bidasolo/Mir Puig*, in: Comentarios al Código Penal: Reforma 5/2010, S. 1116.

ein „religiös motivierter, transnational agierender Terrorismus“ in der spanischen Gesellschaft angekommen.[1036] Wie auch in Deutschland kam es in Spanien in den letzten Jahren zu einer Anti-Terror-Gesetzgebung[1037], die auch Teil des Selbstverständnisses terroristischer Organisationen bildet, bringen solche Gesetze doch eine Art von „Selbstverneinung des Rechtsstaates“ durch die teilweise dadurch entstehende Einbuße demokratischer Grundsätze zum Ausdruck, was den Akteuren mehr als gelegen kommt. Viele grundlegende Prinzipien, die Aushängeschild eines demokratischen Rechtsstaates sind, wurden – oftmals auch durch die europäische Gesetzgebung – angegriffen.[1038]

a) Terrorismusdelikte im Código Penal

Der Código Penal von 1995 hatte die frühere Systematik hinsichtlich der Strafbarkeit des Terrorismus im Código Penal von 1973 weitgehend aufgehoben. Es wurden bewaffnete Banden sowie terroristische Organisationen oder Gruppen einerseits als kriminelle Vereinigung nach arts. 515 f. CP typisiert; andererseits wurden in den arts. 571 bis 580 CP, also im 2. Abschnitt des Kapitels VII des Titels XXII („Straftaten gegen die öffentliche Ordnung“), die Terrorismusdelikte ausführlich dargestellt. Durch die Verankerung der Terrorismusdelikte im Código Penal soll der Schaffung von Ausnahmegesetzen entgegen gewirkt und damit eine „Sonderbehandlung“ der Verbrechen in diesem Zusammenhang vermieden werden, was jedoch nach der aktuelle Strafrechtsreform und der damit verbundenen Neuordnung der Terrorismusdelikte wieder fragwürdig erscheint. Die im Código Penal geregelten Terrorismustatbestände zeichnen sich durch eine beträchtliche Strafschärfung aus, die bei der Begehung bestimmter Straftaten wie z.B. Mord oder Brandstiftung vorgesehen ist. Diese Tathandlung muss es jedoch darüber hinaus auch zum Ziel haben, die verfassungsmäßige Ordnung umzustürzen oder den öffentlichen Frieden schwer zu stören, und die Täter müssen Mitglieder einer bewaffneten Bande, terroristischen Organisation oder Gruppe sein, in deren Dienst handeln oder mit diesen kooperieren.[1039]

1036 *Cano Paños*, Die strafrechtliche Behandlung des Terrorismus im spanischen StGB von 1995, S. 1.

1037 Zur historischen Entwicklung der Anti-Terrorismus-Strafgesetzgebung in Spanien vgl. *Cano Paños*, Die strafrechtliche Behandlung des Terrorismus im spanischen StGB von 1995, S. 5 ff.

1038 *Cano Paños*, Die strafrechtliche Behandlung des Terrorismus im spanischen StGB von 1995, S. 1.

1039 Eine Besonderheit ist bei art. 577 CP zu beachten: Diese Norm bestraft diejenigen, die, ohne einer bewaffneten Bande, terroristischen Organisation oder Gruppe anzugehören, solche Delikte mit dem Ziel begehen, die verfassungsmäßige Ordnung umzustürzen oder den öffentlichen Frieden schwer zu stören oder zu diesen Zielen beitragen, indem sie die Einwohner einer Ortschaft oder die Mitglieder einer sozialen, politischen oder beruflichen Gemeinschaft

Zur Subsumtion unter den jeweiligen Tatbestand ist eine Definition des Terrorismusbegriffs erforderlich. Im Código Penal ist jedoch keine eigene Begriffsdefinition zu finden. Das Gesetz bietet vielmehr eine Reihe von Tatbestandselementen, aufgrund derer sich implizit eine juristische Terrorismusdefinition ableiten lassen kann. Mittels systematischer Auslegung der im Código Penal vorgegebenen Terrorismustatbestände und unter Heranziehung der auf diesem Gebiet ergangenen Urteile[1040] kann das im Código Penal niedergelegte strafrechtliche Konzept des Terrorismus herausgearbeitet werden.[1041] Dieses zeichnet sich durch zwei zentrale Elemente aus: Zum einen dem strukturellen oder organisatorischen Element, da die Tatbestände eine Begehung durch Individuen voraussetzen, die bewaffneten Banden, terroristischen Organisationen oder Gruppen angehören, in deren Dienst handeln oder mit diesen kooperieren, zum anderen dem teleologischen Element, weil der Código Penal an mehreren Stellen voraussetzt, dass diese bewaffneten Banden, terroristischen Organisationen oder Gruppen es sich zum Ziel gemacht haben müssen, die verfassungsmäßige Ordnung umzustürzen oder den öffentlichen Frieden schwer zu stören.[1042] Einen solchen Umsturz strebt derjenige an, der die legitime Ausübung der bürgerlichen Grundrechte und -freiheiten, welche das demokratische System eines Rechtsstaates auszeichnen, absichtlich erschwert.[1043] In diesem Zusammenhang angedacht werden könnte, ob der Gesetzgeber – aufgrund dieser politischen Zielsetzung – den Terrorismus nicht möglicherweise als politisches Delikt anerkannt hat. Auch im Vergleich zu Deutschland und den Entwicklungen hinsichtlich der Anti-Terrorismus-Gesetzgebung liegt ein solcher Gedanke nahe. Dies ist jedoch auch hier abzulehnen, nicht zuletzt aufgrund von art. 13.3.2 CE und, was ebenfalls angeführt wird, der meisten internationalen Abkommen, die dem Terrorismus den Charakter einer politischen Straftat zum Zwecke der Verhinderung einer Auslieferung aberken-

---

terrorisieren [...] (subjektives Tatbestandselement). Hier wird folglich der sog. „individuelle Terrorismus" geregelt, vgl. *Cano Paños*, Die strafrechtliche Behandlung des Terrorismus im spanischen StGB von 1995, S. 54.

1040 So hat das Oberste Gericht in seinem Urteil vom 29.11.1997 folgende Formel der Terrorismusdefinition zugrunde gelegt: „Planmäßige Aktivität, welche individuell oder mit Deckung einer Organisation, mehrmalig oder vereinzelt, und durch die Anwendung solcher Mittel bzw. die Durchführung solcher Akte, die geeignet sind, eine schwere Unsicherheitssituation, öffentliche Furcht oder Störung des öffentlichen Friedens zu schaffen, das Ziel eines partiellen oder vollständigen Umsturzes der statuierten politischen Ordnung hat." Übersetzung in *Cano Paños*, Die strafrechtliche Behandlung des Terrorismus im spanischen StGB von 1995, S. 17.

1041 *Cano Paños*, Die strafrechtliche Behandlung des Terrorismus im spanischen StGB von 1995, S. 17.

1042 Vgl. *Rodríguez Ramos/Colina Oquendo*, in: Código Penal Comentado y Jurisprudencia, art. 571, S. 1089.

1043 *Cano Paños*, Die strafrechtliche Behandlung des Terrorismus im spanischen StGB von 1995, S. 18.

nen.[1044] „In einem demokratischen Rechtsstaat soll das Wesen und die Natur des politischen Ziels, welches eine bestimmte Vereinigung anstrebt, vollkommen ohne Bedeutung sein, unabhängig davon, wie radikal oder heterodox ihr politischer Inhalt auch tatsächlich aussieht"[1045] meint *Cano Paños.*

b) Die Tatbestände der arts. 571 ff. CP

Grundsätzlich ist zu festzustellen, dass die Terrorismusdelikte durch das Vorliegen bestimmter objektiv-struktureller (terroristische Organisation oder Gruppe) bzw. subjektiv-teleologischer Merkmale (Umsturz der verfassungsmäßigen Ordnung oder schwere Störung des öffentlichen Friedens) als solche qualifiziert werden. Den in den arts. 571 ff. CP verankerten Tatbeständen kommt die Bezeichnung des sog. „mehrfach schädigenden Charakters" (*carácter pluriofensivo*) zu, was bedeutet, dass zum einen unmittelbar individuelle Rechtsgüter (z.B. Leben, körperliche Unversehrtheit, Freiheit etc.) verletzt werden, zum anderen, dass dadurch mittelbar gegen kollektive Rechtsgüter (verfassungsmäßige Ordnung, öffentlicher Friede) verstoßen wird.[1046] Dies hat wiederum zur Folge, dass die Terrorismustatbestände aus systematischen Gründen in dem Kapitel zusammengeschlossen sind, das Verbrechen gegen Individual- und Kollektivrechtsgüter bestraft. Vor der Strafrechtsreform vom Dezember 2010 gestaltete sich die Rechtslage dahingehend, dass die bloße Mitgliedschaft in einer bewaffneten Bande bzw. terroristischen Organisation oder Gruppe von den arts. 571 ff. CP nicht erfasst wurde.

aa) Art. 571 CP

1) Art. 571 CP a.F.

Nach art. 571 CP a.F. machten sich bis zum 23. Dezember 2010 diejenigen strafbar, die, wenn sie bewaffneten Banden, terroristischen Organisationen oder Gruppen angehörten, in deren Dienst handelten oder mit ihnen zusammenarbeiteten und das Ziel hatten, die verfassungsmäßige Ordnung umzustürzen, die in art. 346-351CP genannten Straftaten der Verwüstung oder Brandstiftung begingen. Bestraft werden konnten die Täter mit Gefängnis von 15 bis zu 20 Jahren,

1044 *Cano Paños*, Die strafrechtliche Behandlung des Terrorismus im spanischen StGB von 1995, S. 18; sowie *Terradillos Basoco*, Terrorismo y Derecho, S. 13, der aber eine Differenzierung des Terrorismus von anderen Deliktsmodalitäten befürwortet.

1045 *Cano Paños*, Die strafrechtliche Behandlung des Terrorismus im spanischen StGB von 1995, S.17 f.

1046 *Cano Paños*, Die strafrechtliche Behandlung des Terrorismus im spanischen StGB von 1995, S. 28.

unbeschadet der Strafe, die gegen sie verhängt wurde, wenn eine Verletzung des Lebens, der körperlichen Unversehrtheit oder Gesundheit von Personen eintrat. Angehörige i.S.d. art. 571 CP a.F. waren diejenigen, die eine solche Vereinigung bildeten – als Initiatoren oder Leiter oder Mitglieder.[1047] Diejenigen, die „im Dienst" einer der Vereinigungen handelten, durften weder pauschal als deren Mitglieder eingeordnet werden noch den in art. 576 CP a.F. erwähnten „Mitwirkenden" gleichgestellt werden. Sie waren vielmehr dann als solche tätig, wenn sie eine mehr oder weniger enge bzw. stabile Verbindung mit der Vereinigung aufwiesen und sich deren hierarchischer Struktur unterwarfen. Weiterhin leisteten sie ihren Dienst gegen Bezahlung oder aus rein altruistischen Gründen bzw. ideologischer Solidarität.[1048] „Mitwirkende" waren solche Personen, die, ohne formelle Mitgliedschaft, gleichwohl die Tätigkeit der Vereinigung derart förderten, dass sie entweder unmittelbar einen der in arts. 571 CP a.F. verankerten Brandstiftungs- und Verwüstungstatbestände erfüllten oder eine der in art. 576 CP a.F. enthaltenen allgemeinen Mitwirkungshandlungen ausführten. Art. 571 CP a.F. ist nunmehr in leicht abgeänderter Form – u.a. ohne die Organisationsform der bewaffneten Banden – in art. 572 CP zu finden.

Mit dieser Neuordnung hat der Gesetzgeber bewirkt, dass die Zugehörigkeit zu einer terroristischen Organisation oder Gruppe nun nicht mehr „nur" ein Unterfall der kriminellen Vereinigung ist, wenn auch mit Strafschärfung.[1049]

2) Art. 571 CP n.F.

Art. 571.1 CP hat nach der Strafrechtsreform den folgenden neuen Inhalt: Hiernach werden diejenigen mit Gefängnisstrafe von acht bis 14 Jahren sowie besonderem Berufsverbot hinsichtlich eines Dienstverhältnisses oder öffentlichen Amtes von acht bis 15 Jahren bestraft, die eine terroristische Organisation oder Gruppe fördern, gründen, organisieren oder anführen. In art. 571.2 CP heißt es weiter, mit Gefängnisstrafe von sechs bis zwölf Jahren sowie besonderem Berufsverbot hinsichtlich eines Dienstverhältnisses oder öffentlichen Amtes von sechs bis 14 Jahren werden diejenigen bestraft, die an der (in Abs. 1 genannten) Organisation oder Gruppe aktiv teilnehmen oder in Form der „bloßen Teilnahme" daran teilnehmen.[1050] Hinsichtlich der vorgesehenen Strafen und Strafrahmen haben

1047 So bei *Cano Paños*, Die strafrechtliche Behandlung des Terrorismus im spanischen StGB von 1995, S. 32.

1048 *Hernández Hernández*, in: Código Penal. Doctrina y Jurisprudencia, art. 571, S. 4884 f.

1049 *Cano Paños* [LA LEY 16987/2011].

1050 „Quienes *participaren activamente* en la organización o grupo, o *formaren parte* de los mismos [...]". Kritisch hierzu *Muñoz Conde*, der bei der bloßen passiven Teilnahme die Gefahr der Strafbarkeit einer bloßen „ideologischen Handlung" (*actitud ideológica*) sieht, vgl. *Muñoz Conde*, in: Derecho Penal Parte Especial, S. 919.

sich durch die Strafrechtsreform keine Neuerungen ergeben. Inhaltlich stimmt die Norm weitestgehend mit art. 516 CP a.F. überein, in dem, wie vorangehend ausgeführt, ebenfalls bestimmte Begehungsformen unter Strafe gestellt wurden.

bb) Art. 572 CP: Verwüstungs- und Brandstiftungsdelikte

Der frühere art. 571 CP a.F. ist in den jetzigen art. 572.1 CP überführt worden. Als Konsequenz der Streichung der bewaffneten Banden innerhalb des art. 515.2 CP sind diese auch nicht mehr in diesem Absatz aufgeführt. Durch den beibehaltenen Verweis auf die arts. 346 und 351 CP in art. 572.1 CP sind hier die geschützten Rechtsgüter sowohl die verfassungsmäßige Ordnung und der öffentliche Friede als auch das Leben und die körperliche Unversehrtheit. Art. 572.2 CP führt nunmehr die Strafen sowie Strafrahmen auf, welche vor der Reform in art. 572.1 CP a.F. zu finden waren.

Nachdem es bei den genannten Normen im Rahmen der Strafrechtsreform lediglich zu vereinzelten Veränderungen gekommen ist, ist davon auszugehen, dass das zu art. 571 CP a.F. sowie zu art. 572.1 a.F. Ausgeführte der aktuellen Normen entsprechend bestehen bleiben wird. Insofern bleibt die Ausprägung des art. 572.2 CP problematisch: Beträgt das Höchstmaß der Strafe für Mord (art. 139 CP) 20 Jahre, so ergibt sich aus art. 572 CP mit einer Strafandrohung von 20 bis zu 30 Jahren Gefängnis eine erhebliche Strafschärfung. Denn grundsätzlich sieht art. 36 CP vor, dass die Höchstdauer einer Gefängnisstrafe allgemein 20 Jahre nicht überschreiten darf. Nur wenn Vorschriften des Código Penal dies ausdrücklich bestimmen, kann es zu einer Ausnahme kommen. Dies zeigt, dass der spanische Gesetzgeber mit besonderen Strafschärfungen gegen das Terrorismusphänomen vorgehen kann, dieses also mit Nachdruck und Abschreckung verfolgen will. Dies lässt sich wohl auch auf dessen seit Jahrzehnten andauernden Kampf gegen Anschläge und Attentate seitens der ETA zurückführen.

cc) Art. 573 CP: Gefährdungsdelikte gegen die öffentliche Sicherheit

In art. 573 CP werden solche Verhaltensweisen pönalisiert, die sich allgemein auf die Lagerung von Waffen, Munition oder Sprengstoffen beziehen. Während es sich beim vorherigen Artikel um ein Erfolgsdelikt handelt, ist hier von einem abstrakten Gefährdungsdelikt bzw. einem schlichten Tätigkeitsdelikt bezüglich Individual- oder Kollektivrechtsgütern auszugehen.[1051] Bei den in art. 573 CP

1051 Bereits das bloße Aufstellen oder die Verwendung explosiver, leicht entzündlicher Stoffe ist bereits strafbar; es muss nicht zu einem konkreten Erfolg kommen. Kommt es dennoch zu einem materiellen Erfolgseintritt, welcher mit schwererer Strafe bedroht ist, so wird art. 573 CP durch diesen konsumiert, vgl. *Cano Paños*, Die strafrechtliche Behandlung des Terrorismus im spanischen StGB von 1995, S. 37.

genannten Handlungsmodalitäten ist hervorzuheben, dass diese erschwerende Erscheinungsformen darstellen, deren Grundnormen bereits unter „Straftaten gegen die öffentliche Ordnung“ (arts. 566 und 568 CP) im Código Penal geregelt sind. Erneut ist hier festzustellen, dass einzig das Terrorismusphänomen als Rechtfertigung für die deutliche Strafschärfung herangezogen werden kann: Die an sich verschiedenen Verhaltensweisen wie das Lagern von Waffen und Munition, der Besitz von explosiven Substanzen, ihre Herstellung, der Handel mit ihnen oder ihr Transport, deren Grundnormen unter der zuvor genannten Überschrift innerhalb des Código Penal zu finden sind und mit jeweils unterschiedlicher Strafe bedroht sind, werden hier strafrechtlich gleich behandelt.[1052] Nicht mehr umfasst werden von dieser Norm seit der Strafrechtsreform die bewaffneten Banden.

dd) Art. 574 CP: Auffangtatbestand

Der Inhalt des art. 574 CP hat sich ebenfalls nur marginal geändert. Wie schon bei den vorherigen Normen wurden auch hier im Rahmen der Reform die bewaffneten Banden aus dem Tatbestand ausgenommen. Weiterhin bezieht sich die Norm nicht mehr auf art. 571 CP a.F., sondern nur noch auf art. 571.3 CP. Mit ihrem Wortlaut „diejenigen, die […] zu den in art. 571.3 genannten Zwecken irgendeine andere Straftat begehen [...]“ bringt diese Norm zum Ausdruck, dass der Código Penal kein abgeschlossenes Konzept hinsichtlich der Bestrafung terroristischer Straftaten verfolgt, sondern vielmehr jede im Código Penal geregelte Straftat unter bestimmten Voraussetzungen zum Terrorismusdelikt „aufgewertet“ werden kann. Diese Aufwertung zum Terrorismusdelikt bezieht sich wieder auf das organisatorisch-strukturelle Element sowie das subjektiv-teleologische Merkmal.

ee) Art. 575 CP: Vermögensdelikte

Art. 575 CP bestraft weiterhin – ausgenommen sind wieder die bewaffneten Banden – die Begehung eines Vermögensdelikts mit dem Ziel, Gelder für bewaffnete Banden, terroristische Organisationen oder Gruppen zu erlangen. Dieser Tatbestand stellt wiederum eine Qualifikation zum jeweiligen Grundtatbestand des jeweiligen Vermögensdelikts dar. Hinsichtlich des Normadressaten verfügt dieser Tatbestand über eine Besonderheit: Diese Tatmodalität kann von jedermann begangenen werde, es wird also hier nicht das organisatorisch-strukturelle Element verlangt. Vorliegen muss jedoch – alternativ – eines der folgenden subjektiven Tatbestandsmerkmale: Der Täter muss es sich zum Ziel gemacht haben, den Ver-

1052 *Lamarca-Pérez*, Derecho Penal. Parte Especial, S. 684 ff.

einigungen Gelder zu beschaffen oder der Täter muss die Absicht verfolgen, ihre Ziele zu fördern.[1053]

ff) Art. 576 CP: Mitwirkungshandlungen zugunsten terroristischer Organisationen

Mit dieser Vorschrift – einem reinen Tätigkeitsdelikt[1054] – wurde die Möglichkeit geschaffen, jegliche zur Förderung terroristischer Vereinigungen veranlassten bzw. ausgeführten Verhaltensweisen zu erfassen und zu bestrafen.[1055] Die Kritik an diesem Tatbestand geht sogar so weit, diesen als „Sammelbecken“ für sämtliche Handlungen jeglicher Art in diesem Zusammenhang zu bezeichnen, mit der Folge, sämtliche Beweisschwierigkeiten mit terroristischem Hintergrund im konkreten Fall zu umgehen.[1056] Zum anderen wird die Norm dahingehend interpretiert, dass der Gesetzgeber präventiv tätig geworden sei und daher eine Vorfeldstrafbarkeit geschaffen habe, um bei ausreichender abstrakter Gefahr das Tätigwerden der Strafjustiz zu ermöglichen.[1057] *Cano Paños* spricht von einem „konturlosen Mitwirkungs- bzw. Unterstützungstatbestand“, aufgrund dessen der Gesetzgeber „stillschweigend das Ziel verfolgt, die Ahndung jeder Art von individueller bzw. sozialer Förderung terroristischer Aktivitäten strafrechtlich so weit wie möglich zu verankern.“[1058] Was den subjektiven Tatbestand angeht, so wird zweierlei gefordert: 1. Der Täter muss Kenntnis hinsichtlich der Bedeutung der durchzuführenden Mitwirkungshandlung besitzen; 2. Der Täter muss insbesondere wissen, dass die von der konkreten Vereinigung angewandten Methoden und Mittel auf Gewaltausübung abzielen.[1059] Dass sich der Täter an die Zielsetzung der kriminellen bzw. terroristischen Vereinigung bindet, ist indes keine Voraussetzung zur Erfüllung des Tatbestandes; es sollen hier weder eine ideologische Gefolgschaft noch bloß moralische Unterstützungshandlungen pönalisiert werden. In art. 576.2 CP sind schließlich die strafbaren Mitwirkungshandlungen aufgeführt. Eine solche – nicht abschließende – Auflistung bereits im Tatbestand kennt das deutsche Strafrecht nicht. Im Einzelnen sind dies fol-

1053 *Cano Paños*, Die strafrechtliche Behandlung des Terrorismus im spanischen StGB von 1995, S. 39.

1054 *Rodríguez Ramos/Colina Oquendo*, in: Código Penal Comentado y Jurisprudencia, art. 576, S. 1093.

1055 *Lamarca-Pérez*, Derecho Penal. Parte Especial, S. 692.

1056 *Lamarca-Pérez*, Derecho Penal. Parte Especial, S. 684 ff.

1057 *Rodríguez Ramos/Colina Oquendo*, in: Código Penal Comentado y Jurisprudencia, art. 576, S. 1093.

1058 *Cano Paños*, Die strafrechtliche Behandlung des Terrorismus im spanischen StGB von 1995, S. 44.

1059 Vgl. STS vom 16.02.1999.

gende Handlungen: Die Information über oder Überwachung von Personen, Gütern oder Anlagen, weiterhin die Errichtung, Herrichtung, Überlassung oder Verwendung von Unterkünften oder Lagern, das Verbergen oder die Verlegung von Personen, die mit den terroristischen Organisationen oder Gruppen in Verbindung stehen, schließlich das Organisieren von Ausbildungsübungen oder die Teilnahme daran und allgemein jede andere vergleichbare Form der finanziellen oder andersartigen Mitwirkung bei, Hilfe zu oder Vermittlung von Tätigkeiten der genannten bewaffneten Banden, terroristischen Organisationen oder Gruppen. Eine Verbindung zu einer konkreten Straftat seitens des Mitwirkenden muss nicht bestehen; sollte dies jedoch der Fall sein, so macht er sich zum Mittäter bzw. Teilnehmer und es hätte beim Vorliegen einer schweren Bestrafung der konkreten Beteiligungsform eine Konsumtion des in art. 576 CP geregelten Tatbestand zur Folge (art. 8.4 CP).[1060] Im Zuge der Strafrechtsreform wurde der Norm ein weiterer Absatz 3 hinzugefügt, und die bewaffneten Banden wiederum aus dem Tatbestand gestrichen. Nach art. 576.3 CP kommen die gleichen Strafen, die in Abs. 1 der Norm vorgesehen sind, bei demjenigen zur Anwendung, der irgendeine Aktivität hinsichtlich des Anwerbens, der Indoktrinierung, der Schulung oder Formierung mit dem Ziel erfüllt, andere in eine terroristische Organisation oder Gruppe aufzunehmen oder jemanden zur Begehung der in diesem Kapitel genannten Straftaten zu bringen.[1061]

Dieser relativ weit ausgedehnte Anwendungsbereich ist der Tatsache geschuldet, dass der Mitwirkungshandlung in der Praxis eine besondere Rolle zukommt, da diese in bedeutendem Maße die Vereinigung bei ihrer Fortentwicklung fördert.[1062] Diese extrem weit gefasste Struktur der Norm sorgt für verfassungsrechtliche Bedenken und wird vielfach kritisiert.[1063] Nicht zuletzt im Falle des Verbots der baskischen Partei *Herri Batasuna* (Volksunion) kamen diese zum Tragen, hatten im Ergebnis jedoch keinen Erfolg. Dieser Fall wird an anderer Stelle noch ausführlich dargestellt.[1064]

1060 *Cano Paños*, Die strafrechtliche Behandlung des Terrorismus im spanischen StGB von 1995, S. 46.

1061 Art. 576.3 CP: Las mismas penas previstas en el número 1 de este artículo se impondrán a quienes lleven a cabo cualquier actividad de captación, adoctrinamiento, adiestramiento o formación, dirigida a la incorporación de otros a una organización o grupo terrorista o a la perpetración de cualquiera de los delitos previstos en este Capítulo.

1062 Vgl. STS vom 16.2.1999.

1063 So bei *Lamarca-Pérez*, Derecho Penal. Parte Especial, S. 693.

1064 Vgl. Gliederungsebene C. VI. 11. dieser Arbeit.

gg) Art. 576bis CP

Eine weitere Neuerung hat sich auf den ersten Blick durch die Einfügung neuer Mitwirkungsformen im Rahmen des art. 576bis CP als Ergänzung des art. 576 CP ergeben. Erfasst und bestraft werden sollen nach art. 576 bis CP alle Handlungsformen, die mit der Finanzierung des Terrorismus in Zusammenhang stehen.[1065] In art. 576.1bis CP wird fortan die direkte oder indirekte Versorgung der terroristischen Organisation oder Gruppe mit Geldern oder deren Sammeln kriminalisiert. Darin heißt es „wer auf irgendeinem Wege, unmittelbar oder mittelbar, Gelder bereitstellt oder sammelt, in der Absicht oder in Kenntnis dessen, dass diese vollständig oder teilweise zur Ausführung einer der im diesem Kapitel enthaltenen Straftaten oder zu ihrer Beschaffung für eine terroristische Organisation oder Gruppe angewandt werden, wird mit Gefängnis von fünf bis zu zehn Jahren und Geldstrafe von 18 bis zu 24 Monaten bestraft".[1066] Dies muss mit der Intention oder dem Wissen erfolgen, dass das Kapital zur Begehung einer der in diesem Kapitel genannten Delikte verwendet wird.[1067] Täter kann jede Person sein, also auch derjenige, der der konkreten Terrororganisation oder -gruppe nicht angehört. Strafschärfend berücksichtigt wird nach Satz 2, wenn das Geld schließlich tatsächlich für eine der genannten Straftaten verwendet worden ist. Wer bei den in Abs. 1 genannten Verhaltensweisen grob fahrlässig handelt, wird nach art. 576.2bis CP bestraft. Diese Strafe hat jedoch geringer auszufallen als die in Abs. 1 genannte. In Abs. 3 der Norm geht es schließlich noch um die Strafbarkeit von juristischen Personen in diesem Zusammenhang. [1068] Auf den zweiten Blick erscheint die Pönalisierung dieser Verhaltensweisen jedoch nicht neu und die Schaffung des Tatbestandes daher fragwürdig. Sämtliche in der neuen Vorschrift erfassten Finanzierungstätigkeiten könnten bereits durch art. 576 CP als Mitwirkungshandlung zugunsten terroristischer Organisationen oder Gruppen erfasst sein. So stellt art. 576.2 CP „jede andere entsprechende Form der finanziellen oder andersartigen Mitwirkung bei, Hilfe zu oder Vermittlung von Tätigkeiten der genannten terroristischen Organisationen oder Gruppen" unter Strafe. Die zweite Problematik betrifft die Vorfeldstrafbarkeit der Norm: Im Prinzip können auf Grundlage von art. 576bis CP auch zunächst neutrale Aktivitäten pönalisiert werden, wie z.B. die Organisierung von Sammelaktionen zugunsten

---

1065 *Cancio Meliá*, in: Comentarios a la Reforma Penal de 2010, S. 528.

1066 Art. 576.1 bis CP: El que por cualquier medio, directa o indirectamente, provea o recolecte fondos con la intención de que se utilicen, o a sabiendas de que serán utilizados, en todo o en parte, para cometer cualquiera de los delitos comprendidos en este Capítulo o para hacerlos llegar a una organización o grupo terroristas, será castigado con penas de prisión de cinco a diez años y multa de dieciocho a veinticuatro meses.

1067 *Cancio Meliá*, in: Comentarios a la Reforma Penal de 2010, S. 529.

1068 *Cancio Meliá*, in: Comentarios a la Reforma Penal de 2010, S. 529.

der Familien von ETA-Gefangenen, unabhängig davon, ob das gesammelte Geld schließlich sein Ziel erreicht.

hh) Art. 577 CP: „Straßenterrorismus"[1069] und art. 578 CP: Verherrlichung des Terrorismus

Wie bereits erwähnt gilt es, mit art. 577 CP den sog. „individuellen Terrorismus" (*terrorismo individual*) zu bestrafen. Darunter ist die Konstellation zu verstehen, dass der Täter zwar die strafbare Handlung mit dem den Terrorismustatbeständen eigentümlichen subjektiv-teleologischen Element begeht, doch das organisatorisch-strukturelle Element nicht vorhanden ist, nämlich die Mitgliedschaft in einer solchen Vereinigung.[1070] Es erscheint dabei schwer begreiflich, wie ein Individuum, losgelöst von einer organisierten Struktur, in der Lage sein soll, die verfassungsmäßige Ordnung zu untergraben oder den öffentlichen Frieden anzugreifen.[1071] Zudem ist fraglich, inwieweit ein isolierter Einzeltäter – auch wenn er terroristische Mittel einsetzt – hierbei tatsächlich auch das politische Element des Terrorismus mitverwirklichen kann. Zum Verständnis muss man die Existenz des sog. „Straßenterrorismus" als neuere Form des Terrorismus in Spanien heranziehen. Hintergrund sind wiederum Aktivitäten im Umfeld der ETA, insbesondere deren vorwiegend jugendliche Anhänger. Es handelt sich dabei um nicht zu Organisationen zusammengeschlossene Jugendliche, die nicht organisierte, jedoch politisch motivierte Gewalt(taten) „auf der Straße" verüben.[1072]

Mit dem Organgesetz 7/2000 wurde die Verherrlichung von terroristischen Straftaten als selbständiger Tatbestand in den Código Penal aufgenommen und wird nun in art. 578 CP pönalisiert. Der Tatbestand enthält zwei verschiedene Verhaltensweisen, die alternativ erfüllt werden können: Zum einen die Rechtfertigung der Verherrlichung der Terrorismusdelikte oder derjenigen Personen, die an ihrer Ausführung teilgenommen haben, zum anderen die Vornahme von Handlungen, die die Opfer der terroristischen Straftaten oder ihre Familienangehörigen in Verruf bringen oder zu deren Verachtung oder Erniedrigung führen. Nicht Gegenstand der Strafbarkeit soll indes die bloße Verherrlichung oder Verteidigung von Ideen oder Lehren des Terrorismus bzw. terroristischer Vereinigungen sein.[1073] Auch von dieser Norm seit der Strafrechtsreform vom Dezember

1069 So zu lesen bei *Cano Paños*, Die strafrechtliche Behandlung des Terrorismus im spanischen StGB von 1995, S. 53; spanisch: terrorismo urbano, baskisch: *kale borroka*.

1070 *Rodríguez Ramos/Colina Oquendo*, in: Código Penal Comentado y Jurisprudencia, art. 576, S. 1095 f.

1071 Vgl. *Cancio Meliá*, Los delitos de terrorismo, S. 261.

1072 *Cancio Meliá*, Los delitos de terrorismo, S. 262.

1073 *Rodríguez Ramos/Colina Oquendo*, in: Código Penal Comentado y Jurisprudencia, art. 576, S. 1096.

2010 nicht mehr umfasst werden die bewaffneten Banden. Ziel der Vorschrift ist es, auch das direkte (geistige) ETA-Umfeld zu erfassen, welches zuvor weitgehend Straffreiheit genoss. Es handelt sich bei art. 578 CP nicht um ein terroristisches Delikt, da letztlich auf Grundlage dieser Norm lediglich die Kundgabe bestimmter Meinungen bestraft wird. Dies wurde auch durch das TC ausdrücklich klargestellt.[1074]

ii) Art. 579.1 CP: Vorbereitungshandlungen

Die Aufforderung, die Verabredung sowie der Vorschlag zur Begehung der in arts. 571-578 CP genannten Straftaten sind gem. art. 579.1 CP strafbar.[1075] Zur Bestimmung der Begrifflichkeiten müssen art. 17 sowie art. 18 CP herangezogen und die darin enthaltenen Definitionen berücksichtigt werden. Im Rahmen der aktuellen Strafrechtsreform neu eingefügt wurde Satz 2 des art. 579.1 CP. Das darin enthaltene Delikt kann als „Propagandadelikt" bezeichnet werden.[1076] Bestraft wird danach die öffentliche Verteilung oder Verbreitung der Propaganda mittels jeglicher Form der Nachricht oder Parolen, die dazu bestimmt sind, die Begehung irgendeiner in diesem Kapitel genannten Straftat herbeizuführen, dazu zu ermutigen oder diese zu begünstigen. Es muss das Risiko eingegangen werden, dass dieses Delikt tatsächlich begangen wird.

Grund für die Einfügung dieser Vorschrift in den Código Penal war die Pflicht des spanischen Gesetzgebers, die „öffentliche Aufforderung zur Begehung einer terroristischen Straftat", verankert im Rahmenbeschluss des Rates vom 28.11.2008 zur Änderung des Rahmenbeschlusses zur Terrorismusbekämpfung,[1077] in die eigene Rechtsordnung umzusetzen.

1074 STC 199/1987; vgl. auch *Cancio Meliá*, Los delitos de terrorismo, S. 282.

1075 Art. 579.1 CP: Das auf irgendeinem Wege erfolgte öffentliche Verbreiten oder sonstige öffentliche Zugänglichmachen von Botschaften oder Parolen, die darauf gerichtet sind, zu der Begehung einer der in diesem Kapitel vorgesehenen Straftaten aufzufordern, zu ermutigen oder zu begünstigen, so dass das Risiko ihrer effektiven Ausübung erzeugt oder erhöht wird, ist mit Gefängnisstrafe von sechs Monaten bis zu zwei Jahren zu bestrafen, es sei denn, diese Verhaltensweisen sind im vorhergehenden Satz oder in einer anderen Vorschrift dieses Gesetzbuches erfasst, die eine höhere Strafe vorsieht.

1076 „*delito de propaganda*" bei *Cancio Meliá*, in: Comentarios a la Reforma Penal de 2010, S. 530; „*conductas de propaganda*" bei *García Albero*, in: Comentarios a la Parte Especial del Derecho Penal, art. 579, S. 2269.

1077 ABl. EU L 330/22 vom 9.12.2008.

c) Frühere Differenzierung: Terroristische Vereinigung als kriminelle Vereinigung

Vor der Strafrechtsreform vom Dezember 2010 waren bewaffnete Banden, terroristische Organisationen oder Gruppen als eine „Art" innerhalb der „Gattung" der kriminellen Vereinigungen in art. 515.2 CP a.F. konzipiert.[1078] Hintergrund der Einfügung dieser „Art" in den Katalog des art. 515 CP war die Absicht des Gesetzgebers, eine „Normalisierung" bei der Behandlung des Terrorismus mittels gesetzlicher Verankerung innerhalb der allgemeinen Tatbestände innerhalb des Código Penal zu bewirken. Sonderbar erschien jedoch, dass das eigentliche Konzept und die verschiedenen deliktischen Erscheinungsformen sowie weitere Aspekte wiederum an anderer Stelle des Código Penal, nämlich in arts. 571 ff. CP, angesiedelt sind. Grund hierfür war möglicherweise die andersartige Zielsetzung innerhalb der verschiedenen Arten der Vereinigungen: Während es der kriminellen Vereinigung als Grundkonstellation innerhalb des art. 515 CP darauf ankommt, deliktische Ziele zu verfolgen, also Straftaten zu begehen,[1079] verfolgt eine terroristischen Organisation das grundlegende Ziel des Umsturzes der verfassungsmäßigen Ordnung oder der schweren Störung des öffentlichen Friedens.[1080] So musste es also innerhalb des Grundtatbestandes dennoch zu einer Differenzierung kommen, die eben schließlich an anderer Stelle innerhalb des Código Penal zum Tragen kam.

Doch nicht nur die unterschiedlichen Zielsetzungen sprachen und sprechen auch nach der Strafrechtsreform für das Konzept des Terrorismus innerhalb des Código Penal, sondern auch die andere Qualität hinsichtlich der Mitwirkungshandlung der Mitglieder einer bewaffneten Bande, terroristischen Organisation oder Gruppe. Nach art. 576.2 CP können solche Mitwirkungshandlungen die Überwachung von Personen, Gütern oder Anlagen sein; ferner die Errichtung, Herrichtung, Überlassung oder Verwendung von Unterkünften oder Lagern; das Verbergen oder die Verbringung von Personen, die mit diesen Vereinigungen in Verbindung stehen; das Organisieren von Ausbildungsübungen oder die Teilnahme daran und allgemein jede andere entsprechende Form der finanziellen oder andersartigen Mitwirkung. In seiner Entscheidung vom 29.5.2003 hatte das Oberste Gericht die Abgrenzung zwischen den Normen anhand der Intensität und Nachhaltigkeit der Überzeugung hinsichtlich der Strategien und Methoden

---

1078 *Cano Paños*, Die strafrechtliche Behandlung des Terrorismus im spanischen StGB von 1995, S. 24.

1079 Vgl. *Conde-Pumpido Ferreiro*, in: Bosch, Código Penal Comentado, Tomo II, art. 515, S. 1489; *Granados Pérez*, in: Bosch, Comentarios al Código Penal, art. 515, S. 3403.

1080 Vgl. *Rodríguez Ramos/Colina Oquendo*, in: Código Penal Comentado y Jurisprudencia, art. 571, S. 1089.

der (terroristischen) Organisation vollzogen: Das Mitglied einer Organisation nach art. 515.2 CP a.F. erscheint stärker in der Gemeinschaft und wird Teil des Kerns der pathogenen Ideologie, was wiederum das stetige Sich-Bekennen zu deren Aktivitäten zur Folge hat und den Willen, zu diesem „kriminellen Unternehmen" dazu zu gehören.[1081] Im Gegensatz dazu erfordert die Zusammenarbeit mit einer solchen Organisation eine weitaus weniger starke Identifikation mit deren Ideologie. Relevant ist hier vielmehr, dass sich die Person zur Disposition der Organisation hält und diese freiwillig mit den bereits genannten möglichen Hilfeleistungen extern unterstützt, ohne dabei mit einer konkreten Straftat verbunden zu sein oder in die Vereinigung sonst integriert zu sein.[1082]

Vor Inkrafttreten der Strafrechtsreform war eine genauere Betrachtung der einzelnen Begrifflichkeiten innerhalb des art. 515.2 CP a.F. erforderlich. Das Konzept der bewaffneten Banden war am weitesten gefasst: wortwörtlich brauchte man nicht mehr, als eine Gruppe von Personen, die Waffen aller Art tragen und prinzipiell musste nicht einmal davon ausgegangen werden, dass diese Waffen bei der Begehung einer Straftat zum Einsatz kommen sollten.[1083] Fraglich ist allerdings, warum ausgerechnet die bewaffnete Bande einer verschärften strafrechtlichen Behandlung unterlag. Als Erklärung wird angeführt, dass diese Art der kriminellen Vereinigung vom spanischen Gesetzgeber als „Stütze" oder „Basis" einer terroristischen Organisation bzw. Gruppe verstanden wird. Bei einer terroristischen Gruppe handelt es sich hingegen um Zellen oder Kommandos, die, ob ihrer Einbettung in ein größeres „Netz", sich eine gewisse Autonomie zu Eigen machen.[1084] Über die größte Struktur verfügt schließlich die terroristische Organisation. Nach dem Urteil des obersten Gerichts vom 12.7.1987 handelt es sich um eine Personenmehrheit und insbesondere eine mit gewisser Fortdauer zusammengeschlossene Organisation, eine hierarchische Struktur, eine genügende Ausstattung von Waffen aller Art sowie den Willen, der weit über die Begehung einer konkreten Straftat hinausgeht.

Zusammenfassend ist also festzustellen, dass die in art. 515.2 CP a.F. genannten kriminellen Vereinigungen einer weitaus strengeren Behandlung unterzogen wurden als die Übrigen. Dies zeigte sich auch weiter in der Norm des art. 516 CP a.F., worin unterschiedliche Strafandrohungen hinsichtlich der in art. 515 CP genannten Vereinigungen vorgesehen waren.

1081 *Granados Pérez*, in: Bosch, Comentarios al Código Penal, art. 515, S. 3404.

1082 *Granados Pérez*, in: Bosch, Comentarios al Código Penal, art. 515, S. 3404.

1083 *Cano Paños*, Die strafrechtliche Behandlung des Terrorismus im spanischen StGB von 1995, S. 25.

1084 *Cano Paños*, Die strafrechtliche Behandlung des Terrorismus im spanischen StGB von 1995, S. 26.

d) Exkurs: Der „reuige Terrorist“ (terrorista arrepentido), art. 579.4 CP

Das kriminalpolitische Institut des „reuigen Terroristen“ erinnert an die Kronzeugenregelung im deutschen Recht, die in § 46 b StGB verankert ist, bzw. an § 129 Abs. 6 StGB, die tätige Reue. Auch hier geht es um die strafrechtliche Behandlung von Aussteigern aus terroristischen Organisationen. In art. 579.4 CP ist eine Strafmilderung für solche Fälle vorgesehen, in denen der Täter seine terroristischen Aktivitäten freiwillig aufgibt bzw. aufgegeben hat und mit der Justiz aktiv zusammenarbeitet.[1085] Mit dieser in Spanien nicht unumstrittenen Rechtsfigur verfolgt der Gesetzgeber wie bei der Kronzeugenregelung in Deutschland die zukünftige Begehung von Straftaten durch die terroristische Vereinigung zu verhindern sowie bereits begangene Straftaten aufzuklären und die Verantwortlichen zu bestrafen, beides durch die umfassende Unterstützung des ausgestiegenen Täters. Schließlich wird auch seitens der Justizbehörden angestrebt, dem ehemaligen Terroristen die Resozialisierung zu erleichtern, um ihn in das soziale Gemeinschaftsleben zurückzuführen.[1086] Hierfür hat der Täter gemäß art. 579.4 CP folgende Voraussetzungen zu erfüllen: Er muss seine deliktische Aktivität aufgegeben haben. Er muss vor den Polizei- und Justizbehörden erscheinen und ein Geständnis über die Taten ablegen, an denen er beteiligt war. Weiterhin sind zwei zusätzliche Bedingungen seitens des Gesetzgebers festgelegt worden, bei deren alternativer Erfüllung eine Strafmilderung eintreten kann: 1. Der Täter muss aktiv mit den Behörden zusammenarbeiten, um die Begehung von Straftaten zu verhindern; 2. Der Täter muss erfolgreich dabei helfen, entscheidende Beweise zur Identifizierung oder Festnahme weiterer Verantwortlicher zu erreichen oder die Tätigkeit bzw. Weiterentwicklung der Vereinigung, deren Mitglied er war, zu verhindern.

9. Einfluss auf das spanische Strafprozessrecht

Wie auch im deutschen Recht aufgrund der Aktivitäten seitens der RAF, kam es in Spanien zum Erlass eines „Antiterrorgesetzes“.[1087] Dieses von 1984-1988 gültige Gesetz fand Anwendung auf Personen, die Mitglieder von bewaffneten Banden waren, an terroristischen Aktivitäten teilgenommen hatten oder auf Re-

1085 *Cano Paños*, Die strafrechtliche Behandlung des Terrorismus im spanischen StGB von 1995, S. 64 f.

1086 *Cano Paños*, Die strafrechtliche Behandlung des Terrorismus im spanischen StGB von 1995, S. 65.

1087 LO 9/1984 vom 26.12.; abrufbar unter: www.congreso.es/constitucion/ficheros/leyes_espa/lo_009_1984.pdf, zuletzt besucht 21.3.2013.

bellen, die die im zweiten Absatz des Gesetzes genannten Delikte geplant, organisiert oder ausgeführt hatten, sowie auf diejenigen, die mit diesen Personen zusammengearbeitet hatten, die Teilnahme veranlasst oder Komplizen gedeckt hatten.[1088] Das Gesetz sah erhebliche Strafschärfungen für Mitglieder einer terroristischen Organisation oder bewaffneten Bande vor sowie eine Erweiterung der strafprozessualen Befugnisse z.B. hinsichtlich der vorläufigen Festnahme (*detención preventiva*), vgl. art. 13 des Organgesetzes, der richterlichen Kontrolle der Festnahme (*control judicial de la detención*), vgl. art. 14, der Isolation (*incomunicación*) nach art. 15 oder der brieflichen, telegraphischen und telefonischen Überwachung nach art. 17 (*observación postal, telegráfica y telefonica*).

Art. 55.2 CE sieht vor, dass ein Organgesetz die Form und die Fälle bestimmen kann, in denen die darin genannten Grundrechte, wie z.B. art. 18.2 CE, der die Unverletzlichkeit der Wohnung[1089] regelt, für bestimmte Personen in Zusammenhang mit Ermittlungen hinsichtlich der Tätigkeiten von bewaffneten Banden oder Terroristen, aufgehoben werden können. Durch ein neues Organgesetz im Jahr 1988[1090] wurde das Antiterrorgesetz abgelöst und neue Vorschriften eingeführt, wie z.B. auch art. 553 LECrim.[1091] Diese Norm regelt Ausnahmefälle, in denen eine Wohnungsdurchsuchung auch ohne Einwilligung des Berechtigten oder richterliche Anordnung zulässig ist. Die Polizei darf demzufolge auch Wohnungen aus eigenem Recht untersuchen, in denen sich Personen aufhalten, die der Begehung von Straftaten nach art. 384 bis LECrim verdächtig sind, also Delikten, die im Zusammenhang mit bewaffneten Banden[1092] und terroristischen Aktivitäten stehen. Ihre verfassungsrechtliche Rechtfertigung findet diese Norm eben in art. 55.2 CE, aus dem aber auch hervorgeht, dass derartige Durchsuchungen nur individuell im Hinblick auf bestimmte Personen zulässig sind. Massenrazzien (*peinados*) als Kollektivmaßnahme sind von dieser Vorschrift allerdings nicht gedeckt; erforderlich ist vielmehr eine restriktive Auslegung der polizeilichen Befugnisse insbesondere im Bereich der Terrorismusbekämpfung, damit es nicht zu unwillkürlichem „Ausspionieren“ ganzer Personenkreise kommt.[1093]

1088 Vgl. Art. 1 des LO 9/1984 vom 26.12.: *La presente Ley es de aplicación a las personas integradas en bandas armadas o relacionadas con actividades terroristas o rebeldes que proyecten, organicen o ejecuten los delitos que se especifican en el siguiente apartado, y las que cooperen con ellos o provoquen a la participación con los mismos, o encubran a los implicados.*

1089 Zu Wohnungsdurchsuchungen ausführlich vgl. *Mülfarth*, Grundlagen und Grenzen, S. 287 ff.

1090 LO 3 und 4/1988 vom 25.5.

1091 Ley de Enjuiciamiento Criminal, was der deutschen Strafprozessordnung entspricht. Abrufbar unter http://noticias.juridicas.com/base_datos/Penal/lecr.html, zuletzt besucht am 21.3.2013.

1092 Anmerkung der Verfasserin: Hier wurde die Figur der bewaffneten Banden im Gegensatz zum Código Penal nicht gestrichen.

1093 *Mülfarth*, Grundlagen und Grenzen, S. 296; zu den neueren Entwicklungen im spanischen Strafvollzugsrecht hinsichtlich Terrorismusdelikten und organisierter Kriminalität vgl. *Faraldo Cabana*, ZStW 120 (2008), 173 ff.

10. Betrachtungen zum Tatbestand der kriminellen Vereinigung

a) Spanische Betrachtungen

Auch in Spanien wurde die Funktion und der Charakter des Tatbestandes der kriminellen Vereinigung analysiert. Wurde diese Norm in der Vergangenheit – wie auch in Deutschland – zur Unterdrückung und Bekämpfung politischer Gegner des jeweiligen Systems eingesetzt, so wurde dieser Gebrauch der Norm Stück für Stück eingestellt.[1094] Vielmehr gewinnt der Tatbestand aufgrund des Phänomens der organisierten Kriminalität an Aktualität; dieses Phänomen stellt auch den Grund der wachsenden Besorgnis in der Kriminalpolitik dar. Aufgrund der Permanenz und der Intensität der Aktivitäten bestimmter terroristischer Organisationen ist diese Form der Kriminalität heute der überwiegende Anwendungsbereich der Figur der kriminellen Vereinigung.[1095] Diskutiert werden bei der Analyse des Tatbestandes ähnliche Felder wie auch im deutschen Strafrecht, insbesondere die dogmatischen Probleme in Verbindung mit dieser Norm: Es handelt sich um ein Vorbereitungsdelikt, das Vorfeldstrafbarkeit zur Folge hat; es geht um Straftaten seitens der Vereinigung, die entweder für die Zukunft geplant sind, oder aber solche, die noch nicht näher definiert bzw. ausgearbeitet sind. Der Tatbestand lässt sich demnach nicht direkt in die Systematik des Besonderen Teils des Código Penal einordnen, sondern es handelt sich vielmehr um eine Mischung aus Allgemeinem und Besonderem Teil.[1096] Für einen Teil der Lehre beinhaltet das zu schützende Rechtsobjekt alle geschützten Rechtsgüter des Besonderen Teils. Dieser Ansicht zufolge handelt es sich um ein abstraktes Gefährdungsdelikt, bei dem es um Prävention geht, genauer um Generalprävention.[1097] Dies geht einher mit der Natur des Delikts, welches eben schon Vorbereitungshandlungen unter Strafe stellt, aber auch, und dies soll besonders betont werden, weil es die Grundlage für strafprozessuale Maßnahmen bildet, die sich auf Grundrechte wie auch auf Freiheit und Intimsphäre auswirken.

1094 *Sánchez García de Paz*, in: Homenaje al Dr. Marino Barbero Santos in memoriam, S. 647.
1095 *Sánchez García de Paz*, in: Homenaje al Dr. Marino Barbero Santos in memoriam, S. 647.
1096 *Sánchez García de Paz*, in: Homenaje al Dr. Marino Barbero Santos in memoriam, S. 648.
1097 *Sánchez García de Paz*, in: Homenaje al Dr. Marino Barbero Santos in memoriam, S. 648.

b) Entwicklung des politischen Strafrechts

aa) „Politisierung“ der kriminellen Vereinigung

Mit der Geburt des neuen Rechtsstaates entstand auch das Bedürfnis, das Gewaltmonopol des Staates zu sichern und jegliche Formen der Selbstjustiz zu unterbinden.[1098] Eine Bedrohung für den Staat vor diesem Hintergrund stellen meist kriminelle Aktivitäten durch mehr oder weniger organisierte Gruppierungen dar, deren Mitglieder nicht individuell zu bestimmen sind und die im Geheimen arbeiten. Gerade zur Zeit der Aufklärung breitet sich der gesellschaftliche Wunsch aus, „in Frieden“ zu leben. Der Tatbestand der kriminellen Vereinigung erscheint für gewöhnlich unter der Rubrik „Straftaten gegen den öffentlichen Frieden“,[1099] wie beispielsweise auch im Código Penal von 1848 und 1850, wo dieser Tatbestand im Titel III bei den Delikten gegen die öffentliche Ordnung, den öffentlichen Frieden und die öffentliche Sicherheit zu finden ist. Charakteristisch für das 19. Jahrhundert im europäischen Raum ist eine instabile politische Lage; der Übergang von Monarchien zum modernen liberalen Rechtsstaat ist von gewalttätigen Revolutionen und Aufständen geprägt.[1100] Mit Gewalt werden liberale, aber auch absolutistische Regierungsformen durchgesetzt. Es ist eine Zeit, in der das politische Strafrecht von besonderer Relevanz ist, bei dem es um die Ahndung politischer Aktivitäten geht, die eine Gefahr für die innere und äußere Sicherheit des Staates darstellen; dies gilt insbesondere für konservativ geprägte Etappen. Als Beleg dafür gilt die Einordnung dieser Delikte in den ersten Código Penal: Sie gehen den anderen Straftatbeständen im Besonderen Teil voran. Ferner zeichnen sie sich durch eine klare Ausweitung der Strafbarkeit aus. Die Figur

---

1098 *Langer-Stein*, Legitimation und Interpretation strafrechtlicher Verbote krimineller und terroristischer Vereinigungen, S. 240.

1099 *Langer-Stein*, Legitimation und Interpretation strafrechtlicher Verbote krimineller und terroristischer Vereinigungen, S. 66 ff. und 240.

1100 Nachdem die Spanier schon 1813 die napoleonischen Besatzer vertrieben hatten, regierte wieder König *Ferdinand*. Dessen Tochter *Isabella* II. regierte schließlich in einer konstitutionellen Monarchie, jedoch mit absolutistischen Neigungen. Nach ständigen Unruhen wurde sie 1868 zur Abdankung gezwungen. Die Suche nach einem Nachfolger gipfelte schließlich im deutsch-französischen Krieg, weil Frankreich die Einsetzung eines von Spanien gewünschten Prinzen aus dem katholischen Hause Hohenzollern-Sigmaringen zu verhindern wusste. Nach einer kurzen republikanischen Phase kam es 1875 zu einem Militärputsch, woraufhin die alte bourbonische Dynastie wieder die Herrschaft erlangte. Die sehr konservative Verfassung der konstitutionellen Monarchie konnte den allgemeinen Niedergang sowie den Verlust der letzten Kolonien nicht verhindern. Die Fürsten des Deutsche Reichs kürten nach dem deutsch-französischen Krieg im Jahr 1871 *Wilhelm I.* zum Kaiser. Mit seinem „gewalttätigen Kanzler“ und zusätzlichen Eroberungen kam es zu einer „gefährlichen Veränderung des europäischen Gleichgewichts“. So bei *Wesel*, Geschichte des Rechts in Europa S. 432 f.

der kriminellen Vereinigung findet ihre Bestimmung im politischen Strafrecht, also zum Schutz des Staates im weitesten Sinne, neben Delikten wie Hochverrat und Aufstand – zentrale Figuren der Straftatbestände gegen den Staat, die üblicher- und notwendigerweise von Gruppen begangen werden.[1101] In der Praxis wird das Strafrecht seitens der Macht im Polizeistaat, der charakteristisch für absolute Perioden ist, als Waffe zur Eliminierung politischer Kontrahenten eingesetzt.[1102] Bereits im Código Penal von 1822 gibt es verschiedene Formen der kriminellen Vereinigung innerhalb der Delikte gegen die Sicherheit des Staates sowie die öffentliche Ruhe und Ordnung (Titel III). Die Códigos Penales des 19. Jahrhunderts beziehen sich gewöhnlich auch auf Fraktionen bzw. Gruppen (*facciones*) und auf Geheimbünde (*sociedades secretas*).[1103] Von speziellen Normen umfasst werden auch Vereinigungen mit einer bestimmten politischen Tendenz, wie z.B. Anarchisten, Freimaurer und Kommunisten.[1104] Neben der Bekämpfung dieser Vereinigungen, denen es auf bestimmte politische Aktivitäten ankommt, erscheinen in diesem Zusammenhang auch solche Vereinigung, die sich im Feld der allgemeinen Kriminalität bewegen, wie die Quadrille, Banden oder verbrecherische Vereinigungen (*asociaciones de malhechores*);[1105] tatsächlich bilden diese Organisationen den Vorläufer der heutigen kriminellen Vereinigung.[1106] Die Ausweitung des Tatbestandes auf bestimmte kriminelle Vereinigungen wurde zum Mittel der Eliminierung der politischen Opposition in totalitären Systemen Europas – so auch während der Diktatur *Francos* in Spanien.[1107] Im Código Penal von 1944 werden neben anderen Vereinigungen – wie etwa solchen, die entgegen der öffentliche Gesinnung bzw. Moral (*moral pública*) wirken (art. 172 CP) – auch solche Gruppen oder Vereinigungen kriminalisiert, die auf Zerstörung oder Erschlaffung des Nationalgefühls hinarbeiten oder die es sich zum Ziel gemacht haben, die Einheit der spanischen Nation zu attackieren, ferner solche Gruppierungen, die separatistische Aktivitäten anstreben oder verbreiten oder Parteien und weitere Vereinigungen, die außerhalb des Gesetzes gegründet wurden sowie solche, die versuchen ein System zu schaffen, das auf der Spaltung der spani-

1101 *Sánchez García de Paz*, in: Homenaje al Dr. Marino Barbero Santos in memoriam, S. 649.

1102 *Fürst*, Grundlagen und Grenzen der §§ 129, 129 a StGB, S. 37.

1103 So wird beispielsweise in art. 202 CP von 1848 (und 1850) politische Verschwörungen, Geheimbünde und kriminelle Vereinigungen bestraft.

1104 *García-Pablos de Molina*, Asociaciones ilícitas en el Código Penal, S.18 ff., 37 sowie 42.

1105 *García-Pablos de Molina*, Asociaciones ilícitas en el Código Penal, S.17 f. und 23 f., wo das Phänomen der verbrecherischen Banden und Quadrillen als „edemisches Übel der Zeit“ klassifiziert wird.

1106 Vgl. *Jiménez de Asúa*, Tratado de Derecho Penal, Tomo VII, S. 371.

1107 Zur Verwendung des Strafrechts in dieser Zeit vgl. *Jiménez de Asúa*, Tratado de Derecho Penal, Tomo VII, S. 372, wo er sich auf das Verbot nationalistischer Vereinigungen, politischer Parteien und Syndikate bezieht.

schen Nation in politische Gruppen oder Klassen beruht. Daneben besteht auch weiterhin die Figur der kriminellen Vereinigung in art. 173 CP.[1108] Der Einsatz des Strafrechts als politische Waffe tritt auch immer wieder in anderen westlichen – teils demokratischen – Staaten nach dem zweiten Weltkrieg auf, insbesondere im Zusammenhang mit dem kalten Krieg in den 1950er Jahren, um Aktivitäten kommunistischer Gruppen zu unterbinden.[1109]

bb) Terroristische Vereinigungen und das politische Strafrecht

Durch den Anstieg terroristischer Aktivitäten in Europa Ende der 1960er und 1970er Jahre durch linksextreme politische Gruppierungen, aber auch teilweise seitens rechtsextremer Gruppen, erhält die Figur der Vereinigung, die darauf angelegt ist, Straftaten zu begehen, eine neue Anwendungsform. Insbesondere in Spanien, wo es – wie in Deutschland zu dieser Zeit durch die RAF – eine hohe Gewaltbereitschaft und Kontinuität dieser Gruppen gibt, kommt es auf dem Gebiet der Bekämpfung des Terrorismus in den 1970er und 1980er Jahren zu zahlreichen Gesetzesreformen, die sich auch auf das Strafprozessrecht auswirken.[1110] Im aktuellen CP erscheint, wie zuvor ausgeführt, die Mitgliedschaft in einer terroristischen Vereinigung als Qualifikationstatbestand der kriminellen Vereinigung zusammen mit der bewaffneten Bande in art. 516 CP und wird durch art. 571 bis art. 580 CP ergänzt bzw. konkretisiert. Die Bekämpfung des Terrorismus wirkt sich auch auf das sensible Gebiet der Grundrechte aus; so erlaubt art. 55.2 CE[1111] eine Beschränkung bestimmter Grundrechte in Ausnahmefällen im Zusammenhang mit Terrorismus[1112].

Doch auch durch das sich immer weiter ausbreitende Phänomen der organisierten Kriminalität, unabhängig von jeder politischen Gesinnung (z.B. mafiöse Strukturen), erhält der Tatbestand der kriminellen Vereinigung einen neuen Anwendungsbereich.

1108 *García-Pablos de Molina*, Asociaciones ilícitas en el Código Penal, S. 46 ff.

1109 *Fürst*, Grundlagen und Grenzen der §§ 129, 129 a StGB, S. 29 ff.

1110 In diesem Zusammenhang kann auf den Erlass u.a. folgender Gesetze hingewiesen werden: Das Decreto-ley 10/1975 vom 26.8.1975 zur Prävention des Terrorismus (überarbeitet durch das Decreto-Ley 2/1976 vom 18.2.1976); ab der Schaffung eines demokratischen Rechtsstaats: Das Decreto-Ley 3/1977 vom 4.1.1977 über die gerichtlichen Kompetenzen auf dem Gebiet des Terrorismus, das Ley 56/1978 vom 28.12.1978, das Ley 82/1978 vom 28.12.1978 zur Reform des Código Penal, das Real Decreto-Ley 26.1.1979 über den Schutz der Sicherheit der Bürger, das Ley Orgánica 11/1980 vom 1.12.1980, das Ley Orgánica 2/1981 vom 4.5.1981 zum Schutz der Verfassung, das Ley Orgánica 8/1984, das Ley 9/1984 vom 26.12.1984 gegen die Aktivitäten bewaffneter Banden und terroristischer Elemente und der Entwicklung des art. 55.2 CE sowie der 3/1988 y 4/1988, beide vom 25.5.1988.

1111 Übersetzung des spanischen Verfassungstextes: Boletín Oficial del Estado, abrufbar unter: www.boe.es/aeboe/consultas/enlaces/documentos/ConstitucionALEMAN.pdf.

1112 *Sánchez García de Paz*, in: Homenaje al Dr. Marino Barbero Santos in memoriam, S. 652.

c) Behandlung der organisierten Kriminalität (*crimen organizado*) im spanischen Recht

Fraglich ist, ob sich die organisierte Kriminalität auch unter den Tatbestand der kriminellen Vereinigung nach art. 515 CP subsumieren lässt. Dazu müssen zunächst die Voraussetzungen solcher Strukturen ermittelt werden. Wie auch in Deutschland gab es lange Zeit keine eindeutige Definition des Begriffs der organisierten Kriminalität. Auch von spanischer Seite wurde auf das Europarecht verwiesen und sogar auf das deutsche Strafrecht bzw. auf die „Gemeinsamen Richtlinien der Justizminister und -senatoren der Länder über die Zusammenarbeit von Staatsanwaltschaft und Polizei bei der Verfolgung der organisierten Kriminalität".[1113] Schon das vorangestellte Adjektiv „organisiert" zeigt, dass es sich nicht um einen rein zufälligen Zusammenschluss von Personen handeln kann. Die Voraussetzungen im Vergleich zu denen der kriminellen Vereinigung sind nahezu identisch: Organisation erfordert ein homogenes Zusammenwirken, um ein bestimmtes Ziel zu erreichen. Es muss eine bestimmte Mindestanzahl von Personen vorliegen, die dieses Ziel erreichen wollen, und dieser Personenzusammenschluss muss hierarchisch strukturiert sein. Ferner liegt eine bestimmte Rollenverteilung vor und es muss eine gewisse Dauerhaftigkeit bestehen. Sie müssen eine gewisse Effizienz bei der Begehung von Delikten an den Tag legen; es muss sich also wirtschaftlich „lohnen".[1114] Daraus ergibt sich automatisch, dass es um die Begehung einer Vielzahl von Delikten gehen muss, *Gabriel Orsi* zieht den Vergleich zu einem Unternehmen: So wie sich dieses nicht dem Verkauf nur einer Sache zuwendet, sondern den Verkauf als eine tägliche Aktivität ansieht, so schließt sich ein kriminelles Unternehmen zur Begehung regelmäßiger Delikte zusammen. [1115] *Sánchez García de Paz* geht in ihrem Vergleich noch weiter und sieht in der organisierten Kriminalität die Adaption von einer gesamten Unternehmensstruktur wie dem hierarchischen Aufbau eines solchen, dessen Logistik und Abteilungen.[1116] Doch den entscheidenden Unterschied zu einer „gewöhnlichen" kriminellen Vereinigung bildet das Ziel der begangenen Straftaten: Sie müssen einen wirtschaftlichen Ertrag bringen, einen gewissen wirtschaftlichen Umsatz für das kriminellen Unternehmen. Es wird die Monopolisierung in bestimmten Wirtschaftszweigen angestrebt, um den freien Wettbewerb zu unterbinden. Eng

---

1113 Zahlen zur organisierten Kriminalität in öffentlichen Ämtern sowie generelle Ausmaße in Spanien vgl. *Andrade Sánchez*, Instrumentos jurídicos contra el crimen organizado, S. 117 ff., *Sánchez García de Paz*, in: Homenaje al Dr. Marino Barbero Santos in memoriam, S. 663.

1114 Zu den Voraussetzungen vgl. *Gabriel Orsi*, Sistema penal y crimen organizado, S. 5 f.; von einer „Instrumentalisierung der Wirtschaft" (*instrumentalización de la economía*) spricht *Foffani*, Revista Penal n° 7 (2001), S. 57.

1115 *Gabriel Orsi*, Sistema penal y crimen organizado, S. 6.

1116 *Sánchez García de Paz*, in: Homenaje al Dr. Marino Barbero Santos in memoriam, S. 664.

damit verbunden ist auch der Tatbestand der Geldwäsche sowie sämtliche Wirtschaftsvergehen (*delitos de „cuello blanco“*[1117]). Im Vergleich zum Terrorismus fehlt bei der organisierten Kriminalität die starke politische Komponente, was freilich nicht bedeutet, dass die organisierte Kriminalität sich nicht auch im politischen Bereich ausbreitet. Das Netzwerk ist weit gefächert und reicht über Beziehungen auf lokaler und regionaler sowie nationaler Ebene hinaus, ebenso ist die Ausbreitung in verschiedensten Feldern zu beobachten – sei es im politischen, rechtlichen, gesetzgeberischen oder administrativen Bereich.[1118]

1999 kam es zu einer Reform des Strafprozessrechts hinsichtlich der Überwachungsmaßnahmen im Zusammenhang mit dem illegalen Drogenhandel und anderen schwer kriminellen Aktivitäten.[1119] Darin wurde in art. 282 bis LECrim die organisierte Straffälligkeit erstmals beschrieben und dabei zum Ausdruck gebracht, dass es keinen eigenen Tatbestand dafür gebe, man vielmehr von organisierter Kriminalität spreche, wenn sich mindestens drei Personen permanent oder wiederholt zu einer Vereinigung zusammenschließen, um folgende Delikte zu begehen: Freiheitsberaubung und Entführung von Privatpersonen nach den arts. 164-166 CP, Straftaten in Zusammenhang mit der Prostitution gemäß den arts. 187-189 CP, Straftaten gegen das Vermögen und gegen die sozioökonomische Ordnung nach den arts. 237, 243, 244, 248 sowie 301 CP, Straftaten gegen die Rechte der Arbeitnehmer nach arts. 312 und 313 CP, Straftaten in Zusammenhang mit dem Schutz der Pflanzen- und Tierwelt nach den arts. 332 und 334 CP, Straftaten in Zusammenhang mit Kernenergie und ionisierender Strahlung gemäß art. 345 CP, Straftaten gegen die öffentliche Gesundheit nach den arts. 368-373 CP, Geldfälschung nach art. 386 CP, Straftaten in Zusammenhang mit dem Handel und der Lagerung von Waffen, Munition oder Sprengstoff gemäß den arts. 566-568 CP, terroristische Straftaten nach den arts. 571 a, 578 CP, Straftaten gegen das historische Erbe (*Patrimonio Histórico*) nach art. 2.1.e) des Organgesetzes 12/1995 vom 12.12.1995 über die Unterdrückung des unerlaubten Schmuggels.

1117 Wörtlich: „Weiße-Kragen-Kriminalität“. Entspricht dem kriminologischen Terminus *„white-collar“*-crime bei Wirtschaftsstraftaten.

1118 *Sánchez García de Paz*, in: Homenaje al Dr. Marino Barbero Santos in memoriam, S. 663 f.; *Ohlemacher*, Zeitschrift für Rechtssoziologie 1999, S. 125 ff.

1119 Reforma de la Ley de Enjuiciamiento Criminalen materia de perfeccionamiento de la actividad investigadora relacionada con el tráfico ilegal de drogas y otras actividades ilícitas graves, efectuada por Ley Orgánica 5/ 1999, de 13 de enero.

d) Polizeilich-präventive Funktion der Tatbestände in Zusammenhang mit einer kriminellen Vereinigung

Dass den Tatbeständen in Zusammenhang mit einer kriminellen Vereinigung eine ausschließlich präventive und nicht repressive Funktion zukommt, hat seinen Grund in ihrer Natur als Vorbereitungsdelikte. Es werden Verhaltensweisen bestraft, die allenfalls als Vorbereitungshandlung für ein zukünftiges Delikt eingestuft werden können.[1120] Man könnte sogar soweit gehen und sagen, es handle sich hier um Vorbereitungshandlungen hinsichtlich der Vorbereitung einer bestimmten Straftat. Dies bringt natürlich Probleme der Legitimation des Tatbestandes mit sich; jedoch soll zunächst auf die Bedeutung der präventiven Funktion in der Praxis näher eingegangen werden.

Zunächst einmal erleichtern die weit gefassten Tatbestände gegen organisierte Kriminalität das Einleiten von Ermittlungen hinsichtlich der durch die Gruppen begangenen Delikte.[1121] In einem Rechtsstaat und im Geltungsbereich des Strafprozessrechts setzt die Einleitung von polizeilich-justiziellen Ermittlungen das Bestehen eines Verdachts einer bestimmten Straftat voraus. Untersuchungsmaßnahmen, wie das Abhören von Telefonen oder wahllose Polizeikontrollen, denen es an diesen Voraussetzungen als Basis bzw. Rechtfertigung fehlt, sind verboten. Wenn jedoch schon lediglich die Zugehörigkeit zu oder die Unterstützung einer kriminellen Vereinigung die Strafbarkeit begründen, reicht der Verdacht dieser Verhaltensweise für die Einleitung von strafrechtlichen Ermittlungsmaßnahmen bereits aus, obwohl der Verdacht hinsichtlich der Begehung eines Delikts durch die jeweilige kriminelle Gruppe fehlt. Die Tatbestände erlauben der Polizei Ermittlungen schon im Vorfeld, für die es bei anderen Straftaten mangels Anfangsverdachts keine richterliche Genehmigung gäbe. Man wäre fast geneigt zu sagen, die Figur der kriminellen Vereinigung mache bis zu einem Gewissen Grad die Verschleierung von Ermittlungen möglich, die noch nicht durch einen bestimmten Anfangsverdacht hinsichtlich konkreter Delikte begründet sind.[1122] Auch in

---

1120 *Sánchez García de Paz*, in: Homenaje al Dr. Marino Barbero Santos in memoriam, S. 669 mit Verweis auf Fürst, Grundlagen und Grenzen der §§ 129, 129 a StGB, S.3; *Rudolphi/Stein*, in: § 129 Rn 2, 3; *Ostendorf*, JA 1989, S. 499 (500) sowie *Schroeder*, Die Straftaten gegen das Strafrecht.

1121 *Sánchez García de Paz*, in: Homenaje al Dr. Marino Barbero Santos in memoriam, S. 670 mit Verweis u.a. auf *Basten*, Von der Reform des politischen Strafrechts, S. 226; Fürst, Grundlagen und Grenzen der §§ 129, 129 a StGB, S. 262 sowie *Langer-Stein*, Legitimation und Interpretation der strafrechtlichen Verbote krimineller und terroristischer Vereinigungen, S. 160 ff.

1122 *Sánchez García de Paz*, in: Homenaje al Dr. Marino Barbero Santos in memoriam, S. 670 mit Verweis u.a. auf Fürst, Grundlagen und Grenzen der §§ 129, 129 a StGB, S. 263 ff..; *Bögel*, Strukturen und Systemanalyse der Organisierten Kriminalität in Deutschland, S. 63; *Hohmann*, wistra 1991, S. 85 ff.

Spanien ist die Praxis des deutschen Rechtssystems bezüglich des Tatbestands des § 129 StGB bekannt. Es gibt in Deutschland eine Reihe von Ermittlungsmaßnahmen aufgrund des Verdachts der Mitgliedschaft in einer kriminellen Vereinigung, jedoch gibt es nur eine geringe Anzahl von Verurteilungen, was zu einer klaren Disproportionalität zwischen beidem führt.[1123] Während der Ermittlungen werden neue Straftaten aufgedeckt und nachgewiesen, die dann zum Gegenstand eines Strafprozesses gemacht werden. Die Kompetenz für die Anordnung besonderer investigativer Maßnahmen gegen terroristische Straftaten liegt bei den zentralen Ermittlungsgerichten für Strafsachen (*Juzgados Centrales de Instrucción*) und dem Staatsgerichtshof (*Audiencia Nacional*[1124]).[1125] Art. 55.2. CE erlaubt die Aufhebung einiger Grundrechte in Verbindung mit Ermittlungen hinsichtlich den Handlungen von bewaffneten Banden oder terroristischen Elementen: Insbesondere das in art. 17.2 CE anerkannte Recht, dass die vorläufige Festnahme für die Ermittlungen zur Klärung des Sachverhalts nicht die unbedingt notwendige Zeit überschreiten darf (Höchstfrist 72 Stunden), das Recht aus 18.2 CE, welches die Unverletzlichkeit der Wohnung garantiert sowie das Kommunikationsgeheimnis, besonders das Post- und Fernmeldegeheimnis, welches in art. 18.3 CE verankert ist. Auch was das Recht auf einen Anwalt angeht, im Speziellen die Kommunikation zwischen Anwalt und Häftling, gibt es Besonderheiten bzw. Beschränkungen in Fällen terroristischer Straftaten, die im spanischen Strafvollzugsgesetz näher geregelt sind.[1126]

Die praktische Bedeutung der strafbaren Handlungen in Zusammenhang mit einer kriminellen Vereinigung ist jedoch auch hinsichtlich eines zweiten Aspekts offenkundig: Es besteht die Möglichkeit, die Verhaltensweisen solcher Mitglieder zu bestrafen, deren Beteiligung am konkreten Delikt, welches durch die Vereinigung begangenen worden ist, nicht nachzuweisen ist. Diese Beweisschwierigkeiten ergeben sich besonders beim Hintermann, dem lenkenden und leitenden Kopf der Vereinigung, der bei der Ausführung der Tat aber nicht mitwirkt. Teilweise werden sogar bestimmte auszuführende Aufgaben durch kriminelle Organisationen in Auftrag gegeben, um damit auch die Vorgehensweise legaler Unterneh-

1123 *Sánchez García de Paz*, in: Homenaje al Dr. Marino Barbero Santos in memoriam, S. 671, wiederum mit Verweis auf Schroeder, Die Straftaten gegen das Strafrecht, S. 25; Fürst, Grundlagen und Grenzen der §§ 129, 129 a StGB, S. 262 sowie *Langer-Stein*, Legitimation und Interpretation der strafrechtlichen Verbote krimineller und terroristischer Vereinigungen, S. 264 ff.; *Bögel*, Strukturen und Systemanalyse der Organisierten Kriminalität in Deutschland, S. 63.

1124 Die Kompetenz dieses Gerichtshofs liegt grds. bei allen Straftaten mit einer Strafandrohung ab sechs Jahren.

1125 Organgesetz vom 8/1988 vom 25.5.

1126 Vgl. art. 51.2 des Organgesetzes 1/1979 zum Strafvollzug sowie art. 48 der Verordnung zum Strafvollzug.

men zu imitieren. Der „Kopf“ hat folglich nichts mit dem „ausführenden Organ“ zu tun. Für dieses hierarchisch aufgebaute System ist typisch, dass zwischen der unteren und oberen Ebene kein Kontakt stattfindet, so dass die Leiter und Lenker der Vereinigung den Ausführenden auf unterer Ebene gar nicht bekannt sind, was wiederum die Identifikation der „Oberen“ erschwert. In vielen Fällen ist die Teilnahme zwar bekannt, aber weder Grad noch Qualität selbiger, was dann den Anspruch nach strafrechtlicher Verantwortlichkeit hemmt.[1127]

e) Kriminalpolitische Legitimationsprobleme hinsichtlich des Vereinigungsstrafrechts

Ein Tatbestand, der aufgrund seiner Vorfeldstrafbarkeit so weit außerhalb des Tatstrafrechts liegt und Strafandrohungen für Verhaltensweisen beinhaltet, die noch weit von einer tatsächlichen Rechtsgutsverletzung entfernt sind, jedoch sehr hoch sind,[1128] erfordert ein Nachdenken hinsichtlich seiner Legitimation.[1129] Nur Gründe, die für eine besondere Gefährlichkeit des Verhaltens sprechen, können ein so weit ins Vorfeld verlagertes strafrechtliches Vorgehen im Vergleich zur eigentlichen Funktion und Charakteristik des Strafrechts, nämlich den Schutz von Rechtsgütern vor Verletzungshandlungen oder solchen, die unmittelbar bevorstehen, legitimieren. Bezweifelt wird aber, dass überhaupt ein Tatbestand der kriminellen Vereinigung diese Gegebenheiten erfüllt.[1130] Was jedoch die Diskussion um dieses Delikt als Vorbereitungs- und abstraktes Gefährdungsdelikt angeht, so ist offensichtlich, dass diese weniger lebhaft geführt wird als die um Normen des Allgemeinen Teils des Código Penal, die ebenfalls Vorbereitungshandlungen bestrafen und dies vor dem Hintergrund, dass diese Normen nur dann eingreifen, wenn das Delikt kurz vor seiner Begehung steht.[1131]

Nahezu einhellig kritisierte beispielsweise die Literatur in Spanien in diesem Zusammenhang die ausgedehnte Bestrafung hinsichtlich der Aufforderung, der Verabredung und dem Vorschlag zur Begehung einer Straftat im Código Penal vor der großen Strafrechtsreform von 1995. Begrüßt wurde somit die Beschränkung der Strafbarkeit dieser Verhaltensweisen auf die schwersten Delikte durch die Strafrechtsreform von 1995.[1132] Es scheint, als würden die Normen, die eine

1127 *Sánchez García de Paz*, in: Homenaje al Dr. Marino Barbero Santos in memoriam, S. 672 f.

1128 *Cancio Meliá/Silva Sánchez*, Delitos de organisación, S. 15 f.

1129 Zum Kern des Strafrechts vgl. *Landrove Díaz*, Introducción al Derecho Penal Español, S. 17 ff.

1130 *Sánchez García de Paz*, in: Homenaje al Dr. Marino Barbero Santos in memoriam, S. 6723.

1131 *Sánchez García de Paz*, in: homenaje al Dr. Martino Barbero Santos in memoriam, S. 674.

1132 Vgl. bspw. *Sánchez García de Paz*, in: El moderno Derecho Penal y la anticipación de la tutela penal, S. 60; mit weiteren Verweisen zu dieser Diskussion, [LA LEY 4011/1996] vom 9.4.1996, S. 1 ff.

Vorfeldstrafbarkeit im Allgemeinen Teil zur Folge haben, wie beispielsweise die Vorschriften zum untauglichen Versuch oder die über Vorbereitungshandlungen, mehr Grund zur Besorgnis auslösen, als solche des Besonderen Teils. Die Ersteren haben im Prinzip auch einen weiteren Anwendungsbereich (der ganze Allgemeine Teil, alle Rechtsgüter) als die des Besonderen Teils. Im Falle des art. 515 CP ist dies jedoch anders: Wenn die Mitglieder der Vereinigung für das Begehen jeglicher Delikte des Besonderen Teils bestraft werden, dann kann man diese Norm trotz ihrer Verankerung im Besonderen Teil des Código Penal auch als eine Norm des Allgemeinen Teils charakterisieren. Des Weiteren wird die Gründung und Teilnahme an einer Vereinigung mit kriminellen Zielen bereits vor der Begehung eines Delikts bestraft, darüber hinaus sogar schon vor der reinen Planung einer Straftat. Selbst die Verabredung zu einer Straftat in art. 520 CP, die das spanische Strafrecht eigentlich nur dann als eine strafbare Vorbereitungshandlung anerkennt, wenn es um Straftaten geht, die ausdrücklich als schwerwiegend einzustufen sind, ist Zeichen der „Vor-Vorfeldstrafbarkeit“[1133].

Als weiterer Kritikpunkt gilt die Verankerung des Tatbestands im Código Penal. Dieser erscheint unter dem Titel der Delikte gegen die öffentliche Sicherheit und Ordnung, so wie in den meisten europäischen Strafgesetzbüchern. Allerdings handele es sich hier um ein Delikt mit dem Ziel, kriminogene Verhaltensweisen zu verhindern. Es sollte also vielmehr der Deliktsgruppe zugeordnet werden, die kein eigenes zu schützendes Rechtsgut hat, sondern die solche Rechtsgüter schützt, die von den übrigen Tatbeständen des Besonderen Teils geschützt werden.[1134]

11. Vor dem Europäischen Gerichtshof für Menschenrechte: *El Caso Batasuna*

a) Situation in Spanien

Durch terroristische Angriffe seitens der ETA wird im Baskenland, aber auch in anderen Teilen Spaniens seit den 1960er Jahren ein Klima der Gewalt produziert, das stetig die durch die Verfassung vermittelten Prinzipien und Werte angreift und damit auch die darin verankerten Grund- und Freiheitsrechte.[1135] Solche Angriffe, Attacken und Entführungen von Menschen sind jedoch nur durch finanzielle, logistische und politische Unterstützung möglich, die die ETA durch zahl-

1133 „*Pre-preparación*“, vgl. *Cancio Meliá/Silva Sánchez*, Delitos de organisación, S. 15.

1134 *Sánchez García de Paz*, in: homenaje al Dr. Martino Barbero Santos in memoriam, S. 675 f.

1135 Nota sobre los fundamentos para interponer demanda de declaración de ilegalidad de los partidos políticos *Herri Batasuna, Euskal Herritarrok* y *Batasuna*, de conformidad con la Ley Orgánica 6/2002, de 27 de junio, de partidos políticos, S. 1.

reiche Organisationen erhält. Besonders wichtig ist dabei – sowie auch paradox –, dass die ETA sich auch der Unterstützung politischer Parteien bedient, deren Schutz sich gerade aus der Funktion des Rechtsstaates und dem Postulat der Verfassung ableitet, deren Fundament sie gerade zerstören wollen.[1136] Aus art. 1.1 CE leitet sich ab, dass Spanien ein Rechtsstaat ist, in dem der Parteienpluralismus eines der Hauptprinzipien darstellt; auch das Verfassungsgericht hat bestätigt, dass politische Parteien einen Ausläufer des Vereinigungsrechts, verankert in art. 22 CE, bilden.[1137] Doch auch eine terroristische Organisation wie die ETA hat erkannt, dass sie sich diesen Schutz und sonstige Vorteile, die politische Parteien genießen, wie z.B. finanzielle Subventionen durch den Staat, Zugang zu bestimmten (staatlichen) Institutionen sowie zu Medien, zu Eigen machen kann, um damit die Auswirkungen der verübten Gewaltakte zu verstärken und auszuweiten und die dadurch verbreitete Angst aufrechtzuerhalten. Die politischen Parteien *Herri Batasuna* (HB), *Euskal Herritarrok* (EH) und *Batasuna*[1138] entwickeln eine konstante „pro-ETA"-Haltung, rechtfertigen deren Attentate und exkulpieren sich. Sie halten ihre Unterstützung hinsichtlich dieser terroristischen Vereinigung permanent aufrecht, begünstigen das Klima geprägt von Angst und Terror in den Comunidades Autónomas Navarra und dem Baskenland, so dass es immer schwieriger wird, Demokratie, Parteienpluralismus und politische Freiheit auszuüben.[1139] Daher hat man sich 2002 innerhalb der führenden Parteien PP und PSOE im Abgeordnetenhaus (C*ongreso de los Diputados)*[1140] entschlossen, diese Parteien für illegal zu erklären und sie damit zu verbieten.[1141]

Im Juni 2002 wurde ein neues Parteiengesetz[1142] erlassen, um den Terrorismus politisch und auf legale Art und Weise anzugreifen. In art. 9.2 des ParteienG

1136 Nota sobre los fundamentos para interponer demanda de declaración de ilegalidad de los partidos políticos *Herri Batasuna, Euskal Herritarrok* y *Batasuna*, de conformidad con la Ley Orgánica 6/2002, de 27 de junio, de partidos políticos, S. 2.

1137 Vgl. STC 3/1981. In diesem Zusammenhang vgl. auch STC 85/1986, in dem politische Parteien als Teil des verfassungsrechtlichen Systems anerkannt werden und der Schutz ihrer Existenz postuliert wird.

1138 *Batasuna* – Gründung 2001 – gilt als Nachfolgepartei der 1978 gegründeten Partei HB. Zum Parteiverbotsverfahren gegen *Batasuna* ab 2002 ausführlich vgl. *Voscherau*, Parteiverbote, S. 143 ff.

1139 Nota sobre los fundamentos para interponer demanda de declaración de ilegalidad de los partidos políticos *Herri Batasuna, Euskal Herritarrok* y *Batasuna*, de conformidad con la Ley Orgánica 6/2002, de 27 de junio, de partidos políticos, S. 3.

1140 Das spanische Parlament (*Cortes Generales*) setzt sich aus zwei Kammern zusammen, dem Abgeordnetenhaus und dem Senat.

1141 Zur Frage, ob eine politische Partei als kriminelle Vereinigung oder Organisation eingeordnet werden vgl. ausführlich *Faraldo Cabana*, Asociaciones ilícitas, pos. 2676 ff.

1142 Das Organgesetz 6/2002 über politische Parteien wurde am 4.6.2002 mit 95% der Stimmen des Plenums angenommen und ist am 27.6.2002 in Kraft getreten; BOE num. 154 de 28 de junio.

heißt es, dass eine politische Partei für illegal erklärt wird, wenn ihre Aktivitäten darauf abzielen, demokratische Prinzipien zu verletzen, besonders wenn mit dieser Partei die Beschädigung oder Zerstörung der Freiheit verfolgt wird sowie mittels bestimmter Verhaltensweisen das demokratische System unterlaufen oder eliminiert werden soll. Hier sollen nur einige der genannten Handlungen beispielhaft aufgeführt werden: Die systematische Verletzung von Freiheit und Grundrechten, Rechtfertigung oder Entschuldigung von Angriffen gegen das Leben oder die körperliche Unversehrtheit, Verfolgung von Personen aufgrund ihrer Nationalität, Rasse, Geschlecht, Religion, Weltanschauung oder sexuellen Orientierung. Kurz nach Erlass des neuen Gesetzes kam es erneut zu einem Anschlag seitens der ETA – am 4.8.2002 wurden die Tochter eines Polizisten und ein Passant durch eine Autobombe getötet. Dieser Anschlag wurde im baskischen Parlament am 7.8.2002 durch *Batasuna* nicht – wie vom neuen ParteienG gefordert – ausdrücklich verurteilt, woraufhin am 13.8.2002 offiziell die Vorbereitung seitens PP und PSOE beginnen, HB, EH und Batasuna als illegal erklären zu lassen; am 3.9.2002 reichen sowohl der Generalbundesanwalt *Baltasar Garzón* als auch die spanische Regierung ihren Antrag beim Obersten Gericht ein.[1143] Am 17.3.2003 stellt das Oberste Gericht einstimmig die Illegalität der Parteien *Herri Batasuna*, *Euskal Herritarrok* und *Batasuna* fest und veröffentlicht am 28.3.2003 sein Urteil.[1144] Darin heißt es unter „Erstens“: „Wir erklären die Illegalität der angeklagten Parteien, die da sind *HB, EH* und *Batasuna*.“ Ferner unter „Zweitens“: „Wir erklären die Auflösung der benannten Parteien mit den in art. 12.1 ParteienG vorgesehenen Folgen.“

Schon im Mai wird *Batasuna* auch in der EU zur terroristischen Vereinigung erklärt und in die Liste der Personen, Vereinigungen und Körperschaften aufgenommen, auf die der Gemeinsame Standpunkt 2001/9317GASP über die Anwendung besonderer Maßnahmen zur Bekämpfung des Terrorismus Anwendung findet.[1145]

Batasuna wehrte sich gegen das Urteil des Obersten Gericht mit einer Verfassungsbeschwerde (*Recurso de amparo*) beim spanischen Verfassungsgericht (*Tribunal Constitucional*, im Folgenden TC), welche auch angenommen wird, jedoch zu keinem anderen Ergebnis führt: Auch das TC bestätigt am 16.1.2004 einstimmig die Illegalität der Partei. Eine Verletzung von Grundrechten liege nicht

---

1143 Dokumente abrufbar unter: www.elmundo.es/especiales/2002/08/espana/batasuna/index.html, zuletzt besucht am 21.3.2013; .*Faraldo Cabana*, Asociaciones ilícitas, pos. 2676.

1144 Die spanische Version des Urteils abrufbar unter: http://estaticos.elmundo.es/documentos/2003/03/espana/batasuna.pdf, zuletzt besucht am 21.3.2013.

1145 Aktuell: Gemeinsamer Standpunkt 2008/586/GASP des Rates vom 15.7.2008 zur Aktualisierung des Gemeinsamen Standpunkts 2001/931/GASP über die Anwendung besonderer Maßnahmen zur Bekämpfung des Terrorismus und zur Aufhebung des Gemeinsamen Standpunkts 2007/871/GASP.

vor und die Auflösung der Partei sei eine Notwendigkeit für eine demokratische Gesellschaft.[1146]

b) Die Klage vor dem EGMR

Nachdem die Verfassungsbeschwerde vor dem TC gescheitert war, blieb den Parteien nur noch der Weg zum EGMR in Straßburg. Am 19.7.2004 wurde Klage gegen Spanien eingereicht, am 11.12.2007 diese teilweise vom EGMR angenommen.[1147] Geltend gemacht wurde u.a. die Verletzung von Art. 10 sowie Art. 11 EMRK durch die Auflösung der Parteien, also das Recht der freien Meinungsäußerung und das Versammlungs- und Vereinigungsrecht. Die Maßnahmen seien für eine Demokratie nicht hinnehmbar und seien ferner auch unvereinbar mit dem Grundsatz der Verhältnismäßigkeit.

Doch auch der EGMR bestätigte das Urteil des TC und sah hierin keine Verletzung der genannten Rechte vorliegen.[1148] In seiner Begründung[1149] heißt es hinsichtlich einer möglichen Verletzung von Art. 11 EMRK bezüglich der Notwendigkeit der Maßnahme in einer demokratischen Gesellschaft und ihrer Verhältnismäßigkeit sei die Auflösung ein dringendes gesellschaftliches Bedürfnis. Im vorliegenden Fall hätten die nationalen Gerichte nach detaillierten Studien nachvollziehbar den Schluss gezogen, dass es eine Verbindung zwischen den Parteien und der ETA gebe. Insbesondere mit dem Hintergrund der jahrelangen terroristischen Anschlägen in Spanien stellen diese Verbindungen objektiv eine Gefahr für die Demokratie dar. Das Gericht ist ferner der Ansicht, dass die Ausführungen des Obersten Gerichts auch in den Kontext eines internationalen Bedürfnisses bzgl. der Verurteilung der öffentlichen Verteidigung terroristischer Taten zu setzten sind. Was den Grundsatz der Verhältnismäßigkeit hinsichtlich ihrer Auflösung angeht, so wurde argumentiert, die Projekte der Parteien seien unvereinbar mit dem Konzept einer demokratischen Gesellschaft. Dies wiederum habe zu einer Bedrohung der spanischen Demokratie geführt, was das Gericht dazu veranlasst habe, die Sanktionen als verhältnismäßig anzusehen, gerade

---

1146 STC 005/2004, abrufbar unter: www.tribunalconstitucional.es/es/jurisprudencia/Paginas/Sentencia.aspx?cod=8204, zuletzt besucht am 21.3.2013; vgl. auch www.elmundo.es/elmundo/2004/01/16/espana/1074276309.html, zuletzt besucht am 21.3.2013.

1147 Vgl. auch www.elmundo.es/elmundo/2007/12/10/espana/1197261251.html, zuletzt besucht am 21.3.2013.

1148 Vgl. BT-Drucks. 17/1496, S. 8.

1149 Pressemitteilung abrufbar unter www.echr.coe.int/echr/en/header/press/links/archived+news/archivesnews_2007.htm, zuletzt besucht am 21.03.2013; Urteil in französischer Fassung abrufbar unter http://cmiskp.echr.coe.int/tkp197/view.asp?action=html&documentId=827071&portal=hbkm&source=externalbydocnumber&table=F69A27FD8FB86142BF01C1166DEA398649, zuletzt besucht am 21.3.1013.

auch bzgl. des von Art. 11 Abs. 2 EMRK verfolgten legitimen Zwecks. Eine Verletzung des Art. 11 EMRK konnte nicht festgestellt werden. Aus diesem Grund wurde eine Verletzung von Art. 10 EMRK seitens des EGMR nicht mehr gesondert geprüft. Es wurde auf die Ausführungen zu Art. 11 EMRK verwiesen, die die gleichen Fakten beinhalteten.

12. Exkurs: Verfahren der KPD vor der Kommission für Menschenrechte

Mit dem *Caso Batasuna* vergleichbar ist das Parteiverbotsverfahren der KPD zu Beginn der 1950er Jahre in Deutschland.[1150] Sprach sich das Bundesverfassungsgericht für das Verbot dieser Partei aus den bereits im ersten Teil der Arbeit ausgeführten Gründen aus, so ist zu klären, wie die damalige Kommission für Menschenrechte (Kommission) darüber befunden hat. Im Fall *Batasuna* schloss sich der EGMR der Ansicht des spanischen Verfassungsgerichts an und sprach sich ebenfalls für ein Verbot der Partei aus.[1151] Ob die Kommission auch im Fall des Verbots der KPD bei der sich anschließenden Beschwerde nach Art. 25 MRK[1152] a.F. dem BVerfG gefolgt ist, wird nun aufgezeigt. Die Beschwerde richtete sich gegen die Regierung der Bundesrepublik Deutschland. Die Beschwerdeführer machten die Verletzung der durch die MRK garantierten Rechte auf Gedankenfreiheit (Art. 9 MRK a.F.), auf freie Meinungsäußerung (Art. 10 MRK a.F.) und auf Vereinigungsfreiheit (Art. 11 MRK a.F.) geltend.[1153] Die Kommission beriet eingehend über die Beschwerde, kam am 20.7.1957 dann aber zu dem Entschluss, diese als mit den Bestimmungen der Konvention unvereinbar gemäß Art. 27 Abs. 2 MRK[1154] a.F. für unzulässig zu erklären. Gestützt wurde die Entscheidung darauf, dass die KPD nach ihren eigenen Erklärungen vor dem BVerfG[1155] nach wie vor das Ziel verteidigte, eine kommunistische Ordnung auf dem Weg einer Revolution des Proletariats zu errichten. Weiterhin vertrat die Kommission die Ansicht, dass, selbst wenn die damalige Tätigkeit der KPD darauf abgezielt hätte, die Macht in der Bundesrepublik Deutschland auf gesetzmäßigem Wege zu erreichen,

1150 BVerfGE 5, 85 ff.

1151 Vgl. Gliederungsebene C. VI. 11. der vorliegenden Arbeit.

1152 BGBl. 1952 II S. 685.

1153 *Golsong*, NJW 1957, 1349.

1154 In Art. 27 Abs. 2 MRK heißt es: „Die Kommission behandelt jedes gemäß Art. 25 unterbreitete Gesuch als unzulässig, wenn sie es für unvereinbar mit den Bestimmungen dieser Konvention, für offensichtlich unbegründet oder für einen Missbrauch des Beschwerderechts hält."

1155 Vgl. BVerfGE 5, 85 (163).

so hätte dies in keiner Weise eine Abkehr von den traditionellen Zielen der KPD bedeutet; die Diktatur des Proletariats wäre trotzdem politisches Ziel der Partei geblieben. Die Errichtung eines Regimes der Diktatur war aber nach Ansicht der Kommission unvereinbar mit den Grundsätzen der MRK, mit der Begründung, ein solches Regime würde notwendigerweise eine Vernichtung zahlreicher durch die Konvention garantierter Rechte mit sich bringen.[1156] Dies hätte wiederum zur Folge gehabt, dass die Tätigkeit der Beschwerdeführer unter die Bestimmung des Art. 17 MRK a.F. gefallen wäre, wo es heißt: *Keine Bestimmung dieser Konvention darf dahingehend ausgelegt werden, dass sie für einen Staat, eine Gruppe oder eine Person das Recht begründet, eine Tätigkeit auszuüben oder eine Handlung zu begehen, die auf die Abschaffung der in der vorliegenden Konvention festgelegten Rechte und Freiheiten oder auf weitergehende Beschränkungen dieser Rechte und Freiheiten, als in der Konvention vorgesehen, hinzielt.* Durch ihre Sicht der Sachlage hatte die Kommission unterstrichen, dass diese grundsätzliche Bestimmung der Konvention im Prinzip denselben Zweck verfolgt, wie Art. 21 Abs. GG, der darin liegt, das Aufkommen totalitärer Gruppen zu verhindern, die sich auf die Grundrechte berufen, um diese umso leichter vernichten zu können. Daher hätten die Beschwerdeführer ihr Recht verwirkt, sich in dem Verfahren vor der Kommission auf die Grundrechte der Konvention zu stützen. Die Erklärung der Unzulässigkeit der Beschwerde war somit die Folge.

1156 *Golsong*, NJW 1957, 1350.

D. Synthese: Normen zur Bekämpfung krimineller Vereinigungen in Deutschland und Spanien im direkten Vergleich

I. Historie beider Länder

Um Gemeinsamkeiten bzw. Unterschiede der jeweiligen Regelungen zur Bekämpfung krimineller Vereinigungen darstellen und verstehen zu können, ist es unerlässlich, sich zunächst die Motivation des jeweiligen Gesetzgebers bei Erlass der entsprechenden Norm vor Augen zu führen.

In beiden Ländern lässt sich auf eine lange Historie der Bekämpfung krimineller Vereinigungen zurückblicken. Die Mitgliedschaft in einer solchen zu pönalisieren, hat sowohl in Deutschland als auch in Spanien von Beginn an meist einen Grund: Die Angst vor dem Machtverlust der jeweiligen Regierung, was das Delikt somit zu einem politischen macht. Begründet lag diese Angst in der Unkontrollierbarkeit der Ziele der jeweiligen Vereinigungen, bei denen es sich in beiden Ländern zumeist um Geheimbünde handelte, die ihre Motivation und ihr Programm streng geheim hielten und damit undurchsichtig erschienen. Dies veranlasste den Gesetzgeber in Deutschland wie in Spanien bereits frühzeitig, Straftatbestände zur Bekämpfung solcher Geheimbünde zu schaffen. Es wurde Geheimbünden wie den Freimaurern vorgeworfen, das politische System umstürzen zu wollen; die Angst vor Rebellionen oder Putschversuchen motivierte den deutschen und spanischen Gesetzgeber, deren Handeln durch entsprechende Straftatbestände zu unterdrücken.

Die schließlich tiefgreifend unterschiedliche Entwicklung Deutschlands und Spaniens setzte nach 1945 ein. Zuvor herrschte in beiden Ländern noch ein faschistisches Regime. Während in Deutschland die NSDAP unter *Hitler* 1933 unter Ausnutzung der schwachen und im Volk noch nicht verankerten Demokratie der Weimarer Republik an die Macht gelangte, gelang es *Franco*, durch einen Bürgerkrieg und der militärischen Unterstützung ausländischer Mächte einen Umsturz herbeizuführen.[1157] Die nationalsozialistische Diktatur in Deutschland endete mit dem Sieg der vier Mächte 1945; mit der Gründung der Bundesrepublik Deutschland[1158] ging auch eine Erneuerung des gesamten – von den Nationalsozialisten in Misskredit gebrachten – Strafrechtssystems einher. Die franquistische Diktatur hingegen sollte noch 30 Jahre länger dauern. Die „Note des

---

1157 *Voscherau*, Parteiverbote, S. 159.

1158 Zur verfassungsrechtlichen und verfassungspolitischen Entwicklung vgl. *Oppermann*, JZ 2009, 481 ff.

politischen Strafrechts“ verlor die Kriminalisierung krimineller Vereinigungen hingegen auch über die ersten 15 Jahre im demokratischen Deutschland nicht. Die KPD wurde in den 1950er Jahren als kriminelle Vereinigung eingeordnet und für verfassungswidrig erklärt. Die Verfolgung kommunistischer Kräfte wurde auch in der Franco-Diktatur – freilich in viel stärkerem Ausmaß – vorangetrieben, teils mittels der Schaffung von Sondergesetzen, teils durch rechtsstaatswidrige Gerichtsverfahren. Ferner sollten sämtliche Gewerkschaftsbewegungen als kriminelle Vereinigungen unterdrückt und sonstige Bestrebungen, in irgendeiner Form politisch aktiv zu werden, unterbunden werden.[1159] Die Herrschaft *Francos* zeichnete sich durch die Abwesenheit politischer Parteien aus; damit dies auch so blieb, wurde eine Anzahl repressiver Rechtsnormen erlassen.[1160] Dies spielte sich insbesondere in den 1940er bis Ende der 1960er Jahre ab. Doch die größer werdende Unzufriedenheit der Spanier sowie die wirtschaftlichen Probleme zwangen das Regime zu einem „Kurswechsel“:[1161] Der Fokus wurde Ende der 1960er sowie zu Beginn der 1970er Jahren verstärkt auf die wirtschaftliche Entwicklung des Landes gelegt; auf Regierungsebene trat die Armee verstärkt in Erscheinung. Streiks wurden mit der Neufassung des Gesetzes über öffentliche Ordnung von 1959 nicht mehr von Militärgerichten abgeurteilt, sofern es sich nicht um Streiks mit politischem Hintergrund handelte oder solange diese nicht auf schwere Störungen der öffentlichen Ordnung abzielte. Dann fielen sie unter das Dekret von 1960 über Militärische Rebellion, Banditentum und Terrorismus, das 1963 mit der Bildung der Sondergerichte für Öffentliche Ordnung hinfällig, wegen der schweren Unruhen 1968/69 aber wieder in Kraft gesetzt wurde.[1162] Der Politiker *Santiago Carrillo* warf 1965 die Frage auf „Und was kommt nach Franco?“ („*Después de Franco, ¿qué?*“), was die Gemüter mehr und mehr hinsichtlich der Kontinuität der Diktatur beschäftigte.[1163] Zu dieser Zeit begann in Deutschland die Bekämpfung eines neuen Phänomens des Kampfes gegen den Staat. Hatten sich Ende der 1960er Jahre politisch links motivierte Studenten zu Protesten gegen die Verdrängung der NS-Vergangenheit zusammengeschlossen,[1164] bildete sich vor allem aus diesen heraus eine radikalen Gruppe, die es sich

1159 *Franz*, Der Frankismus, S. 325 ff. sowie zur Repression durch Strafgesetze, S. 328 ff.

1160 *Voscherau*, Parteiverbote, S. 159.

1161 *Franz*, Der Frankismus, S. 413 ff. Die meisten Konsequenzen im Rahmen der Staatsapparate hatte der Regierungseintritt de *Opus Dei* im Jahr 1957 zur Folge, der auch als „Vater des Stabilisierungsplans“ bezeichnet wird, vgl. S. 433. Zum *Opus Dei* allgemein siehe auch S. 240 ff.

1162 *Franz*, Der Frankismus, S. 432. Streik war ab 22.11.1967 nach einer Entscheidung des Obersten Gerichts grundsätzlich verboten, es sei denn, es handelte sich um einen „kollektiven Arbeitskonflikt“, was als Begrifflichkeit jedoch nicht näher definiert wurde.

1163 *Franz*, Der Frankismus, S. 431.

1164 „Die Eltern standen unter Generalverdacht“, vgl. *Sontheimer*, Natürlich kann geschossen werden, S. 30.

zum Ziel gemacht hatte, durch gezielte Aktionen einen „antiimperialistischen Kampf" gegen das demokratische Staatssystem der Bundesrepublik Deutschland zu führen.[1165] Diese Gruppe, die RAF, die vor keinerlei Gewalttaten zurückschreckte, wurde als kriminelle Vereinigung nach § 129 StGB eingestuft und deren Mitglieder schließlich wegen der Bildung und Mitgliedschaft in einer solchen angeklagt. Doch aufgrund der Schwere ihrer Taten genügte die Bestrafung nach § 129 StGB der Justiz nicht mehr und die Stimmen zur Schaffung einer Qualifikation wurden lauter. Letztlich handele es sich – so wurde argumentiert – bei der RAF und deren Mitglieder um eine terroristische Vereinigung, woraufhin der Tatbestand der terroristischen Vereinigung nach § 129 a StGB geschaffen wurde. Diese Norm war Teil des sog. „Anti-Terrorismusgesetzes" von 1976, welches auch die polizeilichen und staatsanwaltschaftlichen Ermittlungsmaßnahmen im strafprozessualen Bereich erweiterte. In Spanien bildete sich Ende der 1950er Jahre eine Widerstandsbewegung, gegründet von einer Gruppe junger baskischer Studenten, deren Argwohn sich nicht nur gegen das franquistische System an sich richtete, sondern auch gegen die politische Führungsriege des baskischen Nationalismus, da diese sich mit der Diktatur *Francos* arrangiert hatte.[1166] Doch nicht nur die Auflehnung gegen das Regime stand bei der Formierung der ETA im Vordergrund, auch der gesellschaftliche Konflikt – die Auflehnung gegen die Eltern – gehörten zur anfänglichen Ideologie der Gruppe,[1167] ähnlich wie zu Beginn der „'68er-Bewegung" in Deutschland. Vorbilder für die Organisation waren u. a. die IRA, der in Indochina kämpfende Vietkong sowie auch der bis zur Übernahme des Amtes des Ministerpräsidenten 1959 auf Kuba kämpfende *Castro*.[1168] Zu ersten gewaltsamen Aktionen seitens der ETA kam es bereits 1960, womit sie – ähnlich wie die RAF zehn Jahre später in Deutschland[1169] – nach eigener Einschätzung zu einer revolutionären Untergrundorganisation wurde. Während die ETA bis zum Tod *Francos* durch ihre Anschläge gegen Anhänger des Diktators noch auf gewisses Wohlwollen innerhalb der Bevölkerung stieß, wurde sie nach dem Übergang zur Demokratie von vielen Spaniern schließlich als terroristische Vereinigung angesehen, insbesondere nachdem sich der militärische Arm der ETA weiter radikalisiert hatte und sich deren Anschläge seit den späten 1970er Jahren auch gegen baskische Politiker und Journalisten richteten. 1978 wurde

---

1165 Vgl. *Ulrike Meinhofs* Äußerung: „Stadtguerilla zielt darauf ab, den staatlichen Herrschaftsapparat an einzelnen Punkten zu destruieren, stellenweise außer Kraft zu setzen, den Mythos von der Allgegenwart des Systems und seiner Unverletzlichkeit zu zerstören." So zitiert z.B. bei Peters, Tödlicher Irrtum, S. 268, zum Konzept „Stadtguerilla" siehe auch S. 267 ff.

1166 Zum gewaltsamen Nationalismus der ETA vgl. *Bernecker*, in: Spanien heute, S. 174 ff.

1167 Vgl. *Woodworth*, Dirty war clean hands, S. 33.

1168 *Woodworth*, Dirty war clean hands, S. 36.

1169 Die Befreiung *Baaders* am 14.5.1970 gilt als Zeitpunkt für den Kampf im Untergrund, vgl. *Sontheimer*, Natürlich kann geschossen werden, S. 13 ff.

die Verfassung des Königreiches Spanien verabschiedet, in Deutschland hatte der (Links-)Terrorismus mit dem „Deutschen Herbst“ 1977 seinen Höhepunkt erreicht. In Spanien stand die Demokratisierung des Landes nach den Jahren der Diktatur im Vordergrund; so wurden mit dem Strafrechtsreformgesetz 23/1976 vom 19.7.1976 bereits 1976 alle Vereinigungen verboten, welche die Einführung eines totalitären Systems zum Ziel hatten.[1170] In Spanien wurde – anders als in Deutschland unmittelbar nach der Gründung der Bundesrepublik – die Kommunistische Partei nicht verboten.[1171] Die 1980er Jahre waren in Deutschland auch vom Phänomen des Widerstandes gegen staatliche Einrichtungen durch autonome Gruppen geprägt, wobei es sich bei diesen mangels langfristigen Konzepts nicht um terroristische Organisationen handelte. War der Tatbestand des § 129 StGB bis dahin hauptsächlich Instrument zur Bekämpfung linkspolitisch ausgerichteter Kräfte, so änderte sich dies in den 1990er Jahren, in denen verstärkt rechtsextreme Vereinigungen in Erscheinung treten, was die Justiz erneut vor das Problem stellte, welches Handeln einer Vereinigung diese zu einer kriminellen im Sinne von § 129 StGB macht.[1172] In Spanien bleibt nach der Erklärung der ETA im Oktober 2011 hinsichtlich der definitiven Beendigung des bewaffneten Kampfes abzuwarten, ob dies auch das endgültige Ende des durch diese Vereinigung verübten Terrorismus bedeutet. Seit 1978 existierte die – Im Jahre 2004 verbotene – Partei *Herri Batasuna*, die als der politischer Arm der ETA galt und im baskischen Regionalparlament vertreten war, doch die vom militärischen Arm der ETA betriebene Strategie des bewaffneten Kampfes hielt über Jahrzehnte bis zum bislang letzten Anschlag 2010 an.[1173] Mitte der 1980er Jahre formierte sich eine neue Gruppe baskischer linksgerichteter Separatisten, die „*Grupos Antiterroristas de Liberación*“ (GAL), die es sich wiederum zum Ziel gemacht hatten, die ETA zu bekämpfen.

Nach den Anschlägen vom 11.3.2004, bei denen Attentäter im morgendlichen Berufsverkehr fast zeitgleich zehn Bomben in voll besetzten Pendlerzügen

1170 Was politische Parteien angeht, so soll die Regierung, bevor sie die Eintragung in das öffentliche Register vornimmt, für solche Fälle, in denen sie die Partei als widerrechtlich einordnet, den Fall dem Obersten Gerichtshof vorlegen.

1171 Im Verbotsverfahren gegen die Kommunistischen Partei in Spanien verweigerte das Oberste Gericht die Stellungnahme, woraufhin die Regierung nach Einholung eines Gutachtens der Generalstaatsanwaltschaft mit Entschließung vom 9.4.1977 die Kommunistische Partei für rechtmäßig erklärte und in das öffentliche Register eintrug. Vgl. *Voscherau*, Parteiverbote, S. 81.

1172 Siehe hierzu die Ausführungen des Verfahrens gegen die „Nationale Offensive“ in dieser Arbeit, B. I. 2. d) aa) 4) (a).

1173 Nach dem Raub mehrerer Pkws durch ein ETA-Kommando kam es in Dammarie-Les Lyes am 16.3.2010 zu einem Schusswechsel zwischen der Polizei und dem ETA-Kommando. Dabei wurde ein französischer Polizist tödlich verletzt. Vgl. hierzu http://elpais.com/elpais/2010/03/17/actualidad/1268817436_850215.html, zuletzt besucht am 21.3.2013.

gezündet hatten, wobei in vier Zügen die Sprengsätze explodierten, hatte sich Spanien auch mit einer neuen Form des Terrorismus auseinanderzusetzen. Seine Strafgesetzgebung ließ Spanien mit Ausnahme einer Erhöhung des Strafrahmens für den unerlaubten Umgang mit Sprengstoff unverändert. Der Grund hierfür lag in der allgemeinen Einschätzung, dass die bereits existierenden gesetzlichen Regelungen ausreichten.[1174] Änderungsbedarf seitens der spanischen Regierung wurde nicht gesehen; die bestehenden Normen führten zur Verurteilung von 20 wegen der Anschläge vom 11.3.2004 angeklagten islamistischen Terroristen.[1175] Für die spanische Justiz bzw. den spanischen Gesetzgeber steht jedoch auch weiterhin die Verurteilung von ETA-Mitgliedern auf Grundlage der arts. 571 ff. CP im Vordergrund. Dies ergibt sich nicht zuletzt auch aus den Begründungen zur spanischen Strafrechtsreform durch das Organgesetz 5/2010 vom 22.6.2010.[1176]

Der § 129 StGB verliert an Bedeutung; während die Norm für die Anordnung bestimmter Maßnahmen nach der StPO noch eine Rolle spielt, so sind Verurteilungen auf Grundlage dieses Tatbestandes höchst selten. Beide Länder stehen unter dem Einfluss der „Europäisierung" des nationalen Rechts, was bedeutet, dass Änderungen hinsichtlich der Tatbestände zur Bekämpfung krimineller bzw. terroristischer Organisationen im europäischen Kontext durch Rahmenbeschlüsse erfolgten.

II. Gemeinsamkeiten und Unterschiede im materiellen Recht

1. Kriminelle Vereinigungen, § 129 StGB sowie art. 515 CP

a) Geschütztes Rechtsgut

Zunächst soll auf das durch die jeweilige Norm zu schützende Rechtsgut im deutschen und spanischen Recht eingegangen werden. Beiden Rechtsordnungen gemeinsam ist die darüber bestehende Uneinigkeit: In Spanien gibt es eine Ansicht, die das Schutzgut von art. 515 CP in der öffentlichen Ordnung sieht,[1177] was in etwa der Meinung in Deutschland entspricht, die den öffentlichen Frieden als Schutzgut annimmt, wobei dieser die öffentliche Sicherheit und Ordnung mit

1174 *Walthelm*, in: Die Welt nach 9/11, S. 221.

1175 *Walthelm*, in: Die Welt nach 9/11, S. 221.

1176 Präambel LO 5/2010, Kapitel XXIX, Absatz 1, BOE Nr. 152, vom 23. Juni 2010, S. 54823.

1177 *Granados Pérez*, in: Comentarios al Código Penal, art. 515, S. 3403.

umfasst.[1178] Der Spanische Oberste Gerichtshof hingegen sieht das geschützte Rechtsgut im Grundrecht der Vereinigungsfreiheit als verfassungsrechtliche Garantie, was im deutschen Recht keine Entsprechung findet. Eine solche Auslegung würde im deutschen Recht wohl als zu eng gesehen, geht es den Befürwortern hier letztlich um das weite Gefahrenpotential, was der Bildung einer kriminellen Vereinigung innewohnt. Nach der Mindermeinung in Spanien besteht das geschützte Rechtsgut in denjenigen, die durch die begangene Straftat der kriminellen Vereinigung verletzt wurde,[1179] welches der Position des zweiten großen Lagers in Deutschland entsprechen dürfte, welches den Sinn und Zweck des § 129 StGB ausschließlich in der Funktion eines Vorfeldtatbestandes zum Schutz der Rechtsgüter des Besonderen Teils sieht.[1180] Beiden Meinungen geht es folglich um die präventive Funktion der Norm durch Vorverlagerung der Strafbarkeit.

b) Vereinigungsbegriff

Grundvoraussetzung der beiden Tatbestände ist der Bezug auf eine Vereinigung, deren Zwecke oder Tätigkeiten auf die Begehung von Straftaten gerichtet ist. Was den Vereinigungsbegriff angeht, so hat weder der deutsche noch der spanische Gesetzgeber die Voraussetzungen im Tatbestand definiert; der Begriff hat sich vielmehr in der Rechtsprechung entwickelt. In der deutschen Strafrechtslehre gibt es im Gegensatz zur spanischen eine ebenso eindeutige wie ausführliche Definition der Vereinigung: Nach herrschender Meinung versteht man darunter einen auf gewisse Dauer berechneten organisatorischen Zusammenschluss von mindestens drei Personen, die bei Unterordnung des Willens des Einzelnen unter den Willen der Gesamtheit gemeinsame Zwecke verfolgen und unter sich derart in Beziehung stehen, dass sie sich als einheitlicher Verband fühlen.[1181] Schon bei der Anzahl der Personen besteht hingegen im spanischen Recht Uneinigkeit: Während die Lehre das Vorhandensein von mindestens drei Personen als erforderlich ansieht,[1182] lässt die Rechtsprechung das Vorhandensein von zumindest zwei Personen bereits ausreichen.[1183] Gemeinsam ist beiden Definitionen jedoch

1178 Vgl. *Fischer*, § 129 Rn. 2; einschränkend auf die öffentliche Sicherheit mit teilweisem Bezug auf die öffentliche Ordnung z. B bei BGHSt 30, 328 (331); BGHSt 41, 53; *Gössel*, JR 1981, 83.

1179 Angeführt in *Conde-Pumpido Ferreiro*, in: Bosch, Código Penal Comentado, Tomo II, art. 515, S. 1486.

1180 So z.B. bei *Fürst*, Grundlagen und Grenzen der §§ 129, 129 a StGB, S. 68; *Rudolphi/Stein*, in: SK, § 129 Rn. 2.

1181 Rechtsprechung zum Vereinigungsbegriff beispielsweise in BGHSt 10, 16 (17); BGHSt 31, 202 (204 f.); BGHSt 45, 26 (35); BGHSt 46, 349 (354).

1182 *Tamarit Sumalla*, in: Thomson Arandazi, Comentarios al Código Penal, art. 515, S. 954.

1183 SSTS vom 8.10.1979 sowie vom 12.3.1992.

das zeitliche sowie das Zweckelement: Es muss sich um einen auf gewisse Dauer angelegter Zusammenschluss handeln, der zu einem gemeinsamen Zweck erfolgt ist. Auch die Anforderungen an die Struktur der Vereinigung sind ähnlich; so wird im deutschen Recht gefordert, dass für alle Mitglieder verbindliche Regeln die Willensbildung bestimmen und es ein Mindestmaß an festgefügter Organisation gibt.[1184] Der spanische Vereinigungsbegriff verlangt, dass diese hierarchisch strukturiert sowie organisiert ist; damit wird deutlich, dass in beiden Strafgesetzbüchern nicht der spontane und zufällige Zusammenschluss von mehreren Personen gemeint sein kann, sondern eine gewisse Planung und ein System hinter der Vereinigung erforderlich ist. Auch der Vereinigungszweck ist beiden Normen gemein: Dieser liegt in der Begehung von Straftaten. Eine weitere Parallele ist im Erfordernis der Vereinigungsabrede zu sehen. Es muss ein Einverständnis unter den Mitgliedern bestehen, das von gewisser Dauer sein muss und darauf gerichtet ist, Straftaten zu begehen, ohne dass dabei schon konkrete Taten geplant sein müssen. Das Unrecht einer kriminellen Vereinigung leitet sich sowohl bei § 129 StGB als auch bei art. 515 CP aus der deliktischen Zielsetzung ab.[1185]

Was die Qualität der Straftaten angeht, so wird bei § 129 StGB gefordert, dass diese nicht bloße Bagatelldelikte darstellen, sondern es sich vielmehr um solche handeln müsse, die „eine erhebliche Gefahr für die öffentliche Sicherheit bedeuten und somit unter diesem Blickwinkel von einigem Gewicht sind.“[1186] Auch hinsichtlich art. 515.1 CP hat sich eine restriktive Lesart des Terminus manifestiert. Vom Tatbestand ausgenommen sind zunächst alle Vergehen, um den Grundsatz der Verhältnismäßigkeit zu entsprechen; ferner wird argumentiert, dass es einer kriminellen Vereinigung wohl kaum um die Begehung von Vergehen gehen könne.[1187] Allerdings schien diese Interpretation dem Gesetzgeber nicht weit genug zu gehen, so dass er 2003 auch die Strafbarkeit von Vergehen in den Tatbestand aufgenommen hat, wenn sie in organisierter, koordinierter und sich wiederholender Art begangen werden. Auch der BGH hatte sich mit dieser Frage im Verfahren gegen die „Nationale Offensive“ zu beschäftigen; hier sollen unter Berücksichtigung des aktuellen gesellschaftlichen Klimas auch ausländerfeindliche Schmier- und Sprühaktionen als Sachbeschädigung für eine Strafbarkeit nach § 129 StGB ausreichen.[1188]

1184 BGHSt 45, 26 (35); *Miebach/Schäfer*, in: MK § 129 a Rn. 32.

1185 STS vom 28.10.1997; *Granados Pérez*, in: Comentarios al Código Penal, art. 515, S. 3403 sowie im deutschen Recht als Voraussetzung z.B. bei *Zöller*, Terrorismusstrafrecht, S. 48.

1186 Vgl. BGHSt 31, 202 (207); BGH NStZ 1982, 68 f.; BGHSt 41, 47 (51).

1187 *Tamarit Sumalla*, in: Thomson Arandazi, Comentarios al Código Penal, art. 515, S. 955.

1188 Vgl. BGH NJW 1995, 2177.

c) Tathandlungen und Strafe

Lassen sich hinsichtlich des Vereinigungsbegriffs bzw. der Voraussetzungen einer Vereinigung sowie der Qualität der Straftaten gewisse Parallelen zwischen der Strafbarkeit von kriminellen Vereinigungen in Deutschland und Spanien aufzeigen, so ergeben sich hinsichtlich eines Vergleichs der Strafbarkeit der jeweiligen Tathandlungen Probleme, die sich nicht zuletzt auf den unterschiedlichen Aufbau der beiden Strafgesetzbücher zurückführen lassen. Im Rahmen des § 129 StGB sind als Tathandlungen in Abs. 1 ausdrücklich das Gründen, die Beteiligung als Mitglied, das Werben um Mitglieder sowie das Unterstützen einer kriminellen Vereinigung vorgesehen. Anders hingegen im Rahmen des art. 515 CP: In Abs. 1 der Norm ist die Zielsetzung einer kriminellen Vereinigung vorgesehen, also das Begehen von Straftaten bzw. deren Veranlassung. Um welche Tathandlung es sich hierbei handeln kann, ist nicht dargelegt. In art. 515.3 CP sind als kriminelle Vereinigung diejenigen anzusehen, die, obwohl sie ein rechtmäßiges Ziel verfolgen, gewaltsame Mittel oder solche zur Veränderung oder Kontrolle der Persönlichkeit anwenden, um dieses Ziel zur erreichen. Paramilitärische Organisationen gelten nach art. 515.4 CP als kriminelle Vereinigung. Nach art. 515.5 CP machen sich schließlich diejenigen strafbar, die Diskriminierung, Hass oder Gewalt gegen Personen, Gruppen oder Vereinigungen aufgrund ihrer Weltanschauung, Religion, Überzeugung, der Zugehörigkeit zu einer Ethnie, Rasse oder Nation, ihres Geschlechts, ihrer sexuellen Einstellung, familiären Situation, Krankheit oder Behinderung betreiben oder dazu anstacheln. Art. 515 CP sieht folglich vor, wann eine kriminellen Vereinigung vorliegt, wobei Abs. 1, 3 und 5 gewisse Tathandlungen vorgeben. Eine derart genaue Ausgestaltung eines Absatzes wie in art. 515.5 CP ist im StGB nicht zu finden; die Ausgestaltung von Begriffsmerkmalen bzw. weiteren Handlungsmodalitäten wird oftmals durch die Rechtsprechung vorgenommen und ist in Kommentaren zu der jeweiligen Norm nachzulesen. Ob beispielsweise die Leitung oder Mitgliedschaft in einer kriminellen Vereinigung nach art. 515 CP strafbar ist, ergibt sich erst aus den Normen, die die Verhängung von Strafen vorsehen. Auch dies bildet einen weiteren grundsätzlichen Unterschied zwischen der deutschen und der spanischen Strafrechtsdogmatik. Die Tatbestände des StGB sehen für die jeweilige Tathandlung auch den entsprechenden Strafrahmen vor; im Código Penal bildet dieser den Inhalt anderer Normen: die arts. 517-519 sowie art. 521 CP sehen Tathandlungen bzw. weitere Tatbestandsmerkmale und ihre Strafen vor, wie z.B. die finanzielle oder anderweitig relevante Unterstützung einer kriminellen Vereinigung nach art. 518 CP und der damit verbundene Strafrahmen von einem Jahr bis zu drei Jahren Gefängnis oder Geldstrafe sowie die Untauglichkeitserklärung für öffentliche Anstellungen bzw. Ämter. Während das StGB zumeist eine Norm für eine Tathandlung vorsieht bzw. Regelbeispiele zu dieser Norm oder die Qualifikation in einer weiteren Norm verankert, ist dem CP eine solche Systematik fremd.[1189]

d) Sonstige Parallelen bzw. Unterschiede

aa) Tatbestandliche Ausnahmen

Aufgrund der Entscheidung des BVerfG von 1963[1190] wurde in § 129 Abs. 2 Nr. 1 StGB später das Parteienprivileg verankert. Unabhängig von Zweck und Tätigkeit der Vereinigung ist diese keine kriminelle, wenn es sich dabei um eine politische Partei handelt, die das BVerfG noch nicht für verfassungswidrig erklärt hat. Im CP ist keine dieser Regelung entsprechende Norm zu finden. Gleiches gilt für die Ausnahmen gemäß § 129 Abs. 2 Nr. 2 und Nr. 3 StGB: Nach Nr. 2 entfällt die Strafbarkeit von Vereinigungen, bei denen die Begehung von Straftaten nur ein Zweck oder eine Tätigkeit von untergeordneter Bedeutung ist. Eine ähnliche Ausnahme ist bei den Vereinigungsdelikten im CP nicht zu finden; fraglich könnte in diesem Zusammenhang also sein, ob die im StGB verankerten Ausnahmen möglicherweise auch entbehrlich sein könnten, da es sich bei den Tathandlungen – wie bereits zuvor festgestellt – ebenfalls nicht um reine Bagatelldelikte handeln darf. Die Ausnahme im deutsche Strafrecht soll jedoch für andere Fälle gelten, wie z.B. für Vereinigungen mit politischem Charakter, bei denen es im Rahmen von Veranstaltungen zu politischen Beleidigungen oder Körperverletzungen kommen kann,[1191] womit der Ausnahmetatbestand durchaus seine Berechtigung erhält. Eine der in § 129 Abs. Nr. 3 verankerten Subsidiaritätsklausel entsprechende Norm ist im CP ebenfalls nicht ersichtlich. Die arts. 515 ff. CP enthalten folglich keine Ausnahmetatbestände.

bb) Rädelsführer

Handelt es sich nach § 129 Abs. 4 StGB bei dem Täter um einen Rädelsführer oder Hintermann, so liegt die zwingende Annahme eines besonders schweren Falles vor.[1192] Eine diesem besonders schweren Fall entsprechende Norm sieht der CP nicht vor. Da es sich bei einem Rädelsführer aber um eine Führungsperson mit maßgeblichem Einfluss handelt,[1193] kann als vergleichbare Norm im spani-

1189 Zur Systematik innerhalb der arts. 515 ff. vgl. auch *Cancio Meliá/Silva Sánchez*, Delitos de organisación, S. 3.

1190 BVerfGE 17, 155 ff.

1191 Vgl. BGHSt 41, 47 (52).

1192 *Lenckner/Sternberg-Lieben*, in: Schönke/Schröder, § 129 Rn. 25.

1193 *Miebach/Schäfer*, in: MK, § 129 Rn 19.

schen Strafrecht art. 517.1 CP herangezogen werden, weil es hier um die Gründer, Leiter und Vorsitzenden der kriminellen Vereinigung nach art. 515. 1 und 3 CP geht. Zwar ist „Initiator“ oder „Leiter“ kein Synonym für „Rädelsführer“, doch liegt schon in der Natur des Begriffs eine gewisse Überlegenheit des Initiators oder des Leiters gegenüber den anderen Mitgliedern, wie dies auch beim Rädelsführer der Fall ist. Die Figur des Hintermanns hingegen, also desjenigen, der sich als Außenstehender maßgeblich für die Vereinigung betätigt oder eine gewissen Einfluss auf die Führer dieser bzw. auf eine nicht ganz unerhebliche Anzahl von deren Angehörigen und Freunden für sich beansprucht, findet keine Entsprechung im spanischen Vereinigungsrecht. Wohl aber könnte man diese Figur unter art. 518 CP subsumieren, der jede relevante Art von Unterstützung der kriminellen Vereinigung pönalisiert, was jedoch nur für die in art. 515.1 und 3-5 CP vorgesehenen Fälle gilt.

cc) Rechtsfolge

Anders als im deutschen Strafrecht ist im Código Penal auch die sich an art. 515 CP anknüpfende Rechtsfolge explizit verankert. Art. 520 CP sieht eine Anordnung durch den Richter oder Gerichte vor, die kriminelle Vereinigung aufzulösen bzw. Nebenfolgen nach art. 129 CP zu bestimmen. Im Rahmen des § 129 StGB sind ferner folgende Rechtsfolgen aufgeführt: Nach Abs. 5 kann das Gericht in den dafür vorgesehenen Fällen von einer Bestrafung absehen sowie nach Abs. 6 unter den gegeben Voraussetzungen die Strafe nach seinem Ermessen mildern oder von einer Bestrafung absehen.

Was die Auflösung bzw. das Verbot eines Vereins angeht, so ist in Deutschland auf das öffentliche Recht zurückzugreifen: § 3 VereinsG regelt das Verbot bzw. die Rechtsfolgen, nachdem durch Verfügung der Verbotsbehörde festgestellt ist, dass dessen Zwecke oder Tätigkeit den Strafgesetzen zuwiderlaufen, sich dieser gegen die verfassungsmäßige Ordnung oder den Gedanken der Völkerverständigung richtet.[1194]

2. Terroristische Vereinigungen, § 129 a StGB sowie arts. 576 ff. CP

Noch bevor näher auf die Unterschiede innerhalb der jeweiligen Tatbestände zur Bekämpfung terroristischer Vereinigungen eingegangen wird, soll vorab auf

1194 Eine Übersicht zu in den vergangenen Jahren verbotenen Vereinen als kriminelle Vereinigung bietet *Voscherau*, Parteiverbote, S. 69 ff.

einen ganz wesentlichen verfassungsrechtlichen Unterschied zwischen Deutschland und Spanien in diesem Bereich hingewiesen werden. Zwar wurde bei der Ausarbeitung der spanischen Verfassung von 1978 nach Jahren der Diktatur *Francos* in besonderem Maße auf den Schutz fundamentaler verfassungsrechtlicher Garantien geachtet.[1195] Dennoch erlaubt es art. 55.2 CE bestimmte Grundrechte vor dem Hintergrund von Ermittlungen im Bereich des Terrorismus einzuschränken. Zu diesen gehören beispielsweise art. 18.2 CE, das Recht auf Unverletzlichkeit der Wohnung sowie art. 18.3. CE, die Garantie des Post- und Fernmeldegeheimnisses bzw. der freien Kommunikation. Dies ist wiederum ein Indiz für den besonderen Stellenwert der Terrorismusbekämpfung im spanischen Recht im Vergleich zum deutschen Recht.

a) Unterschiede bzw. Übereinstimmungen im Rahmen der § 129 a StGB sowie arts. 576 ff. CP

Wie schon beim Vergleich von § 129 StGB mit den arts. 515 ff. CP, muss auch hier wieder auf die unterschiedliche Systematik des Código Penal verwiesen werden. Während es sich im StGB um eine Norm zur Pönalisierung der Mitglieder einer terroristischer Vereinigungen handelt, sind die Straftaten des Terrorismus im spanischen Strafrecht in den arts. 571-580 verankert. In beiden Rechtsordnungen geht es jedoch um die Behandlung besonders schwerer Delikte, also solcher gegen das Leben, die persönliche Freiheit, die öffentliche Ordnung und gemeingefährliche Straftaten.[1196] Im Gegensatz zur Behandlung des Terrorismus im deutschen Strafrecht, kann im spanischen Strafgesetzbuch auf eine Fülle von Normen und detaillierte Ausarbeitung der Delikte verwiesen werden. Es scheint fast, als wolle der spanische Gesetzgeber sicher gehen, keinerlei Lücken bei der Behandlung des Terrorismus zu lassen. Freilich hat sich der spanische Rechtsstaat seit Jahrzehnten mit dem Phänomen des Terrorismus auseinanderzusetzen, einerseits aufgrund nicht abflauender terroristischer Aktivitäten der ETA,[1197] andererseits auch als Zielscheibe des internationalen Terrorismus. Blickt man hingegen auf die Geschichte des § 129 a StGB zurück und betrachtet die aktuelle Relevanz der Norm, so wird doch deutlich, dass der Anwendung dieser Norm in Deutschland nicht die Bedeutung zukommt wie im spanischen Recht.[1198] Geht

1195 *Oehmichen*, Terrorism and Anti-Terror Legislation, S. 184.

1196 *Cancio Meliá*, ILECIP, Rev. 004-08 (2009), S. 9; *Fischer*, § 129 a Rn. 5.

1197 *Cano Paños*, Die strafrechtliche Behandlung des Terrorismus im spanischen StGB von 1995, S. 71.

1198 Hierfür sprechen auch die Strafrechtsreformen im Bereich der Terrorismusdelikte, vgl. Organgesetz 7/2000 vom 22.12.2000, Organgesetz 7/2003 vom 30.6.2003 und Organgesetz 20/2003 vom 23.12.2003, im Rahmen derer Verschärfungen der Tatbestände eingeführt wurden. Als

es um die Bekämpfung des internationalen Terrorismus, so stellt sich weiterhin die Frage, ob die §§ 129 ff. StGB ein geeignetes Instrumentarium darstellen, unterfallen moderne terroristische Gruppen meist kaum dem klassischen Vereinigungsbegriff des deutschen Strafrechts.

b) Kronzeugenregelung bzw. der „reuige Terrorist" (*terrorista arrepentido*)

In Deutschland mangels praktischer Bedeutung zunächst außer Kraft getreten, wurde die mit der Vorschrift in art. 579.4 CP vergleichbare Kronzeugenregelung am 1.9.2009 schließlich wieder eingeführt. Im Vergleich zur Systematik des Código Penal findet sich diese jedoch an anderer Stelle des StGB, nämlich im Allgemeinen Teil (§ 46 b StGB). Auf Grundlage dieser Norm kann der Strafrichter, wenn ein Täter „durch freiwilliges Offenbaren seines Wissens wesentlich dazu beigetragen hat, dass eine Tat nach § 100 a Abs. 2 der Strafprozessordnung aufgedeckt werden konnte" oder „freiwillig sein Wissen so rechtzeitig einer Dienststelle offenbart, dass eine Tat nach § 100 a Abs. 2 der Strafprozessordnung, von deren Planung er weiß, noch verhindert werden kann", die Strafe zu mildern oder ganz von Strafe abzusehen. Im kriminalpolitische Institut des „reuigen Terroristen" geht es hingegen „nur" im eine Strafmilderung unter den in art. 579.4 CP genannten engen Voraussetzungen; ein Absehen von Strafe ist nicht vorgesehen.[1199] An anderer Stelle des StGB findet sich ein weiteres Instrument der Strafmilderung: Auch in § 129 Abs. 6 StGB geht es um die strafrechtliche Behandlung von Aussteigern aus terroristischen Organisationen. In art. 579.4 CP ist eine Strafmilderung für solche Fälle vorgesehen, in denen der Täter seine terroristischen Aktivitäten freiwillig aufgibt bzw. aufgegeben hat und mit der Justiz aktiv zusammenarbeitet.[1200] Es handelt sich jedoch um eine Regelung – übernommen aus dem anglo-amerikanischen *Common Law*-System (*witness crown*) – die innerhalb der spanischen Strafrechts- bzw. Strafprozessrechtslehre für erhebliche Diskussionen sorgt.[1201]

Beispiel kann hier die Erhöhung des Höchstmaßes der tatsächlich zu verbüßenden Freiheitsstrafe auf 40 Jahre genannt werden, wenn der Täter wegen zwei oder mehr Terrorismusstraftaten verurteilt wurde und eine davon im Gesetz mit Freiheitsstrafe von mehr als 20 Jahren bedacht ist, vgl. art. 76.1 lit. d) CP.

1199 *Cano Paños*, Die strafrechtliche Behandlung des Terrorismus im spanischen StGB von 1995, S. 65.

1200 *Cano Paños*, Die strafrechtliche Behandlung des Terrorismus im spanischen StGB von 1995, S. 64 f.

1201 Zur kurzen Darstellung des Meinungsstreits vgl. *Cano Paños*, Die strafrechtliche Behandlung des Terrorismus im spanischen StGB von 1995, S. 67 f.

III. Kritische Gedanken zum Tatbestand der kriminellen bzw. terroristischen Vereinigung

1. Kriminelle Vereinigung

Angesichts des dargelegten Zusammenspiels der Vertatbestandlichung von Vorbereitungshandlungen im Rahmen der Organisationsdelikte in Verbindung mit den hieran anknüpfenden Ermittlungsbefugnissen seitens der Strafverfolgungsbehörden im deutschen Strafrecht, verwundert der Ruf nach immer weitergehenden Befugnissen, was auch für das spanische Strafrecht zutrifft.[1202] Die geschaffenen Eingriffsmöglichkeiten als strafgesetzliche bzw. strafprozessualen Instrumentarien bieten wohl eine ausreichende Handhabe zur Bekämpfung krimineller Vereinigungen.[1203] Der besondere Charakter des § 129 StGB liegt gerade in der Verlagerung der Strafbarkeit bereits ins Vorfeld, weg von der klassischen Idee des Strafrechts als Repressionsmittel.[1204] Auch im spanischen Strafrecht liegt der Tatbestand aufgrund seiner Vorfeldstrafbarkeit[1205] außerhalb der eigentlichen Kernidee des Strafrechts und es stellt sich die Frage, worin die Legitimation einer solchen Vorverlagerung[1206] besteht. Der Grund für die Einordnung als abstraktes Gefährdungsdelikt und der Vorverlagerung der Strafbarkeit im deutschen und spanischen Strafrechtssystem kann letztlich nur in der besonderen Gefährlichkeit einer kriminellen Vereinigung liegen und in der von dieser ausgehenden, bereits mehrfach erwähnten spezifischen Eigendynamik[1207]. Diese Gründe sollen auch die dadurch möglichen strafprozessualen Ermittlungsmöglichkeiten[1208] im deutschen und spanischen Rechtssystem rechtfertigen, die oftmals erhebliche Grund-

1202 Kritisch z.B. zur inflationären Heranziehung des § 129 StGB bei der Telefonüberwachung vgl. *Walischewski*, StV 2000, 583; *Cancio Meliá*, ILECIP, Rev. 004-08 (2009), S. 2, der von einer quantitativem und qualitativen Ausweitung des Strafrechts spricht („expansión cuantitativa y cualitativa del Dercho Penal").

1203 So auch *Weißer*, JZ 2008, 394.

1204 *Schroeder*, Die Straftaten gegen das Strafrecht, S.10, der auf die Deutung *Maurachs* Bezug nimmt, der den „ausgesprochen präventiv-polizeilichen Charakter" des § 129 StGB betont. Ebenfalls bezugnehmend auf diesen *Cancio Meliá*, ILECIP, Rev. 004-08 (2009), S. 4; zur allgemeinen Tendenz der Vorfeldstrafbarkeit im deutschen Recht *Heinrich*, ZStW 121 (2009), S. 112 ff.

1205 *Cancio Meliá*, ILECIP, Rev. 004-08 (2009), S. 1.

1206 *Rudolphi*, in: FS Bruns, S. 318; *Cancio Meliá*, ILECIP, Rev. 004-08 (2009), S. 19.

1207 *Schroeder*, Die Straftaten gegen das Strafrecht, S. 6.

1208 Dass die Organisationsdelikte im StGB letztlich als Schlüssel für Ermittlungen in Verdachtsfällen funktionieren, wird auch in der spanischen Rechtswissenschaft angemerkt, vgl. *Cancio Meliá*, ILECIP, Rev. 004-08 (2009), S. 5 („[...] como mera puerta para la investigación de determinados sospechosos."); vgl. auch *Schroeder*, Die Straftaten gegen das Strafrecht, S. 29 f.

rechtseingriffe mit sich bringen. Gegen die exzessive Anwendung der mit § 129 StGB möglichen strafprozessualen Maßnahmen wird angeführt, die Anwendbarkeit des § 129 StGB sei schematisch auf solche Straftaten zu begrenzen, die politisch motiviert sind.[1209] Hierfür spreche immerhin der Umstand, dass bei der Entstehung des § 129 StGB dieser nur staatsfeindliche Verbindungen mit Strafe bedrohen wollte sowie die Einordnung der Norm in das StGB unter Straftaten gegen die öffentliche Ordnung, was auch für art. 515 CP gilt. Der Ursprung und die grundsätzliche Einordnung der Tatbestände im Bereich des politischen Strafrechts ist beiden Rechtsordnungen gemein und hat eine lange Tradition.[1210] Doch weder die politische Situation noch die Adressaten der Norm in beiden Rechtsstaaten haben heutzutage noch viel gemeinsam mit dieser Tradition.

2. Terroristische Vereinigung

Durch das Spezialdelikt der Bildung einer terroristischen Vereinigung wird bereits die Inkriminierung eines Zusammenschlusses von Personen ermöglicht, die die Begehung bestimmter künftiger Strafen planen.[1211] Hiermit soll eine frühzeitige Intervention der Strafverfolgungsorgane gegen terroristische Aktivitäten gewährleistet werden, wofür das reine „Projektstadium“[1212] hinsichtlich solcher Straftaten ausreichen soll. Freilich besteht Einigkeit darüber, dass terroristische Straftaten mit allen Mitteln zu verhindern sind; fraglich ist indes, ob das Konzept der strafrechtlichen Prävention, welches darin besteht, durch Strafandrohungen auf die Psyche potentieller Täter einzuwirken, dazu geeignet ist, handelt es sich bei den Tätern doch typischerweise um solche mit ideologischer Prägung und damit um „Überzeugungstäter“.[1213] Zwar obliegt dem Strafrecht auch die Prävention von Straftaten, dennoch sollten geeignete Grenzen für die Instrumentalisierung des Strafrechts zu Zwecken der Prävention geschaffen werden, um eine Ausuferung der Funktion, die grundsätzlich in der Repression mit *ultima ratio*-Charak-

1209 *Walischewski*, StV 2000, 586.

1210 Übereinstimmend im spanischen Recht *García Pablos de Molina*, Asociaciones ilícitas, S. 17 ff; *Sánchez García de Paz*, in: Homenaje al Dr. Marino Barbero Santos in memoriam, S. 645; vgl. in der deutschen Strafrechtsliteratur *Langer-Stein*, Legitimation und Interpretation strafrechtlicher Verbote krimineller und terroristischer Vereinigungen, S. 66 ff. und 240; *Fürst*, Grundlagen und Grenzen der §§ 129, 129 a StGB, S. 16 ff. und 36 ff.

1211 *Weißer*, JZ 2008, 388.

1212 *Weißer*, JZ 2008, 388.

1213 *Kühne*, in: FS Schwind, S. 103 (104). Dieser spricht von einer Art der Ideologie, die ausnahmslos mit einem absoluten Wahrheitsanspruch verbunden ist. Dabei verschaffe sie dem Täter eine hochgradige Rechtfertigung für seine kriminelle Aktivität. Die Ideologie des Täters arbeite perfekt als eine Technik der Neutralisation.

ter liegt, zu verhindern. *Kühl* warnt sogar davor, die vom Staat zu ergreifenden Maßnahmen als Aktionen zur "Bekämpfung" des Verbrechens und insbesondere terroristischer Straftaten zu bezeichnen, denn damit erfolge von vornherein eine „Abstempelung" der zu Bekämpfenden als Feinde oder sogar als „Vogelfreie", denen gegenüber man möglicherweise die den Bürgern üblicherweise zustehenden Rechtsgarantien ohne große Bedenken zurücknehmen dürfe.[1214] Auch im der spanischen Strafrechtswissenschaft wird angemerkt, dass es sich hier um ein Feld handle, für das der Begriff „Feindstrafrecht"[1215] herangezogen wird.[1216] *Cancio Meliá* spricht sich für die genaue Bestimmung des Unrechtsgehalts für dic Taten aus, die unter den Tatbestand fallen sollen; andernfalls könne man beispielsweise die bloße Übergabe einer Karte des Baskenlandes an ETA-Mitglieder bereits als Zusammenarbeit mit einer terroristischen Organisation mit einer Freiheitsstrafe bedenken. Die aktuellen Auswüchse der Formulierung, Interpretation und Anwendung der Vorschriften in Zusammenhang mit kriminellen Organisationen seien seiner Meinung nach als besorgniserregend zu bezeichnen.[1217]

IV. Fazit

Der Vergleich der Rechtsordnungen beider Länder insbesondere hinsichtlich der Entwicklung der Straftatbestände zur Bekämpfung krimineller und terroristischer Vereinigungen macht deutlich, dass es sich in beiden Ländern um Tatbestände handelt, die die jeweiligen gesellschaftlichen Gegebenheiten sowie die Reaktion der Politik auf diese widerspiegeln; folglich handelt es sich im deutschen und spanischen Recht um Straftatbestände des politischen Strafrechts. Daher setzen deutsche wie spanische Kritiker am gleichen Ansatzpunkt an, wenn es um die Veränderung oder Neuschaffung von Tatbeständen in diesem Zusammenhang geht. Immer wieder wird die Instrumentalisierung des Strafrechts in diesem Bereich angeprangert, die darin besteht, politischen Gegnern entgegenzuwirken oder politisch anders Denkenden die Plattform für eine Demonstration dieser Gedanken zu nehmen. Den Tatbeständen wird in Deutschland und Spanien Konturlosigkeit vorgeworfen, was wiederum unvereinbar mit dem Gedanken der Rechtssicherheit in einer Demokratie erscheint. Doch nicht zu verleugnen ist die

1214 Vgl. *Kühl*, NJW 1987, S. 737.

1215 Zur Bedeutung des Feindstrafrechts vgl. auch *Heinrich*, ZStW 121 (2009), S. 94 ff.; sowie *Cancio Meliá*, ZStW 117 (2005), S. 267 ff.; *Muñoz Conde, Revista Penal n° 16 (2005), S. 123 ff;* ausführlich mit kritischer Auseinandersetzung *Hawickhorst,* § 129a StGB – Ein feindstrafrechtlicher Irrweg zur Terrorismusbekämpfung, S. 200 ff.

1216 *Cancio Meliá*, ILECIP, Rev. 004-08 (2009), S. 5.

1217 *Cancio Meliá*, ILECIP, Rev. 004-08 (2009), S. 6.

Existenz von Straftaten, die in den Bereich der Organisationsdelikte fallen und die es gilt zu verhindern bzw. zu bekämpfen. Allerdings ist dabei die Fülle von Normen und der ausgedehnte Anwendungsbereich der Tatbestände, gerade bei der Bekämpfung des in Spanien dauerhaft präsenten Phänomens des Terrorismus besonders problematisch. Dass der Gesetzgeber bei der lückenlosen Behandlung des Terrorismus auch tief in verfassungsrechtliche Garantien eingreift, kann auch unter dem „Deckmantel" der Schutzes des Rechtsstaates nicht ignoriert werden. Erst kürzlich wurde in Spanien erneut eine Reform beschlossen, die die Erweiterung der Terrorismustatbestände vorsieht. Freilich darf an dieser Stelle nicht vergessen werden, dass der spanische Rechtsstaat sich seit Jahrzehnten mit dem Phänomen des Terrorismus auseinanderzusetzen hat und bei einem Blick auf die Geschichte des § 129 a StGB klar wird, dass die aktuelle Relevanz der Norm in Deutschland erheblich geringer ausfällt als in Spanien. Dennoch wäre eine derart weitreichende Pönalisierung von terroristischen Straftaten durch Schaffung neuer Normen im deutschen StGB gar nicht möglich. Trotz vieler Gemeinsamkeiten bei der Ausgestaltung der Tatbestände der §§ 129 StGB ff. und arts. 515 ff. bzw. arts. 571 CP ff., ist doch die Systematik der Strafgesetzbücher eine völlig unterschiedliche. Durch die Fülle unterschiedlicher Normen hinsichtlich eines Kriminalitätsbereiches im CP, die natürlich auch Bezug aufeinander nehmen, ist Vorsicht bei der Subsumtion geboten. Das deutsche StGB zeichnet sich hingegen durch einen Grundtatbestand aus, der allenfalls durch Regelbeispiele oder Qualifikationen geschärft, aber nicht tatbestandlich ausgeweitet wird. Bisweilen kann es, hervorgerufen durch Gerichtsurteile, zu einer neuen oder erweiterten Lesart eines Tatbestandes kommen. Grundsätzlich handelt es sich um eine durchaus übersichtliche Systematik des deutschen Strafrechts, die es gilt, trotz der sich fortsetzenden Europäisierung des nationalen Strafrechts, beizubehalten. Auch ist festzustellen, dass unterschiedliche geschichtliche Entwicklungen bzw. Ereignisse zu anderen Ausgestaltungen der Tatbestände führen. Beispielhaft hierfür ist das in § 129 Abs. 2 Nr. 1 StGB verankerte Parteienprivileg, das aufgrund der Entscheidung des BVerfG von 1963[1218] eingeführt wurde und auf die Situation nach dem KPD-Verbot folgte. Grundlage hierfür war ein „individuell deutsches Ereignis". Was die Bedeutung des § 129 StGB in Deutschland angeht, so wird diese auch seitens Spaniens wahrgenommen:[1219] § 129 StGB gilt als Türöffner für Ermittlungsmaßnahmen nach der StPO in bestimmten Verdachtsfällen, mit dem Ergebnis, dass polizeiliche Notwendigkeiten ihren Einfluss auf das materielle Strafrecht ausüben können.[1220] In Spanien erscheint es hingegen wichtig, jegliches Verhalten unter den Tatbestand der kriminellen Vereinigung subsumieren

1218 BVerfGE 17, 155 ff.

1219 *Cancio Meliá/Silva Sánchez*, Delitos de organisación, S. 23 f.

1220 *Fürst*, Grundlagen und Grenzen der §§ 129, 129 a StGB, S. 7, 257, 263.

zu können und damit auch Freiheitsstrafen für Handlungen aussprechen zu können, die für sich nur einen kleinen Unterstützungsbeitrag darstellen würden.[1221]

Beiden Ländern ist jedoch die Gratwanderung gemein, die sie bei der Ausgestaltung der Organisationsdelikte, um die sich immer weiter ausdehnende organisierte Kriminalität bekämpfen zu können,[1222] einschlagen müssen: Es ergibt sich immer ein Spannungsfeld zwischen verfassungsrechtlich verankerten Garantien, wie den Freiheits- bzw. Grundrechte, und der Erhaltung der Friedens und der Sicherheit im demokratischen Rechtsstaat.

1221 Was der Fall der Übergabe einer Landkarte an ein Mitglied der ETA gezeigt hat, vgl. SAN (Sentencia de la Audiencia Nacional – die Audiencia Nacional de España ist ein zentrales Gericht, dem kraft einer Verfügung des Organgesetzes LO 4/1988 die gerichtliche Zuständigkeit auf dem Gebiet des Terrorismus obliegt, vgl. *Pifarré de Moner*, in: Organisierte Kriminalität als transnationales Phänomen, S. 71) 19/2003 vom 21.5.

1222 *Cancio Meliá/Silva Sánchez*, Delitos de organisación, S. 21 f.

E. Maßnahmen der Europäischen Union zur Bekämpfung krimineller Vereinigungen

I. Allgemeine Ausführungen zum Europäischen Strafrecht

Der Begriff „Europäisches Strafrecht“ an sich wird weder vom Unionsgesetzgeber noch von der europäischen Rechtsprechung tatsächlich definiert. Zunächst könnte man allein aufgrund der Begrifflichkeit annehmen, es handle sich um originäres supranationales Strafrecht, d.h. um Regelungen, „in denen die hoheitliche Strafgewalt der Union – das *ius puniendi* – den einzelnen Bürgern der Mitgliedstaaten unmittelbar als Kriminalstrafrecht gegenübertritt.“[1223] Ein solches supranationales Strafrecht gibt es jedoch nach überwiegender Meinung nicht.[1224] Im Schrifttum wird der Begriff als eine Rechtsmaterie eigener Art definiert, die sowohl strafrechtsrelevantes Gemeinschafts-, Unions- und Völkerrecht wie auch von diesen Rechtsgebieten beeinflusstes nationales Strafrecht umfasst.[1225] Es handelt sich dabei jedoch nicht um ein Normgefüge im Sinne eines eigenen „Europäischen Strafgesetzbuches“; eine Gesamtheit von Straftatbeständen existiert folglich nicht.[1226] Trotz der höchst unterschiedlich ausgestalteten Strafrechtsordnungen der einzelnen Mitgliedstaaten gilt es, diese zu harmonisieren,[1227] wie beispielsweise durch Richtlinien. Die Europäisierung des Strafrechts nimmt insbesondere auf die folgenden Gebiete des materiellen Strafrechts Einfluss: Das deutsche Steuer -[1228], Betrugs-[1229] und Korruptionsstrafrecht[1230], die Tatbestände

1223 So *Ambos*, Internationales Strafrecht, Rn. 13.

1224 Vgl. aus der Rechtsprechung BGHSt 41, 127 (131 f.); ferner *Hecker*, JA 2002, 723 (727); *Dannecker/Freitag*, ZStW 116 (2004), 797 (807); *Wessels/Beulke*, Rn. 77 a.

1225 So beispielsweise bei *Hecker*, Europäisches Strafrecht, Rn. 5; *Satzger*, Internationales und Europäisches Strafrecht, § 2 Rn. 3.

1226 *Satzger*, Internationales und Europäisches Strafrecht, § 7 Rn. 2.

1227 Zur Harmonisierung des materiellen Strafrechts in der dritten Säule vgl. *Hecker*, Europäisches Strafrecht, § 11, Rn. 1 ff.

1228 *Heger*, HRRS 2008, 413 bezeichnet das Steuerrecht als „Motor der [...] Europäisierung des deutschen Strafrechts“; vgl. auch *Ambos*, Internationales Strafrecht, § 11 Rn. 34 (zu § 370 Abs. 6 AO); Beispiele aus der Rechtsprechung BGHSt 37, 168; BGHSt 48, 52; wistra 1991, 29; 1998, 344; NJW 2003, 2842, wistra 2009, 441.

1229 *Hecker*, Europäisches Strafrecht, § 14; *Pradel/Corstens/Vermeulen*, Droit pénal européen, Rn. 503 ff.; *Braum*, Europäische Strafgesetzlichkeit, S. 477 ff.

1230 *Braum*, Europäische Strafgesetzlichkeit, S. 516 ff.

zum Schutz vor Kurs- und Marktmanipulation im Wertpapierwesen[1231], das Computer- und Internetstrafrecht[1232], die Tatbestände zur Bekämpfung der Geldwäsche[1233], das Handelsgesellschafts- und Insolvenzstrafrecht[1234], das Umwelt-[1235] und Lebensmittelstrafrecht[1236] sowie die Tatbestände zur Bekämpfung des Terrorismus[1237] und der Schleuserkriminalität[1238].[1239] Auch der Bereich des Strafverfahrensrechts ist von der Europäisierung betroffen, was am Beispiel des Grundsatzes der gegenseitigen Anerkennung in seiner Ausgestaltung etwa im Europäischen Haftbefehl[1240] aufgezeigt werden kann.[1241]

1. Neuerungen im Europäischen Strafrecht seit Inkrafttreten des Lissaboner Vertrages

Am 13.12.2007 wurde der Vertrag von Lissabon[1242] (VvL) – im Vorfeld auch als Reformvertrag bezeichnet – von den Staats- und Regierungschefs der 27 Mitgliedstaaten der Europäischen Union unterzeichnet.[1243] Die konsolidierte Fassung des EUV sieht eine Verschmelzung der Europäischen Union und der früheren Europäischen Gemeinschaft zu einer neuen Europäischen Union mit supranationalem Charakter vor.[1244] Äußerlich geändert hat sich nunmehr der Name: Durch den Vertrag von Lissabon vorgesehen heißt der Vertrag über die Europäischen

---

1231 *Braum*, Europäische Strafgesetzlichkeit, S. 497 ff. den Insiderhandel betreffend.

1232 *Hecker*, Europäisches Strafrecht, § 11 Rn. 117 ff.; *Hilgendorf/Frank/Valerius*, Computer- und Internetstrafrecht, Rn. 65 ff.

1233 *Braum*, Europäische Strafgesetzlichkeit, S. 536 ff.

1234 *Foffani*, in: *Tiedemann*, Wirtschaftsstrafrecht in EU, S. 311

1235 Ausführlich hierzu vgl. *Heger*, Die Europäisierung des deutschen Umweltstrafrechts; *Pradel/Kühl*, in: *Tiedemann*, Wirtschaftsstrafrecht in EU, S. 295 und S. 301.

1236 Zu den Grundzügen des Lebensmittelrechts der Europäischen Gemeinschaft vgl. *Kert*, Lebensmittelstrafrecht im Spannungsfeld des Gemeinschaftsstrafrechts, S. 62 ff. bzw. zur gemeinschaftsrechtskonformen Auslegung des nationalen Strafrechts S. 111 ff.

1237 *Hecker*, Europäisches Strafrecht, § 11 Rn. 52 ff.; *Nitschke*, Globaler Terrorismus und Europa, S. 10 ff.

1238 *Hecker*, Europäisches Strafrecht, § 11 Rn. 33 ff.

1239 Die Aufzählung zu finden bei *Dannecker*, Jura 2006, 95; eine Übersicht über die Bereiche einer zulässigen Strafrechtsangleichung siehe *Hecker*, Europäisches Strafrecht, § 11 Rn. 11 ff.

1240 Rahmenbeschluss des Rates vom 13.6.2002 über den Europäischen Haftbefehl und die Übergabeverfahren zwischen den Mitgliedstaaten (2002/584/JI), ABl. L 190 vom 18.7.2002.

1241 Ausführlich hierzu *von Bubnoff*, Der Europäische Haftbefehl, passim.

1242 Die offizielle Bezeichnung lautet „Vertrag von Lissabon zur Änderung des Vertrages über die Europäische Union und des Vertrages über die Gründung der Europäischen Gemeinschaft“, ABl. EU 2007 C 306/1.

1243 ABl. EU 2007 C 306/1 ff.

1244 *Mansdörfer*, Das Europäische Strafrecht nach dem Vertrag von Lissabon, HRRS 2010, S. 11.

Gemeinschaft seit dem 1.12.2009 nicht mehr EGV, sondern AEUV – Vertrag über die Arbeitsweise der Europäischen Union, vgl. Art. 2 Nr. 1 VvL. Alle Verträge erhalten fortan einen auf supranationale Zusammenarbeit ausgerichteten Charakter. Für die Gemeinsame Außen- und Sicherheitspolitik (GASP) und den im AEUV neu definierten „Raum der Freiheit, der Sicherheit und des Rechts", der die Polizeiliche und Justizielle Zusammenarbeit in Strafsachen (PJZS) als ehemalige dritte Säule ablöst, sind jedoch weiterhin besondere Regelungen vorgesehen, was zur Folge hat, dass die intergouvernementale Zusammenarbeit nicht vollständig aufgegeben werden kann.[1245]

a) Stärkung der Gemeinschaftsmethode

Die bisherige Säulenstruktur der Europäischen Union wurde mit dem Vertrag von Lissabon weitgehend aufgehoben und die Regelungen der PJZS in den AEUV, Dritter Teil, Titel V, Kapitel 4 (Art. 82 bis 86 AEUV, „Justizielle Zusammenarbeit in Strafsachen") überführt. Die Integration der polizeilichen und justiziellen Zusammenarbeit in Strafsachen in den AEUV hat weitreichende Änderungen zur Folge. Die Entscheidungsstrukturen des bisherigen Gemeinschaftsrechts werden grundsätzlich übernommen, so dass künftig auch in Strafsachen Rechtsakte prinzipiell nach dem (qualifizierten) Mehrheitsprinzip[1246] verabschiedet werden. Ferner ist die Beschränkung der Rechtsprechungskompetenz in ex-Art. 35 EUV aufgehoben[1247], infolgedessen die Rechtskontrolle des EuGH über europäische Sekundärrechtsakte keiner Begrenzung mehr unterliegt.

Formal fand eine Verschmelzung der dritten Säule des EUV mit dem Titel IV des EGV über „Visa, Asyl, Einwanderung und anderen Politiken betreffend den freien Personenverkehr" statt.[1248] Die gesamte Justiz- und Innenpolitik ist nun in Art. 3 Abs. 2 EUV und Art. 67 – Art. 89 AEUV zusammengefasst. Nach Art. 67

1245 *Hellmann*, Der Vertrag von Lissabon, S. 2 f.; aufgrund der Eigenständigkeit des EAGV bleibt die Europäische Atomgemeinschaft bestehen.

1246 Infolge des Vertrags von Nizza fand eine Neugewichtung der jedem Mitgliedstaat zugewiesenen Stimmenanzahl statt. Diese wurde insbesondere wegen der bevölkerungsstärksten Länder eingeführt, damit die Legitimität der Beschlüsse des Rates hinsichtlich der demographischen Repräsentativität weiterhin gesichert ist. Seit dem 1.1.2007 und nach der Erweiterung der Union wird die qualifizierte Mehrheit mit 255 von 345 Stimmen und der Zustimmung der Mehrheit der Mitgliedstaaten erreicht. Ferner kann ein Mitgliedstaat überprüfen lassen, ob die qualifizierte Mehrheit mindestens 62% der Gesamtbevölkerung der Union repräsentiert. Andernfalls kommt der Beschluss nicht zustande. Vgl. http://europa.eu/scadplus/glossary/qualified_majority_de.htm, zuletzt besucht am 21.3.2013; außerdem *Lenski*, in: Rat und Europäischer Rat, S. 110 ff.

1247 *Streinz/Ohler/Herrmann*, Der Vertrag von Lissabon zur Reform der EU, S. 134.

1248 *Streinz/Ohler/Herrmann*, Der Vertrag von Lissabon zur Reform der EU, S. 157.

Abs. 1 S. 1 AEUV bildet die Union wie schon in Art. 61 EGV a.F., Art. 29 EUV a.F. einen „Raum der Freiheit, der Sicherheit und des Rechts“.[1249] Eine weitere Konkretisierung der Politik der inneren Sicherheit ist in der in Art. 67 Abs. 3 AEUV niedergelegten Programmatik zu finden. Durch Maßnahmen zur Verhütung und Bekämpfung von Kriminalität, durch Maßnahmen zur Koordinierung und Zusammenarbeit von Organen der Strafrechtspflege, durch die Anerkennung strafrechtlicher Entscheidungen und erforderlichenfalls durch die Angleichung der strafrechtlichen Rechtsvorschriften soll ein hohes Maß an Sicherheit gewährleistet werden. Art. 68 AEUV sieht ferner vor, dass die „strategischen Leitlinien“ der europäischen Kriminalpolitik im Einzelnen durch den Europäischen Rat bestimmt werden.

Grundsätzlich werden jedoch auch nach dem Inkrafttreten des neuen EUV und AEUV die bestehenden strafrechtlichen Programme fortgesetzt und weiterentwickelt, was wiederum zur Folgen haben wird, dass einige Änderungen den europäische Einfluss auf das deutsche Strafrecht in Zukunft weiter verfestigen. Mit der Reform der vertraglichen Grundlagen der Europäischen Union durch den Vertrag von Lissabon wurden die Kompetenzen der Europäischen Union auf dem Gebiet des Strafrechts klargestellt und erweitert.[1250]

b) Kompetenzen zur Strafrechtssetzung und anderen strafrechtlichen Maßnahmen

Eine umfassende ausschließliche Kompetenz der Europäischen Union zur Strafrechtssetzung sieht der Vertrag von Lissabon auch weiterhin nicht vor; diese bleibt demnach im Kern weiter im nationalen Recht verankert.[1251] Auf europäischer Ebene liegt die Betonung auf dem Grundsatz der gegenseitigen Anerkennung, unterstützt durch unterschiedliche Kompetenzen zur Harmonisierung der mitgliedstaatlichen Straf- und Strafprozessrechte. Gerade hinsichtlich dieser Kompetenzen ist es im Bereich der Strafrechtspflege jedoch zu einer nicht unerheblichen Kompetenzerweiterung seitens der Union gekommen.[1252] Seit

---

1249 Zum „Raum der Freiheit, Sicherheit und des Rechts“, ausführlicher *Streinz/Ohler/Herrmann*, Der Vertrag von Lissabon zur Reform der EU, S. 157 ff.

1250 Kritisch hierzu das BVerfG in seiner Entscheidung zum Vertrag von Lissabon, vgl. BVerfGE 123, 267 (357 f., 359 f., 406 ff.).

1251 *Mansdörfer*, HRRS 2010, 11.

1252 Vgl. hierzu auch BVerfGE 123, 267 (352); hier kam das BVerfG nach eingehender Darlegung des Vertrages von Lissabon und des verfassungsrechtlichen Prüfungsmaßstabes zu der Entscheidung, dass der Vertrag von Lissabon sowie das Zustimmungsgesetz den verfassungsrechtlichen Anforderungen genügen und „keine durchgreifenden verfassungsrechtlichen Bedenken“ bestehen. Zur ausführlichen Darstellung des Lissabon-Urteils des BVerfG siehe auch *Streinz/Ohler/Herrmann*, Der Vertrag von Lissabon zur Reform der EU, S. 29 ff.

Inkrafttreten des Vertrags von Lissabon ist in Art. 83 AEUV die Strafrechtsanweisungskompetenz zur Harmonisierung der materiellen Strafrechte der EU-Mitgliedstaaten verankert.[1253] Art. 83 Abs.1 UAbs. 1 AEUV normiert, dass die Union durch Richtlinien Mindestvorschriften zur Festlegung von Straftaten und Strafen in Bereichen besonders schwerer Kriminalität festlegen kann, die aufgrund der Art oder der Auswirkungen der Straftaten oder aufgrund einer besonderen Notwendigkeit, sie auf einer gemeinsamen Grundlage zu bekämpfen, eine grenzüberschreitende Dimension haben. Anschließend folgt in UAbs. 2 eine abschließende Aufzählung[1254] der angleichungsfähigen Bereiche, für die solche Mindestvorschriften festgelegt werden können: zur Bekämpfung des Terrorismus, des Menschenhandels und der sexuellen Ausbeutung von Frauen und Kindern, des illegalen Drogenhandels, des illegalen Waffenhandels, der Geldwäsche, der Korruption, der Fälschung von Zahlungsmitteln, der Computerkriminalität und der organisierten Kriminalität.[1255]

aa) Dynamische Blankettermächtigung

Aus Art. 83 Abs. 1 UA 3 AEUV ergibt sich schließlich eine weitere Neuerung: Diese Regelung stellt eine tatsächliche Kompetenzerweiterung dar, indem der Rat, je nach Entwicklung der Kriminalität „einen Beschluss erlassen [kann], in dem andere Kriminalitätsbereiche bestimmt werden, die die Kriterien [des Art. 83 Abs. 1 AEUV] erfüllen. Er beschließt einstimmig nach Zustimmung des Europäischen Parlaments.“ Diese „dynamische Blankettermächtigung“[1256] unterliegt jedoch mehreren Begrenzungen: Bei dem neu zu regelnden Kriminalitätsbe-

---

1253 *Mansdörfer*, HRRS 2010, 11 (15).

1254 Art. 31 I lit. e) EUV a.F. beschränkte seinem Wortlaut nach die Harmonisierung auf die Bereiche der Organisierten Kriminalität, Terrorismus und illegaler Drogenhandel, während das gemeinsame Vorgehen der Mitgliedstaaten sich seinem Wortlaut nach gerade nicht auf bestimmte Deliktsbereiche beschränkte, vgl. ex-Art. 29 UA 2 EUV, sondern vielmehr umfassend sowohl die organisierte als auch die nichtorganisierte Kriminalität erfassen sollte. Aus der Systematik (Verweis des Art. 29 EUV a.F. auf Art. 31 I lit. e) EUV a.F. konnte aber geschlussfolgert werden, dass es sich dabei um ein „Redaktionsversehen“ gehandelt haben musste, vgl. auch *Satzger*, Internationales und Europäisches Strafrecht^3, § 8 Rn. 50.

1255 *Walter*, ZStW 117 (2005), 912 (925 ff.); kritisch zur Weite einiger Kriminalitätsbereiche vgl. *Ambos/Rackow*, ZIS 2009, 397 (402). In seiner Entscheidung BVerfGE 123, 267 (406 ff.) hatte sich das BVerfG ebenfalls mit der Reichweite dieser Vorschrift auseinanderzusetzen, insbesondere deren verfassungskonformen Auslegung. Alle strafrechtlichen Kompetenzen im AEUV seien eng auszulegen (a.a.O., S. 410); zum Merkmal der grenzüberschreitenden Dimension führte das Gericht aus, der Charakter einer solchen Tat sei erst dann zu bejahen, wenn er sich aus „der Art oder der Auswirkungen der Straftat oder einer besonderen Notwendigkeit, die Straftat auf einer gemeinsamen Grundlage zu bekämpfen“ ergebe (a.a.O., S. 410 f.).

1256 *Mansdörfer*, HRRS 2010, 11 (16); kritisch hierzu *Weigend*, ZStW 116 (2004), 275 (283).

reich muss es sich dem Wortlaut nach ebenfalls um einen Bereich von besonders schwerer und grenzüberschreitenden Kriminalität handeln.[1257] Weiterhin ergibt sich aus dem Wortlaut mit dem Verweis auf die Entwicklung der Kriminalität, dass durch ein Vorgehen gegen diese auch auf neue Entwicklungen bzw. Erscheinungsformen reagiert werden soll. Um einer ausufernden Ausweitung entgegenzuwirken, ist schließlich ein einstimmiger Ratsbeschluss erforderlich.

bb) Annexzuständigkeit

Eine weitere Harmonisierung kann im Wege der sog. Annexzuständigkeit stattfinden (vgl. Art. 83 Abs. 2 AEUV). Voraussetzung hierbei ist, dass „sich die Angleichung der strafrechtlichen Rechtsvorschriften der Mitgliedstaaten als unerlässlich für die wirksame Durchführung der Politik der Union auf einem Gebiet [erweist], auf dem Harmonisierungsmaßnahmen erfolgt sind." Es muss sich also um bereits harmonisierte Politikbereiche der Union handeln. Art. 83 Abs. 2 AEUV beinhaltet eine „generalklauselartige Kompetenznorm"[1258] zur Mindestangleichung strafrechtlicher Vorschriften mittels Richtlinien. Letztlich wird das Strafrecht als „bloßer Durchsetzungsmechanismus"[1259] für sonstige Unionspolitiken „benutzt", auch um diese Politiken im Sinne eines „*effet utile*" effektiver durchzusetzen. Hier wird letztlich anerkannt, was seitens des EuGH in seinen Urteilen[1260] zum Umweltstrafrecht- und zum Meeresverschmutzungs-Rahmenbeschluss bereits entschieden worden war.[1261] In Deutschland ist Art. 83 Abs. 2 AEUV auf Kritik gestoßen. So bezeichnete das BVerfG die Norm als „eine gravierende Ausdehnung der Zuständigkeit zur Strafrechtspflege"; diese sei mit dem Einzelermächtigungs- und Demokratieprinzip „an sich" nicht vereinbar.[1262] Auch in diesem Zusammenhang sprach sich das Gericht für eine restriktive Auslegung der Norm aus.

cc) „Notbremse-Regelung", Art. 83 Abs. 3 AEUV

Mit der „Notbremse"[1263] in Art. 83 Abs. 3 AEUV soll die Möglichkeit eingeräumt werden, einem ausufernden Gebrauch der Harmonisierungskompetenzen ent-

---

1257 *Mansdörfer*, HRRS 2010, 11 (16) mit dem Beispiel der Erweiterung auf grenzüberschreitende Wirtschafts- und Steuerstraftaten.

1258 *Satzger*, Internationales und Europäisches Strafrecht, § 9 Rn. 38.

1259 *Satzger*, Internationales und Europäisches Strafrecht, § 9 Rn. 38.

1260 EuGH, Urt. v. 13.9.2005 – Rs. C-176/03, Slg. 2005, I-7879 – *Kommission/Rat*; EuGH, Urt. v. 23.10.2007 – Slg. 2007, I-9097 – *Kommission/Rat*.

1261 *Mansdörfer*, HRRS 2010, 11 (17).

1262 BVerfGE 123, 267 (411); ähnlich auch *Ambos/Rackow*, ZIS 2009, 397 (402).

1263 *Mansdörfer*, HRRS 2010, 11 (16); *Heger*, ZIS 2009, 406 (413 ff.); *Folz*, ZIS 2009, 427 (429); *Schünemann*, ZIS 2007, 535 (536).

gegenzuwirken. Den Mitgliedstaaten wird ein Vetorecht verliehen, womit sie den Erlass einer Richtlinie verhindern können, wenn „grundlegende Aspekte seiner Strafrechtsordnung" betroffen sind (Art. 83 Abs. 3 UAbs. 1 AEUV). Der betroffene Mitgliedstaat stellt eine entsprechenden Antrag, woraufhin das Gesetzgebungsverfahren nach UAbs. 1 S. 2 suspendiert wird und sich der Europäische Rat mit dem Entwurf der Richtlinie befasst.[1264]

2. Kriminalitätsbereich der organisierten Kriminalität

Von besonderer Bedeutung für diese Arbeit ist der Kriminalitätsbereich der organisierten Kriminalität, der von Art. 83 Abs. 1 AEUV mit umfasst wird. Um auf diesen Bereich näher eingehen zu können, ist eine Begriffsbestimmung erforderlich. Auf europäischer Ebene steht die Bekämpfung der organisierten Kriminalität im Vordergrund, die freilich kriminelle Vereinigungen mit einschließt. Doch bislang fehlt es an einer (europäischen) Definition des Begriffs der organisierten Kriminalität. Gewisse Konturen werden diesem indes dadurch verliehen, dass es sich bei den der organisierten Kriminalität zuzurechnenden Taten jedenfalls um solche handeln muss, die typischerweise planvoll und arbeitsteilig von mehreren organisatorisch verbundenen Personen begangen werden.[1265] Zur Bestimmung des Organisationsgrades kann als Interpretationshilfe die „Gemeinsame Maßnahme betreffend die Strafbarkeit der kriminellen Vereinigung" vom 21.12.1998[1266] angeführt werden. Darin heißt es, dass eine kriminelle Vereinigung als ein auf längere Dauer angelegter Zusammenschluss von mehr als zwei Personen verstanden wird, die in Verabredung handeln, um Straftaten zu begehen, die mit Freiheitsentzug im Höchstmaß von mindestens vier Jahren Freiheitsstrafe bedroht sind. [1267] Mit Erlass des Rahmenbeschlusses des Rates vom 24.10.2008 zur Bekämpfung der organisierten Kriminalität[1268] wurde schließlich in Art. 1 festgelegt, dass es sich bei einer kriminellen Vereinigung um einen auf längere Dauer angelegten organisierter Zusammenschluss von mehr als zwei Personen handeln muss, die, um sich unmittelbar oder mittelbar einen finanziellen oder sonstigen

1264 Ausführliche Darstellung des Verfahrens bei *Satzger*, Internationales und Europäisches Strafrecht, § 9 Rn. 46 ff.

1265 *Hecker*, Europäisches Strafrecht, § 11, Rn. 11.

1266 Gemeinsame Maßnahme vom 21.12.1998 – vom Rat auf Grund von Art. K.3 des Vertrages über die Europäische Union angenommen, betreffend die Strafbarkeit der Beteiligung an einer kriminellen Vereinigung in den Mitgliedstaaten der Europäischen Union, ABl. L 351/1 vom 29.12.1998, S. 1.

1267 *Hecker*, Europäisches Strafrecht, § 11, Rn. 11.

1268 Rahmenbeschluss des Rates zur Bekämpfung der organisierten Kriminalität vom 24.10.2008, ABl. EU L 300/42.

materiellen Vorteil zu verschaffen, in Verabredung handeln, um Straftaten zu begehen, die mit einer Freiheitsstrafe oder einer freiheitsentziehenden Maßregel der Besserung und Sicherung im Höchstmaß von mindestens vier Jahren oder einer schwereren Strafe bedroht sind. Ein organisierter Zusammenschluss liegt wiederum dann vor, wenn dieser nicht zufällig zur unmittelbaren Begehung eines Verbrechens gebildet wird. Weiterhin muss dieser Zusammenschluss auch nicht notwendigerweise förmlich festgelegte Rollen für seine Mitglieder aufweisen, eine kontinuierliche Mitgliedschaft voraussetzen oder eine ausgeprägte Struktur haben.

Nicht erforderlich zu sein scheint in diesem Zusammenhang das hier zu Lande bislang befürwortete Erfordernis der Bildung eines Gesamtwillens und der Unterwerfung der Mitglieder unter diesen Willen, welches der BGH 1992 festlegt hat.[1269] In seiner Entscheidung fordert der BGH eine Regelhaftigkeit und eine Art der Willensbildung, die geeignet ist, Gruppendynamik zu entfalten und dadurch eine spezifische Gefährlichkeit der Vereinigung zu begründen. Das Prinzip von Befehl und Gehorsam sei nur dann als Regel der Willensbildung anzuerkennen, wenn es zu einer Art gemeinsamem Unterwerfungsbeschlusses aller Mitglieder unter diese Regel komme.[1270] In der Folge des Gesamtwillenerfordernisses bleiben weite Bereiche des Phänomens der organisierten Kriminalität jedoch von der Anwendung des § 129 StGB ausgenommen, da der Wille meist innerhalb des Personenkreises nicht unter Einbindung der einzelnen Mitglieder erfolgt, die Gruppen darüber hinaus hierarchisch strukturiert sind und keine Gruppenidentität aufbauen.[1271] Der BGH begründet seine Judikatur jedoch teleologisch. Der Gesamtwille sei erforderlich, denn die spezifische Organisationsgefahr der Vereinigung nach den §§ 129 ff. StGB liege auch darin begründet, dass diese eine Gruppendynamik entfalte, die den Gruppenangehörigen einen ständigen Anreiz zur Begehung von Straftaten gebe. Durch diese Gruppendynamik werde wiederum das Gefühl der persönlichen Verantwortung zurückgedrängt, und die Hemmschwelle, entsprechende Taten zu begehen, sinke.[1272]

Kritisiert wird an dieser Entscheidung, dass der BGH offenbar immer noch sehr eine „stark am Bild von Vereinssatzungen und Parteibeschlüssen orientierte Rechtsprechung" ausübe, die dazu führe, besonders gefährliche, hierarchisch strukturierte Erscheinungsformen von der Strafandrohung auszunehmen. Der

---

1269 BGH NJW 1992, 1518 f. (zu den Anforderungen an den Gruppenwillen bei § 129 StGB bei organisiertem Glücksspiel; keine Bildung einer kriminellen Vereinigung bei Unterwerfung unter den Anführerwillen, da dies lediglich der Wille eines Individuums und nicht repräsentativ für die dahinterstehende Gesamtheit ist).

1270 *Kress*, JA 2005, 220 (224).

1271 *Kress*, JA 2005, 220 (224).

1272 BGH NJW 1992, 1518 (1519).

BGH distanziert sich damit nicht – wie schon frühzeitig das BVerfG[1273] – von der nur politischen Kriminalität. Im Lichte des neuen europäischen Rahmens bedarf diese Haltung jedoch der Korrektur.[1274]

II. Bisherige Maßnahmen zur Bekämpfung krimineller Vereinigungen bzw. organisierter Kriminalität auf europäischer Ebene

1. Gemeinsame Maßnahme vom 21.12.1998

Die Gemeinsame Maßnahme des Rates vom 21.12.1998 betreffend die Strafbarkeit der Beteiligung an einer kriminellen Vereinigung in den Mitgliedstaaten der Europäischen Union[1275] umfasst lediglich die Strafbarkeit der Beteiligung an einer kriminellen Vereinigung in den Mitgliedstaaten der Europäischen Union. Zur besseren Bekämpfung krimineller Vereinigungen verpflichteten sich die Mitgliedstaaten dafür zu sorgen, dass die in der Gemeinsamen Maßnahme beschriebenen Verhaltensweisen durch wirksame, verhältnismäßige und abschreckende Strafen geahndet werden können.

Wie schon vorausgehend dargestellt, war im Sinne dieser Maßnahme unter krimineller Vereinigung ein auf längere Dauer angelegter organisierter Zusammenschluss von mehr als zwei Personen zu verstehen, die in der Verabredung handeln, Straftaten zu begehen, die mit Freiheitsstrafe oder einer freiheitsentziehenden Maßregel der Besserung und Sicherung im Höchstmaß von mindestens vier Jahren oder einer schwereren Strafe bedroht sind, gleichviel, ob diese Straftaten Hauptzweck oder ein Mittel sind, um geldwerte Vorteile zu erlangen und gegebenenfalls die Tätigkeit öffentlicher Stellen in unzulässiger Weise zu beeinflussen. Geahndet werden sollte das Verhalten einer Person, die sich vorsätzlich und entweder in Kenntnis des Ziels und der allgemeinen strafbaren Tätigkeit dieser Vereinigung oder in Kenntnis der Absicht der Vereinigung, die betreffende Straftat zu begehen, aktiv beteiligt an den strafbaren Tätigkeiten der Vereinigung. Dies galt auch für den Fall, dass diese Person sich nicht an der eigentlichen Ausführung der Straftaten beteiligt hatte und – vorbehaltlich der allgemeinen strafrechtlichen Grundsätze des jeweiligen Mitgliedstaates – auch wenn die Straftaten nicht ausgeführt wurden, Art. 2 Abs. 1 a) der Gemeinsamen

1273 BVerfGE 17, 155 ff.
1274 *Kress*, JA 2005, 220 (225).
1275 ABl. EG Nr. L 351/1 vom 29.12.1998.

Maßnahme. Schließlich musste auch das Verhalten einer Person geahndet werden können, die mit einer oder mehreren Personen eine Verabredung über die Ausübung einer Tätigkeit getroffen hatte, deren Durchführung oder Begehung der unter den genannten Straftaten gleichkäme, wiederum unabhängig von der Beteiligung an der eigentlichen Ausführung der Tätigkeit, Art. 2 Abs. 1 b) der Gemeinsamen Maßnahme.[1276]

2. Empfehlung des Rates vom 25.4.2002

Am 25.4.2002 kam es zu einer „Empfehlung des Rates über die Verbesserung der Ermittlungsmethoden bei der Bekämpfung der organisierten Kriminalität im Zusammenhang mit organisiertem Drogenhandel: zeitgleiche Ermittlungen gegen kriminelle Vereinigungen wegen Drogenhandels und Vermögensermittlungen."[1277] Darin heißt es u.a., die Europäische Union habe sich stets fest entschlossen gezeigt, jede Art von Kriminalität, einschließlich der Kriminalität im Zusammenhang mit dem organisierten Drogenhandel zu bekämpfen und sei immer bestrebt gewesen, der Problematik der wachsenden Ausbreitung des Drogenhandels in verschiedenen Gruppen der Gesellschaft in der Weise entgegenzuwirken, dass sie angemessene Rechtsvorschriften angenommen hat. Der illegale Drogenhandel bringe hohe Erträge hervor, die es den Kriminellen in diesem Bereich ermöglichen, der Gesellschaft allgemein Schaden zuzufügen. Der Rat empfahl den Mitgliedstaaten daher u.a. die Anwendung einer bestimmten Methode, die darin bestand, von Beginn an an allen Fronten Ermittlungen in Bezug auf die Drogenhandelsaktivitäten und Ermittlungen in Bezug auf die Vermögensstruktur der Vereinigung zu führen. Insgesamt ging es in der Empfehlung um ermittlungstechnische Hinweise zur Bekämpfung der organisierten Kriminalität im Zusammenhang mit organisiertem Drogenhandel sowie der Kooperation der Mitgliedstaaten dabei. Materiell-rechtliche Vorschriften fanden dabei hingegen keine Erwähnung, wenngleich die Existenz bestimmter Rechtsnormen zur Ausführung der empfohlenen Methode inzident als erforderlich angesehen wurde.[1278]

1276 Ausführliche spanische Darstellung bei *Blanco Cordero/Sánchez Garcia de Paz*, Revista Penal n° 6 (1999), S. 7 f.

1277 ABl. EG 2002/C 114/01.

1278 So heißt es beispielsweise unter Absatz 14 der Empfehlung: „Unter „Vermögensermittlungen" ist die Ermittlungstechnik zu verstehen, bei der in Archiven und Datenbanken (öffentlicher oder privater Art) und anderen Quellen vorhandene Informationen systematisch analysiert werden, damit Vermögensgegenstände und Anrechte, die ein Vermögen darstellen, ermittelt und im Einzelnen aufgeführt sowie einer natürlichen oder juristischen Person zugeordnet werden können." Dass es hierfür einer bestimmte Rechtsnorm als Ermächtigungsgrundlage bedarf, ist offensichtlich.

3. Vorschlag eines Rahmenbeschluss des Rates

Um jedoch eine tatsächliche Angleichung des Strafrechts der Mitgliedstaaten zu bewirken, hatte die Kommission am 19.1.2005 einen Vorschlag für einen Rahmenbeschluss des Rates zur Bekämpfung der organisierten Kriminalität vorgelegt.[1279] In der Begründung heißt es, im Verlauf des letzten Jahrzehnts sei es kriminellen Organisationen gelungen, international angelegte Netzwerke von großer Spannweite zu errichten und umfangreiche Profite zu erzielen. Durch illegalen Drogenhandel, Menschenhandel, illegalen Waffen- und Munitionshandel, Fälschungen und Produktpiraterie und generell mit international angelegten Betrugspraktiken werden immense Gewinne erwirtschaftet; eine genaue Bezifferung des Ausmaßes sei jedoch mangels gemeinsamer Definition dieses Phänomens seitens der Mitgliedstaaten nicht möglich. In dem Vorschlag wird auch Bezug auf die Gemeinsame Maßnahme zur Beteiligung an einer kriminellen Vereinigung genommen, jedoch bräuchte die Union jetzt ein ehrgeizigeres und verbindlicheres Instrument, das eben auch tatsächlich eine Angleichung des Strafrechts der Mitgliedstaaten bewirkt und die Zusammenarbeit verbessert, um die organisierte Kriminalität wirksamer bekämpfen zu können. Weiterhin heißt es, die organisierte Kriminalität sei ihrem Wesen nach dynamisch und nicht an starre Strukturen gebunden. Es habe sich gezeigt, dass sie in der Lage sei, entsprechend den sich wandelnden Marktkräften und Gegebenheiten auf unternehmerische, geschäftsmäßige und hochflexible Weise vorzugehen.[1280] Der immer höhere Entwicklungsstand zahlreicher Gruppierungen der organisierten Kriminalität ermögliche es diesen, legale Schlupflöcher und Gesetzesunterschiede zwischen den Mitgliedstaaten zu nutzen und von Anomalien in den verschiedenen Systemen zu profitieren. Um der Bedrohung durch illegale Gruppierungen mit internationalen Kontakten entgegenzuwirken, sei eine dynamische und koordinierte Reaktion aller Mitgliedstaaten erforderlich.[1281]

Dem Vorschlag für einen Rahmenbeschluss zur Bekämpfung der organisierten Kriminalität nach ist gemäß Art. 1 eine kriminelle Vereinigung der auf längere Dauer angelegte organisierte Zusammenschluss von mehr als zwei Personen, die mit dem Ziel, sich unmittelbar oder mittelbar einen finanziellen oder sonstigen Vorteil zu verschaffen, in Verabredung handeln, um Straftaten zu begehen, die mit einer Freiheitsstrafe oder einer freiheitsentziehenden Maßregel der

1279 Vorschlag für einen Rahmenbeschluss des Rates zur Bekämpfung der organisierten Kriminalität vom 19.1.2005, KOM(2005) 6 endgültig, 2005/0003 (CNS).

1280 Vgl. Vorschlag für einen Rahmenbeschluss des Rates zur Bekämpfung der organisierten Kriminalität vom 19.1.2005, KOM(2005) 6 endgültig, 2005/0003 (CNS), S. 2.

1281 Vgl. Vorschlag für einen Rahmenbeschluss des Rates zur Bekämpfung der organisierten Kriminalität vom 19.1.2005, KOM(2005) 6 endgültig, 2005/0003 (CNS), S. 3.

Besserung und Sicherung im Höchstmaß von mindestens vier Jahren oder einer schwereren Strafe bedroht sind. Letztlich wurde hier die Definition der Gemeinsamen Maßnahme vom 21.12.1998 übernommen. Was den organisierten Zusammenschluss angeht, so ist darunter ein solcher zu verstehen, der nicht zufällig zur unmittelbaren Begehung eines Verbrechens gebildet wird und der nicht notwendigerweise förmlich angelegte Rollen für seine Mitglieder, eine kontinuierliche Mitgliedschaft oder eine ausgeprägte Struktur hat.[1282]

Nach Art. 2 des Vorschlages für einen Rahmenbeschluss haben die Mitgliedstaaten die notwendigen Maßnahmen zu treffen, um Straftatbestände einzuführen, die zum einen das Anführen einer kriminellen Vereinigung betreffen, zum anderen das Verhalten von Personen, die sich vorsätzlich und in Kenntnis entweder des Ziels und der allgemeinen kriminellen Tätigkeit einer kriminellen Vereinigung oder deren Absicht, die betreffende Straftaten zu begehen, aktiv an den kriminellen Tätigkeiten dieser Vereinigung beteiligen, einschließlich der Bereitstellung von Informationen oder materiellen Mitteln, Anwerbung neuer Teilnehmer oder durch jegliche Art der Finanzierung der Tätigkeiten dieser Vereinigung, im Wissen, das diese Beteiligung zur Realisierung der kriminellen Tätigkeiten der Vereinigung beiträgt.

Bis es jedoch zu einer tatsächlichen Umsetzung des Rahmenbeschlusses kam, vergingen noch über drei Jahre.

4. Mitteilung der Kommission zur „Entwicklung eines Strategiekonzepts für die Bekämpfung der organisierten Kriminalität"

Der Europäische Rat hatte die mit der Kriminalitätsprävention und -bekämpfung befassten Organe und Einrichtungen der EU ersucht, einen Rahmen für einschlägige Maßnahmen auszuarbeiten, der die Aspekte der Vorbeugung, der Strafverfolgung und der Wahrung der Grundrechte ausgewogen berücksichtigt. So kam es zu einer Mitteilung der Kommission an den Rat und das Europäische Parlament zur Entwicklung eines Strategiekonzepts für die Bekämpfung der organisierten Kriminalität. [1283] Diese Mitteilung stellt darauf ab, unter Berücksichtigung des Haager Programms die vorrangigen politischen, legislativen und operativen Ziele für die kommenden Jahre festzulegen.

1282 Vgl. Vorschlag für einen Rahmenbeschluss des Rates zur Bekämpfung der organisierten Kriminalität vom 19.1.2005, KOM(2005) 6 endgültig, 2005/0003 (CNS), S. 12.

1283 KOM(2005) 232 endgültig; nicht im Amtsblatt veröffentlicht.

a) Exkurs: Das Haager Programm

„Wie lässt sich der Raum der Freiheit, der Sicherheit und des Rechts in der Europäischen Union ausbauen?“ Auf diese Frage hatte die Kommission im Jahre 2005 Antworten und entwickelte einen Katalog von zehn Prioritäten für die nächsten fünf Jahre.[1284] Das auf mehrere Jahre angelegte Haager Programm wurde vom Europäischen Rat am 4./5.11.2004 angenommenen, wobei sich die Kommission dabei auf folgende zehn Schwerpunkte konzentrierte:[1285]

- Stärkung der Grundrechte sowie der Unionsbürgerschaft
- Bekämpfung des Terrorismus
- Erarbeitung eines ausgewogenen Konzepts zur Steuerung der Migrationsströme
- Schaffung eines integrierten Schutzes an den Außengrenzen der Union
- Maximierung der positiven Auswirkungen der Einwanderung
- Schaffung des richtigen Verhältnisses zwischen Informationsaustausch und Datenschutz
- Ausarbeitung eines strategischen Konzepts zur Bekämpfung der organisierten Kriminalität
- Gewährleistung eines funktionsfähigen europäischen Rechtsraums für jeden Bürger
- Gemeinsame Ausübung von Solidarität und Verantwortung

Näher eingegangen werden soll an dieser Stelle auf die Vorhaben hinsichtlich der Bekämpfung des Terrorismus und der Bekämpfung der organisierten Kriminalität.

aa) Bekämpfung des Terrorismus

Um den Terrorismus wirksam bekämpfen zu können, ist eine „globale Strategie“ mit einem integrierten, kohärenten Vorgehen erforderlich. Dabei spielt die Terrorismusprävention und der Informationsaustausch eine herausragenden Rolle. Die Kommission hat es sich zum Ziel gemacht, die Mitgliedstaaten in ihrem Kampf gegen den Terrorismus zu unterstützen und schenkt den Aspekten der Anwerbung von Terroristen und Finanzierung des Terrorismus sowie andererseits Prä-

1284 Mitteilung der Kommission an den Rat und das Europäische Parlament vom 10.5.2005 – Das Haager Programm: Zehn Prioritäten für die nächsten fünf Jahre. Die Partnerschaft zur Erneuerung Europas im Bereich der Freiheit, der Sicherheit und des Rechts [KOM (2005) 184 endgültig – ABl. C 236 vom 24.9.2005].

1285 Zu den einzelnen Schwerpunkten finden sich Ausführungen unter http://europa.eu/legislation_summaries/justice_freedom_security/fight_against_organised_crime/l16002_de.htm, zuletzt besucht am 22.3.2013; vgl. auch *Faraldo Cabana*, Asociaciones ilícitas, pos. 823.

vention, Risikoanalyse, Schutz wichtiger Infrastruktureinrichtungen und Folgenbewältigung besondere Aufmerksamkeit. Eine Kooperation mit Drittstaaten ist unerlässlich für die effiziente Bekämpfung dieses Phänomens, die die Kommission mit folgenden Maßnahmen erreichen möchte: Es soll Vorschläge zur Stärkung der Kooperation der Strafverfolgungsbehörden der Mitgliedstaaten geben mit dem Ziel des besseren Informationsaustausches; ferner soll ein europäischer Rahmen für den Datenschutz in diesem Bereich geschaffen werden, eine Mitteilung über den Schutz kritischer Infrastrukturen[1286] sowie eine Mitteilung über die Prävention und Bekämpfung der Terrorismusfinanzierung, einen Vorschlag zur Verhütung des Missbrauchs karitativer Organisationen für die Terrorismusfinanzierung und schließlich Folgemaßnahmen zum Pilotprojekt zugunsten der Opfer von Terroranschlägen.[1287]

bb) Strategisches Konzept zur Bekämpfung der organisierten Kriminalität

Zur Bekämpfung der organisierte Kriminalität ist eine Zusammenarbeit der nationalen Strafverfolgungsbehörden wie Polizei und Zoll unerlässlich. Eine der primären Aufgaben ist die Erarbeitung eines Modells für kriminalpolizeiliche Verfahren, weswegen die Kommission eine Mitteilung über die Entwicklung eines Strategiekonzepts für die Bekämpfung der organisierten Kriminalität verabschiedete. Seit den 1990er Jahren waren auf EU-Ebene mehrere Initiativen legislativer und nicht legislativer Art in den Bereichen Prävention, Strafrecht und Verfahrensrecht angenommen worden. Diese sollten im Rahmen der Erarbeitung des Konzepts evaluiert werden, um etwaige zutage getretene Mängel zu beseitigen oder diesen entgegenwirken zu können.

b) Ziele des Strategiekonzepts

Zu den Zielen des Strategiekonzepts gehören folgenden drei Hauptpunkte:

- Bessere Kenntnis der organisierten Kriminalität und Verstärkung der Informationssammlung und -analyse

1286 Bei sog. kritische Infrastrukturen handelt es sich um „materielle und informationstechnologische Einrichtungen, Netze, Dienste und Anlagegüter, deren Störung oder Vernichtung gravierende Auswirkungen auf die Gesundheit, die Sicherheit oder das wirtschaftliche Wohlergehen der Bürger sowie auch auf die Regierungsarbeit in den Mitgliedstaaten hätte“, vgl. Europäisches Programm zum Schutz kritischer Infrastrukturen http://europa.eu/legislation_summaries/justice_freedom_security/fight_against_terrorism/l33260_de.htm, zuletzt besucht am 21.3.2013.

1287 http://europa.eu/legislation_summaries/justice_freedom_security/fight_against_organised_crime/l16002_de.htm, zuletzt besucht am 21.3.2013.

- Verstärkung der Prävention der organisierten Kriminalität
- Verstärkung der Instrumente und Ausbau der Kooperation

aa) Kenntnis und Information

Wie schon eingangs erwähnt, gibt es keine allgemeingültige Definition des Phänomens der organisierten Kriminalität auf EU-Ebene. Dies liegt insbesondere auch daran, dass diese in der heutigen Zeit, die von Globalisierung und modernen Technologien geprägt ist, immer wieder neue Formen annimmt. Hinzu kommt die vom Terrorismus ausgehende Bedrohung und dessen weltweit agierenden Netzwerken. Zur gezielten Bekämpfung und Schaffung von Gegenmitteln muss das bereits existierende Wissen in diesem Bereich zusammengebracht und immer wieder aktualisiert werden. Ziel ist der Aufbau eines EU-Systems für Kriminalitätsstatistik. Besonders wichtig erscheint der Kommission in diesem Zusammenhang eine Strafverfolgungspolitik, die sich „auf die Sammlung sachdienlicher Informationen auf EU-Ebene, die Verfügbarkeit dieser Informationen und den Zugang zu diesen sowie auf größere Offenheit zwischen den europäischen und internationalen Strafverfolgungsdiensten stützt."[1288] Erforderlich wäre ein Modell für die polizeiliche „Intelligence"-Arbeit in der EU, aufgrund dessen eine Risikobewertung hinsichtlich der von der organisierten Kriminalität ausgehenden Gefahr für die EU vorgenommen werden kann. Europol soll bei der Ermittlung der erforderlich Maßnahmen eine zentrale Rolle spielen.

bb) Prävention

Im Rahmen einer wirksamen Kriminalitätsverhütungspolitik haben einige EU-Mitgliedstaaten ein neues Konzept für ein Vorgehen auf Verwaltungsebene entwickelt, mit dessen Hilfe einer Etablierung krimineller Vereinigungen auf legalen Märkten entgegengewirkt werden soll. Weiterhin seien Partnerschaften zwischen dem öffentlichen und dem privaten Sektor ein wirksames Mittel zur Verhütung von Kriminalität im Allgemeinen und von organisierter Kriminalität im Besonderen. Insbesondere der Ausbau der Zusammenarbeit zwischen dem privaten Sektor und den Strafverfolgungsdiensten sei deshalb hierbei von besonderer Priorität.[1289]

1288 Vgl. http://europa.eu/legislation_summaries/justice_freedom_security/fight_against_organised_crime/l33250_de.htm, zuletzt besucht am 21.3.2013.

1289 Vgl. http://europa.eu/legislation_summaries/justice_freedom_security/fight_against_organised_crime/l33250_de.htm, zuletzt besucht am 21.3.2013.

cc) Instrumente und Kooperation

Was die Verstärkung der Instrumente und den Ausbau der Zusammenarbeit hinsichtlich der Bekämpfung der organisierten Kriminalität angeht, so wurden seitens der Kommission mehrere Maßnahmen vorgeschlagen: So soll es zu einem verstärkten Einsatz von gemeinsamen Untersuchungsteams kommen sowie zu einer rascheren Erhebung von Beweismitteln mittels der Europäischen Beweisanordnung und einfacheren Beweismittelzulassungen nach dem Grundsatz der gegenseitigen Anerkennung. Weiterhin sei eine verstärkte Berücksichtigung der Möglichkeit der Erhebung, Aufbewahrung und Übermittlung von elektronischen Beweismitteln sowie Datenspeicherung für elektronische Kommunikationsdienste erforderlich und schließlich auch die Ausarbeitung eines Zeugenschutzprogramms.[1290]

c) Umsetzung des Haager Programms

Mit einem Aktionsplan wurde ein Bezugsrahmen für die Arbeiten der Kommission und des Rates für die Jahre 2004-2009 geschaffen. Darin enthalten ist ein Zeitplan für die Annahme und Durchführung aller aufgeführten Maßnahmen, die den Zielen und Prioritäten des Haager Programms – Stärkung der Freiheit, der Sicherheit und des Rechts in der EU – entsprechen. Mithilfe der Maßnahmen – Legislativvorschläge, als Konsultationsgrundlage dienende Dokumente (Grünbücher) oder Berichte – sollte eine konkrete und wirksame Umsetzung des Haager Programm gewährleistet werden.[1291] Es folgten jährliche Evaluationen[1292] und Berichte[1293] hinsichtlich der Umsetzung des Programms bzw. dessen Gesamtbilanz. Dabei zeigte sich im Ergebnis, dass mit der Umsetzung doch erhebliche

1290 Vgl. http://europa.eu/legislation_summaries/justice_freedom_security/fight_against_organised_crime/l33250_de.htm, zuletzt besucht am 21.3.2013.

1291 Aktionsplan des Rates und der Kommission zur Umsetzung des Haager Programms zur Stärkung von Freiheit, Sicherheit und Recht in der Europäischen Union *[ABl. C 198 vom 12.8.2005]*.

1292 Vgl. Mitteilung der Kommission an den Rat und das Europäische Parlament vom 28.6.2006 – Evaluierung der EU-Maßnahmen im Bereich Freiheit, Sicherheit und Recht [KOM(2006) 332 endgültig – ABl. C 184 vom 8.8.2006].

1293 Vgl. Mitteilung der Kommission an den Rat und das Europäische Parlament vom 28.6.2006 – Bericht über die Umsetzung des Haager Programms im Jahr 2005 [KOM(2006) 333 endgültig – ABl. C 184 vom 8.8.2006]; Mitteilung der Kommission an den Rat und das Europäische Parlament vom 3.7.2007 – Bericht über die Umsetzung des Haager Programms im Jahr 2006 [KOM(2007) 373 endgültig – ABl. C 191 vom 17.8.2007]; Mitteilung der Kommission an den Rat und das Europäische Parlament vom 2.7.2008 – Bericht über die Umsetzung des Haager Programms im Jahr 2007 [KOM(2008) 372 endgültig].

Schwierigkeiten innerhalb der Mitgliedstaaten verbunden waren und man deshalb von einer gemischten Gesamtbilanz sprach.[1294]

d) Mitteilung der Kommission zur Evaluierung 2009

Diese Mitteilung der Kommission[1295] beinhaltet die Evaluierung der Umsetzung des Haager Programms auf Ebene der EU und deren Mitgliedstaaten. Ferner sind darin weitere Schlagworte zu finden, an denen sich zukünftige Maßnahmen im Rahmen des nächsten auf mehrere Jahr angelegten Programms orientieren sollen. Dieses Programm läuft unter dem Namen „Stockholmer Programm."[1296]

Insgesamt gab es positive wie negative Entwicklungen zu verzeichnen. So haben Initiativen im Bereich Justiz, Freiheit und Sicherheit insbesondere beim Schutz der Grundrechte, bei der Asyl- und Einwanderungspolitik, der Grenzverwaltung und der Visa-Politik, aber auch bei der Bekämpfung des Terrorismus und der organisierten Kriminalität sowie der polizeilichen Zusammenarbeit für Fortschritte gesorgt. Was allerdings beispielsweise die Drogenbekämpfung angeht, so war diese zwar wirksam, doch hat der Drogenkonsum gleichwohl in einigen Mitgliedstaaten zugenommen. Allgemein wurden jedoch die meisten der im Haager Programm festgelegten Einzelmaßnahmen angenommen, wenngleich sich deren Wirkung oftmals erst auf längere Sicht hin voll entfalten wird.

1294 Eine Zusammenfassung der Berichte sowie eine Verlinkung zu den jeweiligen Dokumenten finden sich unter: http://europa.eu/legislation_summaries/justice_freedom_security/fight_against_organised_crime/l16002_de.htm, zuletzt besucht am 21.3.2013.

1295 Mitteilung der Kommission an den Rat, das Europäische Parlament, den Europäischen Wirtschafts- und Sozialausschuss und den Ausschuss der Regionen vom 10. Juni 2009 – Justiz, Freiheit und Sicherheit in Europa seit 2005: Evaluierung des Haager Programms und des Aktionsplans [KOM(2009) 263 endgültig].

1296 Das Stockholmer Programm — Ein offenes und sicheres Europa im Dienste und zum Schutz der Bürger, ABl C 115 vom 4.5.2010. Dieses Programm legt erneut die Prioritäten der Europäischen Union für den Raum der Freiheit, der Sicherheit und des Rechts für den Zeitraum von 2010 bis 2014 fest. Es baut auf den im Rahmen des Tampere-Programms und des Haager Programm erreichten Ergebnissen auf und den zukünftigen Herausforderungen begeg-nen sowie den Raum der Freiheit, der Sicherheit und des Rechts weiter stärken, wobei den Mittelpunkt der künftig zu ergreifenden Maßnahmen die Interessen und Bedürfnisse der Bürger bilden. Näheres zu den Zielen ist zu finden unter http://europa.eu/legislation_summaries/justice_freedom_security/fight_against_organised_crime/jl0034_de.htm sowie das Programm an sich, abrufbar unter http://eur-lex.europa.eu/LexUriServ/LexUriServ.do?uri=OJ:C:2010:115:0001:01:DE:HTML, zuletzt besucht am 21.3.2013.

5. Rahmenbeschluss des Rates zur Bekämpfung der organisierten Kriminalität

Dass jedoch neben den bereits ergriffenen Maßnahmen auch Handlungsbedarf bei der Harmonisierung der Straftatbestände der Mitgliedstaaten bestand und es nicht nur bei einem Vorschlag für einen Rahmenbeschluss zur Bekämpfung der organisierten Kriminalität bleiben konnte, zeigte auch die sich an der rasanten Weiterentwicklung dieses Phänomens. So bringt es der spanische Strafrechtsprofessor *Cancio Melía* auf den Punkt – es „bewegt sich ein Schnellzug namens organisierte Kriminalität von verschiedenen (insbesondere europäischen) Ausgangsbahnhöfen auf die traditionelle Vertatbestandlichung der kriminellen Vereinigung zu."[1297] Man müsse davon ausgehen, dass neben den „traditionellen Feldern" wie z.B. dem Drogenhandel oder der Geldwäsche neue illegale Marktsegmente erschlossen werden, auch mithilfe innovativer krimineller Praktiken. Besonderes Augenmerk sei auch auf das Internet zu richten, welches eine Vielzahl von Möglichkeiten der betrügerischen Erlangung von Vermögensvorteilen biete und wo es keine Rolle spiele, an welchem Ort der Täter sich aufhalte. Weiterhin mache es auch die zunehmende Globalisierung möglich, dass kriminelle Gruppen ihren Standort rasch wechseln können, was eine eine Kooperation innerhalb der europäischen Grenzen, aber auch darüber hinaus unerlässlich werden lässt.[1298] Die Kommission stellte in ihrer Mitteilung vom 29.3.2004[1299] über bestimmte Maßnahmen, die zur Bekämpfung des Terrorismus und anderer schwerwiegender Formen der Kriminalität, insbesondere im Hinblick auf die Verbesserung des Informationsaustauschs, zu treffen sind, fest, dass die Maßnahmen zur Bekämpfung der organisierten Kriminalität verbessert werden müssen.

Schließlich wurde am 24.10.2008 der Rahmenbeschluss des Rates zur Bekämpfung der organisierten Kriminalität[1300] erlassen, der die Definitionen der Straftatbestände im Zusammenhang mit der Beteiligung an einer kriminellen Vereinigung enthält.[1301] Darüber hinaus legt er entsprechende gegen die Straftäter – natürliche und juristische Personen gleichermaßen – zu verhängende Sanktionen fest, unabhängig davon, ob sie die Taten begangen haben oder für die

---

1297 *Cancio Meliá*, in: FS Jakobs, S. 29 bzw. „*convoy rápido*" und „*locomotora*" in *Cancio Meliá/ Silva Sánchez*, Delitos de organisación, S. 19, 21.

1298 *Mörbel/Schmidt*, Bekämpfung der organisierten Kriminalität, S. 11, abrufbar unter www.fes.de/kompass2020/pdf/Kriminalitaet.pdf, zuletzt besucht am 21.3.2013.

1299 [KOM(2004) 0221 endgültig].

1300 ABl. EU Nr. L 300 S. 43, abrufbar unter: http://eur-lex.europa.eu/LexUriServ/LexUriServ.do?uri=OJ:L:2008:300:0042:0045:DE:PDF, zuletzt besucht am 21.3.2013; *Kreß/Gazeas*, in: Sieber/Brüner/Satzger/v. Heintschel-Heinegg, Europäisches Strafrecht, § 18 Rn. 8 ff.; im Folgenden „RB".

1301 Vgl. auch *Faraldo Cabana*, Asociaciones ilícitas, pos. 833 ff.

Begehung der Taten verantwortlich sind. Die Umsetzungsfrist für den Rahmenbeschluss endete zum 11.5.2010. Art. 10 RB sieht eine Überprüfung, inwieweit die Mitgliedstaaten ihrer Umsetzungsverpflichtung nachgekommen sind, bis zum 11.11.2012 vor.

a) Kriminelle Vereinigung nach Art. 1 RB

Nach Art. 1 RB[1302] handelt es sich bei einer kriminellen Vereinigung um einen „auf längere Dauer angelegten organisierten Zusammenschluss von mehr als zwei Personen, die, um sich unmittelbar oder mittelbar einen finanziellen oder sonstigen materiellen Vorteil zu verschaffen, in Verabredung handeln, um Straftaten zu begehen, die mit einer Freiheitsstrafe oder einer freiheitsentziehenden Maßregel der Besserung und Sicherung im Höchstmaß von mindestens vier Jahren oder einer schwereren Strafe bedroht sind." Bei dieser Definition handelt es sich um eine Anlehnung an Art. 1 Abs. 1 der Gemeinsamen Maßnahme vom 21.12.1998. Auch liegt eine Übereinstimmung mit dem Begriff der „kriminellen organisierten Gruppe" des *Palermo*-Übereinkommens vor (Art. 2 lit. a).[1303] Die Definition unterscheidet sich hingegen von der der Gemeinsamen Maßnahme hinsichtlich des Begriffsmerkmals „organisierter Zusammenschluss". Dieser wird einer „Unterdefintion zugeführt" [1304], nach der dieser „nicht zufällig zur unmittelbaren Begehung eines Verbrechens gebildet wird und der auch nicht notwendigerweise förmlich festgelegte Rollen für seine Mitglieder, eine kontinuierliche Mitgliedschaft oder ausgeprägte Struktur" hat.

Auf das Verhältnis dieses europäischen Vereinigungsbegriffs mit dem Vereinigungsbegriff nach § 129 StGB wird noch gesondert eingegangen werden.[1305]

b) Ziel

Mit Erlass des Rahmenbeschlusses soll die Definition von Straftaten im Zusammenhang mit einer kriminellen Vereinigung in den Mitgliedstaaten harmonisiert und entsprechende Sanktionen für diese Straftatbestände festgelegt werden. Es werden zwei Verhaltensweisen angeführt, von denen die Mitgliedstaaten

1302 ABl. EU Nr. L 300, S. 42

1303 Bei diesem Abkommen handelt es sich um das Übereinkommen der Vereinten Nationen gegen grenzüberschreitende organisierte Kriminalität, einem völkerrechtlichen Vertrag aus dem Jahr 2000; BGBl. 2005 II, S. 954.

1304 *Kreß/Gazeas*, in: Sieber/Brüner/Satzger/v. Heintschel-Heinegg, Europäisches Strafrecht, § 18 Rn. 13.

1305 Vgl. Gliederungsebene E. III. 1. dieser Arbeit.

mindestens eine als Straftatbestand umsetzen müssen. Zum einen kann dies die aktive Beteiligung an den kriminellen Tätigkeiten der Vereinigung in Kenntnis des Ziels oder der Absicht der Vereinigung, Straftaten zu begehen sein, zum anderen die Vereinbarung über die Begehung von Straftaten, ohne notwendigerweise an ihrer Ausführung beteiligt zu sein. Den Mitgliedstaaten wird auferlegt, die genannten Verhaltensweisen folgendermaßen zu ahnden (Art. 3 RB): das erstgenannte Verhalten muss mit einer Freiheitsstrafe im Höchstmaß von mindestens zwei bis fünf Jahren bestraft werden können sowie letzteres mit einer Freiheitsstrafe in demselben Höchstmaß wie die geplanten Straftaten oder im Höchstmaß von mindestens zwei bis fünf Jahren.[1306] Strafmildernd kann sich auswirken bzw. sogar zur Straffreiheit führen, wenn der Täter sich von seiner kriminellen Tätigkeit lossagt und eine unterstützende Funktion bei der Lieferung von „Insider-Informationen" an die Behörden hinsichtlich der Straftaten oder Täter einnimmt. Hierzu enthält Art. 4 RB eine Regelung zur tätigen Reue bzw. zum Umgang mit Kronzeugen. Da es sich bei dieser Regelung um eine solche fakultativer Natur handelt, werden die Mitgliedstaaten insbesondere nicht dazu verpflichtet, im Bereich der Organisationsdelikte eine Kronzeugenregelung einzuführen. [1307]

Insbesondere bei der strafrechtlichen Verantwortlichkeit von juristischen Personen wird mit besonderer Strenge vorgegangen (Art. 5 RB). So müssen die Mitgliedstaaten gewährleisten können, dass jede juristische Person für die genannten Verhaltensweisen, die in ihrem Namen von einer Person mit Führungsposition innerhalb der juristischen Personen verübt werden, verantwortlich gemacht werden kann, was auch für den Fall gelten soll, dass diese Person allein gehandelt hat. Ferner soll auch eine juristische Person verantwortlich gemacht werden können, wenn mangelnde Überwachung oder Kontrolle durch eine Person allein oder durch eine solche, die Teil eines Organs der juristischen Person ist oder eine Führungsposition innerhalb der juristischen Person innehat, die Begehung einer Straftat in Zusammenhang mit kriminellen Vereinigungen zugunsten der juristischen Person durch eine ihr unterstellte Person ermöglicht hat. Was die zu verhängenden Sanktionen in diesem Zusammenhang angeht, so sollen diese nach Art. 6 Abs. 1 RB wirksam, verhältnismäßig und abschreckend sein. Ferner kann es zu einem Ausschluss von öffentlichen Hilfen, dem vorübergehende oder ständige Verbot einer Handelstätigkeit, der richterliche Aufsicht oder der richterlich angeordnete Auflösung kommen oder schließlich auch zur vorübergehende oder endgültige Schließung von Einrichtungen, die für die Straftat genutzt wur-

1306 *Kreß/Gazeas*, in: Sieber/Brüner/Satzger/v. Heintschel-Heinegg, Europäisches Strafrecht, § 18 Rn. 17.

1307 *Kreß/Gazeas*, in: Sieber/Brüner/Satzger/v. Heintschel-Heinegg, Europäisches Strafrecht, § 18 Rn. 19.

den. Diese Sanktionen müssen allerdings nicht (kriminal-)strafrechtlicher Natur sein.[1308]

6. Aktuelle Entwicklungen bei der Bekämpfung des Terrorismus und der organisierten Kriminalität

a) Bekämpfung des Terrorismus

Dass der Terrorismus auch eine Bedrohung für die Mitgliedstaaten der EU darstellt, ist nicht zuletzt durch die verheerenden Bombenattentate in Madrid und London in den Jahren 2004 und 2005 bestätigt worden. In dem seit 2007 jährlich von Europol herausgegebenen TE-SAT-Bericht (EU Terrorism Situation and Trend Report), der über die Situation und den Trend jeglicher Form von Terrorismus in Europa Auskunft gibt, ist ein Rücklauf terroristischer Anschläge zu verzeichnen. Zwar stieg die Zahl 2007 im Vergleich zum Vorjahr 2006 von 472 misslungenen oder vereitelten Anschlägen mit terroristischem Hintergrund auf 583. 2008 lag diese Zahl hingegen bei 441, 2009 bei 291 und 2010 schließlich bei 249.[1309] Um einer wieder ansteigenden Entwicklung entgegenzuwirken, finanzierte die EU mehrere Projekte im Bereich der Prävention, wie z.B. ein Handbuch zum Thema „Radikalisierung in Haftanstalten". Weiterhin kam es zu einer Ausdehnung der Verpflichtung zur Meldung verdächtiger Transaktionen auch auf Casinos und Rechtsanwälte, um eine Nutzung des Finanzsystems zum Zwecke der Geldwäsche oder der Terrorismusfinanzierung zu unterbinden.[1310] Man sprach sich auch für die Schaffung neuer Straftatbestände aus, um die Ausbildung sowie die Anwerbung für terroristische Zwecke oder die öffentliche Aufforderung zur Begehung einer solchen terroristischen Straftat pönalisieren zu können.[1311] Ein

---

1308 *Kreß/Gazeas*, in: Sieber/Brüner/Satzger/v. Heintschel-Heinegg, Europäisches Strafrecht, § 18 Rn. 20.

1309 Zu den Zahlen und den registrierten Mitgliedstaaten vgl. TE-SAT-Bericht 2007, S. 15, abrufbar unter www.europol.europa.eu/search/apachesolr_search/tesat2007pdf; TE-SAT-Bericht 2008, S. 12, abrufbar unter www.europol.europa.eu/search/apachesolr_search/tesat2008pdf; TE-SAT-Bericht 2009, S. 13, abrufbar unter www.europol.europa.eu/search/apachesolr_search/tesat2009.pdf; TE-SAT-Bericht 2010, S. 11, abrufbar unter www.europol.europa.eu/search/apachesolr_search/tesat2010pdf; TE-SAT-Bericht 2010, S. 11, abrufbar unter www.europol.europa.eu/search/apachesolr_search/tesat2011.pdf., alle zuletzt besucht am 21.3.2013.

1310 Richtlinie 2005/60/EG des Europäischen Parlaments und des Rates vom 26.10.2005 zur Verhinderung der Nutzung des Finanzsystems zum Zwecke der Geldwäsche und der Terrorismusfinanzierung, ABl. EG Nr. L 309 vom 25.11.2005, S. 15.

1311 Rahmenbeschluss 2008/919/JI des Rates vom 28.11.2008 zur Änderung des Rahmenbeschlusses 2002/475/JI zur Terrorismusbekämpfung, ABl. EU Nr. L 330/21, S. 3.

weiterer Fortschritt liegt in der Bereitstellung von Mitteln, um ein EU-weites Frühwarnsystem zu errichten, welches die Behörden über Gefahren durch abhanden gekommene oder gestohlene Sprengstoffe informieren soll. Eine 2005 verabschiedete Verordnung verpflichtet Reisende, die in die EU ein- oder ausreisen und dabei Barmittel in Höhe von 10.000 EUR und mehr mit sich führen, eine schriftliche Erklärung abzugeben.[1312] Schließlich wurden auch Instrumente zum besseren Schutz der kritischen Infrastruktur in der EU wie Straßen, Schienen und Stromnetze sowie Kraftwerksanlagen geschaffen.[1313]

Im Juni 2011 legte die Kommission eine Mitteilung „Optionen für ein EU-System zum Aufspüren der Terrorismusfinanzierung“[1314] vor. Nach dem Vorbild des US-amerikanische „Terrorist Finance Tracking Program“ (TFTP) soll ein zukünftiges europäisches System dahingehend eingesetzt werden, dass elektronisch abgewickelte Finanztransaktionen entweder anlasslos laufend nach bestimmten, auffälligen Suchkriterien durchsucht oder anlassbezogen die Finanzbeziehungen zwischen Verdächtigen oder „Gefährdern“ analysiert werden.[1315]

b) Bekämpfung der organisierten Kriminalität

Die Bedrohung der EU durch kriminelle Vereinigungen hat vielerlei Gesichter. Ihre Aktivitäten reichen vom Autodiebstahl und Drogenhandel über Schmuggel bis hin zu sog. „High Tech-Verbrechen“ (z.B. dem Identitätsdiebstahl) und schaden der Gemeinschaft in mehrfacher Hinsicht. Eine zusätzliche Kopplung dieser Delikte mit Finanzdelikten (Betrug, Geldfälschung oder Geldwäsche) sorgen für hohe Erträge seitens der kriminellen Vereinigungen und für einen immensen Schaden für die Volkswirtschaften der EU-Staaten. Um diesem Phänomen wirksam zu begegnen, wurden die Einrichtung nationaler Vermögensabschöpfungsstellen zum schnellen Aufspüren von Profit aus Straftaten[1316] sowie ein erkenntnisgestütztes Konzept seitens der EU unterstützt und gefördert. Was die Bekämpfung von Geldwäsche betrifft, so wurde ein dezentrales Computersystem

---

1312 Verordnung (EG) Nr. 1889/2005 des Europäischen Parlaments und des Rates vom 26.10.2005 über die Überwachung von Barmitteln, die in die Gemeinschaft oder aus der Gemeinschaft verbracht werden, ABl. EU Nr. L 309/9.

1313 Mitteilung der Kommission über ein Europäisches Programm für den Schutz kritischer Infrastrukturen vom 12.12.2006 [KOM(2006) 786].

1314 [KOM (2011) 335 endgültig].

1315 Vgl. *Brodowski*, ZIS 2011, 940 (950).

1316 Beschluss des Rates vom 6.12.2007 über die Zusammenarbeit zwischen den Vermögensabschöpfungsstellen der Mitgliedstaaten auf dem Gebiet des Aufspürens und der Ermittlung von Erträgen aus Straftaten oder anderen Vermögensgegenständen im Zusammenhang mit Straftaten, ABl. L 332 vom 18.12.2007, S. 103.

geschaffen (FIU.NET[1317]), das den Informationsaustausch zwischen den Finanzfahndern aller Mitgliedstaaten ermöglicht. Weiterhin wurde der Vorschlag eines Rahmenbeschlusses zur Bekämpfung organisierter Kriminalität angenommen und schließlich umgesetzt, womit die Kooperation zwischen den Mitgliedstaaten weiter ausgebaut werden soll. Hierauf wird noch ausführlicher einzugehen sein. Auch zur Eindämmung der Computerkriminalität wurden weitere Maßnahmen ergriffen: Im Mai 2007 legte die Kommission Vorschläge für eine bessere Koordinierung der Bekämpfung dieses Bereichs zwischen den Strafverfolgungsbehörden der Mitgliedstaaten und zwischen den Strafverfolgungsbehörden und dem Privatsektor vor.[1318] Auf das Internet als Plattform für Kinderausbeutung wurde ebenfalls besonderes Augenmerk gerichtet. Durch die „Koalition der Finanzdienstleister gegen Kinderpornografie" können die Kommission, Kreditkartenunternehmen, Strafverfolgungsbehörden und Internet-Service-Provider bei der Bekämpfung des kommerziellen Handels mit Kinderpornografie kooperieren sowie den Kauf von Kinderpornografie per Kreditkarte unterbinden. Im Frühjahr 2009 legte die Kommission einen Rahmenbeschluss zur Bekämpfung der sexuellen Ausbeutung von Kindern sowie einen Vorschlag für einen Rahmenbeschluss zur Bekämpfung des Menschenhandels, der den Aktionsplan von 2005 fortsetzt, vor.[1319] Am 29.3.2010 folgte ein Vorschlag für eine Richtlinie des Europäischen Parlaments und des Rates zur Bekämpfung des sexuellen Missbrauchs und der sexuellen Ausbeutung von Kindern sowie der Kinderpornografie und zur Aufhebung des Rahmenbeschlusses 2004/68/JI des Rates seitens der Kommission. Nach Inkrafttreten des Vertrages von Lissabon ist grundsätzlich eine Anpassung an das neue Primärrecht und die erneute Einbringung des vorangegangenen Vorschlags eines Rahmenbeschluss im Rahmen des ordentlichen Gesetzgebungsverfahrens erforderlich geworden.[1320] Auch hinsichtlich des Vorschlags zur Verhütung und Bekämpfung des Menschenhandels und zum Schutz von Opfern sowie zur Aufhebung des Rahmenbeschlusses 2002/629/JI erfolg-

1317 „Financial Intelligence Units".

1318 „Eine allgemeine Politik zur Bekämpfung der Internetkriminalität" [KOM(2007) 267 endgültig]; der Bundesrat erließ daraufhin einen Beschluss, in dem es u.a. hieß, der Bundesrat sehe vorrangig bei der Bekämpfung illegaler Inhalte im Internet Handlungsbedarf, soweit diese die Verbreitung von Kinderpornografie, den sexuellen Missbrauch von Kindern oder sonstige aus Sicht des Kinderschutzes besonders schwere Straftaten zum Inhalt haben, vgl. BR-Drucks. 377/07 (Beschluss) vom 6.7.2007.

1319 Vorschlag für einen Rahmenbeschluss des Rates zur Bekämpfung des sexuellen Missbrauchs und der sexuellen Ausbeutung von Kindern sowie der Kinderpornografie und zur Aufhebung des Rahmenbeschlusses 2004/68/JI des Rates; [KOM(2009) 315 endgültig]; Vorschlag für einen Rahmenbeschluss zur Verhütung und Bekämpfung des Menschenhandels und zum Schutz von Opfern zur Aufhebung des Rahmenbeschlusses 2002/629/JI; [KOM(2009) 316 endgültig].

1320 *Brodowski*, ZIS 2010, 376 (381).

te eine Adaption an den neuen Rechtsrahmen; der Richtlinienvorschlag wurde am 29.3.2010 im ordentlichen Gesetzgebungsverfahren eingebracht.[1321] Seit dem 16.4.2011 ist die Richtlinie zur Verhütung und Bekämpfung des Menschenhandels und zum Schutz seiner Opfer in Kraft,[1322] seit dem 17.12.2011 die Richtlinie zur Bekämpfung des sexuellen Missbrauchs und der sexuellen Ausbeutung von Kindern sowie der Kinderpornografie.[1323]

Auch in weiteren Bereichen wird die „Lissabonisierung“[1324] bestehender Rechtsakte, also die Reform und der Neuerlass von Richtlinien auf Basis der Rechtsgrundlagen des Vertrags von Lissabon, vorangetrieben werden.[1325] Ein Vorschlag für eine Richtlinie des Europäischen Parlaments und des Rates zur Bekämpfung der organisierten Kriminalität und eines solchen zur Bekämpfung des Terrorismus bleiben abzuwarten.

III. Einfluss europarechtlicher Vorgaben auf das deutsche Strafrecht im Hinblick auf die Bekämpfung organisierter Kriminalität

1. Änderung der Auslegung der Tatbestandsmerkmale?

In seinem Urteil vom 3.12.2009[1326] hatte sich der BGH u.a. mit der Frage zu beschäftigen, inwieweit sich der Rahmenbeschluss zur Bekämpfung der organisierten Kriminalität auf die bisherige Auslegung des Tatbestandsmerkmals der Vereinigung i.S.d. § 129 Abs. 1 StGB auswirkt.

1321 *Brodowski*, ZIS 2010, 376 (382).

1322 Richtlinie 2011/36/EU des Europäischen Parlaments und des Rates vom 5.4.2011 zur Verhütung und Bekämpfung des Menschenhandels und zum Schutz seiner Opfer sowie zur Ersetzung des Rahmenbeschlusses 2002/629/JI des Rates, ABl. EU Nr. L 101 vom 15.4.2011; vgl. auch Brodowski, ZIS 2011, 940 (944).

1323 Richtlinie 2011/92/EU des Europäischen Parlaments und des Rates vom 13. Dezember 2011 zur Bekämpfung des sexuellen Missbrauchs und der sexuellen Ausbeutung von Kindern sowie der Kinderpornografie sowie zur Ersetzung des Rahmenbeschlusses 2004/68/JI des Rates, ABl. EU Nr. L 335 vom 17.12.2011.

1324 *Satzger*, Internationales und Europäisches Strafrecht, § 9 Rn. 33.

1325 Einen Überblick hierzu bietet *Satzger*, Internationales und Europäisches Strafrecht, § 9 Rn. 33.

1326 BGHSt 54, 216 ff.; Anmerkung *Zöller*, JZ 2010, S. 902 ff.

a) Sachverhalt

Im vorliegenden Fall ging es um eine rechtsextreme Gruppe namens „Kameradschaft Sturm 34“, die durch verschiedene Gewalttaten mit rechtsradikalem Hintergrund auffiel und schließlich durch Verfügung vom 22.4.2007 vom Sächsischen Staatsministerium verboten wurde, da ihre Zwecke und Tätigkeiten den Strafgesetzen zuwiderliefen und sie gegen die verfassungsmäßige Ordnung agierte. So kam es seit der Gründung der Kameradschaft zu zahlreichen Straftaten wie gefährlicher Körperverletzung und Sachbeschädigung. Das LG sprach die Angeklagten dieser Taten schuldig; vom Vorwurf der Volksverhetzung wurden die Angeklagten freigesprochen. Mit ihrer zu Ungunsten der Angeklagten eingelegten und vom Generalbundesanwalt vertretenen Revision, die sich auf die Rüge der Verletzung materiellen Rechts stützte, wandte sich die Staatsanwaltschaft insbesondere gegen die Nichtverurteilung der Angeklagten wegen mitgliedschaftlicher Beteiligung an einer kriminellen Vereinigung. Den Angeklagten war unter anderem vorgeworfen worden, eine Vereinigung gegründet zu haben, deren Zwecke oder deren Tätigkeit darauf gerichtet waren, Straftaten zu begehen, und sich an dieser Vereinigung als Mitglied beteiligt zu haben (§ 129 Abs. 1 StGB), wobei einer der Angeklagten Rädelsführer i.S.d. § 129 Abs. 4 StGB gewesen sein soll. Nach der Wertung des LG sei die Kameradschaft allenfalls als Bande zu bezeichnen. Es habe u.a. an verbandsinternen Entscheidungsstrukturen zur Herausbildung eines Gruppenwillens gefehlt; auch die Erkennbarkeit einer gewissen Hierarchie in der Kameradschaft kennzeichne die Gruppierung lediglich als Bande mit zwanglosem Kameradschaftsleben.[1327] Die Revision war erfolgreich und die „Kameradschaft Sturm 34“ nach sachlich-rechtlicher Nachprüfung als kriminelle Vereinigung nach § 129 StGB anzusehen.

b) Feststellungen

Mit der Bewertung des LG habe dieses das Vorliegen einer kriminellen Vereinigung nach Kriterien überprüft, die für das Bestehen einer solchen keine bzw. allenfalls eine untergeordnete Rolle spielen. Damit habe sich das LG „den Blick dafür verstellt, welche Tatsachen für das Bestehen einer kriminellen Vereinigung relevant sind“.[1328] Nach bisheriger Rechtsprechung hängt das Bestehen einer kriminellen Vereinigung von verschiedenen personellen, organisatorischen, voluntativen sowie zeitlichen Kriterien ab.

1327 BGHSt 54, 216 (220).
1328 BGHSt 54, 216 (221).

In mehreren europarechtlichen Regelungen wird der Begriff der kriminellen bzw. terroristischen Vereinigung näher definiert.[1329] In der Literatur spricht man sich vor dem Hintergrund der dortigen Umschreibungen, was insbesondere für die terroristische Vereinigung (§§ 129 a, 129 b StGB) gilt, dafür aus, den bisher verwendeten Vereinigungsbegriff „europarechtsfreundlich" auszulegen. Dies mache eine Modifikation dahingehend erforderlich, dass die Anforderungen an die organisatorischen und voluntativen Voraussetzungen herabzusetzen seien.[1330] Auch Instanzgerichte haben diese Auffassung teilweise übernommen.[1331] Der Strafsenat des BGH hatte 2006 eine solche Neubestimmung des Vereinigungsbegriffs zunächst grundsätzlich in Betrachtung gezogen, sich dabei im Einzelnen jedoch nicht näher geäußert.[1332] Vor dem Hintergrund der Abstufung der Strafbarkeit von Tatvollendung, Versuch und Vorbereitungshandlung, der erforderlichen Abgrenzung der Vereinigung von einer Bande oder sonstigen mittäterschaftlichen Zusammenschlüssen, der prozessualen Folgewirkung sowie schließlich des Strafzwecks der §§ 129 ff. StGB, kristallisierten sich jedoch im Rahmen späterer Entscheidungen erhebliche Bedenken heraus.[1333] Der vorliegende Fall veranlasste den BGH zur Klarstellung, dass es bei dem hier relevanten Begriff der kriminellen Vereinigung i.S.d. § 129 StGB für alle in Betracht kommenden Gruppierungen beim Verbleib der bisherigen (in der Rechtsprechung) gebräuchlichen Definition[1334] zu bleiben haben.[1335]

1329 Vgl. etwa Art. 1 der bis zum 10.11.2008 gültigen Gemeinsamen Maßnahme des Rates der Europäischen Union vom 21.12.1998, ABl. EG 1998 L 251, S. 1; Art. 1 des Rahmenbeschlusses des Rates vom 24.10.2008 zur Bekämpfung der organisierten Kriminalität, ABl. EU Nr. L 300, S. 42; Art. 2 Abs. 1 des Rahmenbeschlusses des Rates vom 13.6.2002 zu Terrorismusbekämpfung, ABl. EG 2002 L 164, S. 3, geändert durch den Rahmenbeschluss des Rates vom 28.11.2008, ABl. EU 2008 Nr. L 330, S. 21; jeweils in Verbindung mit dem EUV [Lissabon], Art. 9 des Protokolls Nr. 36 über die Übergangsbestimmungen.

1330 So beispielweise *Kress*, JA 2005, 220; *von Heintschel-Heinegg*, in: FS Schroeder, S. 799.

1331 So z.B. OLG Düsseldorf, Urteil v. 5.12.2007 – III-VI 10/05.

1332 Vgl. BGH NJW 2006, 1603.

1333 BGH, BGHR StGB § 129 Vereinigung 3; siehe auch für die terroristische Vereinigung BGH NJW 2009, 3448 (3460) bzw. NStZ 2010, 44.

1334 Als Vereinigung i.S. der §§ 129 ff. StGB ist danach der auf eine gewisse Dauer angelegte, freiwillige organisatorische Zusammenschluss von mindestens drei Personen zu verstehen, die bei Unterordnung des Willens des Einzelnen unter den Willen der Gesamtheit gemeinsame Zwecke verfolgen und unter sich derart in Beziehung stehen, dass sie sich untereinander als einheitlicher Verband fühlen. So die ständige Rechtsprechung, z.B. in BGHSt 28, 147; BGHSt 31, 202 (204 f.), BGHSt 31, 239; BGHSt 45, 26 (35); zuletzt in BGH NJW 2009, 3448 (3459).

1335 BGHSt 54, 216 (223 f.).

c) Auswirkung auf die Definition im Rahmenbeschluss zur Bekämpfung der organisierten Kriminalität

In diesem Rahmenbeschluss heißt es, wie bereits ausgeführt, eine kriminelle Vereinigung sei ein auf Dauer angelegter organisierter Zusammenschluss von mehr als zwei Personen, die, um sich unmittelbar oder mittelbar einen finanziellen oder sonstigen materiellen Vorteil zu verschaffen, in Verabredung handeln, um eine Straftat zu begehen, die mit einer Freiheitsstrafe oder freiheitsentziehender Maßregel der Besserung und Sicherung im Höchstmaß von mindestens vier Jahren oder einer schwereren Strafe bedroht sind.[1336] Art. 1 Nr. 2 des Rahmenbeschlusses umschreibt einen organisierten Zusammenschluss in diesem Sinne als einen solchen, der nicht nur zufällig zur unmittelbaren Begehung eines Verbrechens gebildet wird und der auch nicht zwingend förmlich festgelegte Rollen für seine Mitglieder, eine kontinuierliche Mitgliedschaft oder eine ausgeprägte Struktur hat.

Der BGH urteilte, dass diese Begriffsbestimmungen nicht unmittelbar für die §§ 129 ff. StGB übernommen werden könnten. Zwar gelte der Grundsatz der europarechtskonformen Auslegung, was wiederum bedeutet, dass bei der Auslegung des deutschen Rechts auch die in Rahmenbeschlüsse des Rates der Europäischen Union enthaltenen Vorgaben grundsätzlich zu berücksichtigen sind.[1337] Diese Verpflichtung kann aber durch den Grundsatz der Rechtssicherheit und das Rückwirkungsgebot begrenzt werden.[1338] Einer sich an den Bestimmungen des Rahmenbeschlusses orientierende Auslegung der §§ 129 ff. StGB stehen aber gerade diese allgemeinen Rechtsgrundsätze entgegen. In seiner Begründung führt der BGH aus, dass eine Übertragung der Definition einer kriminellen Vereinigung, wie sie der Rahmenbeschluss enthält, im deutschen Strafrecht zu einem unauflöslichen Widerspruch zu wesentlichen Grundgedanken des Systems der Strafbarkeit mehrerer zusammenwirkender Personen führen würde, auf dem das nationale materielle Strafrecht beruhe. Hierzu muss die Unterscheidung zwischen krimineller Vereinigung und Bande herangezogen werden, denn die Umschreibung ersterer im Rahmenbeschluss unterscheidet sich inhaltlich allenfalls nur noch in unwesentlichen Randbereichen von denen der Bande. Eine Bande ist gekennzeichnet durch den Zusammenschluss von mindestens drei Personen, die sich mit dem Willen verbunden haben, künftig für eine gewisse Dauer mehrere

---

1336 Vgl. Art. 1 des Rahmenbeschlusses des Rates vom 24.10.2008 zur Bekämpfung der organisierten Kriminalität, ABl. EU Nr. L 300, S. 42.

1337 EuGH, Urt. v. 16.6.2005 – Rs. C-105/03, Slg. 2005, I-5285, Rn. 43 – *Pupino*, Rn. 33 ff.

1338 EuGH, Urt. v. 3.5.2005 – verb. Rs. C-387/02, C-391/02 und C-403/02, Slg. 2005, I-3565 Rn. 74 – *Berlusconi u.a.*, Rn 52 ff.; EuGH, Urt. v. 16.6.2005 – Rs. C-105/03, Slg. 2005, I-5285, Rn. 43 – *Pupino*, Rn. 33 ff.; NJW 2005, 2839 (2841); mit Anm. *Herrmann*, EuZW 2005, S. 437 f.

selbständige, im Einzelnen jedoch noch ungewissen Straftaten zu begehen. Nicht mehr vorausgesetzt werden ein gefestigter Bandenwille und ein Tätigwerden im Rahmen eines übergeordneten Bandeninteresses.[1339] Nach deutschem Recht nicht strafbar ist die reine Mitgliedschaft in einer Bande. Wer als Bandenmitglied handelt, erfüllt neben einem strafrechtlichen Grundtatbestand auch die Qualifikation[1340] bzw. ein Regelbeispiel[1341] für einen besonders schweren Fall. Dies hat zur Folge, dass die Mitgliedschaft in einer Band kein strafbegründendes, sondern ein strafschärfendes Merkmal darstellt. Anders bei § 129 Abs. 1 StGB: Diese Norm kriminalisiert in Hinblick auf vereinigungsspezifische Gefährdung gewichtiger Rechtsgüter bereits die mitgliedschaftliche Beteiligung an einer kriminellen Vereinigung. Übernähme man den europarechtlichen Begriff der kriminellen Vereinigung in das deutsche Strafrecht, so würde dieser grundlegenden Unterschied nicht mehr gegeben sein, denn in diesem Fall wäre bereits die Mitgliedschaft in einer Gruppierung strafbar, die lediglich die Voraussetzungen einer Bande erfüllt.[1342] Zwar hat der BGH im konkreten Fall das Vorliegen einer kriminellen Vereinigung bejaht, stellte dabei jedoch klar, dass eine „europarechtsfreundliche" Modifikation des bisherigen Begriffs der kriminellen Vereinigung hin zu einer Bande systemwidrig ist.

2. Folge

Eine Modifikation des bisherigen Begriffs der kriminellen Vereinigung ist durch die Rechtsprechung aus den genannten Gründen nicht möglich. Vielmehr obläge es dem Gesetzgeber, eine solche Modifikation zu schaffen. Dieser hätte aber bei einer etwaigen Neuregelung auch dafür Sorge zu tragen, dass die Stimmigkeit des gesamten deutschen materiellen Strafrechtsgefüge weiterhin gewährleistet wäre.

1339 Vgl. BGHSt 46, 321 (325 ff.).

1340 Vgl. §§ 146 Abs. 2, 244 Abs. 1 Nr. 2, 244 a Abs. 1, 250 Abs. 1 Nr. 2, 263 Abs. 5, 267 Abs. 4 StGB sowie §§ 30 Abs. 1 Nr. 1, 30 a Abs. 1 BtMG.

1341 Etwa bei §§ 263 Abs. 2 S. 2 Nr. 1, 267 Abs. 3 S. 2 Nr. 1, 303 b Abs. 4 S. 2 Nr. 2 StGB.

1342 BGHSt 54, 216 (325 ff.).

IV. Einfluss der Vorgaben der europäischen Union auf das spanische Strafrecht

1. Organgesetz und Reform

Die in den vergangenen Jahren in Spanien betriebene Kriminalpolitik wurde, insbesondere hinsichtlich der Terrorismusbekämpfung, weitgehend von dem Gedanken geprägt, weitere Strafschärfungen im Bereich der schweren Kriminalität oder Verschärfungen im Strafvollzug durchzusetzen; hierbei kann auch auf das Organgesetz 7/2003 vom 30.6.2003 verwiesen werden, welches u.a. eine Anhebung des Höchstmaßes der Freiheitsstrafe auf 40 Jahre vorsieht.

Ausgangspunkt für zahlreiche gesetzgeberische Reformbestrebungen, die das Ziel einer effektiven Terrorismusbekämpfung zum Ziel haben, waren zweifellos die Terroranschläge vom 11.9.2001, was sich auch in den Maßnahmen auf europäischer Ebene niederschlug; dies belegt nicht zuletzt der Rahmenbeschluss zur Terrorismusbekämpfung[1343] im Jahr 2002. Erstmals in der Geschichte der Europäischen Union wurde eine gemeinsame und für alle Mitgliedstaaten verbindliche Definition des Terrorismus vereinbart. Im deutschen Strafrecht gab es bis dahin zwar die entsprechenden Normen in Bezug auf Vereinigungen oder Gruppen mit terroristischen Zielen, jedoch keine Terrorismusdefinition; allerdings hat der deutsche Gesetzgeber mit der Änderung des § 129 a StGB und der Einführung von § 129 b StGB seine Umsetzungsverpflichtungen aus Vorgaben der Europäischen Union aus dem Jahr 2002 erfüllt.[1344] Der Código Penal enthält hingegen zumindest implizit einen Begriffsbestimmung des Terrorismus.[1345] Die damalige spanische Regierung hielt die strafrechtliche und strafprozessrechtliche Gesetzgebung für ausreichend, sah sie doch die Terrorismuskriminalität in erster Linie mit den Aktivitäten der ETA in Verbindung stehen. So war es auch der „ethno-nationalistische Terrorismus“ seitens dieser Gruppe, der den Hintergrund der im Jahr 2003 durchgeführten strafrechtlichen Reformen bildete[1346] und weniger die Bedrohung durch den internationalen Terrorismus. So benannte die Regierung auch kurze Zeit nach den Anschlägen vom 11.3.2004 die ETA als erste Verdächtige; drei Tage nach den Anschlägen wurde jedoch ein Videoband ge-

1343 Rahmenbeschluss des Rates vom 13.6.2002 zur Terrorismusbekämpfung, ABl. L 164/3.

1344 Umsetzungsgesetz vom 22.12.2003, BGBl. 2003 I, 2836.

1345 Eine Straftat ist als terroristischer Akt zu qualifizieren, wenn der Täter mit der konkreten Handlung das Ziel verfolgt, die verfassungsmäßige Ordnung umzustürzen oder den öffentlichen Frieden schwer zu stören, vgl. *Cano Paños*, Die strafrechtliche Behandlung des Terrorismus im Strafgesetzbuch von 1995, S. 79.

1346 *Cano Paños*, Die strafrechtliche Behandlung des Terrorismus im Strafgesetzbuch von 1995, S. 79.

funden, auf dem die Verantwortung seitens Al-Qaida, also einer international organisierten und agierenden terroristischen Vereinigung,[1347] für die Anschläge bestätigt wurde.[1348]

Am 8.7.2009 kam die Meldung seitens des spanischen Justizministeriums, dass u.a. eine weitreichende Reform des Straf- und Strafprozessrechts stattfinden solle. Der damalige Justizminister *Francisco Caamaño* hat in diesem Zusammenhang unterstrichen, man müsse das eigene Strafprozessrecht an die europäischen Modelle anpassen und gerade vor dem Hintergrund der Schaffung eines Europäischen Staatsanwaltes, den der Vertrag von Lissabon ermöglicht (Art. 86 AEUV), dieses Vorhaben voranbringen, welches ein essentielles Mittel bei der Bekämpfung der organisierten Kriminalität sei. Weiterhin werde an einer Strafrechtsreform gearbeitet, insbesondere im Hinblick auf die Inkorporation von EU-Rahmenbeschlüssen. Aufgrund der anderen Rechtsnatur solcher Rahmenbeschlüsse ist beispielsweise eine Überarbeitung der Delikte erforderlich, die die Behandlung der Strafbarkeit von kriminelle Vereinigungen zum Inhalt haben, worunter auch die Finanzierung des Terrorismus fällt. Bereits ein dreiviertel Jahr später, am 11.3.2010 wurde das konkrete Vorhaben – eine komplette Modernisierung und Umarbeitung – seitens *Caamaños* vorgestellt.[1349] Hinsichtlich der Verstärkung des Schutzes von Rechten und Freiheiten der Bürger heißt es, mittels einer Strafrechtsreform werden neue Deliktsarten eingeführt, wie beispielsweise Piraterie oder terroristische Ausbildung (*adiestamiento terrorista*) sowie Finanzierung des Terrorismus. Auch die Möglichkeit der Überwachung der wegen dieser Taten Verurteilten soll es für die Zeit nach der Haft geben, die bis zu zehn Jahre dauern kann. Auch der Rahmenbeschluss des Rates vom 6.10.2006 über die Anwendung des Grundsatzes der gegenseitigen Anerkennung auf Einziehungsentscheidungen[1350] soll umgesetzt werden, um insbesondere den wirtschaftlichen Aktivitäten der organisierten Kriminalität entgegenzuwirken. Die Regierung und das Parlament haben den Gesetzesentwurf zur Reform des

---

1347 Vgl. hierzu ausführlich *Schneckener*, Transnationaler Terrorismus, S. 50 ff.

1348 Am 15.2.2007 begann der Prozess gegen 28 der Anschläge Verdächtigen vor der *Audiencia Nacional*.
Sieben Angeklagten wurde Mord sowie die Mitgliedschaft in einer terroristischen Vereinigung vorgeworfen, den übrigen u.a. Mitgliedschaft oder Mitarbeit in einer terroristischen Gruppe. Verurteilt wurden schließlich 21 der 28 Angeklagten, sieben wurden freigesprochen. Gegen einige der Angeklagten wurden formal mehrere tausend Jahre Strafe verhängt, das spanische Recht sieht jedoch eine Maximalverbüßungsdauer von 40 Jahren vor. Vgl. hierzu in der Presse www.spiegel.de/panorama/justiz/0,1518,466695,00.html, zuletzt besucht am 21.3.2013.

1349 Wortmeldung des spanischen Justizministers vor dem *Congreso de los Diputados* vom 11.3.2010 abrufbar unter: www.mjusticia.gob.es/cs/Satellite/es/1215197775106/Medios/1215327726199/Detalle.html, zuletzt besucht am 21.3.2013

1350 ABl. EU 2006 L 328.

Código Penal beschlossen;[1351] das Gesetz zur Reform ist am 23.12.2010 in Kraft getreten.

2. Stellungnahme

Bei der Entwicklung des spanischen Strafrechts in den vergangenen Jahren hat sich der Grundsatz „*pro securitate*" und „*contra libertatem*" durchgesetzt. Dies ist insbesondere im Bereich der Schaffung eines Strafrechts zu effektiven Bekämpfung gegen den Terrorismus zu beobachten; es werden immer weitere und damit konturlose Tatbestände geschaffen, einhergehend mit einer Verschärfung der Strafrahmen, weil das Terrorismusphänomen als besonders schwerwiegende Form der organisierten Kriminalität gesehen wird. Fraglich ist aber, ob dieser Art von Strafrecht nicht letztlich die Bezeichnung des „symbolischen Strafrechts"[1352] anhaftet und die Funktion des Strafrechts im Wesentlichen darauf beschränkt wird, dem Sicherheitsgefühl der Bürger genüge zu tun. Der insbesondere durch die Medien vermittelte Bezug auf eine Organisation, hinter der der einzelne Täter verschwindet, ist potentiell in der Lage, „besonders intensive gesellschaftliche Bedrohungsgefühle aufkommen zu lassen."[1353] Durch die Existenz des Terrorismusphänomens, wird den Bürgern ein permanenter Ausnahmezustand suggeriert, der es scheinbar erlaubt, den Grundpfeilern einer freiheitlichen demokratischen Rechtsordnung zuwiderzulaufen, indem essentielle rechtliche Grundprinzipien außer Acht gelassen werden. Es folgt die qualitative und quantitative Ausdehnung des Strafrechts. Äußerst fragwürdig erscheint in diesem Zusammenhang das Argument, damit würde gerade der Rechtsstaat und die Demokratie aufrechterhalten. Passend hierzu formuliert der spanische Strafrechtslehrer *Cano Paños*: „Der Rechtsstaat ist kein Selbstzweck, sondern vielmehr ein Mittel zum Zweck. Aus diesem Grunde kann der Rechtsstaat niemals verteidigt werden, indem man ihn gleichzeitig verneint."[1354]

1351 Verkündet im BOE del 23 de junio 2010.

1352 *Cancio Meliá*, in: Estudios sobre las reformas del Código Penal, S. 643.

1353 So *Cancio Meliá*, in: Grenzenlose Vorverlagerung des Strafrechts?, S. 54.

1354 *Cano Paños*, Die strafrechtliche Behandlung des Terrorismus im Strafgesetzbuch von 1995, S. 89.

F. Fazit

Auch wenn diese Arbeit mit den aktuellen Neuerungen hinsichtlich der Bekämpfung der organisierten Kriminalität schließt, so hat sich doch gezeigt, dass es bei der Bekämpfung von kriminellen Vereinigung weder in der deutschen noch in der spanischen Rechtsordnung um ein neues, möglicherweise sogar „europabedingtes" Phänomen handelt.[1355] Was sich jedoch im Laufe der Jahre in beiden Ländern verändert hat, ist der „Deckmantel" der Schaffung neuer Tatbestände oder der Änderung der bereits vorhandenen Normen in diesem Zusammenhang. Zu Beginn der Kodifizierung der Tatbestände ging es noch um den Kampf gegen Deserteure des jeweiligen politischen Regimes und bis in die 1980er Jahre in Deutschland um den Schutz des demokratischen Rechtsstaates von politisch links orientierten Kräften bis hin zu terroristischen Angriffen auf diesen aus dem Untergrund sowie in Spanien bis 1975 um die Aufrechterhaltung des franquistischen Regimes. Dies hatte wiederum zur Folge, dass die Organisationsdelikte eine Art „Sonderstellung" innerhalb der Rechtsordnungen innehatten, da sie dem politischen Strafrecht zugeordnet wurden.

Für die aktuelle „Wiederbelebung" der Tatbestände im jetzigen Kontext ist der Motor ein völlig anderer; die Adressaten sind nicht mehr deckungsgleich mit den früheren. Während diese früher „ein Gesicht hatten" – seien es Mitglieder der KPD oder später die der „Baader-Meinhof-Bande" – so geht die Bedrohung in heutigen Zeiten von einem (terroristischen) Netzwerk aus, dessen Ausmaße, Mittel und Organisation sowie Vernetzungen nur schwer durchschaubar sind, wobei gerade auch das Zeitalter des Internets eine solche Anonymität unterstützt. Es muss jederzeit mit unerwarteten neuen Varianten gerechnet werden. *Von Bubnoff* führt aus, die „vielschichtigen Facetten, Beweggründe und Besonderheiten terroristischer Aktivitäten erklären die Schwierigkeit einer umfassenden definitorischen Abstraktion mit weltweiter Akzeptanz."[1356] Es gilt, eine wirksame Strategie zur Bekämpfung der (weltweiten) organisierten Kriminalität bzw. des Terrorismus zu entwickeln, gemeinsame Eckpfeiler einer solchen zu statuieren, die in der Austrocknung (terroristischer) Finanzressourcen, der Isolierung der (terroristischen) Drahtzieher bzw. Täter von einer sie schützenden Umgebung so-

1355 Ausführlich zu den Anfängen im deutschen Recht *Felske*, Kriminelle und terroristische Vereinigungen, §§ 129, 129 a StGB; im spanischen Recht *García-Pablos de Molina*, Asociaciones ilícitas.

1356 *V. Bubnoff*, NJW 2002, 2672.

wie der Zerschlagung sämtlicher Logistik und Kooperation liegen kann, mittels kurzfristig angelegter Strategien und Maßnahmen jedoch nicht erreicht werden kann.[1357] Es werden immer weiterreichende Gesetze geschaffen, um der von diesem Phänomen ausgehenden Bedrohung scheinbar wirkungsvoll entgegen treten zu können.

In diesem Zusammenhang wird schließlich klar, was in den Jahren der Entwicklung der Normen zur Bekämpfung krimineller Vereinigungen sowohl in Deutschland als auch in Spanien gleich geblieben ist: Die Sichtweise auf die Organisationsdelikte und deren Tatbestände. Diese sind als Instrument zu verstehen, um der aus der Existenz einer kriminellen Vereinigung herrührenden allgemeinen Verunsicherung nicht tatenlos gegenüber stehen zu müssen. Diese Verunsicherung besteht dahingehend, dass die gruppendynamische Gefährlichkeit, die von der Vereinigung ausgeht, schwer einzuschätzen ist. Erforderlich ist daher ein Instrumentarium, das Ermittlungsbehörden entsprechende Maßnahme zur Ermittlung der Gefährlichkeit der jeweiligen Gruppierung ermöglicht. Mittels strafprozessualer Zwangsmittel soll die Unsicherheit bzw. Ungewissheit bezüglich des aktuellen Standes der Zweckverwirklichung der kriminellen Vereinigung beseitigt werden, was die polizeilich-präventive Seite des Instruments darstellt. Die andere Seite soll die Beschaffung von auf konkrete Einzeltaten bezogenen Beweismittel ausmachen. Fraglich ist hier allerdings, ob hinsichtlich beider Seiten die Unrechtsvertypung nicht nur Mittel für gänzlich anders geartete Zwecke darstellt. [1358] Die präventiv-polizeiliche Seite des Instruments entbehrt jeglicher Daseinsberichtigung im Strafrecht, die auf die Beschaffung von Beweisen gerichtete Seite widerspricht hingegen der einzeltatbezogenen Abhängigkeit prozessualer Zwangsmittel von einem Tatverdacht. Strafrecht und Strafprozessrecht wird hier schlicht miteinander auf eine Weise vermischt, wie sie den Grundgedanken beider Rechtsgebiete widerspricht. Wird dies schließlich auch vor dem Hintergrund betrachtet, dass die Anzahl der Verurteilungen aufgrund der §§ 129 StGB ff. äußerst gering ist, diese Normen jedoch zu Beginn der Ermittlungsverfahren vergleichsweise häufig herangezogen werden, so kommt man nicht umhin, den Vorschriften als Straftatbestände einen eher symbolischen Charakter zuzusprechen, wenngleich teilweise die Zahl der geringen Verurteilungen der schwierige Nachweisbarkeit vor allem der Organisationsstruktur einer kriminelle Vereinigung geschuldet sein mag.

Angeprangert wird dieser Zustand heutzutage erheblich seltener, als noch zu Zeiten der Anti-Terrorismus-Gesetzgebung in den 1970er Jahren, als beispielsweise die gesetzgeberischen Maßnahmen zur Bekämpfung des Terrorismus als „Niederlage des Rechtsstaates" bezeichnet wurden. Während zu jener Zeit Be-

---

1357 Diese Strategien auflistend, *v. Bubnoff*, NJW 2002, 2676.

1358 Diese Ansicht vertretend *Beck*, Unrechtsbegründung und Vorfeldkriminalisierung, S. 209.

stürzung darüber geäußert wurde, dass Verteidigerrechte in einer derart drastischen Weise beschnitten wurden und sogar Verteidigerhandeln mitunter als Unterstützung einer kriminellen Vereinigung gewertet wurde, so ist heute die Angst vor terroristischen Anschlägen und dem Agieren der organisierten, grenzüberschreitenden Kriminalität in der Gesellschaft so weit verbreitet, dass scheinbar jeden Verschärfung des geltenden Rechts mehr oder weniger leise gebilligt wird. Dass diese Angst nicht unbegründet ist, zeigten die terroristischen Anschläge in den europäischen Mitgliedstaaten wie Spanien und Großbritannien. Auch in Deutschland wurden Anschläge glücklicherweise rechtzeitig vereitelt, wie beispielsweise die der sog. „Sauerland-Gruppe“.[1359] Fraglich ist allerdings, ob Warnungen seitens des Innenministeriums, es bestünde derzeit eine „erhöhte Terrorgefahr“[1360] tatsächlich notwendig sind oder die in der Bevölkerung bestehende Angst nicht noch weiter schüren. Besonders in Spanien scheinen jegliche Strafschärfungen bzw. Pönalisierung von Verhaltensweisen in Zusammenhang mit kriminellen bzw. terroristischen Vereinigungen möglich. Dass die bereits geschaffenen Straftatbestände, wie sie in Deutschland oder Spanien existieren, in der Lage sind, jegliche Felder der organisierten Kriminalität zu absorbieren,[1361] gerät in den Hintergrund; vielmehr wird verwechselt, dass das Strafrecht eine andere Aufgabe zukommt, als die der Bekämpfung der organisierten Kriminalität und des Terrorismus, die zu Erfüllen das Strafrecht jedoch nicht leisten darf und kann. Der *ultima ratio*-Charkter des Strafrechts wird dabei völlig verkannt und daher letztlich „zweckentfremdet“. Der Ansatz muss daher ein anderer sein.

Fraglich ist hierbei, inwieweit die voranschreitende „Europäisierung“ des nationalen Strafrechts bei der „Zweckentfremdung“ des Strafrechts Rechnung trägt. Bei der klassischen Aufgabe des Strafrechts, die in der Gewährleistung von Sicherheit liegt, kommen dem Europäische Strafrecht im Vergleich zum klassischen Strafrecht zwei spezielle Zielsetzungen zu: Die erste liegt in der Verhinderung und der Verfolgung der zunehmenden grenzüberschreitenden Kriminalität mittels transnational wirksamen Strafrechts, die zweite Zielsetzung macht den Schutz der neu entstehenden europäischen Institutionen und Werte aus. Die europäischen grenzüberschreitenden Kriminalität wird durch den Prozess der Globa-

1359 *Fritz Gelowicz* und seine drei Komplizen waren am 4.3.2010 vor dem OLG Düsseldorf zu fünf bis zwölf Jahren Haft verurteilt worden. Sie hatten die größten Terroranschläge in der Geschichte der Bundesrepublik geplant. *Gelowicz* wurde wegen Mitgliedschaft in einer terroristischen Vereinigung im Ausland in Tateinheit mit Verabredung zu Mord, Herbeiführen einer Sprengstoffexplosion und Nötigung von Verfassungsorganen sowie mit Vorbereitung eines Explosionsverbrechens verurteilt.

1360 Vgl. z.B. www.spiegel.de/politik/deutschland/0,1518,729603,00.html, zuletzt besucht am 21.3.2013.

1361 Übereinstimmend hierzu *Cancio Meliá/Silva Sánchez*, Delitos de organisación, S. 20, mit Bsp. i.R.d. § 129 StGB vgl. *Miebach/Schäfer*, in: MK, § 129 Rn. 39 ff.

lisierung und insbesondere der Europäisierung verursacht und lässt sich in einem zusammenwachsenden europäischen Wirtschafts- und Rechtsraum durch das klassische Strafrecht, das territorial begrenzt ist, nicht mehr ausreichend bewältigen. Die Union verfolgt vor allem ein globales Präventionskonzept. Präventionsmaßnahmen müssen sich als Ergänzung zur Repression darstellen sowie einen interdisziplinären Ansatz verfolgen. Dabei müssen sie das Subsidiaritätsprinzip wahren und dürfen nationale, regionale oder lokale Initiativen somit in keiner Weise ersetzen. Darüber hinaus ist bei Präventionsmaßnahmen ein besonderes Augenmerk darauf zu legen, die elementaren Grundrechte und -freiheiten zu wahren. Wenn der nationale Gesetzgeber dies allerdings zum Anlass nimmt, die Umsetzung der von der Europäischen Union auferlegten Bestimmung in einem „Übermaß" zu erfüllen, so kann dies selbstverständlich nicht den notwendigen Maßnahmen auf europäischer Ebene angelastet werden. Vielmehr ist dieser angehalten, die Idee, die hinter dem nationalen Strafrecht steht, unter dem Deckmantel der Forderungen seitens der Europäischen Union nicht zu verraten.

Eine immer weitergehende Einschränkung der persönlichen Freiheiten kann nicht Ziel des Strafrechts sein; eine Beschränkung dieser zur Bekämpfung von Kriminalität darf unter keinen Umständen die angemessene Reaktion auf dieses Phänomen darstellen. Wir leben in einer Zeit des Friedens und der Freiheit, wie sie Generationen vor uns nicht erlebten. Weltkriege sowie der Kalte Krieg samt Eisernem Vorhang prägten das vergangene Jahrhundert. Unser höchstes Gut, die Freiheit, sollte nicht für ein vermeintliches Sicherheitsgefühl geopfert werden.

G. Anhang

Gesetz gegen die gemeingefährlichen Bestrebungen der Sozialdemokratie

§ 1
Vereine, welche durch sozialdemokratische, sozialistische oder kommunistische Bestrebungen den Umsturz der bestehenden Staats- oder Gesellschaftsordnung bezwecken, sind zu verbieten.
Dasselbe gilt für Vereine, in welchen sozialdemokratische, sozialistische oder kommunistische, auf den Umsturz der bestehenden Staats- oder Gesellschaftsordnung gerichtete Bestrebungen in einer den öffentlichen Frieden, insbesondere die Eintracht der Bevölkerungsklassen gefährdenden Weise zutage treten.
Den Vereinen stehen gleich Verbindungen jeder Art.

§ 11
Druckschriften, in welchen sozialdemokratische, sozialistische oder kommunistische, auf den Umsturz der bestehenden Staats- oder Gesellschaftsordnung gerichtete Bestrebungen in einer den öffentlichen Frieden, insbesondere die Eintracht der Bevölkerungsklassen gefährdenden Weise zutage treten, sind zu verbieten. Bei periodischen Druckschriften kann das Verbot sich auch auf das fernere Erscheinen erstrecken, sobald auf Grund dieses Gesetzes das Verbot einer einzelnen Nummer erfolgt.

§ 17
Wer an einem verbotenen Verein als Mitglied sich beteiligt, oder eine Tätigkeit im Interesse eines solchen Vereins ausübt, wird mit Geldstrafe bis zu 5oo Mark oder mit Gefängnis bis zu drei Monaten bestraft. [...] Gegen diejenigen, welche sich an dem Verein oder an der Versammlung als Vorsteher, Leiter, Ordner, Agenten, Redner oder Kassierer beteiligen, oder welche zu der Versammlung auffordern, ist auf Gefängnis von einem Monat bis zu einem Jahre zu erkennen.

§ 18
Wer für einen verbotenen Verein oder für eine verbotene Versammlung Räumlichkeiten hergibt, wird mit Gefängnis von einem Monat bis zu einem Jahre bestraft.

§ 22
Gegen Personen, welche sich die Agitation für die im § 1 Abs. 2 bezeichneten Bestrebungen zum Geschäfte machen, kann im Falle einer Verurteilung wegen Zuwiderhandlungen gegen die §§ 17 bis 20 neben der Freiheitsstrafe auf die Zulässigkeit der Einschränkung ihres Aufenthalts erkannt werden. Auf Grund dieses Erkenntnisses kann dem Verurteilten der Aufenthalt in bestimmten Bezirken oder Ortschaften durch die Landespolizeibehörde versagt werden, jedoch in seinem Wohnsitze nur dann, wenn er denselben nicht bereits seit sechs Monaten innehat. Ausländer können von der Landespolizeibehörde aus dem Bundesgebiete ausgewiesen werden. Die Beschwerde findet nur an die Aufsichtsbehörden statt. Zuwiderhandlungen werden mit Gefängnis von einem Monat bis zu einem Jahre bestraft.

§ 128 RStGB
Die Teilnahme an einer Verbindung, deren Dasein, Verfassung oder Zweck vor der Staatsregierung geheim gehalten werden soll, oder in welcher gegen unbekannte Obere Gehorsam oder gegen bekannte Obere unbedingter Gehorsam versprochen wird, ist an den Mitgliedern mit Gefängnis bis zu sechs Monaten, an den Stiftern und Vorstehern der Verbindung mit Gefängnis von einem Monat bis zu einem Jahr zu bestrafen.
Gegen Beamte kann auf Verlust der Fähigkeit zur Bekleidung öffentlicher Aemter auf die Dauer von einem bis zu fünf Jahren erkannt werden.

§ 129 RStGB
Die Teilnahme an einer Verbindung, zu deren Zwecken oder Beschäftigungen es gehört, Maßregeln der Verwaltung oder die Vollziehung von Gesetzen durch ungesetzliche Mittel zu verhindern oder zu entkräften, ist an den Mitgliedern mit Gefängnis bis zu einem Jahre, an den Stiftern und Vorstehern der Verbindung mit Gefängnis von drei Monaten bis zu zwei Jahren zu bestrafen.
Gegen Beamte kann auf Verlust der Fähigkeit zur Bekleidung öffentlicher Aemter auf die Dauer von einem bis zu fünf Jahre erkannt werden.

§ 129 a a.F. (vom 28.8.1976) : Bildung terroristischer Vereinigungen
(1) Wer eine Vereinigung gründet, deren Zwecke oder deren Tätigkeit darauf gerichtet sind,
   1. Mord, Totschlag oder Völkermord (§§ 211, 212, 220a)
   2. Straftaten gegen die persönliche Freiheit in den Fällen des § 239a oder des § 239b oder
   3. gemeingefährliche Straftaten in den Fällen der §§ 306 bis 308, 310b Abs. 1, des § 311 Abs. 1, des § 311 a Abs. 1, der §§ 312, 316c Abs.1 oder des § 324

zu begehen, oder wer sich an einer solchen Vereinigung als Mitglied beteiligt, für sie wirbt oder sie unterstützt, wird mit Freiheitsstrafe von sechs Monaten bis zu fünf Jahren bestraft.

(2) Gehört der Täter zu den Rädelsführern oder Hintermännern, so ist auf Freiheitsstrafe von einem Jahr bis zu zehn Jahren zu erkennen.

(3) Der Versuch, eine in Absatz 1 bezeichnete Vereinigung zu gründen, ist strafbar.

(4) Das Gericht kann bei Beteiligten, deren Schuld gering und deren Mitwirkung von untergeordneter Bedeutung ist, in den Fällen des Absatzes 1 die Strafe nach seinem Ermessen (§ 49 Abs. 2) mildern.

(5) § 129 Abs. 6 gilt entsprechend.

(6) Neben einer Freiheitsstrafe von mindestens sechs Monaten kann das Gericht die Fähigkeit, öffentliche Ämter zu bekleiden, und die Fähigkeit, Recht aus öffentlichen Wahlen zu erlangen, aberkennen (§ 45 Abs. 2).

(7) In den Fällen der Absätze 1 und 2 kann das Gericht Führungsaufsicht anordnen (§ 68 Abs. 1 Nr. 2).

§ 129 a a.F. (vom 19.12.1986) : Bildung terroristischer Vereinigungen

(1) Wer eine Vereinigung gründet, deren Zwecke oder deren Tätigkeit darauf gerichtet sind,

1. Mord, Totschlag oder Völkermord (§§ 211, 212, 220 a)
2. Straftaten gegen die persönliche Freiheit in den Fällen des § 239a oder des § 239b oder
3. Straftaten nach § 305 a oder gemeingefährliche Straftaten in den Fällen der §§ 306 bis 308, 310 b Abs. 1, des § 311 Abs. 1, des § 311 a Abs. 1, der §§ 312, 315 Abs. 1, des § 316 b Abs.1, des 316 c Abs.1 oder des § 319

zu begehen, oder wer sich an einer solchen Vereinigung als Mitglied beteiligt, wird mit Freiheitsstrafe von einem Jahr bis zu zehn Jahren bestraft.

(2) Gehört der Täter zu den Rädelsführern oder Hintermännern, so ist auf Freiheitsstrafe nicht unter drei Jahren zu erkennen.

(3) Wer eine in Absatz 1 bezeichnete Vereinigung unterstützt oder für sie wirbt, wird mit Freiheitsstrafe von sechs Monaten bis zu fünf Jahren bestraft.

(4) Das Gericht kann bei Beteiligten, deren Schuld gering und deren Mitwirkung von untergeordneter Bedeutung ist, in den Fällen der Absätze 1 und 3 die Strafe nach seinem Ermessen (§ 49 Abs. 2) mildern.

(5) § 129 Abs. 6 gilt entsprechend.

(6) Neben einer Freiheitsstrafe von mindestens sechs Monaten kann das Gericht die Fähigkeit, öffentliche Ämter zu bekleiden, und die Fähigkeit, Recht aus öffentlichen Wahlen zu erlangen, aberkennen (§ 45 Abs. 2).

(7) In den Fällen der Absätze 1 und 2 kann das Gericht Führungsaufsicht anordnen (§ 68 Abs. 1 Nr. 2).

Art. 316 Código Penal (1822)
Los que so color de oculto religioso formaren hermandades, cofradías u otras corporaciones semejantes sin conocimiento y licencia del Gobierno, serán obligados a disolverlas inmediatamente, y castigados con una multa de uno a treinta duros, o con un arresto de dos días a dos meses.

Art. 317 Código Penal (1822)
Fuera de las cooperaciones, juntas o asociaciones establecidas o autorizadas por las leyes, los individuos que sin licencia del Gobierno formanren alguna junta o sociedad en clase de cooperación, y como tal corporación representaren a las autoridades establecidas, o tuvieren correspondencia con otras juntas o sociedades de igual clase, o ejercieren algún acto público cualquiera, serán también obligados a disolverlas inmediatamente, y sufrirán una multa de dos a cuarenta duros, o un arresto de cuatro días a tres meses. Pero si como tal corporación tomaren para algún acto la voz del pueblo, o se otorgaren alguna autoridad pública, cualquiera que sea, se les aumentará la pena hasta una multa de diez a sesenta duras, y una prisión de tres meses a un año.

Art. 318 Código Penal (1822)
Aun entre las corporaciones, juntas o asciaciones establecidas o autorizadas por las leyes, toda confederación que hicieren unas con otras para oponerse a alguna disposición del Gobierno o de las autoridades, o para impedir, suspender, embarazar o entorpecer la ejecución de alguna ley, reglamento, acto de justicia o servicio legítimo, o para cualquier otro objeto contrario a las leyes, fuera de los casos en que éstas permitan suspender la ejecución de las órdenes superiores, será castigado con arreglo al Capítulo VI de esta parte.

Art. 319 Código Penal (1822)
Es delito toda reunión secreta para tramar, preparar o ejecutar alguna acción contraria a las leyes. Los individuos que en cualquier de estos casos resultare haber entrado voluntariamente y a sabiendas en la reunión, serán castigados por este solo hecho con arresto de cuatro días a cuatro meses, o con una multa de dos a setenta duros. Los jefes, directores y promotores de la reunión sobredicha y, los que a sabiendas y voluntariamente hubieran prestado para ella su casa o habitación, sfrirán doble pena, todo sin perjuicio de que a unos y otros se les impongan las demás que merezcan por el delito que hubieren cometido.

Art. 202 Código Penal (1848)
Aquellas cuyos individuos se imponen con juramento o sin él la obligación de ocultar a la autoridad pública el objeto de sus reuniones o su organisación interior, o que en la correspondencia con sus individuos o con otras asociaciones se valen de cifras, jeroglíficos u otros signos misteriosos.

Art. 205 Código Penal (1848)
Es también ilícita toda asociación de más de veinte personas que se reúna diariamente, o en días señaladas, para tratar de asuntos religiosos, literarios o de cualquiera otra clase, siempre que no se haya formado con el consentimiento de la Autoridad Pública, o se faltare a las condiciones que ésta le hubiere fijado.

Art. 856 Código Penal (1928)
Hasta que se dicten y rijan la nueva Constitución y las leyes especiales a que se refieren los arts. 263, 264, 268 y 269 del presente Código, continuarán en vigor y serán de aplicación los arts. 165, 167 al 174, 176, 181 al 203 y 204 al 235 del Código que ahora se deroga, con las consiguientes modificaciones.

Art. 515 Código Penal (23.12.2010)
Son punibles las asociaciones ilícitas, teniendo tal consideración:
(1) Las que tengan por objeto cometer algún delito o, después de constituidas, promuevan su comisión, así como las que tengan por objeto cometer o promover la comisión de faltas de forma organizada, coordinada y reiterada.
(2)
(3) Las que, aun teniendo por objeto un fin lícito, empleen medios violentos o de alteración o control de la personalidad para su consecución.
(4) Las organizaciones de carácter paramilitar.
(5) Las que promuevan la discriminación, el odio o la violencia contra personas, grupos o asociaciones por razón de su ideología, religión o creencias, la pertenencia de sus miembros o de alguno de ellos a una etnia, raza o nación, su sexo, orientación sexual, situación familiar, enfermedad o minusvalía, o inciten a ello.

Art. 517 Código Penal (23.12.2010)
En los casos previstos en los números 1 y 3 al 6 del artículo 515 se impondrán las siguientes penas:
(1) A los fundadores, directores y presidentes de las asociaciones, las de prisión de dos a cuatro años, multa de doce a veinticuatro meses e inhabilitación especial para empleo o cargo público por tiempo de seis a doce años.

(2) A los miembros activos, las de prisión de uno a tres años y multa de doce a veinticuatro meses.

Art. 518 Código Penal (23.12.2010)
Los que con su cooperación económica o de cualquier otra clase, en todo caso relevante, favorezcan la fundación, organización o actividad de las asociaciones comprendidas en los números 1 y 3 al 6 del artículo 515, incurrirán en la pena de prisión de uno a tres años, multa de doce a veinticuatro meses, e inhabilitación para empleo o cargo público por tiempo de uno a cuatro años.

Art. 519 Código Penal (23.12.2010)
La provocación, la conspiración y la proposición para cometer el delito de asociación ilícita se castigarán con la pena inferior en uno o dos grados a la que corresponda, respectivamente, a los hechos previstos en los artículos anteriores.

Art. 520 Código Penal (23.12.2010)
Los Jueces o Tribunales, en los supuestos previstos en el artículo 515, acordarán la disolución de la asociación ilícita y, en su caso, cualquier otra de las consecuencias accesorias del artículo 129 de este Código.

Art. 521 Código Penal
En el delito de asociación ilícita, si el reo fuera autoridad, agente de ésta o funcionario público, se le impondrá, además de las penas señaladas, la de inhabilitación absoluta de diez a quince años.

Art. 570bis Código Penal (23.12.2010)
(1) Quienes promovieren, constituyeren, organizaren, coordinaren o dirigieren una organización criminal serán castigados con la pena de prisión de cuatro a ocho años si aquélla tuviere por finalidad u objeto la comisión de delitos graves, y con la pena de prisión de tres a seis años en los demás casos; y quienes participaren activamente en la organización, formaren parte de ella o cooperaren económicamente o de cualquier otro modo con la misma serán castigados con las penas de prisión de dos a cinco años si tuviere como fin la comisión de delitos graves, y con la pena de prisión de uno a tres años en los demás casos. A los efectos de este Código se entiende por organización criminal la agrupación formada por más de dos personas con carácter estable o por tiempo indefinido, que de manera concertada y coordinada se repartan diversas tareas o funciones con el fin de cometer delitos, así como de llevar a cabo la perpetración reiterada de faltas.
(2) Las penas previstas en el número anterior se impondrán en su mitad superior cuando la organización:

1. esté formada por un elevado número de personas.
2. disponga de armas o instrumentos peligrosos.
3. disponga de medios tecnológicos avanzados de comunicación o transporte que por sus ca racterísticas resulten especialmente aptos para facilitar la ejecución de los delitos o la impu nidad de los culpables.

Si concurrieran dos o más de dichas circunstancias se impondrán las penas superiores en grado.

(3) Se impondrán en su mitad superior las penas respectivamente previstas en este artículo si los delitos fueren contra la vida o la integridad de las personas, la libertad, la libertad e indemnidad sexuales o la trata de seres humanos.

Art. 570ter Código Penal (23.12.2010)

(1) Quienes constituyeren, financiaren o integraren un grupo criminal serán castigados:
1. Si la finalidad del grupo es cometer delitos de los mencionados en el apartado 3 del artículo anterior, con la pena de dos a cuatro años de prisión si se trata de uno o más delitos graves y con la de uno a tres años de prisión si se trata de delitos menos graves.
2. Con la pena de seis meses a dos años de prisión si la finalidad del grupo es cometer cualquier otro delito grave.
3. Con la pena de tres meses a un año de prisión cuando se trate de cometer uno o varios delitos menos graves no incluidos en el apartado a) o de la perpetración reiterada de faltas, debiéndose imponer en este último caso la pena en su mitad inferior, salvo que la finalidad del grupo fuera la perpetración reiterada de la falta prevista en el número 1 del artículo 623, en cuyo caso podrá imponerse la pena en toda su extensión.

A los efectos de este Código se entiende por grupo criminal la unión de más de dos personas que, sin reunir alguna o algunas de las características de la organización criminal definida en el artículo anterior, tenga por finalidad o por objeto la perpetración concertada de delitos o la comisión concertada y reiterada de faltas.

(2) Las penas previstas en el número anterior se impondrán en su mitad superior cuando el grupo:
1. esté formado por un elevado número de personas.
2. disponga de armas o instrumentos peligrosos.
3. disponga de medios tecnológicos avanzados de comunicación o transporte que por sus características resulten especialmente aptos para facilitar la ejecución de los delitos o la impunidad de los culpables.

Si concurrieran dos o más de dichas circunstancias se impondrán las penas superiores en grado.

Art. 570quárter Código Penal (23.12.2010)

(1) Los jueces o tribunales, en los supuestos previstos en este Capítulo y el siguiente, acordarán la disolución de la organización o grupo y, en su caso, cualquier otra de las consecuencias de los artículos 33.7 y 129 de este Código.

(2) Asimismo se impondrá a los responsables de las conductas descritas en los dos artículos anteriores, además de las penas en ellos previstas, la de inhabilitación especial para todas aquellas actividades económicas o negocios jurídicos relacionados con la actividad de la organización o grupo criminal o con su actuación en el seno de los mismos, por un tiempo superior entre seis y veinte años al de la duración de la pena de privación de libertad impuesta en su caso, atendiendo proporcionalmente a la gravedad del delito, al número de los cometidos y a las circunstancias que concurran en el delincuente.
En todo caso, cuando las conductas previstas en dichos artículos estuvieren comprendidas en otro precepto de este Código, será de aplicación lo dispuesto en la regla 4ª del artículo 8.

(3) Las disposiciones de este Capítulo serán aplicables a toda organización o grupo criminal que lleve a cabo cualquier acto penalmente relevante en España, aunque se hayan constituido, estén asentados o desarrollen su actividad en el extranjero.

(4) Los jueces o tribunales, razonándolo en la sentencia, podrán imponer al responsable de cualquiera de los delitos previstos en este Capítulo la pena inferior en uno o dos grados, siempre que el sujeto haya abandonado de forma voluntaria sus actividades delictivas y haya colaborado activamente con las autoridades o sus agentes, bien para obtener pruebas decisivas para la identificación o captura de otros responsables o para impedir la actuación o el desarrollo de las organizaciones o grupos a que haya pertenecido, bien para evitar la perpetración de un delito que se tratara de cometer en el seno o a través de dichas organizaciones o grupos.

Art. 571 Código Penal (23.12.2010)

(1) Quienes promovieren, constituyeren, organizaren o dirigieren una organización o grupo terrorista serán castigados con las penas de prisión de ocho a catorce años e inhabilitación especial para empleo o cargo público por tiempo de ocho a quince años.

(2) Quienes participaren activamente en la organización o grupo, o formaren parte de los mismos, serán castigados con las penas de prisión de seis a doce años e inhabilitación especial para empleo o cargo público por tiempo de seis a catorce.

(3) A los efectos de este Código, se considerarán organizaciones o grupos terroristas aquellas agrupaciones que, reuniendo las características respectiva-

mente establecidas en el párrafo segundo del apartado 1 del artículo 570 bis) y en el párrafo segundo del apartado 1 del artículo 570 ter, tengan por finalidad o por objeto subvertir el orden constitucional o alterar gravemente la paz pública mediante la perpetración de cualquiera de los delitos previstos en la Sección siguiente.

Art. 572 Código Penal (23.12.2010)

(1) Los que perteneciendo, actuando al servicio o colaborando con organizaciones o grupos terroristas cometan los delitos de estragos o de incendios tipificados en los artículos 346 y 351, respectivamente, serán castigados con la pena de prisión de quince a veinte años, sin perjuicio de la pena que les corresponda si se produjera lesión para la vida, integridad física o salud de las personas.

(2) Los que perteneciendo, actuando al servicio o colaborando con las organizaciones o grupos terroristas atentaren contra las personas, incurrirán:

1. En la pena de prisión de veinte a treinta años si causaran la muerte de una persona.
2. En la pena de prisión de quince a veinte años si causaran lesiones de las previstas en los artículos 149 y 150 o secuestraran a una persona.
3. En la pena de prisión de diez a quince años si causaran cualquier otra lesión o detuvieran ilegalmente, amenazaran o coaccionaran a una persona.

(3) Si los hechos se realizaran contra las personas mencionadas en el apartado 2 del artículo 551 o contra miembros de las Fuerzas Armadas, de las Fuerzas y Cuerpos de Seguridad del Estado, Policías de las Comunidades Autónomas o de los Entes locales, se impondrá la pena en su mitad superior.

Art. 573 Código Penal (23.12.2010)

El depósito de armas o municiones o la tenencia o depósito de sustancias o aparatos explosivos, inflamables, incendiarios o asfixiantes, o de sus componentes, así como su fabricación, tráfico, transporte o suministro de cualquier forma, y la mera colocación o empleo de tales sustancias o de los medios o artificios adecuados, serán castigados con la pena de prisión de seis a diez años cuando tales hechos sean cometidos por quienes pertenezcan, actúen al servicio o colaboren con las organizaciones o grupos terroristas descritos en los artículos anteriores.

Art. 574 Código Penal (23.12.2010)

Los que perteneciendo, actuando al servicio o colaborando con organizaciones o grupos terroristas, cometan cualquier otra infracción con alguna de las finalidades expresadas en el apartado 3 del artículo 571, serán castigados con la pena señalada al delito o falta ejecutados en su mitad superior.

Art. 575 Código Penal (23.12.2010)

Los que, con el fin de allegar fondos a las organizaciones o grupos terroristas señalados anteriormente, o con el propósito de favorecer sus finalidades, atentaren contra el patrimonio, serán castigados con la pena superior en grado a la que correspondiere por el delito cometido, sin perjuicio de las que proceda imponer conforme a lo dispuesto en el artículo siguiente por el acto de colaboración.

Art. 576 Código Penal (23.12.2010)

(1) Será castigado con las penas de prisión de cinco a diez años y multa de dieciocho a veinticuatro meses el que lleve a cabo, recabe o facilite cualquier acto de colaboración con las actividades o las finalidades de una organización o grupo terrorista.

(2) Son actos de colaboración la información o vigilancia de personas, bienes o instalaciones; la construcción, el acondicionamiento, la cesión o la utilización de alojamientos o depósitos; la ocultación o traslado de personas vinculadas a organizaciones o grupos terroristas; la organización de prácticas de entrenamiento o la asistencia a ellas, y, en general, cualquier otra forma equivalente de cooperación, ayuda o mediación, económica o de otro género, con las actividades de las citadas organizaciones o grupos terroristas.

Cuando la información o vigilancia de personas mencionada en el párrafo anterior ponga en peligro la vida, la integridad física, la libertad o el patrimonio de las mismas, se impondrá la pena prevista en el apartado 1 en su mitad superior. Si llegara a ejecutarse el riesgo prevenido, se castigará el hecho como coautoría o complicidad, según los casos.

(3) Las mismas penas previstas en el número 1 de este artículo se impondrán a quienes lleven a cabo cualquier actividad de captación, adoctrinamiento, adiestramiento o formación, dirigida a la incorporación de otros a una organización o grupo terrorista o a la perpetración de cualquiera de los delitos previstos en este Capítulo.

Art. 576 bis Código Penal (23.12.2010)

(1) El que por cualquier medio, directa o indirectamente, provea o recolecte fondos con la intención de que se utilicen, o a sabiendas de que serán utilizados, en todo o en parte, para cometer cualquiera de los delitos comprendidos en este Capítulo o para hacerlos llegar a una organización o grupo terroristas, será castigado con penas de prisión de cinco a diez años y multa de dieciocho a veinticuatro meses.

Si los fondos llegaran a ser empleados para la ejecución de actos terroristas concretos, el hecho se castigará como coautoría o complicidad, según los casos, siempre que le correspondiera una pena mayor.

(2) El que estando específicamente sujeto por la Ley a colaborar con la autoridad en la prevención de las actividades de financiación del terrorismo dé lugar, por imprudencia grave en el cumplimiento de dichas obligaciones, a que no sea detectada o impedida cualquiera de las conductas descritas en el apartado primero de este artículo, será castigado con la pena inferior en uno o dos grados a la prevista en él.

(3) Cuando de acuerdo con lo establecido en el artículo 31 bis de este Código una persona jurídica sea responsable de los delitos recogidos en este artículo, se le impondrán las siguientes penas:

a. Multa de dos a cinco años, si el delito cometido por la persona física tiene prevista una pena de prisión de más de cinco años.
b. Multa de uno a tres años, si el delito cometido por la persona física tiene prevista una pena de más de dos años de privación de libertad no incluida en el anterior inciso.

Atendidas las reglas establecidas en el artículo 66 bis de este Código, los jueces y tribunales podrán asimismo imponer las penas recogidas en las letras b) a g) del apartado 7 del artículo 33.

Art. 577 Código Penal (23.12.2010)

Los que, sin pertenecer a organización o grupo terrorista, y con la finalidad de subvertir el orden constitucional o de alterar gravemente la paz pública, o la de contribuir a estos fines atemorizando a los habitantes de una población o a los miembros de un colectivo social político o profesional, cometieren homicidios, lesiones de las tipificadas en los artículos 147 a 150, detenciones ilegales secuestros amenazas o coacciones contra las personas, o llevaren a cabo cualesquiera delitos de incendios, estragos, daños de los tipificados en los artículos 263 a 66, 323 o 560 o tenencia, fabricación, depósito, tráfico, transporte o suministro de armas, municiones o sustancias o aparatos explosivos, inflamables, incendiarios o asfixiantes, o de sus componentes, serán castigados con la pena que corresponda al hecho cometido en su mitad superior.

Art. 578 Código Penal (23.12.2010)

El enaltecimiento o la justificación por cualquier medio de expresión pública o difusión de los delitos comprendidos en los artículos 571 a 577 de este Código o de quienes hayan participado en su ejecución, o la realización de actos que entrañen descrédito, menosprecio o humillación de las víctimas de los delitos terroristas o de sus familiares se castigará con la pena de prisión de uno a dos años. El Juez también podrá acordar en la sentencia, durante el período de tiempo que el mismo señale, alguna o algunas de las prohibiciones previstas en el artículo 57 de este Código.

Art. 579 Código Penal (23.12.2010)

(1) La provocación, la conspiración y la proposición para cometer los delitos previstos en los artículos 571 a 578 se castigarán con la pena inferior en uno o dos grados a la que corresponda, respectivamente, a los hechos previstos en los artículos anteriores.

Cuando no quede comprendida en el párrafo anterior o en otro precepto de este Código que establezca mayor pena, la distribución o difusión pública por cualquier medio de mensajes o consignas dirigidos a provocar, alentar o favorecer la perpetración de cualquiera de los delitos previstos en este capítulo, generando o incrementando el riesgo de su efectiva comisión, será castigada con la pena de seis meses a dos años de prisión.

(2) Los responsables de los delitos previstos en este Capítulo, sin perjuicio de las penas que correspondan con arreglo a los artículos precedentes, serán también castigados con la pena de inhabilitación absoluta por un tiempo superior entre seis y veinte años al de la duración de la pena de privación de libertad impuesta en su caso en la sentencia, atendiendo proporcionalmente a la gravedad del delito, el número de los cometidos y a las circunstancias que concurran en el delincuente.

(3) A los condenados a pena grave privativa de libertad por uno o más delitos comprendidos en este Capítulo se les impondrá además la medida de libertad vigilada de cinco a diez años, y de uno a cinco años si la pena privativa de libertad fuera menos grave. No obstante lo anterior, cuando se trate de un solo delito que no sea grave cometido por un delincuente primario, el Tribunal podrá imponer o no la medida de libertad vigilada en atención a la menor peligrosidad del autor.

(4) En los delitos previstos en esta sección, los jueces y tribunales, razonándolo en sentencia, podrán imponer la pena inferior en uno o dos grados a la señalada por la Ley para el delito de que se trate, cuando el sujeto haya abandonado voluntariamente sus actividades delictivas y se presente a las autoridades confesando los hechos en que haya participado, y además colabore activamente con éstas para impedir la producción del delito o coadyuve eficazmente a la obtención de pruebas decisivas para la identificación o captura de otros responsables o para impedir la actuación o el desarrollo de organizaciones o grupos terroristas a los que haya pertenecido o con los que haya colaborado.

H. Bibliographie

Altvater, Gerhard — Das 34. Strafrechtsänderungsgesetz – § 129 b StGB, NStZ 2003, S. 179-184.

Andrade Sánchez, Eduardo — Instrumentos Jurídico contra el Crimen organizado, Mexiko 1997.

Ambos, Kai — Internationales Strafrecht, Strafanwendungsrecht, Völkerstrafrecht, Europäisches Strafrecht, München 2008.
[zitiert als „Internationales Strafrecht"]

–. / *Rackow*, Peter — Erste Überlegungen zu den Konsequenzen des Lissabon-Urteils des Bundesverfassungsgerichts für das Europäische Strafrecht, ZIS 2009, S. 397-405.

Amelung, Knut/ *Hassemer*, Winfried/ *Rudolphi*, Hans-Joachim/ *Scheerer*, Sebastian — Stellungsnahme zum Artikelgesetz, StV 1989, S. 72-84.

Arnold, Jörg — Kriminelle Vereinigung und organisierte Kriminalität in Deutschland und anderen europäischen Staaten, in: Organisierte Krminalität als transnationales Phänomen. Erscheinungsformen, Prävention und Repression in Italien, Deutschland und Spanien, hrsg. von Vincenzo Militello, Jörg Arnold, Letizia Paoli, Freiburg 2000, S. 87-178.
[zitiert als „*Bearbeiter*, in: Organisierte Kriminalität als transnationales Phänomen"]

Arroyo Zapatero, Luis/ *Nieto Adán*, Martín — El Derecho Penal de la Unión Europea: Situación actual y perspectivas de futuro, Castilla-La Mancha, 2007.
[zitiert als „*Bearbeiter*, in: El Derecho penal de la U.E.“]

–. — Código de Derecho Penal Europeo e Internacional, 2008.

Arroyo Zapatero, Luis/ *Berdugo Gómez de la Torre*, I./ *Ferré Olivé*, J.C./ *García Rivas*, N./ *Serrano Piedecasas*, J. R./ *Terradillos Basoco*, J. M. — Comentarios al Código Penal, Madrid 2007.

Arzt, Gunther — Zur Strafbarkeit des Erpressungsopfers, JZ 2001, S. 1052-1057.

Auer, Ignaz — Nach zehn Jahren, Material und Glossen zur Geschichte des Sozialistengesetzes, Nürnberg 1913.

Bader, Markus — Der Straftatbestand des Unterstützens einer terroristischen Vereinigung im Lichte aktueller Rechtsprechung des Bundesgerichtshofs, NStZ 2007, S. 618-624.

Ballbé, Manuel — Orden público y militarismo en la España constitucional (1812-1983), Madrid 1983.
[zitiert als „Orden público y militarismo“]

Balz, Hanno — Gesellschaftsformierungen. Die öffentliche Debatte über die RAF in den 70er Jahren, in: Der „Deutsche Herbst“ und die RAF in Politik, Medien und Kunst. Nationale und internationale Perspektiven, hrsg. von Nicole Colin, Beatrice de Graaf, Jacco Pekelder, Joachim Umlauf, Bielefeld 2008, S. 170-184.
[zitiert als „*Bearbeiter*, in: Der „Deutsche Herbst“ und die RAF“]

Basten, Thomas — Von der Reform des politischen Strafrechts zu den Anti-Terror-Gesetzen. Die Entwicklung des Strafrechts zur Bekämpfung politisch motivierter Kriminalität in der sozialliberalen Ära, Diss. Marburg 1981, Köln 1983.
[zitiert als „Von der Reform des politischen Strafrechts“]

Baumer, Andreas — Kommunismus in Spanien. Die Partido Comunista de España – Widerstand, Krise und Anpassung (1970-2006), Diss. Rostock, Baden-Baden 2008.

Beck, Wolfgang — Unrechtsbegründung und Vorfeldkriminalisierung. Zum Problem der Unrechtsbegründung im Bereich vorverlegter Strafbarkeit, – erörtert unter besonderer Berücksichtigung der Deliktstatbestände des politischen Strafrechts, Diss. Berlin 1992.

Bernecker, Walther L. — Anarchismus und Bürgerkrieg. Zur Geschichte der Sozialen Revolution in Spanien 1936-1939, Diss. Erlangen-Nürnberg 1976, Hamburg 1978.

–. — Spaniens Geschichte seit dem Bürgerkrieg, München 1997.

–.	Spanische Geschichte. Von der Reconquista bis heute, Grundzüge hrsg. von Michael Fröhlich, Darmstadt 2002.
–.	Spaniens Übergang von der Diktatur zur Demokratie. Deutungen, Revisionen, Vergangenheitsaufarbeitung, VfZ 52, 2004, S. 693-710.
–.	Spanien-Handbuch, Geschichte und Gegenwart, Tübingen 2006.
–.	Spanien heute: Politik, Wirtschaft, Kultur, Frankfurt am Main 2008. [zitiert als „*Bearbeiter*, in: Spanien heute"]
Bernsmann, Klaus	Kronzeugenregelungen des geltenden Rechts, JZ 1988, S. 539-545.
von Bernstorff, Christoph	Einführung in das englische Recht, München 2006.
Blanco Cordero, Isidoro/ Sánchez Garcia de Paz, Isabel	Principales instrumentos internacionales relativos al crimen organizado: la definición de la participación en una organización criminal y problemas de aplicación de la ley penal en el espacio, Revista Penal n° 6 1999, S. 3-14.
Braum, Stefan	Europäische Strafgesetzlichkeit, Habil. Frankfurt am Main 2003.
Brodowski, Dominik	Strafrechtsrelevante Entwicklungen in der Europäischen Union – ein Überblick, ZIS 2010, S. 376-386, ZIS 2011, S. 940-954.
Broué, Pierre/ *Témime*, Émile	Revolution und Krieg in Spanien, Frankfurt am Main 1975.

Bruckermann, Jan-Friedrich — Neue Rechtsentwicklung zur Bekämpfung der organisierten Kriminalität, Diss. Marburg, Berlin 2003.

von Brünneck, Alexander — Politische Justiz gegen Kommunisten in der Bundesrepublik Deutschland 1949 – 1968, Frankfurt am Main 1978.
[zitiert als „Politische Justiz gegen Kommunisten"]

Bubnoff, von Eckhart — Terrorismusbekämpfung – Eine weltweite Herausforderung, NJW 2002, S. 2672-2676.

–. — Der Europäische Haftbefehl. Ein Leitfaden für die Auslieferungspraxis, Heidelberg, München, Landsberg, Berlin 2007.

Buschfort, Wolfgang — Geheime Hüter der Verfassung. Von der Düsseldorfer Informationsstelle zum ersten Verfassungsschutz der Bundesrepublik (1947-1961), Paderborn [u.a.] 2004.

Caesar, Peter — Das Gesetz gegen die Organisierte Kriminalität – eine unendliche Geschichte?, ZRP 1991, S. 241-244.

Cancio Meliá, Manuel — Feind „strafrecht"?, ZStW 117 (2005), S. 167-189.

–. — Zum Unrecht der kriminellen Vereinigung, in: Festschrift für Günther Jakobs zum 70. Geburtstag, hrsg. von Michael Pawlik und Rainer Zaczyk, Berlin 2007, S. 27-52.
[zitiert als „*Bearbeiter*, in: FS Jakobs"]

–. Internationalisierung der Kriminalpolitik: Überlegungen zum strafrechtlichen Kampf gegen den Terrorismus, in: Strafrecht und Wirtschaftsstrafrecht, Festschrift für Klaus Tiedemann zum 70. Geburtstag, hrsg. von Ulrich Sieber, Gerhard Dannecker, Urs Kindhäuser, Joachim Vogel, Tonio Walter, Köln, München 2008, S. 1489-1502.
[zitiert als „*Bearbeiter*, in: FS Tiedemann"]

–./*Silva Sánchez*, Jesús María — Delitos de organisación, Montevideo, Buenos Aires 2008.

–. El injusto de los delitos de organisación: peligro y significado, ILECIP, Rev. 004-08 (2009), S. 1-34.

–. Delitos de terrorismo, in: Comentarios a la Reforma Penal de 2010, hrsg. von Francisco Javier Álvarez Garcia, José Luis Gonsález Cussac, Valencia 2010, S. 521-532.
[zitiert als „*Bearbeiter*, in: Comentarios a la Reforma Penal de 2010"]

–. Strafrecht und Terrorismus in Spanien. Anmerkungen zur Entwicklung der Terrorismusgesetzgebung nach der Diktatur, in: Transformation von Diktaturen in Demokratien und Aufbereitung der Vergangeneheit, hrsg. von Francisco Muñoz Conde, Thomas Vormbaum, Berlin 2010, S. 83-96.
[zitiert als „*Bearbeiter*, in: Transformation von Diktaturen"]

–. De los delitos de terrorismo: Estructura típica e injusto, Madrid 2010.

–. Vorverlagerung ohne Ende und Organisationsdelikte, in: Grenzenlose Vorverlagerung des Strafrechts?, hrsg. von Roland Hefendehl, Berlin 2010, S. 47-61.
[zitiert als „*Bearbeiter*, in: Grenzenlose Vorverlagerung des Strafrechts?"]

–. Delitos de organización: Criminalidad organizada común y delitos de terrorismo, in: *Estudios sobre las reformas del Codigo Penal, hrsg. von* Julio Díaz-Maroto y Villarejo, Barcelona 2011, S. 643-670.
[zitiert als „*Bearbeiter*, in: *Estudios sobre las reformas del Codigo Penal"]*

Cano Paños, Miguel Ángel — Die strafrechtliche Behandlung des Terrorismus im spanischen Strafgesetzbuch von 1995, Frankfurt 2007.

–. Los inicios de la lucha antiterrorista en Alemania, RECPC 10-14 (2008).

–. De los delitos de terrorismo en el Código Penal español tras la reforma de 2010, in: La Ley Penal, Nr. 86, Octubre 2011 [LA LEY 16987/2011].
[zitiert als „LA LEY 16987/2011"]

Carstens, Wilhelm — Unerlaubte Verbindungen im deutschen Strafrechte des 19. Jahrhunderts, Diss. Göttingen 1909.

Casanova, Julián/ *Espinosa*, Francisco/ *Mir*, Conxita/ *Moreno Gómez*, Francisco — Morir, matar, sobrevivir. La violencia en la dictadura de Franco, Barcelona 2002.
[zitiert als „*Bearbeiter*, in: Morir, matar, sobrevivir"]

Choclán Montalvo, José Antonio — La Organisación Criminal. Tratamiento penal y procesal, Madrid 2000.

Christie, Stuart — We, the Anarchists!. A study of the Iberian Anarchist Federation (FAI) 1927-1937, East Sussex 2000.

Conde-Pumpido Ferreiro, Cándido — De los delitos de terrorismo, in: Código Penal. Doctrina y Jurisprudencia, Tomo III, Madrid 1997.
[zitiert als „*Bearbeiter*, in: Código Penal. Doctrina y Jurisprudencia"]

–. — Código Penal Comentado, Tomo II, Arts. 319 al final, Bosch, Barcelona 2004.

Conde-Pumpido Tourón, Candido/ *López Barja de Quiroga*, Jacobo — Comentarios al Código Penal, Tomo 5, Arts. 446 a la Disposición derogatoria, Barcelona 2007.
[zitiert als „*Bearbeiter*, in: Bosch, Comentarios al Código Penal"]

Corcoy Bidasolo, Mirentxu/ *Mir Puig*, Santiago — Comentarios al Código Penal: Reforma 5/2010, Valencia 2011.

Córdoba Roda, Juan/ *Arán Garcia*, Mercedes — Comenatrios al Código Penal – Parte Especial, Tomo II, Madrid, Barcelona 2004.

Croissant, Claus — Verteidigerausschluss in politischen Prozessen. Instrument des Neuen Faschismus, in: Claus Croissant, Kurt Groenewold, Ulrich K. Preuß, Otto Schily, Christian Stroebele: Politische Prozesse ohne Verteidigung?, hrsg. von Wolfgang Dreßen, Berlin 1976, S. 19-34.
[zitiert als „*Bearbeiter*, in: Politische Prozesse"]

Dahs, Hans — Das „Anti-Terroristen-Gesetz“ – Eine Niederlage des Rechtsstaats, NJW 1976, S. 245-251.

Dannecker, Gerhard/ *Freitag*, Robert — Zur neueren europäischen und deutschen Strafgesetzgebung im Recht der Außenwirtschaft und der Finanzsanktionen, ZStW 116 (2004), S. 797-818.

–. — Das materielle Strafrecht im Spannungsfeld des Rechts der Europäischen Union (Teil I), Jura 2006, S. 95-102.

Dencker, Friedrich — Das „Gesetz zur Bekämpfung des Terrorismus“, StV 1987, S. 117-122.

Diehm, Dirk — Die „safe-harbour“-Verordnung und das Urteil des EuGH zum Rahmenbeschluss über den Schutz der Umwelt durch das Strafrecht – Erste Konturen einer europäischen Strafrechtskompetenz?, wistra 2006, S. 366-370.

Diewald-Kerkmann, Gisela — „Im Vordergrund steht immer die Tat...“. Gerichtsverfahren gegen Mitglieder der RAF, Rechtsgeschichte, Zeitschrift des Max-Planck-Instituts für europäische Zeitgeschichte, (7) 2005, S. 138-153.

Erb, Volker/*Franke*, Ulrich/ *Graalmann-Scheerer*, Kirsten/ *Hilger*, Hans/*Ignor*, Alexander (Hrsg.) — Löwe-Rosenberg, Die Strafprozessordnung und das Gerichtsverfassungsgesetz, Großkommentar, 4. Band, 26. Auflage, Berlin 2007 sowie 6. Band, 26. Auflage, Berlin 2010. [zitiert als „*Bearbeiter*, in: Löwe-Rosenberg“]

Espey, Ernst — Die Geheimbündelei und ihre strafrechtliche Bekämpfung, Diss. Emsdetten 1934.

Faraldo Cabana, Patricia — Neuere Entwicklungen im spanischen Strafvollzugsrecht – Besonderheiten bei Terrorismusdelikten und organisierter Kriminalität, ZStW 120 (2008), S. 173 – 192.

–. — Asociaciones ilícitas y organizaciones criminales en el código penal español, tirant monografías 806, kindle Edition, Valencia 2012. [zitiert als „Asociaciones ilícitas"]

Felske, Karsten — Kriminelle und terroristische Vereinigungen – §§ 129, 129a StGB. Reformdiskussion und Gesetzgebung seit dem 19 Jahrhundert, Diss. Hagen 2001, Baden-Baden 2002.

Ferrer Benimeli, José Antonio — La M*asonería española* contemporánea, Teil II, Madrid 1980. [zitiert als „La M*asonería española II"]*

–. — La Massoneria in Spagna, dalle Origini a Oggi, Foggia 1986.

Fischer, Klemens H. — Der Vertrag von Lissabon. Text und Kommentar zum Europäischen Reformvertrag, Baden-Baden 2010.

Fischer, Thomas — Beck'sche Kurzkommentare, Strafgesetzbuch und Nebengesetze 58. Auflage, München 2010.

Fleischer, Wolfgang — Verhältnis von Dauerdelikt und Einzeltat (III), NJW 1979, S. 1337-1340.

Fletcher, Maria/*Lööf*, Robin/*Gilmore*, Bill — EU Criminal Law and Justice, Cheltenham 2008. [zitiert als „EU Criminal Law"]

Foffani, Luigi — Criminalidad organizada y criminalidad económica, Revista Penal n° 7 2001, S. 55-66.

Folz, Hans-Peter — Karlsruhe, Lissabon und das Strafrecht – ein Blick über den Zaun, ZIS 2009, S. 427-431.

Fürst, Martin — Grundlagen und Grenzen der §§ 129, 129a StGB. Zu Umfang und Notwendigkeit der Vorverlagerung des Strafrechtsschutzes bei der Bekämpfung krimineller und terroristischer Vereinigungen, Diss. Göttingen 1988, Frankfurt am Main [u.a.] 1989.

Franke, Ulrich/ *Wienroeder*, Karl — Betäubungsmittelgesetz, Kommentar, 3. Auflage, Heidelberg 2008.

Franz, Hans-Werner — Der Frankismus. Zur politischen Herrschaftssoziologie Spaniens während der Franco-Ära, Diss. Freie Univ. Berlin 1980, Frankfurt am Main [u.a.] 1981.

Fricke, Dieter — Die Deutsche Arbeiterbewegung 1869-1914. Ein Handbuch über ihre Organisation und Tätigkeit im Klassenkampf, Berlin 1976.

Fromm, Rainer — Die „Wehrsportgruppe Hoffmann“: Darstellung, Analyse und Einordnung. Ein Beitrag zur Geschichte des deutschen und europäischen Rechtsextremismus, Frankfurt am Main 1998.

Gabriel Orsi, Omar — Sistema Penal y crimen organizado. Estrategias de aprehensión y criminalización del conflicto, Buenos Aires 2007.

García-Pablos de Molina, Antonio — Asociaciones Ilícitas en el Código Penal, Barcelona 1978.

Giehring, Heinz — Politische Meinungsäußerung und die Tatmodalität des Werbens und der Unterstützung in den §§ 129, 129 a StGB, StV 1983, S. 296-310.

Glaab, Sonja — Medien und Terrorismus: auf den Spuren einer symbiotischen Beziehung, Berlin 2007.

Golsong, H. — Die Europäische Menschenrechtskommission über die Beschwerde der KPD, NJW 1957, S. 1349-1350.

Gracia Martín, Luis — Über die notwendige Modernisierung des Strafrechts in der deutschen und spanischen Doktrin, GA (7) 2010, S. 323-352.

Grenzmüller Roig, Carlos — Delitos contra el orden público, terrorismo contra el Estado o la comunidad internacional, Barcelona 1998.
[zitiert als „*Bearbeiter*, in: Delitos contra el orden público"]

Griesbaum, Rainer — Zum Verhältnis von Strafverfolgung und Gefahrenabwehr vor dem Hintergrund der Bedrohung durch den internationalen islamistischen Terrorismus, in: Strafrecht und Justizgewährung, Festschrift für Kay Nehm zum 65. Geburtstag, hrsg. von Rainer Griesbaum, Rolf Hannich, Karl Heinz Schnarr, Berlin 2006.
[zitiert als „*Bearbeiter*, in: FS Nehm"]

Grigoleit, Klaus Joachim — Bundesverfassungsgericht und deutsche Frage, Habil. Hunboldt-Univ. 2002-2003, Tübingen 2004.

Groeben Hans/ *Schwarze*, Jürgen — Kommentar zum Vertrag über die EU und zur Gründung der EG 6. Auflage, Baden-Baden, 2003.

Gropp, Walter/*Sinn*, Arndt — Organisierte Kriminalität und kriminelle Organisationen. Präventive und repressive Maßnahmen vor dem Hintergrund des 11. Septembers 2001, Baden-Baden 2006.

Haberstrumpf, Helmut — Konkurrenzprobleme bei der Anwendung der Paragraphen § 129 und § 129 a StGB, MDR 1979, S. 977-980.

Hall, Daniel E. — Crimial Law and Procedure, New York 2011.

Hamm, Rainer — Die Revision in Strafsachen, Berlin 2010.

Hannich, Rolf (Hrsg.)/ *Pfeiffer*, Gerd — Karlsruher Kommentar zur Strafprozessordnung und zum Gerichtsverfassungsgesetz, 6. Auflage, München 2008.
[zitiert als „*Bearbeiter*, in: Karlsruher Kommentar StPO"]

Hannover, Heinrich — Ausschließung von Verteidigern wegen Teilnahmeverdachts, KJ 1974, S. 135-146.

–. — Terroristenprozesse. Erfahrungen und Erkenntnisse eines Strafverteidigers, Hamburg 1991.

Hassemer, Winfried — Die Kronzeugenregelung, StV 1989, S. 79-80.

–. — Rauschgiftbekämpfung durch Rauschgift? – BGH NJW 1991, 2359, JZ 1992, S. 110 – 114.

Hawickhorst, Katrin — § 129a StGB – Ein feindstrafrechtlicher Irrweg zur Terrorismusbekämpfung, Kritische Analyse einer prozessualen Schlüsselnorm im materiellen Recht, Diss. Berlin 2011.

Hecker, Bernd — Europäisches Strafrecht als Antwort auf transnationale Kriminalität, JA 2002, S. 723 - 730

–. Europäisches Strafrecht, Berlin [u.a.] 2010.

Hefendehl, Roland Kollektive Rechtsgüter im Strafrecht, Habil. Univ. München 1998-1999, Köln [u.a.] 2002.

–. Europäisches Strafrecht: Bis wohin und nicht weiter?, in: Ein Gesamtkonzept für die europäische Strafrechtspflege, A Programme for European Criminal Justice, hrg. von Bernd Schünemann, Köln [u.a.] 2006, S. 204-221.

–. Europäischer Umweltschutz: Demokratiespritze für Europa oder Brüsseler Putsch?, ZIS 2006, S. 161-167.

Heger, Martin Die Auswirkungen des europäischen Doppelbestrafungsverbots auf die deutsche Strafrechtsprechung, HSSR 2008, S. 413-418.

–. Die Europäisierung des deutschen Umweltstrafrechts, Habil. Tübingen2005, Tübingen 2009.

–. Perspektiven des Europäischen Strafrechts nach dem Vertrag von Lissabon, Eine Durchsicht des (wohl) kommenden EU-Primärrechts vor dem Hintergrund des Lissabon-Urteils des BVerfG vom 30.6.2009, ZIS 2009, S. 406-417.

Heine, Hartmut La oposición política al franquismo de 1939 a 1952, Barcelona 1983.
[zitiert als „ La oposición política al franquismo"]

Heinicke, Günther Das Gemeinsame beim „gemeinschaftlichen Verteidiger" i.S.d. § 146 StPO, NJW 1978, S. 1497-1503.

Heinrich, Bernd — Die Grenzen des Strafrechts bei der Gefahrprävention. Brauchen oder haben wir ein „Feindstrafrecht“?, ZStW 121 (2009), S. 94-131.

–. — Strafrecht – Allgemeiner Teil I, 2. Auflage, Stuttgart 2010.

Hellebrand, Johannes — Große Jagd auf kleine Fische, ZRP 1992, S. 247-251.

Hellmann, Vanessa — Der Vertrag von Lissabon. Vom Verfassungsvertrag zur Änderung der bestehenden Verträge – Einführung mit Synopse und Übersichten, Berlin [u.a.] 2009.

Hilgendorf, Eric/ *Frank*, Thomas/ *Valerius*, Brian — Computer- und Internetstrafrecht. Ein Grundriss, Berlin [u.a.] 2005.

Hilger, Hans — Neues Strafverfahrensrecht durch das OrgKG – 1. Teil –, NStZ 1992, S. 457-463.

Hobe, Stephan — Europarecht, Köln [u.a.] 2010.

Hoffmann, Markus/ *Cancio Meliá*, Manuel/ *Bacigalupo*, Enrique — Das spanische Strafgesetzbuch, Código Penal. Sammlung ausländischer Strafgesetzbücher in deutscher Übersetzung, zweisprachige Ausgabe, Freiburg i. Br. 2002.

Hoffmann-Riem, Wolfgang — Kriminalpolitik ist Gesellschaftspolitik, Frankfurt am Main 2000.

Hohmann, Olaf — Zur eingeschränkten Anwendbarkeit von § 129 StGB auf Wirtschaftsdelikte, wistra 1992, S. 85-89.

Hugger, Heiner — Strafrechtliche Anweisungen der Europäischen Gemeinschaft, Diss. Heidelberg 1998, Baden-Baden 2000. [zitiert als „Strafrechtliche Anweisungen“]

Hügel, Wilfried/ *Junge*, Wilfried K./ *Lander*, Carola/ *Winkler*, Karl Rudolf — Deutsches Betäubungsmittelrecht, Kommentar, Band 1, 8. Auflage, 7. Aktualisierungslieferung, Stuttgart 2009.

Ibán, Iván C. — Introducción al Derecho Español. Los ordenamientos jurídicos de los Estados europeos, hrsg. von Prof. Dr. Gerhard Robbers, Volumen 4, Baden-Baden 1995.

–. — Einführung in das spanische Recht. Die Rechtsordnung der europäischen Staaten, hrsg. von Gerhard Robbers, Übersetzung Kerstin Brandt, Band 4 D, Baden-Baden 1995.

Jaeger, Michael — Der Kronzeuge unter besonderer Berücksichtigung des § 31 BtMG, Diss. Freiburg 1985-1986, Frankfurt am Main [u.a.] 1986.

Jander, Martin — Isolation oder Isolationsfolter. Die Auseinandersetzung um die Haftbedingugen der RAF-Häftlinge, in: Der „Deutsche Herbst“ und die RAF in Politik, Medien und Kunst. Nationale und internationale Perspektiven, hrsg. von Nicole Colin, Beatrice de Graaf, Jacco Pekelder, Joachim Umlauf, Bielefeld 2008, S. 141-155. [zitiert als „*Bearbeiter*, in: Der „Deutsche Herbst“]

Jähnke, Burkhard/ *Laufhütte*, Heinrich Wilhelm/ *Odersky*, Walter — Strafgesetzbuch, Leipziger Kommentar, Erster Band §§ 1 bis 31 StGB Berlin 2003; Vierter Band §§ 80-145 d StGB, Berlin 2009. [zitiert als „*Bearbeiter*, in: LK“]

Jarass, Hans D./*Pieroth*, Bodo — Grundgesetz Kommentar, 10. Auflage, München 2009.

Jeschek, Hans-Heinrich — Die Strafgewalt übernationaler Gemeinschaften, ZStW 65 (1953), S. 496-512.

–. — Die Strafrechtsreform in Deutschland, Allgemeiner Teil, ZStW 9 (1975), S. 1-44.

Jeßberger, Florian — Kooperation und Strafzumessung. Der Kronzeuge im deutschen und amerikanischen Strafrecht, Diss. Köln 1998-1999, Berlin 1999.

–. — D*er transnationale Geltungsbereich des deutschen Strafrechts.* Grundlagen und Grenzen der Geltung des deutschen Strafrechts für Taten mit Auslandsberührung, Habil. Humboldt-Univ. Berlin 2008-2009, Tübingen 2011.

Jiménez Díaz, María José — Seguridad Ciudadana y Derecho Penal, Madrid 2006.
[zitiert als „Seguridad Ciudadana"]

Jiménez de Asúa, Luis — Tratado de Derecho Penal, Tomo VII, Buenos Aires 1970.

Joecks, Wolfgang/ *Miebach*, Klaus (Hrsg.) — Münchener Kommentar zum Strafgesetzbuch, Band 2/2 §§ 80-184 f StGB, München 2005

Joecks, Wolfgang — Studienkommentar StGB, 8. Auflage, München 2009.

Juanes Peces, Angel — Reforma del Código Penal, Madrid 2011.

Julius, Karl-Peter/ *Gercke*, Björn/ *Temming*, Dieter/ *Zöller*, Mark A. (Hrsg.) — Strafprozessesordnung, Heidelberger Kommentar, 4. Auflage, Heidelberg/München/ Landsberg/Frechen/Hamburg 2009. [zitiert als „*Bearbeiter*, in: Heidelberger Kommentar"]

Jung, Heike — Der Kronzeuge – Garant der Wahrheitsfindung oder Instrument der*m*Überführung?, ZRP 1986, S. 38-42.

Kailitz, Steffen — Politischer Extremismus in der Bundesrepublik Deutschland. Eine Einführung, Wiesbaden 2004.

Kaiser, Günther — Kriminalpolitik in der Zeitwende. Wandlungen der Kriminalpolitik seit der Großen Strafrechtsreform, in: Festschrift für Claus Roxin zum 70. Geburtstag, hrsg. von Bernd Schünemann, Hans Achenbach, Wilfried Bottke, Bernhard Haffke, Hans-Joachim Rudolphi, Berlin 2001, S. 989-1000. [zitiert als „*Bearbeiter*, in: FS Roxin"]

Kampfmeyer, Paul — Unter dem Sozialistengesetz, Berlin 1928.

Kemmesies, Uwe E. — Terrorismus und Extremismus – der Zukunft auf der Spur. Beiträge zur Entwicklungsdynamik von Terrorismus und Extremismus – Möglichkeiten und Grenzen einer prognostischen Empirie, München 2006. [zitiert als „*Bearbeiter*, in: Terrorismus und Extremismus"]

Kert, Robert — Lebensmittelstrafrecht im Spannungsfeld des Gemeinschaftsrechts, Berlin [u.a.] 2004.

Kindhäuser, Urs/ *Neumann,* Ulfrid/ *Paeffgen*, Hans-Ullrich (Hrsg.) — Nomos Kommentar Strafgesetzbuch, Band 1, 3. Auflage, Baden-Baden 2010. [zitiert als „*Bearbeiter*, in: NK“]

Kindhäuser, Urs — Nomos Kommentar Strafgesetzbuch. Lehr- und Praxiskommentar, 4. Auflage, Baden-Baden 2009. [zitiert als „*Kindhäuser*, LPK StGB“]

Kinzig, Jörg — Die rechtliche Bewältigung von Erscheinungsformen organisierter Kriminalität, hrsg. von Hans-Jörg Albrecht, Albin Eser, Ulrich Sieber, Berlin 2004.

Knauth, Alfons — Die Behandlung der im Ausland begangenen Rauschgiftdelikte nach deutschem Strafrecht, NJW 1979, S. 1084-1085.

Korte, Jan — Instrument Antikommunismus. Der Sonderfall Bundesrepublik, Berlin 2009.

Köhler, Holm-Detlev — El movimiento sindical en España, Münster 2001.

Körner, Harald Hans — Die Strafrechtspraxis im Labyrinth neuer Betäubungsmittelbestimmungen, NJW 1993, S. 233-239.

–. — Betäubungsmittelgesetz, Arzneimittelgesetz, Beck´sche Kurzkommentare, Band 37, 6. Auflage, München 2007.

Kottmann, Klaus — Die Freimaurer und die katholische Kirche, Frankfurt am Main [u.a.] 2008.

Krauß, Detlef — Sicherheitsstaat und Strafverteidigung, StV 1989, S. 315-325.

Kraut, Hermann/*Kurfess*, Werner/*Wulf*, Helmut — Zur Reform des Strafrechts durch das Achte Strafrechtsänderungsgesetz, JZ 1968, S. 577-683.

Kress, Claus — Das Strafrecht in der europäischen Union vor der Herausforderung durch organisierte Kriminalität und Terrorismus, JA 2005, S. 220-228.

Krey, Volker — Zeugenschutz, Rasterfahndung, Lauschangriff, Verdeckte Ermittler. Kritische Stellungsnahme zu den strafprozessualen Reformvorschlägen im Gesetzesentwurf des Bundesrates zur Bekämpfung des illegalen Rauschgifthandels und anderen Erscheinungsformen der organisierten Kriminalität, JR 1992, S. 309-315.

Kühl, Kristian — Neue Gesetze gegen terroristische Straftaten, NJW 1987, S. 737-747.

Kühne, Hans-Heiner — Unzeitgemäße Betrachtungen zum Problem des Terrorismus, in: Festschrift für Hans-Dieter Schwind, hrsg. von Thomas Feltes, Christian Pfeiffer, Gernot Steinhilper, Heidelberg 2006, S. 103-110.
[zitiert als „*Bearbeiter*, in: FS Schwind"]

Lackner, Karl/*Kühl*, Kristian — Strafgesetzbuch Kommentar, 27. Auflage, München 20011.
[zitiert als „*Lackner/Kühl*"]

Lamarca Pérez, Carmen — Derecho Penal. Parte Especial, Madrid 2004.

–. — Análisis crítico y propuestas de la legislación penal antiterrorista, in: La Ley Penal, Nr. 41, Septiembre 2007 [LA LEY 2792/2007].
[zitiert als „LA LEY 2792/2007"]

Lampe, Ernst-Joachim — Systemunrecht und Unrechtssysteme, ZStW 106 (1994), S. 638-745.

Lammer, Dirk — Terrorbekämpfung durch Kronzeugen, Neuanlauf für eine Kronzeugenregelung durch Artikel 4 des Artikelgesetzes zur Bekämpfung terroristischer Gewalttaten, ZRP 1989, 258-252.

Landrove Díaz, Gerardo — Introducción al Derecho Penal Español, Madrid 2007.

Laufhütte, Heinrich Wilhelm/ *Rissing-van Saan*, Ruth/ *Tiedemann*, Klaus — Strafgesetzbuch, Leipziger Kommentar, Fünfter Band §§ 110 bis 145d Berlin 2009. [zitiert als „*Bearbeiter*, in: LK"]

Lenckner, Theodor — Probleme beim Rücktritt des Beteiligten, in: Festschrift für Wilhelm Gallas zum 70. Geburtstag, hrsg. von Karl Lackner, Heinz Leferenz, Eberhard Schmidt, Jürgen Welp, Ernst Amadeus Wolff, Berlin 1973, S. 281-306. [zitiert als „*Bearbeiter*, in: FS Gallas"]

Lenski, Edgar — Rat und Europäischer Rat nach Vertrag von Lissabon (Reformvertrag), in: Der Vertrag von Lissabon: Reform der EU ohne Verfassung?, Kolloquium zum 10. Geburtstag des WHI, hrsg. von Ingolf Pernice, Baden-Baden 2008, S. 99-135. [zitiert als „*Bearbeiter*, in: Rat und Europäischer Rat"]

Llobet Anglí, Mariona — Terrorismo, in: Memento Experto, Reforma Penal: Ley Orgánica 5/2010, hrsg. von Íñigo Ortiz de Urbina Gimeno, Madrid 2010, S.581-618. [zitiert als „*Bearbeiter*, in: Memento Experto"]

Lorenzmeier, Stefan — Der Rahmenbeschluss als Handlungsform der Europäischen Union und seine Rechtswirkungen, ZIS 2006, S. 576-582.

Löchner, Gerhard — Verteidigung bei terroristischen Gewalttätern, in: Festschrift für Kurt Rebmann zum 65. Geburtstag, hrsg. von Heinz Eyrich, Walter Odersky, Franz Jürgen Säcker, München 1989, S. 303-319.
[zitiert als „*Bearbeiter*, in: FS Rebmann"]

Mansdörfer, Marco — Das europäische Strafrecht nach dem Vertrag von Lissabon – oder: Europäisierung des Strafrechts unter nationalstaatlicher Mitverantwortung, HRRS 2010, S. 11-52.

Martin, Ludwig — Wie steht es um unseren Staatsschutz?, JZ 1975, S. 312-316.

Mayerhofer, Christoph/ *Jehle*, Jörg-Martin — Organisierte Kriminalität. Lagebilder und Erscheinungsformen. Bekämpfung und rechtliche Bewältigung, Heidelberg 1996.

Meertens, Christoph — Das Gesetz gegen die organisierte Kriminalität, eine unerträgliche Geschichte!, ZRP 6 (1992), S. 205-208.

Meyer-Goßner, Lutz — Strafprozessordnung. Mit GVG und Nebengesetzen, 53. Auflage, München 2010.
[zitiert als „*Meyer-Goßner*"]

Mir Puig, Santiago/ *Alcácer Guirao*, Rafael — Richtungswechsel in der spanischen Kriminalpolitik: Die letzten Reformen des Strafgesetzbuches, GA (4) 2005, 244-252.

Mitsilegas,Valsamis — EU Criminal Law, Oxford [u.a.] 2009.

Möhn, Heinz-Josef — Organisierte Kriminalität. Terminologische Darstellung und Begriffsbestimmung, Diss. Trier 2007, Hamburg 2008.

Mörbel, Richard/ *Schmidt*, Sönke — Kompass 2020. Deutschland in den internationalen Beziehungen – Ziele, Instrumente, Perspektiven, Verhütung und Bekämpfung der organisierten Kriminalität aus deutscher und europäischer Sicht, April 2007.

Mujal-León, Eusebio — Communism and Political Change in Spain, Bloomington 1983.
[zitiert als „Communism and Political Change"]

Müller-Emmert, Adolf/ *Friedrich*, Horst — Die kriminalpolitischen Grundzüge des neuen Strafrechts nach den Beschlüssen des Sonderausschusses für die Strafrechtsreform, JZ 1969, S. 245-252.

Muñoz Conde, Francisco — De nuevo sobre el „derecho penal de enemigo", Revista Penal n° 16 2005, S. 123 – 137.

–. — Derecho Penal Parte Especial, Valenica 2010.

Musolff, Andreas — Terrorismus im öffentlichen Diskurs der Bundesrepublik Deutschland: Seine Deutung als Kriegsgeschehen und die Folgen, in: Terrorismus in der Bundesrepublik, Medien, Staat und Subkulturen in den 1970er Jahren, hrsg. von Klaus Weinhauer, Jörg Requate, Heinz-Gerhard Haupt, Frankfurt am Main 2006, S. 302-319.
[zitiert als „*Bearbeiter*, in: Terrorismus im öffentlichen Diskurs der BRD"]

Mülfarth, Christian — Grundlagen und Grenzen von Beweiserhebung und Beweisverwertung im spanischen Strafverfahren, Diss. Trier 2009, Frankfurt am Main [u.a.] 2009.
[zitiert als „Grundlagen und Grenzen"]

Nehring, Michael — Kriminelle und terroristische Vereinigungen im Ausland. Auslegung und Analyse des im Zuge der Terrorismusbekämpfung nach dem 11. September 2001 geschaffenen § 129b Strafgesetzbuch, Diss. Bonn 2006, Frankfurt am Main [u.a.] 2007.

Netz, Thomas — Die Strafbarkeit ausländischer terroristischer Vereinigungen. Straf und verfassungsrechtliche Probleme des § 129b StGB unter Berücksichtigung der Änderungen im Vereinigungsstrafrecht (§§129, 129a StGB), Diss. Gießen 2008, Hamburg 2008.

Nitschke, Peter — Globaler Terrorismus und Europa. Stellungsnahmen zur Internationalisierung des Terrors, Wiesbaden 2008.

Oehmichen, Anna — Terrorism and Anti-Terror Legislation: The Terrorised Legislator?. A Comparison of Counter-Terror Legislation and Its Implications on Human Rights in the Legal System of the United Kingdom, Spain, Germany and France, Diss. Leiden/Niederlande 2008, Antwerpen 2010.
[zitiert als „ Terrorism and Anti-Terror Legislation"]

Ohlemacher, Thomas — „Enttäuschend, aber immer noch vertrauenswürdig": Schutzgelderpressungen und das Vertrauen in Recht und Politik, Zeitschrift für Rechtssoziologie 1999, S. 125-162.

de Oliveira Marques, Antonio/ Henrique Rodrigo — A Maçonaria Portuguesa e o Estado Novo, Lissabon 1975.

Oppermann, Thomas — Deutschland in guter Verfassung? – 60 Jahre Grundgesetz, JZ 2009, S. 481-491.

Ostendorf, Heribert — Verteidigung am Scheideweg, Anmerkungen zum Groenewold-Urteil, JZ 1979, S. 252-256.

–. — Entwicklung in der Rechtsprechung zur „Bildung krimineller bzw. terroristischer Vereinigungen" §§ 129, 129 a StGB, JA 1980, S. 499-502.

–. — Strafbarkeit und Strafwürdigkeit von Hausbesetzungen, JuS 1981, S. 640-643.

–. — Das Recht zum Hungerstreik, GA (6) 1984, S. 308-329.

Payne, Stanley G. — Falange, Historia del fascismo español, Madrid 1965.

Peces Juanes, Ángel — Reforma del Código Penal, Madrid 2010.

Pfeiffer, Gerd — Strafprozessordnung Kommentar, 4. Auflage, München 2005.
[zitiert als „*Pfeiffer*"]

Pifarré de Moner, María-José — Organisierte Kriminalität in Spanien, in: Organisierte Kriminalität als transnationales Phänomen. Erscheinungsformen, Prävention und Repression in Italien, Deutschland und Spanien, hrsg. von Vincenzo Militello, Jörg Arnold, Letizia Paoli, Freiburg 2000, S. 63-71.
[zitiert als „*Bearbeiter*, in: Organisierte Kriminalität als transnationales Phänomen"]

Poetsch, Joseph — Die Reichsacht, im Mittelalter und besonders in der neueren Zeit, Breslau 1911.

Peña González, José — Historia Política del Constitucionalismo Español, Madrid 2006.

Peters, Butz — Tödlicher Irrtum, Berlin 2004.

Pfahl-Traughber, Armin — Rechtsextremismus. Eine kritische Bestandsaufnahme nach der Wiedervereinigung, Bonn 1995.

Pflieger, Klaus — Die Rote Armee Fraktion. 14.5.1970 bis 20.4.1998, Baden-Baden 2004.

Portilla Contreras, Guillermo — La ideología del Derecho penal durante el nacional-catolicismo franquista, in: Franquismus und Salazarismus: Legitimation durch Diktatur?, hrsg. von Federico Fernández-Crehuet López, António Manuel Hespanha, Frankfurt am Main 2008.
[zitiert als „*Bearbeiter*, in: Franquismus und Salazarismus"]

–. — Orígenes de la Ley de 1 de Marzo de 1940 y Criterios Penales y Procesales Adoptados por el Tribunal Especial para la Represión de la Masonería y el Comunismo, in: Derecho, Memoria Histórica y Dictaduras, hrsg. von Federico Fernández-Crehuet López, Daniel J. Gracía López, Granada 2009.
[zitiert als „*Bearbeiter*, in: Derecho, Memoria Histórica y Dictaduras"]

Posser, Diether — Anwalt im kalten Krieg. Deutsche Geschichte in politischen Prozessen (1951-1968), Bonn 2000.

Pradel, Jean/*Corstens*, Geert/ *Vermeulen*, Gert — Droit pénal européen, 3. Auflage, Paris 2009.

Quintano-Ripollés, Antonio/ *Heilpern de Quintano*, Johanna/ *Scharff*, Helmut — Das spanische Strafgesetzbuch vom 23. Dezember 1944, Berlin 1955.

Quintero Olivares, Gonzalo — *La Criminalidad Organizada y la Función del Delito de Asociación ilícita, in:* Delincuencia organizada: Aspectos Penales, Procesales y Criminológicos; hrsg. von Juan Carlos Ferré Olivé, Enrique Anarte Borrallo; Universidad de Huelva 1999; S. 177-190.

Quintero Olivares, Gonzalo/ *Morales Prats*, Fermin — Comentarios a la Parte Especial del Derecho Penal, 9ª Edición, Navarra 2011. [zitiert als: „*Bearbeiter*, in: Comentarios a la Parte Especial del Derecho Penal"]

Rammstedt, Otthein — Die Instrumentalisierung der Baader-Meinhof-Gruppe, Frankfurter Hefte (3) 1975, S. 27-38.

Rebmann, Kurt — Das Verbot der Mehrfachverteidigung nach § 146 StPO – Anwendung und Grenzen, NStZ 1981, S. 41-46.

–. — Inhalt und Grenzen des Straftatbestands „Werben für eine terroristi-sche Vereinigung" nach § 129 a StGB, NStZ 1981, S. 457-462.

–. — Strafverfolgung im Bereich terroristischer Publikationen, NStZ 1989, S. 97-107.

Remagen-Kemmerling, Martina — Der Ausschluss des Stafverteidigers in Theorie und Praxis, Diss. Köln 1991, Berlin1992.

Rieß, Peter — Der Ausschluss des Verteidigers in der Rechtswirklichkeit, NStZ1981, S. 328-333.

–. Entwicklungstendenzen in der deutschen Strafprozessgesetzgebung seit 1950, ZIS 2009, S. 466-483.

Rodríguez Ramos, Luis/ *Colina Oquendo*, Pedro — Código Penal Comentado y Jurisprudencia, 2ª Edición, Madrid, 2007.

Roth, Jürgen — Mafialand Deutschland, Frankfurt am Main 2009.

Rudolph, Martin — Gesetzliche Regelung der Ausschließung des Verteidigers?, DRiZ 1973, S. 257-260.

Rudolphi, Hans-Joachim/ *Horn*, Eckhard/ *Günther*, Hans-Ludwig/ *Samson*, Erich (Hrsg.) — Systematischer Studienkommentar zum StGB Band II Besonderer Teil, 68. Lieferung, August 2007.

–. Systematischer Studienkommentar zum StGB Band I Allgemeiner Teil, 130. Lieferung, Oktober 2011.
[zitiert als „*Bearbeiter*, in: SK"]

Rudolphi, Hans-Joachim — Verteidigerhandeln als Unterstützung einer kriminellen oder terroristischen Vereinigung i.S. der §§ 129 und 129 a StGB, in: Festschrift für Hans-Jürgen Bruns zum 70. Geburtstag, hrsg. von Wolfgang Frisch und Werner Schmidt, Köln [u.a.] 1978, S. 315-338.
[zitiert als „*Bearbeiter*, in: FS Bruns"]

–. Notwendigkeit und Grenzen einer Vorverlagerung des Strafrechtsschutzes im Kampf gegen den Terrorismus, ZRP 1979, S. 214-221.

–. Terrorismus-Gesetzgebung, JA 1979, S. 1-9.

Ruiz, Julius — Franco´s Justice, Repression in Madrid after the Spanish Civil War, Oxford 2005.

Sabín, José Manuel — Prisión y muerte en la España de postguerra, Madrid 1996.
[zitiert als „Prisión y muerte“]

Saliger, Frank — Parteiengesetz und Strafrecht: Zur Strafbarkeit von Verstößen gegen das Parteiengesetz, insbesondere wegen Untreue gemäß § 266 StGB, Habil. Frankfurt am Main 2003, Tübingen 2005.
[zitiert als „ Parteiengesetz und Strafrecht“]

Sánchez García de Paz, Isabel — Función político-criminal del delito de asociación para delinquir, desde el derecho penal político hasta la lucha contra el crimen organizado, in: Homenaje al Dr. Marino Barbero Santos in memoriam, hrsg. von Luis Arroyo Zapatero und Ignacio Berdugo Gomez de la Torre, Ediciones de la Universidad de Castilla – La Mancha, Educiones Universidad Salamanca, Cuenca 2001.
[zitiert als „*Bearbeiter*, in: Homenaje al Dr. Marino Barbero Santos in memoriam“]

–. — Derecho penal material: Un derecho penal ad hoc contra el crimen organizado? La criminalidad organizada – aspectos penales, procesales, administrativos y policiales, 2005.

Satzger, Helmut — Internationales und Europäisches Strafrecht, Baden-Baden 2009.
[zitiert als „Internationales und Europäisches Strafrecht[3]“]

–. — Internationales und Europäisches Strafrecht, Baden-Baden 2011.

Satzger, Helmut/
Schmitt, Bertram/
Widmaier, Gunter (Hrsg.)
Strafgesetzbuch Kommentar, Köln 2009. [zitiert als „*Bearbeiter*, in: Satzger/Schmitt/Widmaier“]

Scheiff, Bernd
Wann beginnt der Strafrechtsschutz gegen kriminelle Vereinigungen (§ 129 StGB)?, Diss. Bonn 1996, Frankfurt am Main [u.a.] 1997.

Schloßmacher, Norbert
„Rechtsfeinde“ vor Gericht. Eine Dokumentation zum Geheimbundsprozeß gegen Düsseldorfer Sozialdemokraten im Jahre 1888, Reinbek 1988.

Schmidt, Hans Wolfgang
Grundsätze der Rechtsprechung des BGH zu § 137 Absatz 1 Satz 2 und § 146 StPO, MDR 1977, S. 529-532.

–.
Aus der Rechtsprechung des BGH in Staatsschutzstrafsachen, MDR 1981, S. 89-95; MDR 1985, S. 183-187; MDR 1986, S. 177-181; MDR 1990, S. 102-108; MDR 1993, S. 504-508.

Schmidt, Peer
Kleine Geschichte Spaniens, Bonn 2005.

Schmidt-Leichner, Erich
Das Strafrechtsänderungsgesetz vom 30. August 1951, NJW 191, S. 857-861.

–.
Der Ausschluss des Verteidigers, NJW 1973, S. 969-974.

–.
Strafverfahrensrecht 1975 – Fortschritt oder Rückschritt?, NJW 1975, S. 417-421.

Schnarr, Karl Heinz
Gehören Vorbereitungshandlungen nach § 30 StGB zum Deliktsbereich von Katalogtaten?, NStZ 1990, S. 257-261.

Schneckener, Ulrich — Transnationaler Terrorismus. Charakter und Hintergründe des „neuen“ Terrorismus, Frankfurt am Main 2006.

Schönke, Adolf/ *Schröder*, Horst — Schönke/Schröder, Strafgesetzbuch Kommentar, 28. Auflage, München 2010. [zitiert als „*Bearbeiter*, in: Schönke/Schröder“]

Schoeder, Friedrich — Die Straftaten gegen das Strafrecht, Berlin 1985.

Schulte, Philipp H. — Terrorismus und Antiterrorismus-Gesetzgebung. Eine rechtssoziologische Analyse, Diss. Münster 2007, Münster 2008.

Schünemann, Bernd — Europas verschmitzte Usurpierung einer furchtbaren Gewalt, ZIS 2007, S. 535-536.

–. — Der deutsch-spanische Strafrechtsdialog im Zeitalter der autoritär-dilettantischen Gesetzgebung, GA (6) 2010, S. 353-360.

Sieber, Ulrich/ *Brüner*, Franz-Hermann/ *Satzger*, Helmut/ *v. Heintschel-Heinegg*, Bernd (Hrsg.) — Europäisches Strafrecht, Baden-Baden 2011. [zitiert als „*Bearbeiter*, in: Sieber/Brüner/ Satzger/v. Heintschel-Heinegg, Europäisches Strafrecht“]

Silva Sánchez, Jesús-María — Herausforderungen eines expandierenden Strafrechts, GA (6) 2010, S. 307-322.

Sontheimer, Michael — „Natürlich kann geschossen werden“. Eine kurze Geschichte der Roten Armee Fraktion, München 2010.

Sommer, Ulrich — Verselbständigte Beihilfehandlungen und Straflosigkeit des Gehilfen, JR 1981, S. 490-495.

Stegmann, Andrea	Organisierte Kriminalität. Feindstrafrechtliche Tendenzen in der Rechtsetzung zur Bekämpfung organisierter Kriminalität, Diss. Bern 2003, Bern 2004.
Steiger, Dominik	Das völkerrechtliche Folterverbot und der „Krieg gegen den Terror“, Beiträge zum ausländischen öffentlichen Recht und Völkerrecht, Diss. Potsdam 2011, Berlin [u.a.] 2013.
Stern, Klaus/*Herrmann*, Jörg	Andreas Baader: Das Leben eines Staatsfeinds, München 2007.
Streinz, Rudolph/ *Ohler*, Christoph/ *Hermann*, Christoph	Der Vertrag von Lissabon zur Reform der EU – Einführung mit Synopse, München 2010.
Streinz, Rudolf	Europarecht, Heidelberg 2008.
Stuberger, Ulf G.	Die Akte RAF. Taten und Motive, Täter und Opfer, München 2008.
Sturm, Richard	Zur Bekämpfung terroristischer Vereinigungen – Ein Beitrag zum Gsetz vom 18. August 1976, MDR 1977, S. 6-10.
Tiedemann, Klaus	Wirtschaftsstrafrecht in der Europäischen Union. Rechtsdogmatik, Rechtsvergleich, Rechtspolitik, Köln [u. a.] 2002. [zitiert als „*Bearbeiter*, in: *Tiedemann*, Wirtschaftsstrafrecht in EU“]
Tinkel, Christina	Anmerkungen zum Urteil des EuGH vom 16.6.2005 – C 105/03 (Pupino), StV 2006, S. 36-41.
Tussel, Javier	La dictadura de Franco, Madrid 1988.

Valdueza, Rafael — Die spanische Gewerkschaftsbewegung unter Franco, München 1982.
[zitiert als „Die spanische Gewerkschaftsbewegung"]

Vincente Chamorro, Jesus — Algunas consideraciones sobre Delito y Sociedad, Madrid 1983.

Viñas, Ángel — Guerra, Dinero, Dictadura, Ayuda fascista y Autarquía en la España de Franco, Barcelona 1984.

Vogel, Hans-Jochen — Strafverfahrensrecht und Terrorismus – Eine Bilanz, NJW 1978, S. 1217-1228.

Vormbaum, Thomas/ *Welp*, Jürgen (Hrsg.) — Das Strafgesetzbuch. Sammlung der Änderungsgesetze und Neubekanntmachungen, Supplementband 1: 130 Jahre Strafgesetzgebung – Eine Bilanz, Berlin 2004.
[zitiert als „*Bearbeiter*, in: *Vormbaum/Welp*, Das Strafgesetzbuch"]

Vormbaum, Thomas — Einführung in die moderne Strafrechtsgeschichte, Berlin [u.a.] 2009.

Voscherau, Carl Christian — Parteiverbote in der Bundesrepublik Deutschland und im Königreich Spanien. Ein rechtsvergleichender Beitrag zu Entstehung und Weiterentwicklung der verfassungsrechtlichen und gesetzlichen Grundlagen des Verbots von Parteien, Diss. Heidelberg 2007, Frankfurt am Main [u.a.] 2009.
[Zitiert als „Parteiverbote"]

Wagner, W. — Zur Reform der Organisationsdelikte, MDR 1966, S. 185-192.

Walischewski, Leonard — § 129 StGB – Die kriminelle Vereinigung, Wunderwaffe der Strafverfolgung?, StV 2000, S. 583-586.

Walter, Tonio — Inwieweit erlaubt die Europäische Verfassung ein europäisches Strafgesetz?, ZStW 117 (2006), S. 912-933.

Walthelm, Britta — Same same but different: Deutsche, britische und spanische Reaktionen auf den internationalen islamistischen Terrorismus seit dem 11. September 2001, in: Die Welt nach 9/11. Auswirkungen des Terrorismus auf Staatenwelt und Gesellschaft, hrsg. von Thomas Jäger, Wiesbaden 2011, S. 212-231.
[zitiert als „*Bearbeiter*, in: Die Welt nach 9/11"]

Weick, Curd-Torsten — Die schwierige Balance: Kontinuitäten und Brüche deutscher Türkeipolitik, Hamburg 2001.
[zitiert als „Die schwierige Balance"]

Weidenfeld, Werner — Die Europäische Union, Paderborn 2010.

Weigend, Thomas — Der Entwurf einer Europäischen Verfassung und das Strafrecht, ZStW 116 (2004), S. 275-303.

Weinhauer, Klaus | Terrorismus und Kommunikation: Forschungsstand und -perspektiven zum bundesdeutschen Linksterrorismus der 1970er Jahre, in: Der „Deutsche Herbst" und die RAF in Politik, Medien und Kunst. Nationale und internationale Perspektiven, hrsg. von Nicole Colin, Beatrice de Graaf, Jacco Pekelder, Joachim Umlauf, Bielefeld 2008, S. 109-123. [zitiert als „*Bearbeiter*, in: Der „Deutsche Herbst" und die RAF"]

Weißer, Bettina | Der „Kampf gegen den Terrorismus" – Prävention durch Strafrecht?, JZ 2008, S. 388-395.

Werle, Gerhard | Die Beteiligung an einer kriminellen Vereinigung und das Problem der Klammerwirkung, JR 1979, S. 93-99.

–. | Konkurrenz und Strafklageverbrauch bei der mitgliedschaftlichen Beteiligung an kriminellen oder terroristischen Vereinigungen, NJW 1980, S. 2671-2677.

Wesel, Uwe | Geschichte des Rechts in Europa. Von den Griechen bis zum Vertrag von Lissabon, München 2010.

Wessels, Johannes/Beulke, Werner | Strafrecht, Allgemeiner Teil, Heidelberg 2011.

von Westphalen, Raban/ *Bellers*, Jürgen | Deutsches Regierungssystem, München 2001.

Woesner, Horst | Das neue Staatsschutzstrafrecht, NJW 1968, S. 2129-2134.

Woodworth, Paddy | Dirty War Clean Hands. ETA, The GAL and spanish Democracy, Irland 2001.

Wuttke, Horst | Ausschließung des Strafverteidigers, NJW 1972, S. 1884-1888.

Zachert, Hans-Ludwig | Die Entwicklung der Organisierten Kriminalität in Deutschland, in: Aus Politik und Zeitgeschichte, B 23 (1995), S. 11-19.

Zöller, Mark Alexander | Terrorismusstrafrecht: Ein Handbuch, Heidelberg [u.a.] 2009.
[zitiert als „Terrorismusstrafrecht“]

www.ingramcontent.com/pod-product-compliance
Ingram Content Group UK Ltd.
Pitfield, Milton Keynes, MK11 3LW, UK
UKHW021819051026
15588UKWH00010B/122

9 783631 641255